JN418419

유통산업론

전 태 유 저

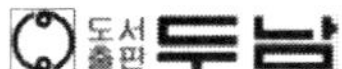

머리말

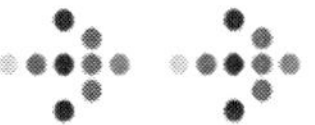

최근 유통업계는 세계 소비경기 회복세와 함께 새로운 성장 엔진을 장착한 백화점과 온라인 쇼핑몰의 약진 등 환경변화에 적응하려는 노력을 구가하고 있는 가운데 대형마트, 프랜차이즈 등 업태별로 자기혁신과 성장을 바탕으로 환골탈태를 위한 치열한 경쟁을 예상할 수 있다. 이러한 변화추세에 따라 대형 유통기업은 조직의 재정비 및 신속한 영토확장을 서두르고 있는데 아웃렛과 복합쇼핑몰 등 신업태로 전환하는 경향이 뚜렷하게 나타나고 있다. 또한 성장이 둔화되고 있는 대형마트는 기존 영업방식에서 탈피, 업의 본질강화, 새로운 서비스 개발 등이 대두되고 있는 가운데 저가격을 기치로 영업을 지속하고 있다.

이와 같이 서비스 산업의 변화와 성장은 경영학이나 경영기술의 적절한 이용에 익숙해진 대형 소매업체의 활동에 의해 이루어진 것이라 해도 과언이 아니다. 이제 각 소매업체는 시장에서 더욱 성장하기 위해서는 고객지향이라는 전제를 배경으로, 주위 깊게 선택한 고객그룹을 중핵으로 구축한, 전체적인 경영이념인 것이다. 여기에는 고객그룹의 활동, 관심, 태도 및 지각을 다각도로 조사하고, 그 결과가 소매경쟁의 실천적인 전개에 활용되어야 한다.

유통은 생산한 상품을 소비자에게 전달하기 위한 조직이며, 소비자와 접하는 상품을 제공하는 활동을 담당하고 있는 것이 유통인 것이다. 따라서 유통없이 소비생활을 유지하는 것은 불가능하다. 또한 생산도 유통에 의존해서 계속적인 생산활동을 하게 된다. 즉 유통은 국민경제에 있어서 커다란 역할을 한다는 것은 말할 필요도 없다. 이 역할은 아주 오래전이나 오늘날이나 변함이 없다.

그리고 유통은 상품이나 서비스를 생산에서 소비에 이르기까지 원활하게 이전시키는 활동을 하고 있고 이를 실현하기 위한 사회적인 도구로서 유통기구를 발전시킨 것이다. 물론 유통기구가 발전한 요인으로서는 여러 가지가 있을 수 있겠지만 소비자 니즈를 정확하게 파악하고 여기에 신속하게 적응하는 것이 특히나 중요한 경영과제였다는 사실은 말할 필요도 없다. 이를 위해 IT시스템을 활용하면서 MD계획을 설계하고 점포 오퍼레이션 향상을 위한 본질강화에 임하고 있는 것이다.

이렇듯 경영환경 변화에 적응해온 유통업은 지금 이상으로 국제화된 경제를 토대로 해외상품에 대한 의존도가 더욱 깊어질 것이며 국내에 있어서도 업의 본질 강화, 서비스 개발, 다각화 등 경영을 둘러싼 끊임없는 혁신을 통한 경쟁이 활발해 질 것이다. 이에 따라 본서는 특히 마케팅 기능의 강화가 업종, 업태, 기업규모 여부와 관계없이 공통의 중점적 혁신과제가 될 것이라는 사실을 전제하면서 각 장의 내용을 구성하였다. 복잡한 현대 유통문제를 알기 쉽고 종합적으로 이해 할 수 있도록 구성을 하는 과정에 이 분야의 선행연구를 많이 참고하였으나, 미흡한 점이 있다면 독자들의 지도편달을 받아가면서 보다 바람직한 본서의 모습을 만들어나갈 수 있도록 노력을 다하고자 한다. 특히 바쁜 시간에 본서를 출간하는 데 심혈을 기울여 주신 도서출판 두남의 전두표 사장님과 이승구 상무님 그리고 항상 애써주시는 편집부 직원 여러분께 감사드린다.

2010년 8월

저 자

차 례

제3장 유통정보기능 … 73

제4장 보조적 유통기능 … 97

제5장 유통기구의 형성과 유통경로전략 … 109

제6장 소매업의 형태와 역할 I … 155

제7장 소매업의 형태와 역할 II … 219

제8장 입지선정과 스토어 레이아웃 ··· 261

제9장 머천다이징 ··· 339

제10장 소매업의 프로모션 … 423

제11장 소매업과 서비스 … 451

제1장

유통분석의 시점과 방법

제1절 교환경제의 발생과 유통개념

오늘날 유통에 대한 관심은 나날이 그 정도를 더해가고 있다. 여기에는 많은 이유가 있지만 한마디로 말한다면 유통이 가지고 있는 역할의 중요성이라 하겠다. 우선 소비자의 입장에서 본다면 물가안정과 라이프 스타일의 다양성을 유지하고 풍족한 생활수준을 지속하기 위해 일상생활에 밀착된 역할로서 유통의 중요성이 폭넓게 인정받고 있는 것이다. 동시에 이와 같은 생활수준을 지원해주는 생산자나 공급업자의 입장에서도 유통의 원활한 추진과 효율적인 전개가 기업성장과 산업발전을 일으켜 경제 전체에 활력을 불어넣어 주는 역할을 한다고 인식하고 있다. 그러나 유통의 역할이나 그 중요성을 인식하면서도 그것에 대하여 사람마다 그 의견이 다른 것도 부정할 수는 없다. 즉, 유통이란 무엇인가에 대해 지금까지 통일된 견해나 명백한 정의가 존재하지 않았다. 그러나 간단히 유통에 대해서 말을 한다면 생산물의 생산에서 소비에 이르기까지 사회전반을 둘러싸고 파생된 개념이며, 주로 1950년대 이후 광범위하게 사용되었다고 할 수 있다.

사실 생산물의 사회적 이전을 둘러싸고 역사적으로 다양한 개념과 표현이 있었다. 시대의 변화와 더불어 그 명칭이나 개념이 변화되고 다른 의미가 주어지기도 했다. 이 장에서는 유통이 어떠한 상황 하에서 사용된 개념인가를 명확히 하기 위해 그 전제가 되는 교환경제의 역사적인 전개과정에 대해 약간의 설명을 하고자 한다.

1. 공동체와 자급자족

원시사회와 고대사회로 말할 수 있는 근대 이전의 사회에 살던 사람들의 경제적 욕망은 오직 자급자족을 통해 얻어졌다고 할 수 있다. 사람들은 가족의 일원으로써 부족이나 촌락 등 태어나자마자 특정 집단에 소속되어 그들만의 공동체를 구성하면서 그 공동체의 규제와 보호 하에 생활을 영위한 것이다.

자급자족을 구성하는 사회는 혈연적 인간관계에 따라 씨족, 부족, 부락, 촌락 등 공동체를 형성하였고, 그 일족이 필요로 하는 것은 공동체내에서 일을 해서 확보하고, 획득물은 공동체내의 신분관계에 의해 분배되었다. 이는 원시사회나 고대사회를 거슬러 올라가지 않더라도 예전 우리 가정생활을 생각해 보면 이해할 수 있다. 예를 들면 어느 집에서나 필요 불가결한 된장, 간장, 두부의 생산, 의복의 가공 및 세탁 등 많은 생산활동이 각 가정에서 이루어졌고, 가정을 지배했다 해도 과언이 아니며 이와 같은 자급에 따라 소비가 성립된 것이다.

그러나 공동체가 점유했던 특정 토지에서 조달되지 못하는 물자(예를 들면 소금이나 금속 등)들이 있었다. 또한 공동체 구성원의 증가나 기후, 자연조건의 변화에 따라 공동체내에서의 자급자족에 한계를 초래할 수도 있었다.

2. 공동체간 교환의 발생

자급자족이 서서히 붕괴되고 앞에서 설명한 것 같이 지역에 따른 자연조건의 차이와 각 지역별 생산력의 차이, 부락민의 특수능력과 욕망의 차이가 명확해짐에 따라 물품교환의 발생이 한층 명확해졌다.

특히, 자연의 적극적인 이용이 생산수단의 발전을 촉진시켜 토지나 노동에 대한 생산성 향상으로 공동체내에 잉여생산물을 발생시켰다. 처음에는 잉여생산물도 불규칙적으로 생산되는 것에 불과했지만 생산수단의 발전에 따른 결과로써 생산성 향상과 더불어 불규칙적인 잉여생산물은 언제나 발생하게 되었다.

잉여생산물이 항상 발생한다는 것은 다시 말하면 교환 당사자간에 보다 안전하고, 서로에게 유리한 교환방법을 요청하게 된다. 역사적으로는 평화적인 교환에 이르기까지는 부락간 생산물을 둘러싼 이전수단으로서 투쟁과 전쟁에 의한 약탈이 있었다. 그러나 강제력에 의한 생산물의 이동은 일방적이고 단편적이어서 희생과 위험이 크고 지속성이 없었으며 잉여생산물의 발생에 대처하는 방법으로는 적절한 것은 아니었다.

(1) 직접교환(물물교환)

평화적으로 교환할 수 있는 방법으로 보다 적합한 것으로는 물물교환(barter trade)이 있다. 이 방법은 현재도 국제간 거래로써 산유국이 공업제품을 구입하기 위해 원유를 결제하는 수단으로 이용하기도 하고, 또한 국가에 따라서는 만성적인 외화부족을 해소하기 위해 현물결제를 하는 경우에도 볼 수 있다. 그러나 이 방법으로는 현물을 서로 교환할 때 수량이나 비율에 합의하기 어렵고 우발성, 모험성, 사기성 등 불안정 요소가 항상 따라다닌다.

(2) 간접교환(화폐에 의한 교환)

이와 같은 물물교환의 난점을 극복하기 위해 도입된 것이 교환을 위한 매개물을 이용하는 방법이다. 매개물로서는 우선 물품화폐가 등장했는데 역사적으로나 지역적으로도 여러 가지 희소성이 있는 물품이 이용되었다. 특히 보전성이 뛰어나고 어느 정도 분할 가능한 것이 물품화폐의 요건이 되었는데 벼나 화살촉 등을 예로 들 수 있다.

이윽고 교환의 척도나 지불수단으로 물품화폐보다 한층 뛰어난 금속화폐가 이용되기에 이르렀다. 화폐의 출현은 그만큼 잉여생산물의 일상적 공급을 촉진하고 판매를 목적으로 한 상품으로서의 생산을 활발하게 만들었다. 화폐는 전국적인 교환이나 지불수단으로 침투되었고 대부분 생산물과의 교환을 가능하게 하였다. 금본위제 시대에 볼 수 있었던 태환권(兌換券)의 이용, 오늘날 신용화폐로서의 불환지폐(不換紙幣)나 경화(硬貨)의 이용, 수표, 나아가 신용카드, 선불카드(free-paid card), 그리고 앞으로 이용이 주목되는 IC카드 등 다양한 신용 지불수단이 발전하고 있다.

3. 시(市)의 성립과 상인의 활약

생산물의 교환을 원활하게 추진하기 위해서 교환 당사자간에 이루어진 화폐의 역할은 큰 것이었지만, 다른 하나의 커다란 역할을 담당한 상인의 존재를 무시할 수 없었다. 교환경제에 상인이 언제 등장했는가에 대해서는 정확하지 않지만 이미 고대사회의 페니키아, 카르타고 그리고 그리스 상인에 의한 대규모 교역활동은 잘 알려져 있다. 이 가운데 페니키아인들은 세계 최고의 상업민족으로 잘 알려져 있고 기원전 1500년경부터 이집트나 메소포타미아 등을 중심으로 교역활동에 종사하고 해상무역을 지배했었다.

상인은 행상(行商, 행고(行賈), 또는 도부(到付)라고도 함)의 형태로 시작되었는데 농민이나 가내 수공업자의 부업(자신이 생산하거나 만든 제품을 직접 다니며 판매하는 반공반상인(半工半商人), 반농반상인(半農半商人)) 또는 계절상업 등으로 발전을 하였고 점차 상인층이 독립 직업집단으로 사회적으로 분화하였다. 우리나라에서는 이미 삼국시대에 행상이 교환의 중심을 이루었는데 이는 농촌의 자급자족경제에 기인했다. 물물교환도 있었지만 가장 쉽게 사용가치를 전환하는 방법은 행상의 활동에 의존하는 것이다. 도부라는 말이 가르키는 바와 같이 필요한 상품을 문 앞까지 배달하거나 가장 가까운 거리에서 구매할 수 있는 장점이 있기 때문에 백성들의 일상적 구매활동은 행상과 밀착되어 있었던 것이다. 이 시기에는 아직 상설점포는 등장하지 않았다.

또한 페니키아의 상인이나 실크로드에서의 카라반(隊商)의 활약은 다른 국가들의 문화의 전달자로서도 알려져 있다. 대항해시대의 상인도 국가권력의 지원 하에 원거리로 나가 교역을 통해 다양한 물자의 이동을 담당하고 중상주의의 기초를 만들었다.

잉여생산물 교환 장소인 시장의 성립 역사는 오래전부터인데 우리나라의 경우는 신라 소지왕(炤智王) 12년(서기 490년)에 처음으로 수도인 경주에 경사시(京師市)를 개설하여 물화(物貨)가 사방(四方)으로 널리 유통되었고 시장과 시장을 순회하는 행상대인 보부상(褓負商)이 활발하였으며 객주(客主)가 발달했다. 경사시를 개설한지 19년 뒤인 지증왕(智證王) 10년(서기 509년)에 동시(東市)를 개설하였고 효소왕(孝昭王) 4년(서기 695년)에 다시 경주에 서시(西市)와 남시(南市) 두 시장을 개설하면서 그 수도인 경주에만 모두 4개의 시장을 개설하고 3개의 시전(시장의 개폐, 도량형의 사용, 상인의 분쟁, 범죄 등에 대한 단속과 어용품의 조달, 세금 징수 등의 업무를 관장하는 곳)을 두었다. 시장은 생산력의 발전, 인구의 증가, 집중, 그리고 교통의 정비, 발달에 따라 부정기적인 것부터 정기적으로 개최되기 시작하여 상설점포가 등장하기에 이른 것이다.[1] 시장은 다양한 물자의 교환을 목적으로 상인의 활약무대이기도 하고 나아가 사람들의 문화교류, 종교적 제례나 오락의 제공과 밀접한 관계를 맺고 있었다. 상업의 발전이 동시에 도시나 종교의 발달과 보조를 맞추어 온 것도 단순한 우연이 아니었던 것이다.

이와 같이 교환거래를 전문으로 담당하는 상인을 매개로 경제는 발전을 이룬 것이다. 여기에서도 상인을 매개시킨 의미에서의 간접교환은 생산자와 소비자, 또는 공급자로써 직접교환 이상의 효과를 발휘시켜 보다 정밀하고 복잡한 상업조직을 만들어간 것이다. 보기에 따라서는 멀리 돌아가는 것 같지만 생산력의 발전과 소비 구매력의 확대에 지속적으로 대응하기 위해서는 교환에 화폐나 상인을 매개시키는 것이 효율적이고 유효하다는 것을 역사가 말해주고 있다고 하겠다.

4. 교환 거래를 둘러싼 개념

교환 거래를 어떻게 추진하는가에 따라 몇 가지 유사한 개념이나 표현이 있다. 이것은 다시 말하면 생산물의 사회적 이전을 둘러싼 그 시대의 배경과 각각의 국가라는 상황에 따라 또는 이전을 실질적으로 담당하는 주체의 세력에 의해 몇 가지 명칭을 만들어 냈다고 할 수 있다.

---

1) 조병찬(1992), 한국시장경제사, 동국대학교 출판부, p.35.

상업, 마케팅, 유통 등이 바로 이것이다. 이런 명칭은 각각 넓은 의미에서는 생산물의 사회적 이전을 나타내는 개념이라 하겠다. 그러나 협의의 의미로는 각각 다른 의미와 평가를 받기도 했다.

상업은 교환 거래를 전문적으로 담당하는 주체에 따라 추진되었고 그 특징은 지속적인 재판매구입행위를 통해 영리를 추구한다는 점이다. 이 점에서 상업의 본질은 상인을 중심으로 한 수급조정활동으로서 발전해 온 것이다.

마케팅의 발전은 20세기 초 미국에서 농업의 대량생산과 과점적인 대규모 제조기업의 대량생산체제의 확립에 따른 시장간 문제해결을 위한 방법으로 등장한 것이다. 현대에는 마케팅의 적용영역이 비영리조직이나 개인에 이르기까지 광범위하게 확장되어 그 담당자, 방법, 적용범위 등이 다양화되고 있다. 이것은 1985년 AMA(American Marketing Association)가 제시한 정의도, 마케팅은 개인 및 조직의 목표를 달성하기 위한 교환(거래)을 창조하기 위하여 아이디어, 재화 및 서비스의 개념정립, 가격결정, 촉진 및 유통경로에 대한 계획 수립 및 이를 수행하는 과정(Marketing is the process of planning and executing the conception, pricing, promotion, and distribution of ideas, goods and services to create exchanges that satisfy individuals and organizational objectives)이라고 한 것 같이[2] 아이디어나 서비스를 대상에 포함시켜 생산자(또는 제조업자)나 영리조직이라는 특정의 기업시점에 치우치지 않는 폭을 지니고 있다. 그러나 이 정의도 마케팅을 본질적으로는 거시적인 시점보다 미시적인 시점에 입각한 조직과 개인 측면으로부터 수급조정활동으로 파악하고 있다.

그러면 유통이란 무엇을 의미하는 것일까? 여기에서는 유통개념을 생산에서 소비에 이르는 생산물의 사회적인 이전을 원활하게 추진하는 활동 및 과정으로 인식하고, 특정 조직이나 시점에 제한 받지 않는 포괄적인 의미를 지니는 것으로 이해하도록 하자. 이것은 유통기능을 담당하는 주체가 여러 단계로부터 나타나고 있고 상인이나 생산자 뿐 아니라 소비자와

---

2) Peter D. Bennett(1988), Dictionary of Marketing Terms, American Marketing Association, p.115.

정부까지도 유통기능의 수행에 직접, 간접으로 영향력을 지니게 되어 상업과 마케팅이라는 각각의 특정 주체의 시점을 상정한 개념으로는 전체로써 생산물의 이전 그 자체를 충분히 파악하지 못하는 상황에 놓여있기 때문이다.

그것은 또한 유통기능 수행의 주체가 다양화되고 있는 상황 속에서 오늘날 생산물의 이전이라는 것은 개개의 제도나 개인의 기능수행에 의해서만 실현되는 것 뿐 아니라 다른 단계의 제도간에서 협조를 기초로 형성되는 수직적 유통경로 시스템을 통해 생산물 이전이 조직화되고 이 시스템이 서로 경쟁하고 대항하는 유통경로 시스템간 경쟁에 의해 추진된다(예를 들면 제조업자와 상업자의 협조관계에 따른 유통경로 시스템의 형성, 메이커 주도형 유통경로 시스템과 소매업자 주도형 유통경로 시스템의 경쟁과 협조의 관계이다). 이와 같은 제도간 상호관계나 유통경로 시스템(또는 네트워크)간 경쟁(대항)과 협조(의존)라는 관계는 생산물의 사회적인 이전의 구성에 커다란 영향을 미치기 때문에 특히 중요한 문제이지만 이러한 현실적인 문제에 대한 접근은 사실 특정 주체의 시점으로부터 파악되어질 뿐 전체의 움직임을 파악할 수 있는 것은 아니다.

생산물의 이전이 어떠한 주체에 의해 어떠한 방법으로 무엇을 대상으로 실행되는가, 또한 이로 인해 어떠한 사회, 경제적 효과를 파생시키는가를 문제로 삼는 경우, 담당자의 다양성이나 담당자들 상호관계의 형성은 생산물 이전의 성과를 좌우하는 만큼 유통이라기보다 더 한층 광범위한 시점으로 전체 이전의 구성을 파악할 필요가 있다.

제2절 유통분석을 위한 시점

유통은 생산과 소비 또는 수요와 공급사이에서 다단계적인 생산을 결합하면서 수요자에게 다양한 상품 및 서비스를 제공한다. 이에 따라 경제순환이 가능해지고 사회전체의 발전을 원활하게 하는 역할을 담당한다. 생산, 유통, 소비라는 경제의 3대 구성요소 가운데 어느 하나가 역기능에 빠진다면 경제발전은 희망을 잃어버린다. 유통은 때때로 사회적으로 무용하다는 말을 들을 때도 있지만 유통이 적절하게 기능하지 않아 일어나는 사회적 혼란은 상품의 부족, 과잉상태 또는 물가의 급격한 폭등 등 이루 말할 수 없는 문제를 불러일으킨다.

1. 유통의 2가지 역할

원리적으로 유통은 경제에서 2가지 대응력이 필요하다. 우선 하나는 생산에 대한 대응력이라고 할 수 있는데 사회적으로 유통은 생산자의 판매대리기능을 담당하고 있다고 할 수 있다. 유통을 전문적 또한 효율적으로 담당하는 기업을 유통업자라고 한다면 유통업자의 활동에 따라 생산자(또는 제조업자)는 유통을 그들에게 일임함으로써 효율적인 생산활동에 전념할 수 있다. 유통업자는 생산자의 제품개발이나 생산계획에 도움이 되는 정보를 제공하기도 하고 제품의 안정적인 판매창구가 되어 생산자를 지원한다. 그러나 유통업자의 이와 같은 역할은 생산자가 스스로 행하는 이상의 성과를 올리는 것이 조건이 되며 이 조건을 채우지 못하면 생산자는 판매대리기능을 부담시키지 않고 스스로 그것을 담당하게 된다.

또 다른 대응은 소비에 대한 역할로써 유통업자가 소비자를 대신해서 소비자의 구매대리기능을 담당하는 것이라고 하겠다. 유통업자는 소비자가 필요로 하는 다양한 상품과 서비스를 국내는 물론이고 해외의 많은 생산자로부터 구입하고 때로는 자신이 생산자와 같은 자사 브랜드를 개발도 하고 제조도 하여 소비자에게 상품구색과 가격요구로 나서기도 한다. 소비자가 유통업자를 통해 구입하는 장점을 인정한다면 유통업자의 존속과 성장이 가능해지지만, 반대로 소비자의 기대를 저버리게 되면 소비자는 스스로 소비자를 위한 모임이나 산지 직송 등을 통해 직접 그 역할을 담당한다.

이와 같이 유통의 2가지 역할은 유통이 경제과정에서 생산과 소비사이에서 이 생산과 소비를 매개로 한다는 점이 전제가 되는 한, 숙명적으로 발생하는 것이라고 할 수 있지만 아담 스미스가 지적한 것 같이 '모든 생산은 소비를 위해 존재한다'는 입장에서 본다면 유통은 본질적으로 소비생활과 수요의 동향을 정확히 인식하고 생산과 소비를 결합해야 하는 것이다. 더욱 중요한 것은 이 유통의 역할을 누가 담당하는가에 대해서는 결정되어 있는 것은 아니다. 만약 많은 유통기능을 전문적으로 담당하는 기업이 유통업자로서 등장했다고 해도 이들이 수행하는 기능이 생산자나 소비자 등 다른 경제주체 이상의 효율성과 유효성을 발휘하지 못한다면 사회적으로 그 존재를 인정받았다고 할 수 없다. 여기에는 효율성과 유효성을 둘러싼 경쟁을 통해 경제주체 간에 항상 유통기능담당의 대체관계가 발생한다. 따라서 유통업자는 이러한 유통기능을 가장 효율적이고 효과적으로 수행하는 전문기업을 말하는 것이며, 이런 기업의 집합(기업군)을 유통산업이라고 한다. 그러나 현실적으로는 유통업자가 담당하는 기능은 유통기능만이 아니며 생산기능을 동시에 수행함으로써 경쟁력이 발휘되기도 하고(유통업자에 의한 Private Brand(PB) = Store Brand의 기획 및 생산의 경우), 기능담당의 경계가 중복되는 경우도 있어(제조도매업, 제조소매업 등의 경우), 반드시 각각의 기업이 지닌 사업내용은 유통에 한정된 것일 필요는 없다. 이와 같은 경우에는 어느 기능에 따른 매출이 상대적으로 많은가를 분석해서 주된 사업체인가를 판단하는 하나의 척도로 여기고 있다. 또한 현존하는 유통업자가 모두 효율적이라고 말할 수 없는 경우도 있고 반드시 효율적이기 때문에 존속해야 한다고 말할 수 없는 경우도 있다.

2. 유통활동의 평가에 대한 2가지 척도

유통활동의 성과는 어떠한 척도나 기준으로 평가할 수 있는 것인가. 예를 들면 우리는 어떤 구매의 활동에서 이용한 소매점과 이 소매점에서 구입한 상품에 대해 좋다, 나쁘다를 경험적으로 판단하고 있다. 이 근거는 평가하는 사람에 따라 다양하지만 이와 같은 경험적 판단의 근거를 정리하기 위해 여기에 2가지 판단기준을 제시해 보고자 한다.

우선 우리가 가장 공통적으로 관심을 갖기 쉬운 평가의 척도가 가격(price)이다. 일반적으로 소비자는 유통활동의 가격 또는 점포에서의 상품이나 서비스의 판매가격에 대해 엄격한 비교를 한다. 같은 내용의 유통활동이나 상품이라면 가능한 한 가격이 낮은 쪽을 소비자는 원한다. 같은 내용의 같은 제품에 관한 유통활동 또는 같은 품질의 재료를 취급하는 도매업자가 다수 존재한다면 이 가운데서도 가격을 내릴 수 있는 업자와 거래함으로서 예산을 유효하게 활용하려고 할 것이다. 소비자도 한정된 소득으로 같은 내용의 상품을 사려한다면 가능한 한 저가로 판매하는 소매점을 선택한다. 유통비용이 줄어들면 기업은 이익증대효과가 파생되고 소비자는 소득증대효과를 볼 수 있다. 유통합리화나 근대화에 따른 유통비용 삭감을 요구하는 것도 바로 이 이유 때문이다.

가격 이외에 일반적으로 소비자가 일상적으로 체험하는 판단기준으로 쉬운 예를 들어보자. 어느 소매점포가 제공하는 편의성, 쾌적성, 또는 즐거움이라는 효익(benefit)을 주는 척도가 있다. 이 효익이라는 척도는 꽤 복잡한 내용이 포함되어 있기 때문에 반드시 한마디로 정의를 내리기는 어렵다. 그러나 우리가 점포를 이용한다든지 상품을 구입할 때 반드시 가격과 금액이 저렴하기 때문에 찾는 것이 아니라 다른 곳 보다 비싸더라도 구매의 편리함이나 분위기가 좋다든지 또는 정보가치에 매료되어 어느 특정한 점포에서 상품을 사는 경우도 있다. 유통활동을 가격 퍼포먼스(performance)만으로 판단해서는 안 되는 이유가 이것이다.

특히 시장의 근대화나 활성화의 초점이 개별점포 뿐 아니라 시장전체를 보고 이 효익(benefit)의 충실을 어떻게 만들어갈 것인가가 중요해 지며 거래를 활성화시키는데도 커다란 테마가 되는 것이다. 효익이라는 척도를 실현시키기 위해서는 사실 높은 비용이 소요되기 쉽다. 또한 이와 같은 효익에 관련된 기준은 이 표현의 타당성 여부를 떠나 기업간 거래에서도 다소 높은 가격이 설정되어 있더라도 호혜 원칙에 따른 거래, 안정적인 품질 유지와 상품구성의 종합화 등의 이유 때문에 이용되기도 한다.

제2장

유통기능의 해명

제1절 유통기능

유통기능(distribution function)이란 생산자로부터 소비자에게 상품 및 서비스를 인격적으로 이전시키는 경제적 활동이며 그 과정을 말한다. 현대 경제사회는 생산자와 소비자의 경제적 거리(economic distance)가 존재하고 있고, 이 거리(격차)를 합리적으로 통합하는 기능이 필요하다는 것은 말할 필요도 없다. 이는 사회생활의 안정 등에 공헌하고 나아가 국민생활의 발전에 기여하는 유통기능을 달성하기 위해 유통기구를 구성하는 유통기관과 유통업자가 제도적으로 존재해온 것이다. 생산과 소비와의 인격적 통일기능(소유권 이전기능)을 위한 수급 결합 기능으로써 소유권이전 기능(교환기능)과 장소적 또는 시간적 통일 기능의 물류(physical distribution)가 필요하다. 생산의 목적은 소비이며 소비하지 않는 것은 생산하지 않는 것이 당연하다 할 것이다. 아담 스미스(Adam Smith, 1723~1790)는 '소비가 모든 생산의 유일한 결말이며 목적이다. 그러나 생산자의 이익은 소비자의 이익을 촉진하는데 필요한 경우에만 존중받는다' 고 역설한 것 같이 생산은 소비를 기반으로 하고 있다.[1] 생산과 소비라는 행위는 서로 보충관계에 있으며 생산은 소비(수요)를 전제로 한 생산이며 소비에 대해 생산(공급)이 확보되어 생산을 전제로 한 소비인 것이다. 모든 생산은 원재료를 소비하게 되며 소비(수요)를 확보함으로써 재생산을 가능하게 하는데 이 의미에서 재생산적 소비라고 할 수 있다.

그런데 유통기능은 생산과 소비의 인격적 통일기능(소유권 이전기능)이라 할 수 있는데 이 인격적 통일기능을 완전하게 수행하기 위해서는 생산・소비의 경제적 거리를 극복해서 수급의 통일을 이루는 것이다. 또한 이것은 장소적・시간적인 물류 외에 양적, 품질적 기능 등 조성기능의 보조

---

1) Adam Smith, *Wealth of Nation*, BK. Ⅳ, Ch. Ⅷ. 大内兵衛, 松川七郎 譯(1969), 諸國民の富, 第1分册, 岩波書店, p.37.

역할을 받아 달성되는 것이다. 특히 현재의 경제생활은 금융적 기능, 위험부담 기능, 표준화 기능, 시장정보 기능의 도움을 받아 달성된다.

재화의 유통문제 해명에 기능 분석을 실시해서 과학적으로 연구한 최초의 학자라고 일컬어지는 미국의 쇼(A. W. Shaw)는 1912년 8월 Quarterly Journal of Economic 에 Some Problems in Market Distribution이라는 논문을 발표했다. 이 논문에 쇼는 상업(마케팅)기능에 대해 유통과정에서 중간유통업자의 기능(function of middleman)을 다음과 같이 5가지 일반기능으로 분류했다.[2)]

① 위험부담(sharing the risk)

② 재화의 운송(transporting the goods)

③ 경영금융(financing the operations)

④ 판매—상품에 관한 아이디어의 전달(재화에 관한 전달의 개념) (selling-communication of the ideas about the goods)

⑤ 수집, 상품구성 및 재발송(assembling, assorting and reshipping)

특히 쇼는 생산활동, 유통활동, 관리활동으로 분석하고 유통활동으로서 효율(efficiency), 물류, 수요창조(demand creation)를 들고, 시장가격 이상의 판매전략을 전개하고 차별화된 상품의 판매, 중간상업자의 배제 등을 제창했다.

이후 1917년 웰드(L. P. H. Weld)는 American Economic Review에 Marketing Functions and Mercantile Organization이라는 논문을 발표하였다. 웰드는 이 논문에서 쇼의 5가지 기능에 보관과 조정(rearrangement)을 추가하여 7가지 기능을 제안하였고, 체링톤(P.T. Cherington), 밴더블루(B. Vanderblue)는 표준화, 선별, 분산의 3기능을 추가하여 10기능을 발표하고 정밀화를 도모했다. 또한 미국에서 기능연구(functional approach)는 1910년대부터 20년대에 걸쳐 발전하였고 일단의 완성을 보았는데 그 최대 공로자로서 클럭((F. E. Clark)을 들고 있다. 클럭은 1922년 저서 Principles of Marketing을 출간했다. 그는 이 책에서 유통에 관한 기능을 체계적으로 분석하여 교환기능, 실질적 공급기능 및 보조적 기능으로 분류하였고 특히 교환기능을 수집(구매)과 판

2) A. W. Shaw(1915), *Some Problems in Market Distribution,* p.76

매(수요창조)로 나누어 이 기능을 소유권·재산권이전의 본질적인 중요한 기능이라고 다음과 같이 체계적으로 설명하고 있다.3)

A 교환기능(function of exchange)
  1. 판매(수요창조)(selling-demand creation)
  2. 수집(구매)(assembling-buying)
B 실질적 공급기능(function of physical supply)
  3. 운송(transportation)
  4. 보관(storage)
C 보조적기능(facilitating functions)
  5. 금융(financing)
  6. 위험부담(risk-taking)
  7. 시장정보(수집과 해설)
  (securing information, especially by accounting research) (market information, its collection and interpretation)
  8. 표준화(standardization)

이 분석에서 알 수 있는 것 같이 유통기능의 기본적 역할은 교환기능에 의한 소유권의 이전을 본질적인 기능으로 한 점이다. 즉 소유권을 얻는 구매활동과 그것을 양도하는 판매활동이며 재판매를 위해 구매하고 판매와 구입을 위해 활동하며 매매(buying and selling)를 하는 것이다. 이것은 인격적 격차(personal distance)의 조정기능으로 역할을 담당하는 것이다.

장소적 및 시간적 격차의 조정기능인 운송과 보관은 물적인 실질적 공급기능을 담당하는 것이며 교환기능과 결합하여 이와 동시에 재화의 소유권 이전과 실질적 이전이 달성되는 기능이다. 그러나 이것이 유통의 본질적 기능과 결합하지 않고 독자의 기능을 이루려고 할 때는 유통기능이 아니다. 유통의 본질은 수급조정이며 판매자와 구매자의 매매라는 형태로 실현되는 것이다.

3) Fred. E. Clark(1922), *Principles of Marketing,* Macmillan, pp.10-11.

맥게리(E. D. McGarry)는 유통과정의 기본적인 중요한 활동으로 다음 6가지 기능을 들고 있다.4)

① 접촉적기능(contact function) : 잠재구매자, 잠재판매자의 조사와 그 접촉
② 광고선전기능(propaganda function) : 수요자를 설득하고 영향을 주는 방법
③ 상품화기능(merchandising function) : 시장에서 소비자의 욕구에 대응하기 위해 제품·재화와 적합시키는 것
④ 물류기능(physical distribution function) : 운송과 보관
⑤ 가격기능(pricing function) : 생산을 가능하게 하기 위하여 충분할 만큼 비싸고 또한 수요자가 받아들일 만큼 저렴한 가격의 선택
⑥ 종결기능(termination function) : 재화의 소유권 이전에 따른 판매조건의 결정

특히 이 경우는 마케팅 기능 및 유통기능의 일반적인 분류와 구별하여 ①의 접촉적 기능을 상품 유통의 생산과 소비를 결합시키는 주요한 직능으로 간주하고 있다. 수요의 조사 및 연구는 시장조사를 말하는 것이며 산업수요자(industrial demand)라든가 회사수요(company demand)의 조사이다. 즉 잠재적 판매자와 잠재적 구매자의 관념적인 접촉이다. 이 접촉 기능은 밀접한 관련성이 있는 광고선전기능이 담당한다. ②의 광고선전기능은 소비자(수요자)에게 상품을 설득하고 구매로 유도하는 활동이다.

③의 상품화 기능은 재화유통에서 개별 경제적인 입장에 있는 것으로 이해할 수 있다. 소비자(수요자)의 욕구에 상품을 적합하게 만드는 활동이기 때문이다. 즉 상품을 언제, 얼마의 가격으로, 몇 개를, 어디에서 제품화하여 제공하는가를 말한다. ④의 물류기능과 ⑤의 가격기능은 국민경제적이고 개별경제적인 입장을 동시에 취한다. 특히 물류기능은 상품의 운송과 보관(저장)을 말하는데 장소적 거리와 시간적 거리와의 조정을 뜻한다. 가격기능은 생산자 및 소비자의 입장을 동시에 고찰할 필요가 있다. 종결기능은

4) E. D. McGarry(1950), Some Functions of Marketing Reconsidered, R Cox. & W. Alderson(eds.), *Theory in marketing*, pp.269-273.

완전기능 · 상적기능(상거래기능)을 말하며 소위 매매 및 소유권 이전활동이며 유통과정의 완료를 말한다.

말하자면 유통기능은 상품의 생산자와 소비자의 경제적 거리(economic distance)의 조정이고 수요와 공급의 적합화를 도모하는 것이다. 이를 위한 기능으로 들 수 있는 것은 다음과 같다.

① 인격적통일기능 : 수집(구매, assembling), 분산(dispersing), 판매(selling), 매매거래(소유권이전)
② 장소적통일기능 : 운송기능
③ 시간적통일기능 : 보관기능, 물리적 유통기능
④ 양적통일기능 : 생산 · 소비의 수량적통일(수집 · 분산)
⑤ 품질적통일기능 : 표준화(standardization) 및 등급(grading)
⑥ 금융적기능 : 금융(financing, 생산자 및 소비자를 위한 금융)
⑦ 위험부담기능 : 물리적위험, 경제적위험
⑧ 시장정보기능 : 시장조사 · 정보

제2절 유통기능의 분석

유통의 사회경제적 기능 가운데 가장 기본적인 기능은 생산자로부터 소비자에게 상품 및 서비스를 사회적으로 유통시켜 인격적 · 사회적으로 적합 · 이전시키는 기능이다. 즉 상품의 생산과 소비와의 적합을 사회적으로 담당하는 것으로 유통의 기본적 기능이라고 하는 이유가 여기에 있다. 이것은 생산과 소비의 양적 · 질적 · 시간적 등 인격적 거리의 극복이고 상업활동(commercial action)의 통일이다. 이 기본적 기능 외에 물류기능과 유통조성기능이 있다.

〈표 2-1〉 유통의 기본적 기능

기본적 유통기능 (상적유통기능)	물적유통기능	유통조성기능
① 인격적 통일기능 (거래유통기능)	② 장소적 통일기능 (운송)	④ 수량적 통일기능 ⑤ 품질적 통일기능 (표준화)
(수집) 구매 (분산) 판매	③ 시간적 통일기능 (보관)	⑥ 금융적 기능 (금융) ⑦ 위험부담기능 (보험) ⑧ 시장정보기능 (시장조사)

1. 인격적 통일기능

경제활동의 발달은 생산과 소비의 인격적 · 장소적 격차를 확대하였으며, 특히 경제적 거리를 확대했고 생산자의 생산장소, 시기도 대부분의 경우 명확하지 않은 상품을 소비한다든지 수요와 공급의 불일치를 볼 수 있다. 현재와 같이 기술적 분업(devision of labour)이 발달한 사회에서는 일반적으로 재화의 생산과 소비는 인격적으로 다르기 때문에 재화를 생산자로부터 소비자에게 사회적으로 유통시켜 인격적으로 이전시키는 기능이 필요하다. 특히 유통은 사회적, 인격적으로 분리된 생산자(공급자)와 소비자(수요자)의 인격적 통일이라는 인격적 유통에 있고 이 인격적 통일기능이 있다면 다른 기능이 없어도 유통이라고 할 수 있는데 반해, 인격적 기능이 없는 단순한 장소적 기능은 운송(transportation)이며 시간적 기능은 보관(저장)에 불과하다고 할 수 있다.

사회경제적 기능으로써 인격적 통일기능은 다수 유통기관의 교환활동 및 매매활동으로 이루어진다. 이러한 인격적 통일기능은 수집(구매) 및 분산(판매)기능으로 유통기관이 수행하는 개별경영활동이며 상품의 소유권 이전이 따른다. 즉 매매는 상품의 소유권을 인격적으로 이전시키기 위한 상업의 기본적 기능이다. 이러한 인격적 통일기능은 유통조직에 의해 이루어지며 수급의 통일기능을 담당하는 것이다. 따라서 생산·소비의 인격적 통일이라는 국민경제적 현상 내지는 사회경제적 현상으로서의 유통은 생산자가 생산하는 상품의 소유권이 이것을 필요로 하는 소비자의 소유로 넘어가는 경제현상이라고 할 수 있다.[5)]

현대 경제사회에 있어서 인격적 통일 기능으로서의 매매는 상품을 인격적으로 이전시키기 위한 기본적 유통기능이고 상품과 화폐와의 교환으로 이루어지는 것이다. 유통은 인격적 통일기능을 수행하는 것이고 생산자로부터 소비자에게 상품 및 서비스의 사회적 유통조직에 개재하는 각 유통기관이 부문담당자가 되어 그 유통기능을 이루어내는 것이다. 따라서 각 유통기관이 수행하는 구매 및 판매의 개별적 경제활동은 그러한 경제행위를 사회적으로 전체로서 통합할 때는 사회경제적 유통기능이 된다.

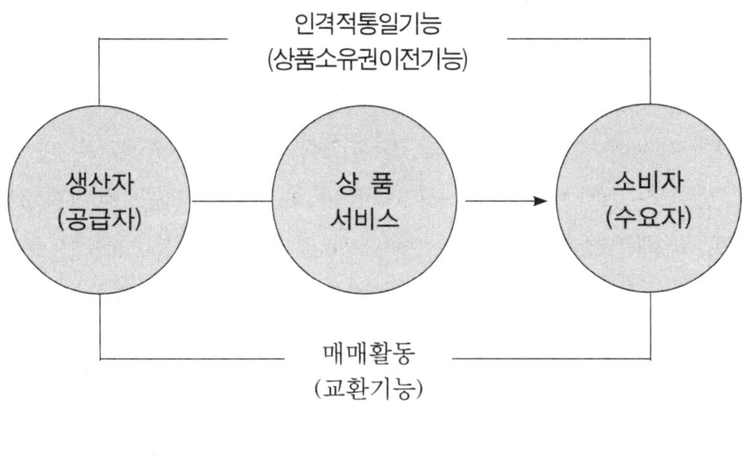

〈그림 2-1〉

5) 林·北島·刀根(1961), 配給流通, 文雅堂書店, p. 98.

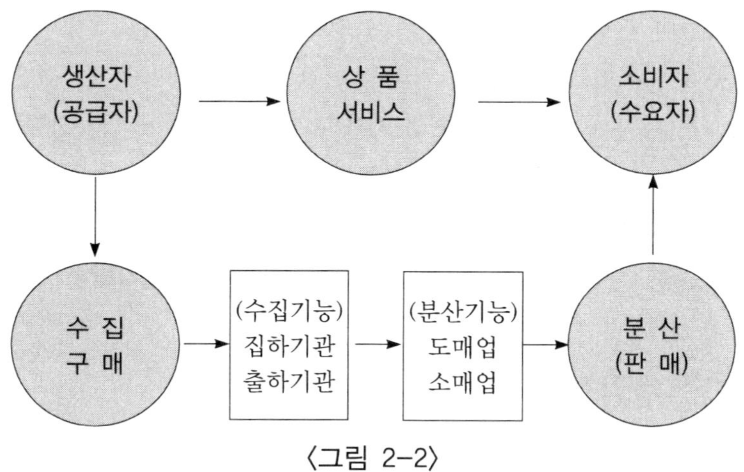

〈그림 2-2〉

수집(assembling)이란 최초의 생산자로부터 상품을 집하(concentration)하는 것이며 분산적으로 생산된 생산물(product)이나 재화(goods)를 사들이는 것을 말한다. 한편 분산(dispersion)이란 최종 소비자에게 분할되어 흘러가는 것을 의미한다. 이것은 수집된 상품의 수요(demand)라는 통합적 기능이다.

상품의 사회적 · 인격적 유통이라는 유통기능은 이와 같이 수집기능과 분산기능으로 나누어지는데 본질적으로는 인격적인 수집 또는 분산이며 물리적 또는 장소적인 수집 및 분산이 아니다.

클럭(F. E. Clark)은 이러한 수집 및 분산을 교환기능(function of exchange)의 본질이라 여기고, 유통기능은 재화(goods) 및 상품(commodity)수집의 구매기능과 분산 판매기능을 연결하여 생산자로부터 소비자에게 소유권이 넘어가는 것이라고 말했다. 따라서 교환기능은 수집~구매(assembling~buying), 판매~수요창조(selling~demand creation)의 기능이라고 할 수 있는 것이다.

드러커(P. F. Drucker)는 기업의 목적을 고객창조(the creation of customers)라고 하면서 판매의 중요성을 지적하고 있다. 특히 고객은 기업의 기반으로써 시장 창조(the creation of market)의 모체라고도 하며 유통기능의 본질을 이루는 것이다. 교환기능은 사회경제적 견지에서 고찰하면 재화의 유입 · 유출기능이지만, 현실적으로는 재화의 실제적 이전을 이루기 위한 각종 유통기관이 담당하는 유통활동의 수행이다. 교환기능은 각종 상품매매 활동을 통해 이루어지는 상품의 인격적 이전이다. 인격적 통일기능은 상품 및 서비스를 생산하는 생산자 및 소비자의 인격적 통일이라는 사회경제적 현상으로 소유권이 이전되는 경제활동이라 할 수 있다. 또한 소비자(수요자)가 제조업자(메이커)라고 한다면 생산재 또는 산업재(industrial goods)에 대한 기업활동이기 때문에 인더스트리얼 마케팅(industrial marketing)이라 한다.

2. 장소적 통일기능

상품 및 재화의 생산과 소비의 공간적 격차 및 장소적 격차는 점차 증대하고 있고, 이것을 운송(transportation)으로 극복하고 사회적 유통을 조성하는 것이다. 현대 경제사회는 생산·소비의 장소적 격차의 확대로 인해 운송의 역할은 대단히 중요해 지고 있다. 이 운송은 시장범위의 확대, 공간적·장소적 격차의 증대를 극복하는데 상인 직능의 분화로 유통업자가 스스로의 운송까지 수행하는 것이 불가능하며, 운송을 기업의 목적으로 한 전문기관인 운송업이 생긴 것이다. 운송에 필요한 거대한 설비나 전문적인 기술도 필요해 지면서 교통 서비스도 운송업으로서 독립 사업으로 발전해 왔다. 그러나 소매기관이 고객을 위해 상품을 배송(배달)한다든지 도매기관이 스스로 메이커나 소매업자를 위해 상품을 배송할 때에는 어떠한 재화를 생산하는 것은 아니지만 생산된 재화에 가치를 부가하는 역할을 하는 것이다. 즉 생산지와 소비지가 지역적으로 떨어져 있는 장소적 격차가 뒤따른다.

생산자로부터 소비자에게 재화 및 상품 자체를 물리적(physical)으로 이전시키는 현상 및 활동을 유통(distribution)이라 하는데 이 물리적 이전 활동에는 육상운송, 해상운송, 항공운송이 있고 유통기술의 개선으로 교통기관의 발달이 촉진되어 경제발달에 공헌하고 있다. 상품 및 서비스를 생산자로부터 소비자에게 이전하는 유통에 의해 장소적 통일기능이 이루어지고 사용가치(value in use)가 증가한다. 이 운송비용은 생산비용 측면이고 그 지출이 상품의 유통과정에서 이루어진다. 그러나 운송, 통신 등이 모두 생산활동의 유통면에서 활동은 아니며 소득의 개인적 지출이라는 측면도 있다. 유통기술의 개선, 하역의 기계화, 합리화는 유통비용 저하, 경제사회의 발전에 기여하는 것은 말할 필요도 없다.

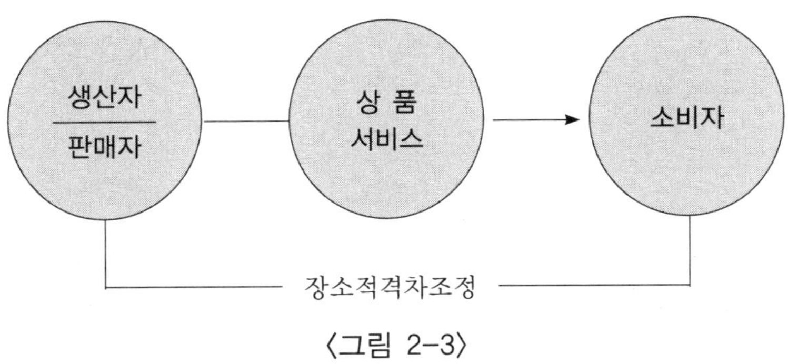

〈그림 2-3〉

상품에 대한 유통기능에는 안전성, 저렴성, 정확성, 신속성, 규칙성, 대량성 등의 조건이 구체화될 필요가 있는데 철도, 선박, 비행기, 화물자동차 등 운송기관은 각각 그 특징이 있기 때문에 운송거리, 수량의 다소, 중량, 용적에 비례하여 가격이 높은 상품, 신속함이 필요한 상품 등 상품별 요인에 따라 선정된다. 또한 대량운송과 소량운송 등 장소적 수급 조절을 가능하게 하여 사용가치를 높여 가격의 평준화에 기여한다.

〈표 3-2〉

종 류	종 별	운송수단	특 징
육상운송	철도운송 도로운송	 자동차 트럭	· 고정설비투자가 많다. · 안정성, 정확성, 규칙성 · 고정설비투자가 적다 · 신속성, 저렴성
수상운송	해상운송 내수운송	선박	· 저렴성, 대량성, 안전성
항공운송		비행기 헬리콥터	· 단시간, 안전성 · 국내 및 국제 수송업무 확대 · 운임저하, 신속성

3. 시간적 통일기능

유통의 시간적 통일기능이란 상품의 생산시기로부터 소비에 이르는 시기까지 저장(storage)함으로서 상품의 효용가치를 창조(creating time utility)하는 것이다. 이것은 생산·소비의 시간적 격차를 줄여주는 기능을 한다. 즉 수급의 시간적 조절기능이다.

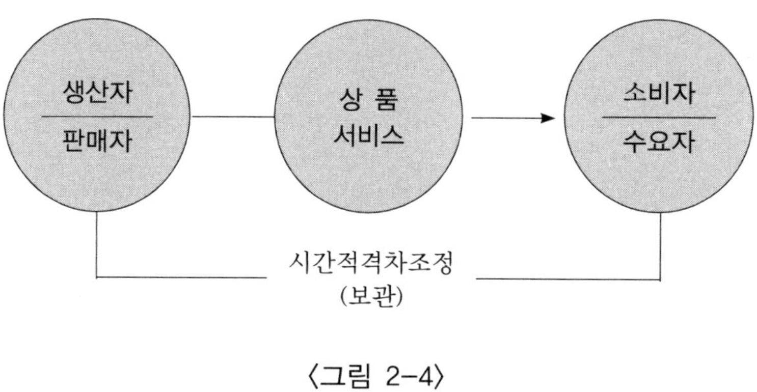

〈그림 2-4〉

경제생활의 발달은 상품의 소비를 확대하고 생산자로부터 소비자에게 단시간에 필요할 때 필요한 상품이 유통될 수 있도록 경제기능이 개선되고 있으며 수급관계의 조정을 이루어 가격을 시간적으로 안정·평준화하게 하는 기능을 갖고 있다. 대부분의 공업제품은 생산이 일년중 지속적으로 이루어지지만 소비는 시기가 한정되어있다든지 생산이 소비의 시기를 선행해서 이루어지는 시간적 격차가 생긴다.

생산과 소비의 시간적 격차의 조정(adjustment)을 필요로 하는 주된 이유는 다음과 같다.

① 생산이 계절적인 경우 : 농수산물은 일정한 생산시기와 어획기가 있기 때문에 다음 수확 및 어획시기까지 소비한다든지 저장할 필요가 있다. 보관·저장을 위해서는 특별한 설비를 필요로 하는 창고를 만들어야 한다.

② 소비가 계절적인 경우 : 계절상품이라고 할 수 있는 등유, 음료수, 석탄 등은 상시 생산하는 것이 기술적·경제적으로 이익이지만 그 소비시기가 계절적인 경우에는 저장해 놓고 수급조정을 해야 한다.

③ 계절적 변동을 초래하는 경우 : 보통 소비시기 직전에 생산하는 것이 아니라 생산시기가 소비시기보다 먼저 생산하는 것이 당연한 상품을 말한다. 즉 의복의 경우가 그러한데 여름상품을 겨울에 생산하고 겨울상품을 여름에 생산하여 수급 조절을 위해 유통과정에서 보관한다.

④ 과잉생산인 경우 : 소비수요나 판매예측(sales forecasting)이 곤란한 경우를 말하며 경제변동이 많아 주문생산이 적은 현재의 경제현상에서는 과잉 생산될 가능성이 많아 그 만큼 저장·보관된다.

⑤ 생산자 및 유통기관에서 일정 저장량이 필요 : 생산물이 즉시 소비된다고 한정할 수는 없다. 따라서 일정기간은 생산자(메이커) 및 각 유통단계에서는 수요에 대응할 수 있도록 어느 정도의 재고량을 확보해 놓아야 한다. 시간적 격차의 조정은 인격적 통일기능의 조성적 역할을 담당하는 것이다.

⑥ 가공을 위해 저장하는 경우 : 특정 상품은 생산된 후 소비에 적당하도록 일정기간을 제조공정의 일부로서 보관이 필요한 경우가 있다. 담배, 바나나, 위스키 등이다.

4. 양적 통일기능

상품의 생산과 소비의 수량은 항상 일치하는 것이 아니다. 현대 사회는 일반적으로 대량생산이 이루어지고 그 제품을 소비하는 사람은 반드시 대량이 아니라 소량의 수요자, 소비자인 경우가 많아 수량 상으로 부적합이 일어나 생산자가 판매하는 수량과 소비자가 구매하는 수량은 일치하지 않는다. 즉 수량적인 격차가 있기 때문에 적합이 필요하다.

농산물과 같이 소규모 생산자가 각지에 분산되어 있는 경우에는 수량적 불일치를 조정하기 위해 한번 수집해서 다시 분할한다. 또한 대량생산의 대규모 공업과 같은 경우는 한번에 대량 원재료를 사용해서 소비하기 때문에 이에 합치하도록 할 필요가 있다. 그리고 그 제품을 소비자의 수요에 맞추어 소량으로 분할해서 적합하게 만드는 것이 중요하다. 즉 집하・분산을 매개로 수량적 격차(quantitative distance)의 조절을 도모해야 한다. 예를 들면 농산물과 같이 소규모로 분산되어 생산되는 것은 중개인과 산지도매상을 통해 수집하고 도매시장을 경우해서 도매상, 소매상을 통해 대부분의 소비자에게 분할된다. 생산・소비의 양적통일기능이 수집 및 분산을 필요로 하는 이유는 다음과 같다.

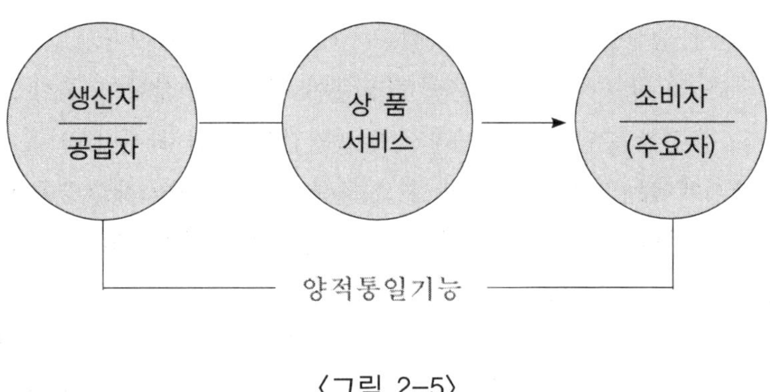

〈그림 2-5〉

① **소규모생산(소량생산)—대규모소비(대량소비)**

농수산물 및 원재료 등은 소규모로 지역적・분산적으로 생산되어 수집된 다음 대량화를 거쳐 집중적으로 원재료로서 사용・소비된다. 주로 대규모 공업의 경영은 원재료를 대량・집중적으로 수집할 필요가 있다.

② **대규모생산(대량생산)—소규모소비(소량소비)**

대규모생산(경영)이 대량으로 생산한 것을 도매상이나 소매상을 통해 가정에 판매하는 것은 소량이기 때문에 수량적으로 분할하여 적합화해야 한다. 일반적으로 최종 소비자는 가정이다. 이와 같이 생산자가 공급하는 상품과 소비자가 수요하는 상품의 수량을 분할 조정하는 역할을 갖는다.

③ 대규모생산(대량생산)—대규모소비(대량소비)

광산물, 임산물 및 원료품의 대부분은 공장생산이기 때문에 대량수요(메이커)의 요청에 대비할 필요가 있다.

④ 소규모생산(소량생산)—소규모소비(소량소비)

상품의 생산이 소규모이고 또한 소비도 소량인 경우에 적합한 것이라고 하겠지만, 상품의 시장범위가 확대되면 수집・분산을 통해 소비자의 소비단위에 수량이 적합해야 할 필요가 있다. 즉 도매시장을 말한다.

이와 같이 양적 통일기능은 수집기능 및 분산기능으로 달성되는데 여기서 말하는 수집이란 소규모 생산으로 생산된 상품을 대량소비에 맞추기 위해 수량적으로 집중시키는 것을 말하며, 분산이란 대량 생산 또는 수집된 상품을 소비자에게 적합시키기 위해 수량적으로 분할하는 것을 의미한다. 상품의 사회적 유통에 기여하는 유통기관이 각각의 능력에 따라 수집・분산기능을 담당하는 것이다.

5. 품질적 통일기능

생산자가 공급하는 상품과 소비자가 소비하는 상품이 품질적으로 적합하지 않는 경우에 품질적 격차(qualitative distance)를 조절하고 인격적 통일을 이루어야 한다. 품질(quality)은 사용용도에 따른 효용・유효성 및 속성 등을 나타내는 것이다.

품질은 자연과학적 품질과 사회과학적 품질로 나눌 수 있는데 전자는 제1차적 품질, 기본 품질, 자연적 품질이라고 하며 후자는 제2차적 품질, 부가적 품질, 문화적 품질이라고 한다. 또한 자연과학적 품질과 사회과학적 품질을 통합한 객관적 품질을 시장 품질이라고도 한다.

생산된 상품은 반드시 품종, 품질특성, 형태, 포장, 스타일, 컬러, 기타 소비자의 수요와 일치하는 것만 있는 것은 아니다. 예를 들면 농산물의 경우는 자연 조건에 따라 그 품질이 좌우되기 때문에 소비자의 필요에 적합하도록 일정한 표준기준을 정해놓고 선별하고 등급을 정할 필요가 있다. 즉 상품구성, 등급이 이에 해당한다. 일정한 상품의 품질, 형태, 크기 등을 상품으로서 가장 적당한 표준형을 설정하고 균일화시키는 것이 상품의 표준화(standardization)라고 한다.

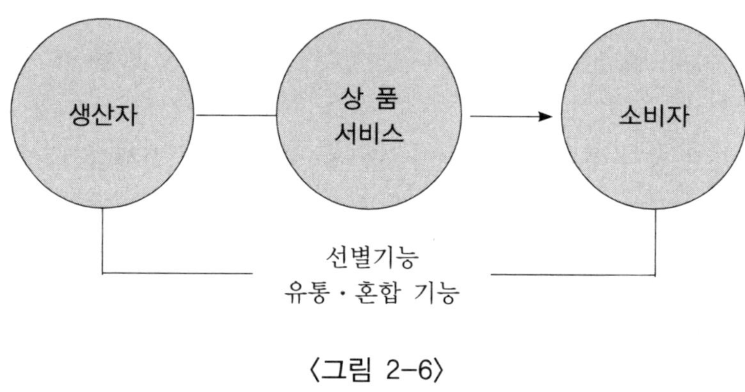

〈그림 2-6〉

농산물은 공업원료품으로 표준화가 필요하기도 하고 소비재로서도 일정한 표준에 따라 선별 · 등급의 제정이 필요하다. 전혀 표준화가 이루어지지 않은 경우에는 현물에 의한 거래로 할 수 밖에 없다. 어느 정도 표준화가 이루어져 있으면 상품명에 의한 거래, 표준품에 의한 거래가 신속하게 이루어진다. 이것은 매매거래나 가격결정에 유리하고 또한 필요하다.

선별기능이란 생산물에 대해 일정한 표준에 따라 검사 · 선별을 해서 소비자 및 수요자의 소비와 사용에 적합하게 하는 것을 말하며, 혼합기능(mixture function)이란 여러 가지 품종, 품질을 혼합하여 특정 품질을 만드는 것을 의미한다. 이러한 기능은 가치(value)와 그 효용성을 높여 수요확대에 공헌하는 것이다.

표준화기능이 진전하면 상품의 사회적 유통을 촉진시켜 가격(price)의 안정화가 이루어진다. 즉 견본거래, 표준품거래, 상품명거래, 선물거래 등이 파생되어 상품유통을 촉진하고 경제사회의 발달에 커다란 역할을 한다. 예를 들면 원거리 거래나 대량매매에는 현품을 조사하는 것만으로도 시간이 걸리며 실행이 곤란한 경우가 많기 때문에 표본으로 거래계약을 체결하는 표준품거래가 있다. 이 방법은 대량 거래나 거래소의 매매에 이용된다. 상품명거래(sales by brand or description)는 등급, 상표(brand, trade mark), 상호(trade name)가 사회적으로 인지된 경우에는 현물, 견본도 점검하지 않는 거래가 가능하도록 되었다. 즉 전자상거래, 전보, 우편, 팩시밀리 등으로 간단하게 주문할 수 있고 유리하다. 거래는 상품을 구매자가 실제로 조사해서 매매를 결정하는 현물 거래가 일반적이며 소매거래의 대부분은 여기에 해당된다.

표준화는 상품유통에 다음과 같은 사회경제적 효과가 있다.

① 등급·표준화가 이루어져 각각의 기관이 정비·확충되었고, 구체적으로는 자주적·강제적 검사제도가 정비되고 있다.
② 표준화는 상품의 거래활동을 확대하고 사회적 유통을 신속하게 한다.
③ 표준화는 품질, 가격을 폭넓게 보증하고 상거래를 원활하게 한다. 즉 표준화된 제품의 생산화 및 생산과정에서 표준화 제품 가격의 일정기준의 설정을 한다.
④ 표준화는 상품의 매매를 촉진하고 상거래 영역을 확대한다. 즉 광고, 거래범위의 확대, 국제유통거래의 진출 등 거래범위를 확대한다.

이와 같이 표준화에 의한 상품의 선별, 포장, 분류, 등급 및 수량적 분할이 이루어진다. 유통기관 등이 규격을 통일하고 대량의 상품을 소량으로 균일하게 분할, 등급을 책정해 소비자가 구매하기 수월하도록 이익을 주는 것이다.

상품의 통일시키고 표준화하는 것도 원래 생산과정의 문제이지만 농산물의 경우는 기후, 지질의 영향에 좌우되기 때문에 유통과정에서 이루어지는 경우가 많다.

사례 한국산업규격(KS)

우리나라는 한국산업규격(KS)이 산업 표준화법에 의해 제정되어 우리나라의 국가 표준으로서 국내 산업 전 분야의 제품 및 시험·제작 방법 등에 대해 규정하고 있다. KS는 16개 부문, 1만 여종, 15만여 쪽에 이르는 방대한 내용을 포함하고 있으며, 생산 현장, 건설 현장 및 시험·연구 분야 등 산업 전반에 걸쳐 광범위하게 활용되고 있다.

이 KS는 규격 산업제품의 품질개선과 생산능력의 향상과 소비의 합리화를 기하며, 거래의 단순화와 공정화를 도모하기 위하여 1961년 공포, 시행된 공업표준화법에 따라서 제정된 규격이다. KS로 약칭하며, 1992년 12월 한국 공업규격에서 현재 명칭으로 바뀌었다. 이 규격에 도달한 제품에는 KS마크를 부착한다.

사실 소비자는 계속되는 신상품의 출현과 다양한 수입 상품의 유입으로 상품 선택에 혼란을 겪고 있다. 이럴 때는 국가, 공공기관, 업계, 단체에서 정한 품질 규격 또는 안전 기준 이상으로 만들어진 상품에 부여하는 품질 인증 마크가 소비생활의 향상에 기여할 것이다.

과연 이 상품이 안전한지, 믿을 수 있는지 확인할 방법이 없다. 이 때 품질 마크가 표시된 상품은 다른 상품보다 품질 면에서 우수하다고 볼 수 있어 소비자가 이러한 상품을 구입하게 되면 피해를 당할 우려가 다른 상품에 비해 적다고 할 수 있다. 세제를 구입할 때는 환경 마크'를, 돌 침대는 한국전기전자시험연구원의 Q마크', 공업진흥청의 전자파 장애 시험 필 마크'등의 품질인증 마크를 확인하고 구입하는게 필수적이다. 인터넷 쇼핑몰을 이용할 때에도 한국정보통신진흥협회 에서 부여한 인터넷 모범상점 인증 마크가 있는지 확인하면 도움이 된다.

우리나라의 품질인증제도는 인증을 획득해야만 판매할 수 있는 국가강제 인증제도와 인증기관이 품질을 인증하는 임의 인증제도가 있다. 국가강제 인증제도는 국내 유통을 위한 최소한의 품질 기준을 국가에서 정한 뒤 이를 충족하는 제품에 대해 인증하는 제도로 안전검사제도(검'마크), 형식승인제도(전' 또는 열' 마크),가스용품 검사제도(검' 마크) 등이 있다. 임의 인증제도는 관련 법에 의거해 공공기관에서 인증하는 KS표시제도, 환경마크제도, 농산물품질인증제도, A/S마크제도, 신기술상품표시제도, 우수산업 디자인제도 등이 있다. 그리고 정수기의 '물' 마크처럼 조합이나 협회 등에서 자체 규격 기준을 충족하는 제품에 대해 품질을 인증하는 제도인 단체표준 품질 인증제도도 있다.

• KS표시제도(KS마크)

정부가 지정한 광공업품의 품목 또는 광공업품의 가공 기술의 종목을 사용한 제품이 한국산업표준(KS)에 맞을 경우에 그 제품 및 포장 또는 용기에 KS마크를 부착한다. 우리나라의 대표적인 제3자 제품 인증제도로 얼마 전까지 전기 제품에 한해 강제인증제도로 운영되어왔으나 최근에는 완전 임의제도로 시행되고 있다.

• 환경마크제도(환경마크)

환경부와 환경마크협회가 인증하는 환경친화적인 상품에 대한 인증 제도이다. 같은 용도의 제품 중 생산 유통 사용 폐기 과정에서 다른 제품에 비해 환경오염을 덜 일으키거나 자원 에너지를 절약할 수 있는 상품에 부여한다. 환경 마크는 제품의 환경성 뿐만이 아니라 다른 제품에 비해서 품질도 우수해야만 마크를 인증해 준다. 환경마크 인증 상품 및 생산 업체 현황은 환경마크협회 에서 확인할 수 있다.

• 농산물 품질인증제도(농산물 품질인증마크)

환경 오염에 대한 우려가 커지는 가운데 농약의 과다 사용으로 먹거리에 대한 소비자의 불신이 적지 않고 최근 유전자 변형 식품의 유해성 논란에서 보듯이 환경친화적 농산물에 대한 관심과 수요는 엄청나게 커졌다. 국립농산물품질관리원에서 상세한 품질인증 정보를 얻을 수 있다. 농산물 품질인증의 종류로는 유기재배(유기 농법을 3년 이상 재배 포장), 무농약재배(농약을 전혀 사용치 않고 추천 시비량 준수), 저농약재배(농촌지도소장의 추천 시비량 준수, 농약은 안전 사용 기준의 1/2이하 및 수확 전 30일까지 사용), 일반재배(농약 안전 사용 기준 및 농촌지도소장의 추천 시비량 준수)농산물이 있다.

• Q마크

주로 소비생활 제품에 부착되는 인증마크로 제조업체와 민간 검사 기관과의 계약에 따라 검사 기관의 축적된 품질관리와 검사를 거쳐 기준에 적합한 제품에 대해 Q마크를 부여한다. 국내 소비자를 위한 Q마크와 외국 소비자를 위해 수출품에 부착하는 Q마크가 있다. Q마크가 부착된 제품은 품질 보증 기간 내에 하자가 있을 경우 제조업체와 검사 기관이 공동으로 보상해 준다.

▶ 검사기관

한국생활용품시험연구원(http://www.komtri.re.kr)
한국화학시험연구원(http://www.kotric.or.kr)
한국기기유화시험연구원(http://www.mpi.or.kr)
한국의류시험연구원(http://www.katri.re.kr)
한국전기전자시험연구원(http://www.keeti.re.kr)
한국원사직물시험연구원(http://www.fiti.re.kr)

• 사후봉사우수기업 인증제도 (A/S마크)

A/S는 After Service의 약자로 소비자가 제기하는 정당한 의견이나 불만을 반영하고 그 피해를 신속정확하게 처리하는 우수한 A/S체계를 구축하여 만족할 만한 수준으로 A/S를 하고 있는 기업의 공산품에 대해 기술표준원 에서 A/S마크를 부여한다.

• 우수재활용품 품질인증제도 (GR마크)

국내에서 발생된 폐자원을 재활용하여 제조한 우수 품질 제품의 생산 의욕을 고취하고, 재활용 제품에 대한 소비자의 인식 개선으로 구매 욕구를 유발하여 지구 환경 보존과 자원 재창출 효과를 극대화하고자 제정한 재활용 제품 품질 인증마크이다.

• 우수산업디자인제도(GD마크)

한국산업디자인진흥원에서 자동차, 가구, 각종 전자제품, 주방용품, 학용품을 대상으로 외관·성능·기능·안전성 등을 종합적으로 심사하여 디자인의 우수성이 인정된 상품에 대하여 마크를 부여한다.

• 신기술 인증제도(NT마크)

국내에서 최초로 개발된 신기술로 제조된 상품 또는 제조기술로서 상품화한지 3년 이내의 기술을 평가하여 우수 기술로 인증되면 신기술인증마크(NT : New Technology 마크)를 부여한다.

6. 금융적 기능

상품의 생산과 소비와의 사이에 경제적 격차를 조정하고 사회적 유통을 원활하게 하는 유통기능을 수행하기 위해서는 상업자본이 필요하다. 이를 위해서는 자금(fund)조달이 필요하다. 상품 및 서비스의 소유권이전을 하고 그 상업기능의 수행을 위해서는 대가로서의 화폐는 상품의 유통과는 반대 방향으로 흐른다. 이와 같이 생산자로부터 소비자에게 상품 및 서비스의 유통활동을 이루기 위한 것이 상업금융이다.

이 금융기능은 생산자, 유통기관, 소비자를 위한 금융으로 나눌 수 있다. 상품은 생산자로부터 소비자를 향해 인격적으로 이전되고 화폐는 소비자로부터 생산자를 향해 이동한다. 즉 유통과정에 개재하는 상업기관은 소비자를 대신해서 상품을 구입하고 그 대금을 생산자에게 지불한다. 그리고 이것을 소비자에게 판매하고 대금을 회수한다. 따라서 상업기관의 상품과 화폐의 이동은 반대 방향으로 이전한다. 그러나 상품의 이동과 화폐의 이동이 반드시 동시에 진행된다고는 할 수 없으며 상품의 종류, 매매 방법 등에 따라 금융결제가 달라진다. 상품의 유통을 촉진하기 위해서는 생산자와 소비자와의 사이에 개재하는 유통기관(도매상, 소매상)이 상품대금의 금융상의 편익을 주고 있다.

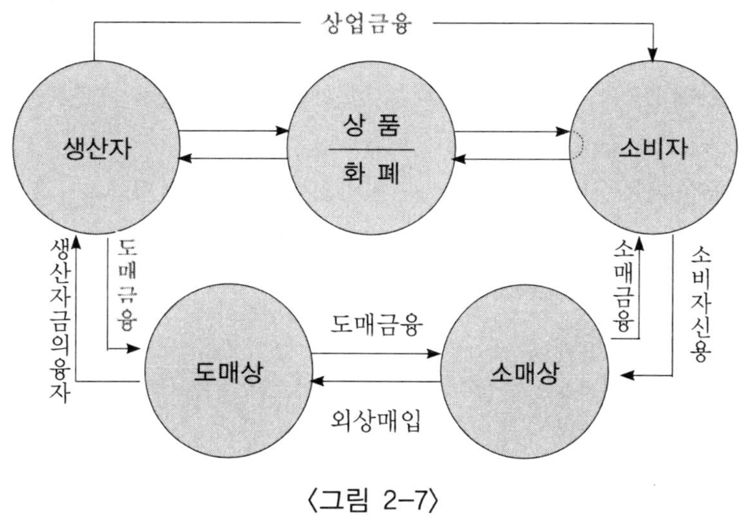

〈그림 2-7〉

즉 유통기관은 메이커로부터 상품을 구입해서 대금을 지급하고 그 상품을 소비자·수요자에게 판매하고 대금을 회수하는 것이다. 따라서 유통기관은 거래규모의 확대, 거래량의 증가에 따라 점차 금융 기능이 중요해 지고 대규모 자금이 필요해 진 것이다.

유통기관은 소규모의 생산자에게 자금의 융통을 실시하여 생산활동을 조성하는 경우도 있지만, 일반적으로는 사회적 유통과정에서 메이커가 도매상 및 소매상에게 주는 도매금융, 도매상이 소매상에게 금융을 주며 소매상이 소비자에게 소매금융을 준다. 메이커가 도매상에게 또는 도매상이 소매상에게 주는 금융은 수표(약속어음)의 결제를 인정함으로서 단기 금융이 이루어지는 것이다. 또한 판매자는 수표를 만기(지불기일)전에 은행에서 할인해 받음으로서 대금을 회수하기도 하고 상품의 구매자가 은행에서 약속어음으로 지불자금의 융자를 받는다. 수표할인이나 수표대부라는 방법으로 도매상 및 소매상은 은행으로부터 융자를 받아 상품유통을 촉진시킨다.

소매상은 도매상으로부터 대금의 지불로 수표거래를 하는데 수표결제 기간까지 소매상은 유동자금을 원활하게 운용할 수 있다. 또한 판매촉진을 위해 소비자에게는 외상 및 할부판매(instalment sales)의 소매금융을 한다. 소비자 신용(consumer credit)은 판매신용과 소비자 금융으로 나눌 수 있는데 할부판매방식과 비할부판매방식이 있고 외상(credit sales), 할부판매, 소비자금융(consumer finance)등이 있다.

외상은 소비자 신용 가운데 가장 일반적인 방법으로 월말정산을 위주로 일용품, 식료품에 이용되어 왔다. 현재는 외상제도에 의한 소비자 신용은 선매품, 전문품은 물론 백화점, 전문점 등 특정 고객을 대상으로 폭넓게 시행하고 있다.

할부판매는 상품 대금의 일부를 상품의 인도와 동시에 받고 잔액을 일정기간에 걸쳐 분할해서 받는 것을 말한다. 따라서 소비자는 현금지불이나 보통 외상으로 살 수 없는 고액상품인 자동차, 피아노, 세탁기 등 내구소비재를 용이하게 구입할 수 있게 되었다. 이러한 지불방식이 소매상의 판매촉진을 촉진하고 또한 소비자도 고가의 내구소비재를 사용하여 생활문화의 향상을 이루는 것이다.

최근은 메이커의 직영점이나 소매점을 통해 직접 소비자에게 신용을 공여하기도 하고 특약판매점이나 월부판매회사를 통해 간접적으로 소비자에게 신용을 공여하기도 한다. 상업활동의 원활한 수행에 기여하는 소비자금융(consumer loan)은 자동차, 에어컨, 냉장고 등 특정 상품을 구입하는 소비자에게 은행이 돈을 빌려주거나 그 대금을 일시적으로 납부해주기도 하고 소비자에게 신용범위를 부여해 그 범위내에서 자유로이 구입할 수가 있는 역할을 하고 있다. 그리고 일정기간 후에 그 금액을 반제하는 방식과 업자가 발행하는 크레디트 카드도 소비자 금융의 일종이다.

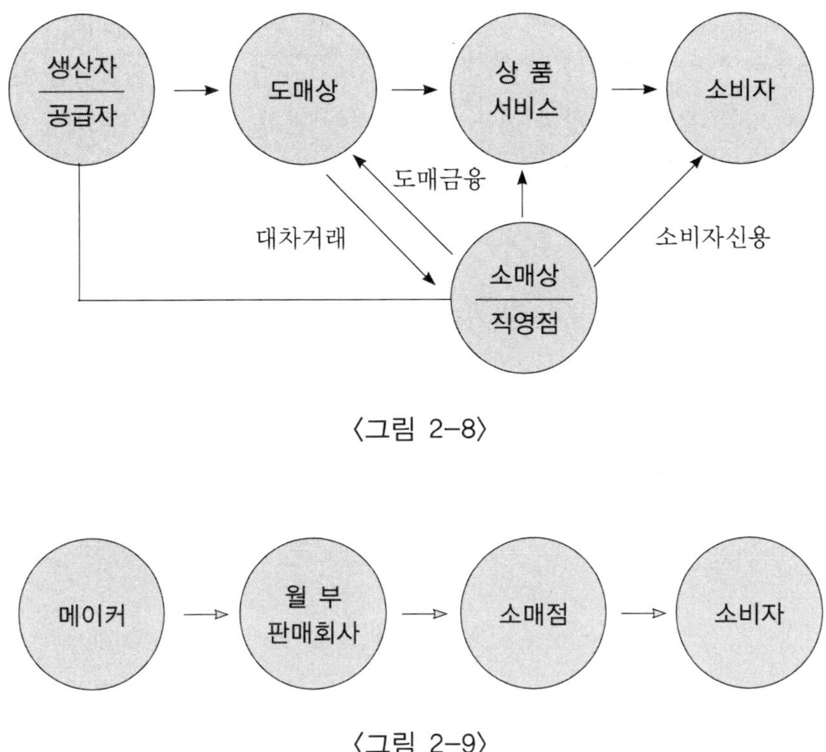

〈그림 2-8〉

〈그림 2-9〉

7. 위험부담기능

상품이 생산자로부터 소비자에게 유통되는 과정에서 물질적 위험이나 경제적 위험이 파생된다. 이러한 위험은 유통기관이 부담하기 때문에 이것을 위험부담(risk-bearing, risk-taking)기능이라고 한다. 이러한 위험을 유통기관이 부담하고 적극적으로 위험부담을 방지함으로서 상품의 생산 및 소비의 원활한 유통을 촉진한다. 유통자본은 그것이 화폐자본의 형태인 경우 및 상품자본으로써 생산자로부터 소비자에게 이전하는 경우에 위험과 만난다. 이것은 신용거래에 따른 위험이며 부도의 위험 등에 의한 금융자본의 위험이다.

물질적 위험(물리적 위험)이란 상품의 유통과정에서 생기는 천재지변, 풍수해, 화재, 도난, 홍수, 부패, 상품의 파손 등에 의한 상품의 물리적·화학적 변화가 생기는 상품의 품질저하 등이 있다. 또한 경제적 위험이란 가격변동에 따른 것으로 시황의 변동, 경쟁조건의 변화, 법률상의 변화 등으로 상품의 가격 변동에 의한 것, 그리고 신용거래에 의한 파산 및 부도 등에 의한 금융자본의 위험이다.

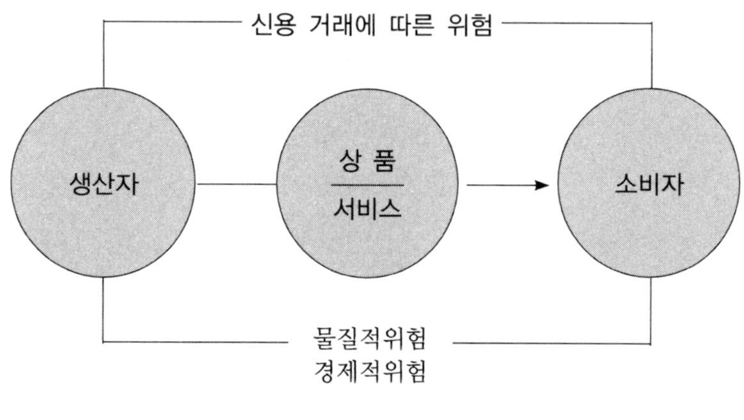

〈그림 2-10〉

물리적 위험(물질적 위험)은 상품관리의 적정화에 의해 어느 정도 방지할 수 있지만 자연 및 인위적인 우발적 사고는 방지가 불가능하다. 또한 경제적 위험에 의한 경기의 변동, 신용거래에 의한 위험에 대해서는 유통기관은 가능한 한 방지에 노력을 하며 구체적인 대책이 필요하다.

유통기관의 위험부담(risk-taking)은 스스로 부담한다든지 또는 공동의 위험에 대처하는 방법으로서 각종 보험에 가입하여 부담을 경감하는 경우가 대부분이다. 위험부담은 주로 보험에 가입하는 방법이 가장 일반적인데 구체적으로는 화재, 해상, 운송, 도난, 신용 등 각종 손해보험을 이용하며 스스로의 부담을 경감시키고 업체에 부담을 지운다. 경제활동의 발달은 보험기능을 전문으로 하는 보험업자가 그 기능을 담당하고 있다. 특히 농작물의 경우는 상품거래소의 경매(heading)와 선물거래에 의해 가격변동의 위험을 방지하고 있다. 그리고 종합상사 등 외국과의 거래가 많은 기업이 환차손의 변동에 대처(disposal)하기 위해 거래은행과 환율 예약을 하는 것은 환율 변동에 따른 손해를 줄이려는 노력의 일환이다.

8. 시장정보기능

생산에는 수요와 공급에 대한 질적인 측면과 양적인 측면의 과학적 파악이 필요하다. 따라서 유통기관은 소비자의 현재적 수요는 물론이고 잠재적 수요의 개발과 분석을 거친 후 이를 바탕으로 생산과 판매를 해야 한다. 즉 유통기관이 소비자의 욕구나 필요를 조사하여 그 수요에 적합하도록 소비자를 철저하게 파악하여 제품계획과 제품개발을 적극적으로 추진하여 생산자를 지도해야 한다. 생산자(메이커)의 의사・정보를 소비자에게 전달하고 반대로 소비자의 의사・정보를 생산자에게 전달한다. 광의의 마케팅 리서치(marketing research), 협의의 시장조사(market research)의 전략적인 활동이 요구된다.

우리나라의 유통근대화는 이미 낡은 구호가 되어버렸음에도 불구하고 소매업은 여전히 영세적이고 생산성이 낮으며 가족 노동력에 의존하는 측면이 강하다. 또한 생산자로부터 소비자에게 상품이 유통되는 경로가 길며, 거래업자 즉 도매상이 개재하는 단계도 많아 효율이 뒤떨어진다는 것이 일반적인 설명이다.[6)]

그러나 메이커가 직접 소비자와 거래하는 경우에는 비용이 막대하게 소요되고 시간 및 장소에 무리가 뒤따르기는 해도 가능한 한 메이커는 소비자와 직접 거래하여 유통코스트 삭감을 추진하려고 한다. 특히 메이커는 자본참여나 경영자문, 지도 등의 방법으로 도매상 및 소매상을 계열화하며 조직화하고 있다. 각 시장에서 생산재의 수요분석, 측정을 하는데는 비교적 용이하지만 소비재의 경우는 소비자가 각 지역에 분산되어 있고 인구, 소

---

6) 全泰裕(1995), 韓國流通構造の特徵, 日本大學商學論叢, p.78.

득, 구매습관, 성별 그리고 기타 요인에 따라 전혀 다른 측정과 분석이 필요하다. 이러한 요인을 통계학적인 수법으로 정리하여 단일 시장지수나 종합시장지수를 작성함으로써 시장분석이 가능해 지는 것이다.

따라서 유통활동의 기본적 전략을 제공하는 시장정보를 수집하고 분석, 처리, 해석하여 정확한 의사결정에 도움이 되는 장치가 강구되어야 한다.

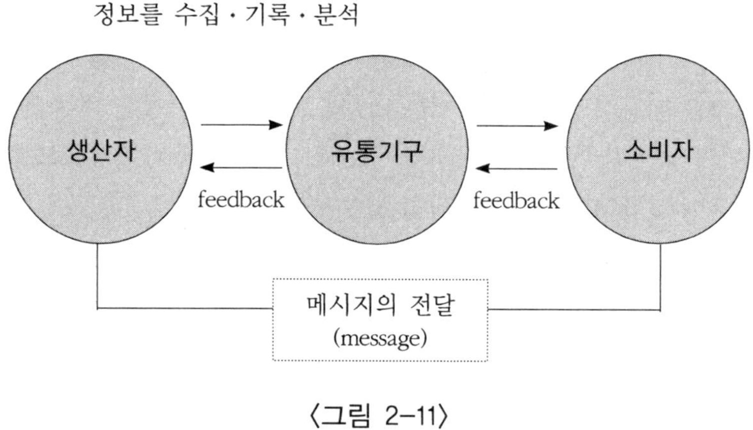

〈그림 2-11〉

제3절 물류에 대한 접근과 범위

1. 물류개념

물류(物流)에 대해 좀더 파악해 보기로 하자. 물류라는 말이 우리나라에서 사용되기 시작한 것은 그다지 오랜 일이 아니다. 일본의 경우도 1955년에 설립된 일본생산성본부가 1956년 유통기술전문시찰단을 미국에 파견했을 때 미국에서 사용되던 Physical Distribution(물리적인 유통)을 물적유통(物

的流通)이라고 번역해 소개했었다.[7)]

오늘날 물류에 대한 정의는 시대에 따라 그 개념, 범위, 수단도 다양하다. 그러나 이 책에서는 다음과 같이 정의를 내린다. 물류란 생산단계로부터 소비 또는 이용단계로 생산물의 물리적인 이동을 추진하고 시간적·공간적 거리(격차)를 극복하는 일련의 활동으로 운송, 보관, 하역, 유통가공 등을 그 내용으로 한다.[8)]

2. 2가지 접근방법

원래 우리나라에서 물류의 사회적·기업적 관심이 높아진 것은 1970년대 경제성장과 밀접한 관계가 있는데 경제성장에 따른 물류량의 증대, 물류비용의 상승, 물류시설의 부족과 낙후라는 문제 속에서 등장했다. 그리고 1980년대에 이르러 비로소 물류라는 개념을 본격적으로 인식하기 시작했다. 개별기업은 물류를 제3의 이익 창출원으로 보고 저비용 오퍼레이션을 위한 효율추구를 시작했던 것이다. 즉 기업조직 중 생산부문과 판매부문 등 부수적인 작업으로서 생산활동과 판매활동 가운데 사람들의 손에 의존하면서도 수송, 보관, 하역, 유통가공 등을 개별적이고 분산적으로 처리했던 것을 하나의 전체적인 시스템으로 마케팅과 매니지먼트의 대상으로 개선활동을 하면서 효율적으로 운영해온 것이다. 그때까지 분산적이었던 활동을 물류 컨셉 하에 집약하고 물류의 전체적인 시스템화를 통해 물류 활동의 최적화에 노력하고 있다.

또한 물류는 개별기업의 시점을 넘어서 국민경제 전체의 시점의 효율화나 사회전체의 최적화가 요청되기에 이르렀다. 사회공공자본의 미정비, 물류시설의 부족과 낙후, 도시권에서의 교통 및 도로사정의 악화, 지가상승과 적지의 부족, 공해문제 등으로 원활한 물류 활동의 수행을 어렵게 했기 때

7) 中田信哉(1983), 物流のはなし, 中央經濟社, pp.2-3.

8) 林周二他(1976), 現代の物的流通, 日本經濟新聞社, 第2判, p.12.

문이다. 이는 이제 개별기업의 이해를 넘어서 사회전체의 시점에서 물류에 대한 개선의 필요성이 제기되었다는 것을 말한다. 이러한 문제에 대해 정부나 지방자치 단체 등은 다양한 개선책을 내놓고 있지만 그 해결은 불충분하며 많은 과제가 산적해 있는 것이 현실이다. 물류에 대한 접근법은 이와 같이 거시적(국민경제·사회전체적 시점)·미시적(기업적 관점)인 방법 등 두 가지가 있는데 실제 이 두 가지의 상호보완 속에서 물류가 발전해 온 것이다.

그리고 최근에는 경제의 안정성장과 소비사회의 정착으로 경제의 체질이 변화하여 물류에 대한 기대가 보다 높아지고 세분화된 요청이 많아지고 있다. 즉 산업구조의 변화·서비스 경제화에 따른 중후장대형 상품의 물류량 둔화경향, 소비자 욕구의 개성화·다양화·단사이클화에 의한 첨단 소형 상품의 증가경향과 다품종소량·다빈도(多頻度) 물류 등이 나타나고 있는 것이다.

3. 물류의 범위

일반적으로 유통은 생산물의 생산단계로부터 소비 또는 이용의 단계에 이르는 과정에서 발생한다고 할 수 있는데, 그렇다면 어느 단계까지를 그 대상 범위로 해야 하는가를 둘러싼 몇 가지 가설이 있다. 물류를 광의의 의미로 파악하면 다음과 같은 4가지가 모두 포함된다.

① 첫째는 조달물류로서 생산자, 제조업자는 원재료, 부품, 에너지 자원을 생산과정의 개시 과정으로 이전시키는 것을 의미하고, 도매업자나 소매업자는 매입상품에 관한 물류 활동이다. ② 생산물류와 기업내 물류로서 공장내와 창고간에 원재료, 중간재(반제품) 및 완성품을 이동시키는 것을 말한다. ③ 판매물류라는 것으로 필요에 따라 도매업자나 소매업자를 개재시켜 완성품을 최종적인 구매자에게 이동시키는 것을 말한다. ④ 회수물류라고 하며 일반적으로 상품의 생산으로부터 소비자에게 이전되는 것과는 반대로 반품과 한번 폐기된 것 가운데 유가자원으로서 환원되는 리사이클

링(recycling)을 말한다. 특히 환경문제나 자원문제가 사회적 관심을 집중시키는 가운데 이 ④를 물류의 범위에 넣어야 한다는 주장이 대두되면서 생산—판매—소비—폐기—환원의 전체적인 순환의 구축까지를 포함한 물류 개념도 등장하고 있다.[9)]

물류의 대상범위

① 조달물류(창고・보관업) : 원재료, 부품, 에너지 자원
제조업자(원재료, 부품에 관한 물류 활동)
도매업자 및 소매업자(매입상품에 관한 물류 활동)

② 생산물류(공장창고) : 기업내물류, 부품가공조립, 가공
사내물류(제품의 완성공정과 수송포장을 하는 시점부터 고객에게 판매가 확정될 때 까지)

③ 판매물류(배송센터) : 완성품, 도매업자, 소매업자
고객에게 상품인도를 위한 물류 활동

④ 회수물류(반품, 유가자원(리사이클링))
자원회수, 재이용, 폐기물 감량을 위한 물류 활동

⑤ 소비자물류(일반소비자 대상 사업) : 택배, 이사
도시권에서의 주택사정과 지가의 상승을 반영하여 가재도구, 의류, 서적 등 비상품을 일정기간 보관하는 서비스

미국에서 말하는 physical distribution(물류)은 완성품을 중간업자나 최종구매자에게 이동시키는 ③을 말하는 경우가 많다. ①과 ②에 대해서는 physical supply라는 용어를 사용하기도 한다. ①부터 ③의 3가지를 말할 때 비즈니스 로지스틱(business logistics)또는 머티리얼즈 매니지먼트(materials management)라고 한다.[10)] 로지스틱은 병참(兵站)이라 번역할 수 있는데 전쟁시 후방에서 식량, 탄약, 무기 등 군수품을 보급하기 위한 군사용어이다.

---

9) 상게서, 1장.

10) 이 점에 대해서는, W. F. Schoell and J. P. Guiltinan(1983), Marketing, Allyn and Bacon, Inc. 3rd ed. p.449를 참고했다.

머티리얼즈 매니지먼트는 운반관리나 하역으로 번역할 수 있고 자재 운반작업의 적절한 계획, 관리를 의미하며 한정된 대상을 지칭한다. 오히려 우리나라에서 물류유통이라고 하면 이 ①~③전체를 말한다. 특히 앞에서 설명한 거시적 시점에서 파악할 때는 ④를 포함하는 경우도 있다. 그리고 물류라는 문제는 생산자만의 문제가 아니라 도매업자와 소매업자에게도 대단히 중요한 매니지먼트 과제이다. 또한 최근에는 일반 소비자를 대상으로 하는 이사, 택배 등 물류 서비스를 소비자 물류라고 부르기도 한다.

4. 물류의 수단

(1) 수송(transportation)

물류는 거래주체간에 발생하는 시간과 공간의 격차(거리)를 극복하는 것이 주된 과제인데 이러한 격차는 우선 수송으로 해결이 가능하다. 어떠한 유통 상황에 수송이 필요한가에 따라 4가지 수송활동 형태를 알아볼 수 있다.

- 구매(매입 및 조달)를 위한 수송 : 수집 및 집하
- 기업내(사내, 공장)이동 : 생산라인에 원재료 및 부품의 공급
- 판매를 위한 수송 : 분산 및 집하(엄밀히 구분할 수 없지만 거리 및 취급량에 따라 거점 이외의 생산물이동은 배송이나 배달이라는 표현이 사용된다)
- 회수를 위한 수송 : 유가자원(有價資源)의 회수(리사이클용)

1) 트랜스포테이션 믹스(transportation mix)

여기에서 수송수단(기관)의 선택이 중요한 과제가 된다. 고려해야할 요소로는 수송의 객체인 생산물을 그 가격, 품질 및 선도, 수량, 이동거리, 도착일시, 수송회사 등 조건을 바탕으로 각 수송수단이 갖는 특성을 비교 검토함으로서 어떠한 수송수단을 선택할 것인지를 결정해야 한다. 수송기능의 부담에 대해서는 소비자도 관여한다(예를 들면 할인점이 배달을 해주는 대

신 소비자 자신이 갖고 갈 경우 상품을 할인해 주는 경우). 생산물의 취급조건여하에 따라서 수송기능을 전문적으로 담당하는 운송업자에게 위탁하여 경제적, 기술적으로 분업의 이익을 향유할 수 있다. 각 운송수단을 검토할 때 신속(수송, 배송시간), 비용(목적지까지의 전체적인 비용), 신뢰성(지정된 시간에 확실하고 안전한 수송과 배송), 편리성(언제, 어디서나 모든 형태의 생산물의 수송과 배송이 가능한가)을 검토한다. 생산물이 목적지에 도착할 때는 상황에 따라 복수의 다른 수송수단이 결합된 트랜스포테이션 믹스(transportation mix)가 이루어져 전체적인 수송 및 물류의 퍼포먼스를 추구하는 것이다.

2) 복합일관수송(intermodal/multimodal transportation)

이것은 화물의 수송을 자동차, 철도, 항공기, 선박 등 다른 2종류 이상의 수송수단의 결합으로 수송하는 방법이다. 하송인(荷送人)부터 하수인(荷受人)에 이르는 과정에서 동일 화물에 대해 다수의 수송수단이 관여하는데 각 수송수단의 중계를 위해 화물이 개봉되지 않고 각각의 수송수단이 갖고 있는 특성을 최대한 활용하는 형태로 수송의 신속화와 효율화를 실현한다. 복합일관수송은 그 수단을 결합하여 피기백(piggyback : 철도 + 자동차 = 화물열차에 트럭이나 트레일러를 싣고 거점간 수송을 하기 때문에 TOFC = Trailer On Flat Cars라고도 한다), 피시백(fishback : 선박—자동차), 버드백(birdback : 항공기—자동차)이 미국을 중심으로 발달해 있다.[11)]

복합일관운송이 원활하게 발전하기 위해서는 유니트 로드 시스템(unit road system)이 정비되고 발전되어야 한다. 유니트 로드란 화물을 취급하기 쉽게 하나의 단위로 묶는 것을 말하며 단위별로 일관된 취급으로 수송, 보관, 하역작업이 신속하고 합리적인 처리가 가능하다.

---

11) T. C. Kinnear and K. L. Bernhardt(1983), *Principles of Marketing,* Scott, Foresman and Company, pp.425~426.

〈표 2-3〉 컨테이너의 종류

구분 기준	컨테이너 종류	특 성
크기	20피트	주로 해상운송에 사용되는 컨테이너 길이는 3가지로 구분되나, 이중에서 20피트형이 TEU(twenty-foot equivalent unit)이라고 하여 물동량 산출의 기준으로 사용되고 있다. TEU를 바탕으로 선박이나 적재 능력이나 운임지급이 이루어지고 있다.
	35피트	
	40피트	
재질	철제컨테이너	컨테이너 대부분을 차지, 원가가 저렴하나 무겁고 녹이스는 단점이 있다.
	알루미늄 컨테이너	가볍고 외관이 우수하며 내구성이 뛰어나나 제조원가가 높다.
	강화플라스틱 컨테이너	강화플라스틱을 가지고 합판모양을 만들고 접착제를 사용하여 만든 컨테이너로 유연성이 높다.
용도	건화물컨테이너 (dry container)	일반잡화 운송을 위한 표준 컨테이너
	냉동컨테이너 (refri container)	과일, 야채 등의 냉장·냉동이 필요한 화물운송 컨테이너
	천장개방컨테이너 (open top container)	컨테이너의 위측으로부터 적재 및 하역을 할 수 있도록 만든 특수 컨테이너
	플랫랙 컨테이너 (flat rack container)	목재, 승용차, 기계류 등과 같은 중량화물 운송에 사용된다.
	동물용 컨테이너 (live stock container)	소, 말과 같은 살아있는 동물을 운송한다.
	탱크 컨테이너 (tank container)	유류, 술, 화학품과 같은 액체상태의 화물을 운송하는 특수 컨테이너이다.
	플랫폼 컨테이너 (Platform container)	중량물이나 부피가 큰 화물을 운송하기 위한 컨테이너이다.
	솔리드버크컨테이너 (solid buck container)	가축사료 등과 같은 화물을 운송하기 위해 제작된 컨테이너로 내부청소가 용이하고 외부기온 변화에 견디도록 강하게 만들어진다.
	행어 컨테이너 (hanger container)	일반 건화물을 천장에 매달 수 있도록 만들어진 컨테이너이다.

자료 : 김효진(2003), 마케팅과 머천다이징, (주)한국매니지먼트시스템, p.580

컨테이너와 파렛트의 이용은 그 자체가 수송단위이기 때문에 화물의 절약에 도움이 되며 파손과 분실을 방지하고 수송작업의 스피드를 높인다. 문제점으로서는 화물량이 적은 경우 비용이 상승되고 컨테이너와 파렛트 회수를 위한 시간과 비용이 들기 때문에 1개소에서 집중 관리하는 형태를 취한다.

3) 다품종소량 다빈도배송

이외에도 수송에는 도시내 배송 상의 효율저하, 배송비용의 상승에 대처하기 위해 기업간에 차량과 배송센터를 공동으로 이용하고 공동집배, 일괄출하, 납품대행, 차량적재효율의 향상 등을 이루기 위한 공동배송이 최근에 활발하다. 또한 생산에 just in time 방식의 정착과 소비자의 소량, 단사이클화 경향은 납품업자에게 그 만큼 다품종소량 다빈도배송을 하도록 요구하는 것이기 때문에 하루 복수배송, 배송시간의 지정, 리드타임의 단축화 등 더 한층 세밀해 지고 있다. 그 반면 이러한 요구를 실현하기 위해 특정시간, 특정루트를 설정해도 도시의 교통정체와 소량수송이 주는 한계가 있어서 엄밀한 의미에서의 시간지정, 특정루트 배송을 곤란하게 만드는 문제도 발생하고 있다.

(2) 보관(warehousing/storage)

1) 보관의 역할과 재고관리

보관은 수급간에 발생하는 시간적 격차를 조정하고 이에 따라 생산물의 시간적 효용을 창출한다. 이러한 차이를 조정하기 위해 생산물을 일정장소에 수량, 품질 등을 포함하여 적절하게 관리할 필요가 있다. 보관에는 다음과 같은 역할이 있다.

① **보존** : 생산물의 품질을 일정하게 유지하고 품질의 변화를 방지하는 것.(이것은 가정의 냉장고나 창고의 역할)

② **저장에 의한 가공** : 보관 그 자체가 가공 기능을 담당하는 경우도 있다.(치즈, 바나나, 위스키, 목재와 같이 성숙이나 건조 등에 의한 형태효용의 창출이라 할 수 있다)
③ **가격조정** : 시장의 수요변동, 시황을 보면서 공급량을 조절함으로서 가격을 안정시킨다.
④ **비축** : 장래 예상되는 생산물의 가격상승, 가격하락, 생산물 부족에 대처하기 위해 사전에 구입해 놓는 것을 말한다. 대량매입에서 볼 수 있는 수량할인 등을 활용하는 것이 좋다.
⑤ **재고관리** : 수요와 공급의 수량조절로 적기에 수급과 결합을 하는 것, 즉 생산자가 생산활동을 할 때 원재료와 부품을 적기에 확보하기 위한 업무, 또한 소비자나 이용자가 필요로 하는 때, 상품을 구입하려 할 때 여기에 적합한 공급량의 확보와 일정양의 상품을 재고로 확보해둘 필요가 있다.

이러한 역할 가운데 최근 상품의 장기보존에서 단기보존, 보존에서 분류를 중시하는 물류의 거점 기능이 중요해지고 있으며 수송 등 다른 물류기능과 연계된 유통센터, 배송센터, 디포(집배의 중계소, 배송소)에서의 재고관리가 중요해진다. 하주(荷主)기업의 just in time (JIT) 방식은 생산뿐만 아니라 유통에도 침투해 있으며 입출고의 다품종소량 다빈도화와 대기 시간의 단축화 경향은 점차 증대되고 있다. 또한 소비의 개성화와 다양화는 이 경향에 더욱 박차를 가하고 있다. 유통과정에서의 재고관리에 대한 역할이 높아지고 있는 것이다.

일반적으로 재고관리는 고객지향적인 서비스 수준의 확보와 이를 제공하기 위한 비용의 최소화를 특징으로 한다. 그러나 이 두 가지는 때때로 트레이드 오프(상충)관계를 만든다. 상품 품절을 회피하기 위해 많은 재고를 갖고 있는 것은 재고투자를 크게 하고 비용상승 요인을 유발한다. 재고투자의 최소화와 상품 품절에 따른 기회손실의 최소화를 양립시키는 것이 적정한 재고관리의 과제이다.

2) 보관기능과 영업창고의 발전

수송기능과 같이 보관기능도 보관전문 업자가 담당한다. 창고업자에 의한 영업창고가 바로 그것이다. 생산자, 도매업자, 소매업자 그리고 소비자도 부분적으로는 보관기능을 갖고 있지만 여기에는 창고업자를 포함해 보관기능을 가장 효율적으로 수행하기 위한 경쟁이 이루어지고 보관기능 담당자가 형성된다. 특히 생산자나 유통업자도 이전부터 보관시설을 갖고 있는 경우나 기술과 자금에 적응력이 있는 경우에는 자가 창고나 유통센터 또는 배송센터를 통해 보관기능을 수행한다. 자가 창고는 건설비와 운영비가 고정비가 되지만 영업창고의 이용은 임대료 지불이 되기 때문에 변동비가 된다.

특히 제품의 리드타임 갭이 존재하므로 유통업자와 생산업자는 일정량을 보관해 두어야한다. 동시에 공급자에 대한 불확실성과 소비에 대한 불확실성에 대처하기 위해서도 재고를 보관하여야 한다. 유통경로의 한 구성원은 전방의 공급자 활동에 많은 영향을 받는다. 매주 월요일 100개의 제품을 제공하던 공급자가 어떤 주에는 제품이 없어서 50개만 제공할 수도 있고, 어떤 주에는 월요일이 아닌 수요일에 제공할 수도 있다. 이러한 공급자의 불확실성에 대처하기 위해 제품을 재고로 보관해 두어야 한다. 재고를 쌓아두지 않으면 제품이 없어서 고객이 그냥 돌아가는 경우가 발생하기 때문이다. 고객 수요가 불확실한 것도 재고를 쌓아두는 원인이 된다. 일일 판매량이 10개라고 해서 매일 10개씩 판매되는 것은 아니다. 어떤 날은 15개 팔릴 수도 있고 어떤 날은 5개만 팔릴 수도 있다. 재고는 10개만 쌓아두고 있는데 15개의 수요가 발생한다면 재고부족 현상을 일으킨다.

수요의 계절변동이 심한 경우에는 보관의 필요성이 더욱 높다. 크리스마스 시즌의 장난감의 수요는 계절변동이 심한 대표적인 경우라고 할 수 있다. 크리스마스 시즌을 전후하여 갑작스러운 장난감 주문이 폭발하게 된다. 이 폭발적인 주문에 대응하기 위한 생산업자가 충분한 설비를 확보하게 된다면, 크리스마스 시즌이 끝난 다음에는 대부분의 설비는 가동되지 않게 된다. 따라서 적정량의 설비를 가지고 크리스마스 시즌의 장난감 수요에 대비하기 위해서는 시즌 전에 미리 생산하여 보관해 두어야 한다.

재고 및 보관기능은 공급체인 구성원 모두에게 있어 매우 중요한 요소이다. 소매상의 경우 상품 진열을 위한 판매대에 과연 몇 개의 제품을 올려놓을 것인가 또는 자신의 창고에 얼마나 보관할 것인가 등이 모두 이에 해당된다. 하지만 보관활동은 일반적으로 재고활동보다 창고활동에 주안점을 두고 있어 이하에서는 창고활동을 중심으로 설명하고자 한다. 창고는 제품을 저장 또는 보관하기 위한 시설이다. 창고는 분류 기준에 따라서 매우 다양한 형태를 지니고 있다. 먼저 운영 주체에 따라 구분하면 자가창고, 영업용창고, 공공창고, 보세창고 등이 있다. 자가창고는 제조업자나 유통업자가 자가 책임하에 제품을 보관하는 창고를 의미한다. 영업용창고는 전문 창고업자로부터 임차하여 제품을 보관하는 창고를 말한다. 공공창고는 정보기관 및 공공단체의 비축 물자나 공용 물자를 보관하는 창고이다. 마지막으로 보세창고는 보세 지역내 수출입화물을 보관하는 창고를 의미한다.

위에서 제시한 창고 유형 중 크게 2가지 유형의 창고로 구분이 가능한데, 자가창고와 공공창고이다. 공공창고는 자신이 직접 소유하지 않고 계약 등에 따라 사용료를 지불하고 사용하는 외부창고라고 할 수 있다. 이들 창고의 유형에 따라 일반적으로 기업들은 다음과 같은 유형으로 창고를 활용하고 있다. 즉 연간 수요가 변동이 심한 경우를 들어보면, 가장 수요량이 높은 경우 100개의 제품이 팔리고 가장 낮은 경우 50개가 팔린다고 가정하자. 이 경우 해당 기업은 자가창고의 설비능력을 얼마로 가져가야 할 것인가? 가장 높은 수요를 보일 때를 대비하여 100개의 제품을 일시에 보관할 수 있는 창고를 보유할 것인가? 그렇게 되면 해당 창고는 가장 높은 수요를 보일 때를 제외하고는 창고의 이용도는 매우 낮은 수준을 보일 수밖에 없다.

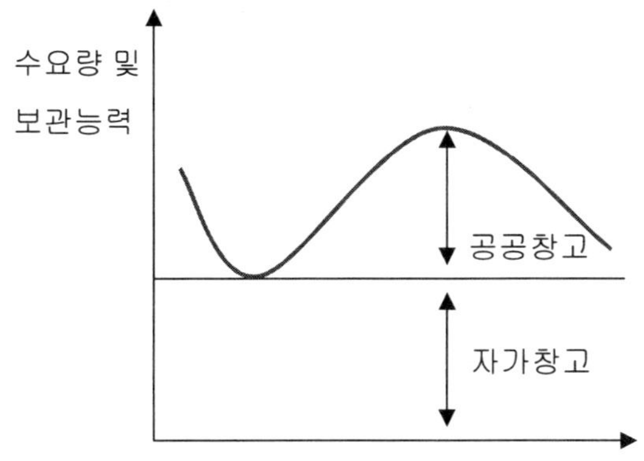

〈그림 2-12〉 자가창고 및 공공창고의 활용

따라서 일반적으로 기업들은 최소 수요량에 대비하여 자가창고를 운영하고, 그 이상의 수요에 대비하여 공공창고, 즉 외부창고를 활용하게 된다. 그리고 보관물품에 의한 구분도 가능한데, 여기에는 원료창고, 제품창고, 냉장창고, 위험물창고, 농업창고, 야적창고 등이 있다. 한편 창고 입지에 따라서 구분하기도 한다. 여기에는 항만창고, 내륙창고, 역창고, 터미널창고, 도서창고, 공장창고 등이 해당된다.

마지막으로 보관기능은 수송기능과 서로 밀접하게 영향을 미치고 있다. 보관 면적을 절약하는 반면 수송의 빈도가 많아진다. 보관활동이 적정하게 이루어지기 위해서는 수송 및 배송이 적절하게 링크되어 있어야 한다. 창고업이 더욱 경쟁력을 갖기 위해서는 창고업만이 할 수 있는 역할에 만족할 것이 아니라 상품의 전과정을 추진하는 다른 물류 활동에도 관심을 기울여야 할 필요가 있다.

(3) 하역과 유통가공

하역은 물류에서 수송과 보관을 원활하게 연결해주는 역할을 담당하고 있으며 상품의 흐름을 지속적으로 추진시키는 중요한 기능이다. 하역 활동은 ① 입출고(상품을 보관장소나 창고에 넣고 빼는 것) ② 피킹(선품작업 : 주문에 따라 상품을 보관장소로부터 내오는 것 : 오더 피킹이라고도 한다) ③ 분류(상품을 품종별, 지역별, 고객별로 분류하는 것 : 최근에는 다품종소량상품의 분별효율을 향상시키기 위해 기계화가 자동분류기나 피킹 장치로 투자가 변하고 있다) ④ 적재, 적하 등이 포함된다. 일반적으로 하역작업은 수송 및 보관 활동과 동시에 전개된다. 이 분야는 예전에는 노동력 의존이 높았었는데 컨베어, 포크리프트, 무인반송차, 파렛타이저(palettizer)등에 의한 기계화가 적극적으로 도입되고 있으며 최근에는 컴퓨터로 입출고의 컨트롤과 보관장소관리, 입체자동창고의 오퍼레이션이 추진되고 있다.

유통가공기능은 하주의 필요(needs)에 따라 그 역할이 더욱 중시되고 있다. 이것은 유통과정에서 상품가치를 높이기 위해 이루어지며 상품에 부가되는 가공기능이라고 할 수 있다. 이것도 다양하고 이질적인 활동이 포함된다. ① 검품, 검사, 수정으로 매입 상품에 대해 적절한 처치를 도모하기 위해 납입 상품의 품질, 수량, 형태 등의 체크를 하고 필요한 경우에는 상품의 수리(보수)도 실시한다. ② 조립, 배합, 커팅(절단, 재단), 수량, 사이즈의 조정, ③ 표준화(standardization), 등급화(grading)등 품질과 사이즈의 조정, ④ 포장, 상품적재 : 상품의 물적인 보호 외에 소비재는 판매촉진으로서의 역할도 무시할 수 없어 최근에는 포장자재의 다양화, 경량화가 중시되고 있다. 또한 패키지에 물류용 통일 바코드를 붙여 국가, 메이커, 상품종류, 개수 등을 표시한 바코드로 물류작업의 신속화를 실현하려고 한다. ⑤ 가격표, 레이블, 바코드 작성부여 : 이 작업을 누가 담당하는가 라는 문제가 때때로 발생하는데 유통업체는 납입측에 부담시키는 경우가 있다. 바코드를 유통의 어느 단계에서 작성하는가에 따라 마킹의 명칭이 다르다. 상품메이커나 제조원의 생산이나 출하 단계에서는 소스 마킹이라고 하며 대량생산된 상품에 적합하다. 소매점이나 도매업자단계(소매업자로부터 위탁받는 경우도 있다)에서는 인스토어 마킹이라고 한다. 특히 일부 생선 등 신선식품이나 일용품 등과 같이 계량판매, 상품의 선도나 수량에 따라 탄력적인 판매가 요구되는 상품에는 사용하지 않는다.

(4) 포장

소비재이든 생산재이든 모든 재화가 고객에게 전달되는 경우 포장을 하게 된다. 특히 소비 수준의 증가와 기업간 경쟁의 심화에 따라 포장의 중요성은 더욱 강조된다. 포장은 단순히 제품을 보호한다는 측면 이상의 역할을 담당한다.

1) 포장의 목적

일반적으로 포장을 하는 이유는 다음과 같다

① **제품보호** : 원료 공급에서 최종 고객에게 전달하는 과정까지 충격, 습도, 온도, 빛, 해충 등으로부터 재화를 보호하기 위하여 포장을 하게 된다.

② **취급용이** : 사람 손에 의해 취급되든지 아니면 지게차 등과 같은 기계에 의해 취급되든지 제품은 취급이 용이해야 하므로 포장을 하게 된다. 적재시 높이 쌓을 수 있고, 규격화된 컨테이너와 트럭에 깔끔하게 내적할 수 있도록 치수, 형태별로 표준화를 통한 통합의 필요성이 제기된다.

③ **상품가치 제고** : 포장의 표면에 덧붙인 문자, 도안, 색상 등의 디자인에 의해서 재화에 대한 정보를 전달할 수 있다. 동시에 이러한 정보전달을 통해 고객에게 호감을 주어 내부의 재화를 보다 가치있는 것으로 만들 수 있다.

2) 포장의 형태

이러한 포장의 목적에 따라 다양한 형태의 포장이 이루어지고 있는데 그 형태에 따라 다음과 같이 포장을 분류할 수 있다.

① **개별포장**(primary package) : 이는 고객이 구매하는 단위별로 포장하는 것이다. 예를 들면 동아제약의 박카스를 구매하는 경우, 고객은

일반적으로 박카스 한 병을 구매하게 된다. 박카스 병 안에 내용물이 들어 있고, 병마다 박카스라는 제품명과 제품 관련한 사항들이 적혀 있다. 이 때 병이 개별 포장에 해당된다.

② **외부 포장**(secondary package) : 개별포장을 둘러싸고 있는 것으로 상자, 자루 등의 용기가 외부 포장에 해당된다. 외부 포장은 주로 취급을 용이하게 하거나 운반시 상품을 보호하기 위한 목적을 가진다.

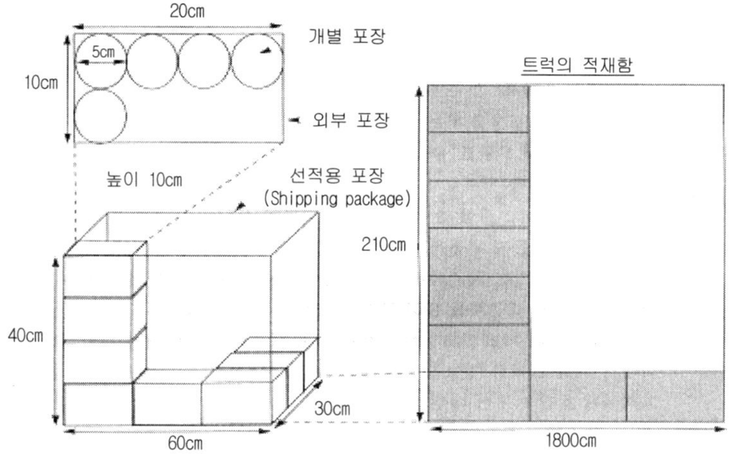

자료 : 김효진(2003), 마케팅과 머천다이징, (주)한국매니지먼트시스템

〈그림 2-13〉 포장의 연계성

③ **선적용 포장**(shipping package) : 선적용 포장은 목적상 주로 취급을 용이하게 하기 위한 것이다. 개별 포장이나 외부 포장을 위하여 제품을 운송하기에는 그 단위가 작으므로 이를 묶어서 취급하기 위한 것이다. 이외에도 내부포장이 있는데, 내부 포장은 개별 포장과 외부포장의 중간에 위치하는 것으로 내용물을 보호하기 위한 충진물(종이, 등겨 등), 방습재료 등을 의미한다.

3) 포장 관련한 이슈들

이러한 포장과 관련한 의사결정에 있어 중요한 몇 가지 이슈를 언급하고

자 한다. 여기서는 포장의 연계성과 포장의 환경 문제에 대해서 살펴본다.

(5) 포장의 연계성

하나의 제품과 관련한 포장은 다단계 구조를 가진다. 이들 포장간의 연계성을 고려한 제품 개발, 운송 수단 선택, 하역 설비 디자인 등이 동시에 고려되어야 한다. 개별 포장을 외부 포장에 넣을 때 원하는 수량이나 계산상의 편리성을 제공하는 수량이 담겨질 수 있도록 해야 하고, 연이어 외부 포장을 담는 선적용 포장의 경우 트럭의 적재 효율을 최대화하도록 해야 한다.

앞의 그림에서는 트럭의 적재율을 100% 달성할 수 있는 경우이다. 그러나 만약 개별 포장과 외부 포장, 선적용 포장이 상호 연계성을 고려하여 디자인되지 못하였다면, 트럭의 적재율은 매우 떨어지게 된다. 가령 선적용 포장이 가로 60cm로 되어 있고, 트럭의 가로 길이가 180cm로 되어 있는데, 실제 트럭이 2m라고 한다면 가로 20cm에 해당하는 면적이 여유 공간으로 남게 된다. 트럭의 적재율은 그만큼 감소하게 된다. 트럭 사이즈를 결정하는 것은 생산업자나 유통업자가 관여할 문제가 아니라고 한다면, 제품 개발에 있어 트럭의 사이즈를 고려해야 한다는 의미이다.

(6) 환경 친화적 포장

한편 환경 문제의 대두에 따라 환경을 고려한 포장 개발이 이슈화되고 있다. 환경을 고려한 포장 활동은 크게 두 가지 방향으로 이루어지고 있는데 하나는 포장을 생략하는 방향이고 다른 하나는 포장 재료의 개선이라고 할 수 있다. 포장을 생략하는 경우로는 탱크의 사용을 예로 들 수 있다. 배나 트럭, 화물기차 등에 설치된 탱크로리를 이용하는 경우라고 할 수 있다. 또 다른 예로는 내부포장의 생략을 들 수 있다. 앞에서 언급한 박카스의 경우 예전에는 내부 포장을 하였다. 격자 무늬의 종이를 외부 포장 안에 두어 병과 병이 부딪혀서 깨지는 것을 방지하였다. 그러나 병과 병 사이의 간격을 두지 않는 자동화된 포장 기술을 사용함으로써 취급시 병이 전혀 움직이지 않게 함으로써 내부 포장을 생략할 수 있었다.

환경 문제를 고려한 포장 개선 활동으로 포장 재료의 변화가 뚜렷이 이루어지고 있다. 최근 유통업체들의 비닐 사용을 제한하는 것이라든지, 종이봉투의 사용을 늘린다든지 하는 예가 여기에 속한다. 생산 및 유통 측면에서 취급을 용이하게 하면서 환경 문제를 동시에 고려해야만 한다. 종이의 사용에 있어서 재이용된 재료를 사용하거나, 기존에 플라스틱이나 스티로폼을 대체하는 종이 재료의 개발 등도 요구된다.

1994년경 환경문제에 대한 인식이 높아지면서 쟁점이 되었던 사안으로 우유병과 관련된 문제가 있었다. 당시 정부측에서는 환경 문제를 고려하여 우유팩 대신 우유병으로 전환하기를 권고하려고 했다. 우유병은 회수를 통한 재활용이 가능한 반면 우유팩은 썩는데 몇 백년이 소요된다는 논리였다. 그러나 일부 연구진에 의한 우유팩과 우유병의 환경영향 평가 결과 우유병의 경우 11번 이상의 회수가 이루어진다면 우유팩보다 환경친화적이라고 보고되었다. 우유병을 11번 회수한다는 것은 거의 불가능하다. 따라서 지금에서는 우유팩으로 거의 통일되었다. 만약 우유병을 보다 효과적으로 관리할 수 있는 방법이 등장한다면 다시 우유병의 사용으로 전환될 가능성도 있다고 하겠다.

5. 우리나라의 물류

여기에서 잠시 우리나라 물류 상황을 보기로 하자. 우리나라는 1999년 국내에서 운송, 보관, 하역 등 물류 활동에 소요된 국가 물류비가 총 78조 9천억 원에 이른다. 이는 1999년 국내총생산(GDP) 4백82조7천4백억 원의 16.9%에 달한다. 1998년의 74조2천억보다 4조7천억이 늘어난 것이다. 항목별로는 수송비가 55조1천2백억 원으로 가장 많고 재고관리비(14조3천억 원), 물류정보비(3조3천4백억 원), 일반관리비(3조2천9백억 원), 포장비(1조7천2백억 원), 하역비(1천5백억 원)등의 순이다. 우리나라의 GDP대비 물류비는 미국의 9.9%(99년 기준), 일본의 9.58%(97년 기준)보다 여전히 높아 물류비 절감책이 시급하다는 지적이다. 또 물류비 중 수송비의 비중도 69.9%로 일본 64.8%, 미국 59.6% 보다 높다. 우리나라의 물류비 중에서 가장 큰 비중을 차지하고 있는 수송에 대한 실태를 살펴보면 다음과 같다. 우리나라의 국제수송은 해운과 항공 2가지이다. 1997년 국내화물 수송의 92.2%가 도로운송이고, 해운(5.8%), 철도(2.1%), 항공(0.02%) 순으로 각각 점유하고 있다. 화물유통의 주요 문제점인 철도, 항만(항만은 국내 수출입 화물의 99.7% 처리), 공항뿐만 아니라 화물의 주요 운송수단인 도로의 기반시설(SOC) 전반에 걸친 투자미흡으로 물동량의 수요에 비해 처리능력이 크게 부족하여 시설의 운영도 비효율적으로 이루어져 물류비의 누수현상은 점점 증가되고 있는 실정이다. 이 실정을 구체적으로 접근한 것이 ①~⑥이다.

① 도로혼잡 구간이 1993년도 2,036km에서 1997년도에는 4,437km로 증가하였고 도로체증에 따른 혼잡비용도 93년도 8조6,000억 원에서 97년도에는 16조 원으로 증가하였다. 87년부터 97년까지 자동차의 증가는 연평균 20.5%가 증가한 반면 도로공급의 경우 같은 기간 중 연평균 4.3%의 증가에 지나지 않는 등 대도시는 물론 지역간 간선도로까지의 교통체증 확산으로 물류비가 증가하고 있다.

② 철도의 경우 수원/천안, 천안/대전의 경부선, 전주/순천의 전라선, 여주/안동의 중앙선, 철암/동해의 영동선, 제천/영월의 태백선 등 주요화물수송 등 노선이 용량 한계에 도달하여 열차의 추가 투입이 불가능한 실정이다.

③ 우리나라의 항만시설 확보율은 64.5%로서 97년도에는 항만 적체 물동량이 167만 톤이 발생하여 연간 적체 손실액이 5,060억 원으로 추산되고 있는 등 항만시설의 부족으로 주요항만의 만성적인 체선, 체화 현상을 초래하고 있으며 항만내의 컨테이너 야적장 부족으로 사설 컨테이너 장치장을 이용하는 등 컨테이너 화물의 수송단계가 복잡하여 물류비의 증가를 가져오고 있다.

④ 항공화물의 경우 항공기 계류장까지 화물을 야적하는 사례가 발생하

는 등 공항내의 화물터미널의 절대부족 현상을 보이고 있다.

⑤ 화물터미널은 전국에 48개소가 운영 중이나 이는 일본의 1,682개소에 비하여 3%에 불과하는 등 터미널 시설이 극히 부족한 상태이며 특히, 부산시내 ODCY 24개소를 제외하면 복합 화물터미널 2개소 일반 화물터미널 22개소만이 실질적으로 운영되고 있는 실정이다.

⑥ 총화물량의 92%를 화물자동차를 이용한 도로수송이 분담하고 있을 정도로 수송체계가 도로중심으로 운용되고 있으며 이중 92%를 3톤 미만의 소형 화물자동차가 운행하고 있어 수송의 비효율성이 증가되고 있다.

이에 대한 정부의 물류정책 방향은 다음과 같다.

① 물동량 증가에 대비한 도로, 철도, 항만, 공항 등 물류 기반시설을 조기에 확충하고, 화물터미널과 대단위 물류단지 등 거점중심의 화물수송 네트워크를 구성하는 한편, 이를 위한 정부의 예산지원과 민자 유치 등 가용재원을 최대한 활용한다.

② 기존 물류시설을 최대한 활용하기 위하여 물류와 관련된 각종 규제와 절차를 개선하여 물류과정을 합리화하고, 물류정보서비스의 확대를 통한 물류시설 및 장비의 활용을 극대화할 것이며 물류 표준화, 기계화, 기술개발을 통한 물류 일괄처리 서비스를 강화하는 등 제도 및 운영을 개선한다.

③ 우리나라를 국제물류 중심지로서의 역할을 강화하기 위하여 항만, 공항, 화물터미널 등에 국제물류센터로서의 기능을 강화하고 물류산업의 정보화, 조직화, 대형화를 통하여 국제물류 환경에 적극 대처하는 것 등이다.

제3장

유통정보 기능

제1절 유통과 정보기능

1. 유통과정에서 정보의 역할과 위치

유통과정에 있어서 정보의 역할은 점차 그 중요성이 높아지고 있다. 판매자와 구매자간의 거래계약이 이루어질 때 정보는 당사자간에 존재하는 불확실성과 불안정 요소를 제거하고 위험을 회피하기 위해서 없어서는 안 될 역할을 해왔다. 정보는 거래를 하는데 사전, 도중, 사후 모든 상황에 걸쳐 필요한 것이다.

판매자는 구매자가 원하는 것을 발견하기 위해서 구매자의 욕구나 행동 특징을 사전에 알아야 한다. 그리고 이를 바탕으로 생산물을 만들거나 또는 매입하여 구매자의 구입을 자극하거나 설득하게 되는 것이다. 생산물 자체에 대해서도 무엇을 언제 얼마만큼 어디에 수송하고 보관할 것인가를 조사해야 한다. 구매자에게 판매가 완료된 뒤에도 그 제공물에 대해 구매자의 만족상황을 알아야 할 필요가 있다.

구매자는 자신에게 필요한 생산물을 누구에게 어디서 언제 어떤 가격에 어떠한 이용 효과를 기대할 수 있는가를 알고 싶어한다. 판매자와 구매자의 만남부터 거래후의 만족과 불만족에 관한 정보의 피드백을 포함하면 정보의 역할이 다양한 형태라는 것을 알 수 있다. 그리고 거래 당사자에 관한 정보 뿐만 아니라 여기에 관련된 경쟁, 기술, 법률, 정치 등 모든 정보가 중요성을 갖는 것이다. 정보의 주된 흐름에는 판매자로부터 구매자에게 흐르는 정보와 반대로 구매자로부터 판매자에게 흐르는 정보가 있다. 전자는 촉진활동(promotion), 후자는 마케팅 리서치(marketing research)라고 한다.

유통정보기능(distribution information/market information function)을 마케팅에서는 지금까지 보조적 유통기능의 하나로 인식하고 있었으나[1] 학자에 따

1) 마케팅의 고전적인 명저라고 할 수 있는 Fred E. Clark(1922), Principles of Marketing,

라서는 촉진활동에 관해서는 상적유통 기능의 일부로 파악하고 있는 경우도 있다.

2. 유통 인프라스트럭처와 POS시스템의 전개

최근 유통과정에서의 정보의 중요성은 독자적인 위치를 확보할 만큼 그 비중이 나날이 커지고 있다. 이 배경에는 현대가 정보화 사회라고 일컬어지는 것처럼 정보처리, 통신기술의 발달로 정보의 대량, 고속, 정확, 저비용 생산과 유통을 실현하여 현대사회에 많은 영향을 미치고 있는 것이라 하겠다. 특히 유통과정에서 정보화가 급속히 진전된 이유는 다음과 같다. 우선 생산자의 다품종소량생산의 효율화, 그리고 소비자 욕구의 개성화, 다양화, 단사이클화가 유통활동의 세분화와 신속한 대응을 요청한 것을 들 수 있다. 이에 따라 유통과정에서도 상품이나 고객정보를 중심으로 정보처리의 신속함이 요구되어 경영의 효율화와 유통기능의 고도화가 필요해 진 것이다. 그리고 유통 인프라스트럭처라고 할 수 있는 KAN 코드, 소스 마킹율 향상, 경쟁원리에 따른 통신위성사업, 통신위성의 이용과 정보기기의 성능향상과 저가격화의 실현 등이 정보화를 촉진시키고 있다. 이러한 배경 하에 유통과정에서는 컴퓨터 도입의 확산으로 POS, VAN, EOS, 카드가 적극적으로 활용되고 있어서 뉴미디어의 발전의 폭을 확대시키고 있다. 여기에서 바코드에 대해 약간의 설명을 해보기로 하자.

우리나라는 1988년 국제상품코드관리협회(European Article Number)에 가입하여, EAN으로부터 국가 번호 '880'을 부여받아 공통상품코드(KAN)를 사

Macmillan, p. 11을 보면 마케팅 기능 분류체계를 교환기능, 물적공급기능 및 보조적유통기능으로 나누었는데 시장정보가 처음부터 보조적 기능으로서 다루어졌던 것은 아니다. 또한 시장정보기능을 마케팅 기능 가운데 보조적인 부분으로 다루었던 것은, 예를 들면 E. J. McCarty와 W, D. Perreault Jr의 경우도 시장정보기능은 마케팅 활동을 계획하고 실행하며 통제하기 위해서 필요한 기능의 수집, 분석 및 배분을 포함한다고 하면서도 보조적인 기능의 하나로 시장정보기능을 파악하고 있다. E. J. McCarthy and W. D. Perreault, Jr(1984)., Basic Marketing, Rechard D. Irwin, 8th ed. p.25.

용하게 되었다. 슈퍼마켓의 식품류에 붙어 있는 바코드는 거의 대부분이 880으로 시작하는 KAN 코드라고 보면 틀림없을 것이다. 예를 들어 0 또는 1로 시작하면 미국이고 49로 시작하면 일본이다. EAN 가입국으로 수출하는 상품에 대해서는 바코드 부착요구가 증가하고 있다. 아울러 국내유명 상품에 대해서도 국민소득증대에 따른 다양한 소비자 욕구를 즉각 충족시키고, 고임금시대의 효율적인 작업 관리를 위해 바코드 부착이 절실해지고 있다.

바코드의 이용은 자료인식을 아주 유용하게 한다. 국내에서 대형 백화점이나 슈퍼마켓에서 볼 수 있는 가격표나 수입상품의 라벨에 붙어있는 흰색과 검은색 막대기의 조합으로 된 바코드를 스캐너라는 판독기를 통해 컴퓨터와 연결, 자동적으로 상품의 판매금액 계산과 재고관리를 한다. 여기서 흰색과 검은색 막대를 바코드라고 하며, 이의 대표적인 것으로 공통상품코드 UPC(Universal Product Code)라는 미국에서 1973년에 제정되어 식료, 잡화품 등에 사용되고 있는 바코드이다. 바코드(barcode) 심볼은 인쇄된 데이터를 자동 인식하는 수단으로서는 가장 정확하고 실용적인 것으로 이해되고 있다. 바코드는 일차적인 생산부터 소비에 이르는 단계까지 아주 다양하게 사용되고 있는데 미국은 물론 일본 산업계를 휩쓴 기술혁신 흐름 가운데 가장 대표적인 것으로 체계적 자료수집에 있어 바코드 이용이라 할 수 있다. 이 바코드는 사업경영활동 과정의 제조, 검사, 수송 및 재고관리 등 중요 부문에 정확한 데이터를 수집해야하는 절대적 필요에서 바코드 이용은 가속화되고 있다. 특히 상품이나 고객정보를 신속, 정확하게 수집 가능한 POS의 발전은 유통기능의 수행과 마케팅 리서치의 전개에도 커다란 영향을 미치고 있다.

〈그림 3-1〉 바코드

3. 마케팅 리서치와 정보시스템

(1) 마케팅 리서치의 역할

유통과정에서 정보의 흐름에는 생산물의 구매자인 소비자와 시장의 동향을 해명하기 위한 정보의 수집이 있다. 이것은 마케팅 리서치에 의해 이루어지며 그 조사대상으로서는 수요자에 관한 시장조사와 생산물, 가격, 경로, 프로모션에 의한 마케팅 믹스 요소, 환경요소로서의 경제상황, 경쟁, 기술, 정치, 유행 등 유통활동 전반에 이른다. 조사의 주요한 대상은 다음과 같다. ① 매출액 예측 ② 시장점유율의 측정 ③ 시장동향의 명확화 ④ 조직이미지의 측정 ⑤ 브랜드 이미지의 측정 ⑥ 표적고객 특징의 명확화 ⑦ 제품과 패키지의 설계 ⑧ 창고와 점포의 입지 ⑨ 주문처리 ⑩ 재고관리

따라서 마케팅 리서치는 공급자보다 수요자에게 상품 및 서비스가 사용되고 소비될 때까지 모든 과정을 조사의 대상으로 하고 그 질적인 측면과 양적인 측면에 관해 조사 연구를 말하며 나아가 그 변화를 연구하는 것이

다.[2] 정보의 수집에는 지속적이고 일상적으로 정보가 수집되는 것과 문제가 발생한 후 특정 목적을 위해 정보를 수집하는 2가지 형태가 있다. 이 2가지 형태는 모두 정보원으로서 의사결정에 활용된다. 정보수집의 방법은 기존자료에 의한 조사이며 ① 경영내부의 기존자료 : 매출액, 매입기록 등 ② 경영외부의 기존자료 : 조사연구소, 업계단체, 정부간행물 등에 의존한다. 필요로 하는 정보를 여기에서 얻을 수 없는 경우에는 신규자료에 의한 조사로서 실태조사가 행해진다. 조사의 순서는 조사해야할 문제를 보다 명확히 하고 조사의 전망을 세우는 것부터 시작해야 한다. 대규모 실태조사에 들어가기 전에 약식 조사를 해보고 문제의 배경과 상황을 파악하는 것이 바람직하다. 이것은 기업내부 관계자, 거래처, 소수의 소비자로부터 의견을 구하고 문제의 초점을 압축시켜나가는 방법이다. 이를 바탕으로 정식조사가 전개되는데 조사목적의 명확화, 조사대상의 선정, 조사방법의 결정, 조사의 시기 및 예산의 결정, 그리고 결과의 보고와 평가라는 과정이 필요하다. 또한 조사를 할 때 고려해야 몇 가지 요소가 있는데 그 가운데 조사대상과 조사원의 선정은 보다 신중해야 할 필요가 있다.

(2) 마케팅 리서치의 방법

정보수집을 위한 대표적인 조사방법에는 다음과 같은 몇 가지가 있다.

1) 질문법

가장 많이 이용되는 정보수집 방법으로 응답자에게 직접 질문(질문표를 이용해서)을 해서 필요한 정보(사실 · 의견 · 동기)를 수집한다. 다음 3가지 방법이 있다.

① **우송법** : 다수를 대상으로 조사 할 수 있지만, 회수에 시간이 걸리고 회수율도 높다고 할 수 없다. 질문항목이 간단명료해야 한다.

② **전화법** : 지금 방송중인 광고에 대해 질문하는 것처럼 동시측정이

---

2) 出牛正芳(1990), マーケティング管理論, 白桃書房, p.57.

가능하고 신속하게 회답을 얻을 수 있지만 단시간에 걸친 질문 항목으로 한정되어야 하며 경우에 따라서는 질문을 거부당하는 경우도 있다.

③ **면접법** : 개인이나 그룹을 대상으로 조사대상자를 방문 또는 한곳에 모아 직접 면접을 하는 방법으로 질문에 대한 확실한 회수는 할 수 있지만 비용과 시간이 소요되고 조사원도 훈련받은 사람이 아니면 곤란하다.

2) 관찰법

있는 그대로의 사실을 관찰하면서 정보를 수집하는 방법이다. 백화점 앞의 통행・교통량・점포내 고객의 체재시간・고객동선・판매원의 접객태도・경쟁기업의 가격비교 등 직・간접 감시로 1차 데이터를 수집하며, 감시카메라나 내점 고객의 자동 카운터 장치 등도 이용되고 있다.

3) 실험법

실제로 실험적인 방법으로 조사대상에게 어떠한 반응을 하도록 시도해 보고 그 결과로부터 필요한 정보를 입수하는 방법이다. 종속변수(일반적으로 매출액)에 대하여 독립변수(광고나 가격 등)를 다양하게 조작함으로써 그 결과를 조사하는 것이다. 예를 들면 다른 조건을 일정하다고 할 때 가격의 변화가 매출액에 어떠한 영향을 미치는가를 알고 싶은 경우에 해당된다. 실험법의 대표적인 이용은 광고의 효과를 측정하는 분할 게재 테스트라고 할 수 있는데, 동일 조건에서 하에서 동일상품에 대해 다른 형태의 광고를 게재하여 각각의 광고효과를 조사하는 방법이다. 또는 소비자 사용테스트로서 실제 신제품을 사용하도록 하고 그 상품의 사용 중, 사용 후의 의견이나 감상을 묻는 방법이다.

4) 소비자 패널 조사

어느 특정 소비자 그룹을 지속적인 조사대상자로 고정시켜놓고 일정기간에 걸쳐 일정한 조사항목에 관해 구매나 사용동향을 조사하는 방법이다.

5) 동기조사

Why 리서치라고도 하며 어느 특정상품을 왜 구입했는가, 왜 A브랜드를 선택했는가 등 행동과 태도를 일으키는 심층심리에 접근하고자 하는 것이며 심층면접법, 집단면접법, 그리고 투영기법이 그 구체적인 해명 방법으로 이용된다. 이 방법으로부터 얻어진 반응은 해석과 일반화가 대단히 어렵고 계량화하기 어려운 측면이 있지만 질적 시장조사로서는 귀중한 위치를 차지하고 있다.[3]

제2절 정보처리 기술과 시스템의 발전

1. POS 시스템

(1) POS 시스템의 특징과 활용

종래의 마케팅 리서치는 조사표를 이용해서 소비자를 면접하고 구매의욕과 구매행동의 실태를 조사해 매입과 제품개발 등에 활용해왔다. 그러나 이러한 것들은 일반적으로 소비자의 과거의 기억이나 장래의 예정에 대한 불확실한 의식이며 데이터의 수집과 분석에도 많은 시간이 소요되고 조사결과의 유용성을 해치는 원인이 되기도 한다.[4] 최근 새로운 정보처리 수단

3) 이 부분에 관해서는, 出牛正房(1972), 市長調査入門, 同文館, 第5章 참고.

의 발전은 특정 조사목적을 위한 정보수집이 아니라 언제나 발생하는 거래처리를 위한 정보수집과 온라인으로 데이터 교환에 바탕을 둔 것이며 이러한 정보의 지속적 수집과 신속성이 지금까지의 마케팅 리서치의 존립기반에 커다란 영향을 주고 있다. 제2절에서는 POS 시스템, EOS, VAN, 카드에 대해 검토해 보기로 하자.

최근 유통업계는 POS 시스템 채택에 적극적이다. POS 시스템(point of sales system)이란 판매시점 정보관리 시스템을 지칭하는데 종래의 키인 방식이 아니라 자동읽기 방식으로 상품단위별로 수집한 판매정보 및 매입, 배송 등의 활동으로 발생하는 각종 정보를 컴퓨터에 보내 각 부문이 유효하게 이용하도록 정보를 가공, 전달하는 시스템으로 소위 유통업의 종합정보시스템을 의미한다.

즉 고객이 구입한 상품을 품목별로 붙은 상품 코드에서 가격, 수량 등을 스캐너가 자동으로 읽어 매출금액이 계산되고 컴퓨터로 파일된 영수증이 발행되고 파일된 상품정보는 마케팅 데이터로서 상품관리, 고객관리, 마케팅 조사 등 다양한 형태로 이용된다. POS 시스템이 주목받는 가장 커다란 이유는 하나의 판매시점정보로부터 다양한 조사목적, 경영목적에 따라 데이터의 이용이 가능하다는 것을 지적하지 않을 수 없다. POS 시스템 도입에 따른 직접적인 효과를 하드 메리트라고 하며 데이터 활용으로 실현된 경영의 체질개선과 전략형성효과를 소프트 메리트라고 한다.

POS시스템이 유통업체에 미치는 영향은 다음과 같다.[5]

① **매장관리** : 레지스터의 입력착오나 고객의 대기시간을 단축시킬 수 있으며 계산사무작업이 정확해지고 신속하게 처리되어 계산 작업의 생산성 향상에 공헌한다.

② **상품관리** : 가격표를 자동으로 읽어 단일 상품별 상품 동향을 파악이 가능해지고 이로써 어느 상품이 얼마만큼 팔렸고 팔리지 않는 상

4) 柏木重秋(1989), 現代商業總論, 同文館, p. 193.

5) 流通システム開發センター編(1989), 現代情報システム年監88, ビジネス社, pp.65-68.

품은 어느 정도인가를 알 수 있어 재고 조회가 신속하게 이루어진다. 이것은 팔리지 않는 상품을 배제해서 재고회전율을 향상시키고 결격상품을 방지할 수 있어 이익률을 끌어올리는데 공헌한다. 이는 종래 유통업의 부문관리로부터 단일 상품관리로 상품의 계수 관리가 세분화된 것을 의미하며, POS에 의한 판매시점데이터의 파악으로 머천다이징(상품화 계획)사이클로서 발주—납품—판매의 각 단계에서의 데이터 연동을 중시하는 경영 자세를 파생시켰다.

③ **고객관리** : ID카드나 크레디트 카드의 발행을 통해 고객의 회원화를 이루고 누가 무엇을 얼마에 언제 어떠한 방법으로 구입했는가에 대해 개개의 고객 구매기록을 축적해서 고객 데이터 베이스를 구축한다. 이에 따라 타깃을 명확히 한 마케팅 활동과 효과적인 다이렉트 메일의 전개가 가능해지고 고객 서비스 향상에도 활용한다.

④ **종업원 관리** : POS 레지스터나 스토어 컨트롤러를 내장한 타이머로 종업원 개개인의 근무상황, 영업성적 등을 파악할 수 있고 급여계산도 자동으로 이루어진다. 또한 캐셔의 교육시간 단축과 등록 실수의 방지에도 도움이 된다.

⑤ **정보의 집중관리** : 각각의 POS 터미널로부터 수집된 정보는 점내 또는 본부의 컴퓨터 센터로 보내지고 분석되어 각종 데이터로 가공되어 데이터베이스로서 필요한 부문, 점포 등에서 활용된다. 특히 다른 기업과의 경쟁우위성을 확립하기 위해 POS 시스템을 적극적으로 활용하게 된다면 정보를 의사결정에 활용하기 위해 전략적 정보시스템(SIS : Strategic Information System)의 구축이 필요해 진다. 소매업에서는 이와 같은 시스템의 구축을 소매정보시스템(retail information system)이라고 한다. 소매정보시스템이란 소매기업의 매니저의 정보 필요를 예측하는 것, 즉 지속적인 기반에서 적절한 데이터를 수집하고 조직하며 보관하는 것이며 나아가 소매기업의 의사 결정자에게 유효한 정보원을 창출하는 것이다.[6)]

6) Barry Berman and Joel R. Evans(1989), Retail Management : *A Strategic Approach,*

또한 제조업체에는 다음과 같은 이점이 있다.

① 판매정보를 기초로 정확한 생산계획을 수립
② 경쟁제품과의 가격동향을 파악하여 시의 적절하게 판매가격을 조정
③ 광고나 판매촉진의 효과측정
④ 소비자의 요구에 맞춰 신제품을 개발하거나 기존제품을 개량
⑤ 팔리지 않는 상품의 생산중단 및 폐기결정
⑥ 시장규모를 파악하여 각 사별 시장점유율 파악
⑦ 출고, 배송의 합리화
⑧ 재고관리의 정확도 향상

POS 데이터의 주요 활용법으로서는 다음과 같은 것이 포함된다.

① **단일상품 판매량 데이터** : 단일상품의 매출액 데이터로서 잘 팔리는 상품과 안 팔리는 상품의 파악 및 신제품 판매상황의 파악
② **분석데이터** : 판매량을 확인함으로 메이커는 경합품 대책, 가격정책, 세일즈맨 운용, 프로모션 입안, 판매점 대책을 세우기 위한 유력한 수단이 된다. 또한 판매점도 우량 브랜드의 선정, 잘 팔리는 상품의 파악, 매입, 재고의 적정량 파악, 프로모션을 입안할 때 수단으로 활용이 가능하다.
③ **실험데이터** : 어느 마케팅 요인을 조작함으로써 그 요인의 영향 정도를 측정하고자 하는 것을 말한다. 예를 들면 진열상태나 POP의 유무와 매출액의 변화관계, 가격과 전단지 유무와 이익률과의 관계 등을 파악하여 효과적인 마케팅 활동을 전개할 수 있다.
④ **소비자 행동 데이터** : 특히 ID카드나 크레디트 카드 이용자에 의한 상품구입은 고객별 단일품목 데이터가 파악되어있기 때문에 다음과 같은 분석을 할 수 있다.
ⓐ 구입상품내용분석 : 1회 구매로 어떠한 상품을 구입했는가
ⓑ 관련상품분석 : 어느 상품을 살 때 다른 상품도 함께 구입하는가,

Macmillan, 4th ed., pp.196-203, 657.

관련상품은 동일 메이커의 것인가

ⓒ 소비자 패널 조사 : POS시스템을 이용한 개인별 ID카드에 의한 스캔패널의 이용과 패널러가 각각 가정(세대별)에서 구입한 상품 바코드를 펜 스캐너로 스캔하는 홈스캔 패널 등은 지금까지의 일기장(가계부)형식보다 신속하고 소비자 부담이 상대적으로 적어지고 있다.[7)]

(2) POS 시스템 구성기기의 형태

POS 시스템의 구성기기는 다음 그림과 같다.

① **매장에 있어서의 POS 터미널** : 현금 등록기로서의 영수증 등록, 금고기능, 가격표의 자동 읽기 기능이 있으며 매출액기록, 동시에 판매된 상품의 정보를 자동 수집한다. 또한 신용카드의 처리를 가능하게 하는 CAT(Credit Authorization Terminal : 신용조회단말기)나 신용카드 대응형 POS는 읽기의 기능이 있기 때문에 신용카드 데이터를 읽어 전화 회선을 통해 신용카드회사 또는 정보센터의 파일 신용정보를 조회하고 무효카드의 판정 및 여신조회가 이루어진다. 고성능 레지스터, 통신기능이 있는 터미널 본체, 스캐너로 구성되어 있다.

② **사무실 등에 있는 스토어 컨트롤러** : 상품매스터—파일이 들어있고 상품명・가격검색을 할 수 있는 PLU(Price Look Up)가 이용된다. 또한 스토어 컨트롤러는 본부의 호스트 컴퓨터와 온라인으로 연결되어있다. 본부의 호스트 컴퓨터는 각 점포에서 올라온 거래 데이터를 축적하여 보다 고도의 다각적인 분석을 한다.

③ **관련기기** : OCR(optical character reader)가격표나 바코드 라벨을 발행하기 위한 라벨, 계량기, 라벨 프린터를 포함한다.

---

7) ①~④의 분류는 吉田正昭 編(1985), マ-ケティング リサーチ入門, 有斐閣新書, pp. 219-225.

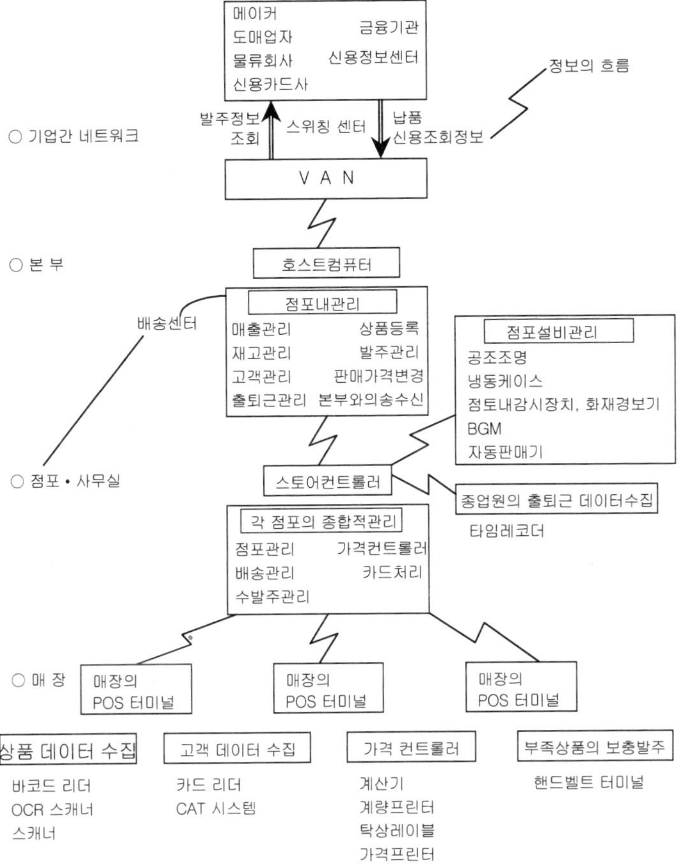

〈그림 3-2〉 POS 시스템의 구성과 네트워크

2. EOS · VAN · 카드의 보급과 활용

(1) EOS

EOS(자동발주시스템, 온라인 수발주시스템 : Electronic Ordering System)는 컴퓨터나 통신회선을 이용해서 수 · 발주정보를 기업 뿐만 아니라 거래기업 간에도 온라인으로 교환할 수 있는 시스템을 말한다. 처음에는 체인 스토어의 점포가 본부에게 주종 상품의 안정적인 공급을 위해 보충발주업무의 합리화와 효율화를 위해 도입한 시스템이기 때문에 기업에서는 보충발주시스템이라고 한다. 즉 체인 스토어가 매장별로 상품을 보충하기 위해 채용한 것이다.[8)]

원래 보충발주를 위한 업무는 고도의 숙련된 경험과 노하우가 필요하다. 과잉재고를 배제하는 한편 상품의 품절을 방지한다는 트레이드 오프를 조정하기 위해서는 베테랑 담당자를 배치해야 한다. 그러나 현실적으로 이러한 경험자는 만성적으로 부족한 상태이다. 이와는 반대로 점포수, 거래량, 아이템수의 증가에 따라 전화나 전표를 통한 보충발주는 착오와 한계를 초래하여, 1970년대부터 점포내에서 핸드 터미널을 이용해서 재고를 조사하고 발주데이터를 입력하여 통신회선을 통해 본부의 컴퓨터에 송신 가능한 시스템을 도입하게 되었다.

이러한 EOS의 전개에 따른 기대는 그 만큼 커지고 있다. 소비자 니즈(needs)의 개성화, 다양화, 단사이클화는 기업간 거래에 다품종 소량다빈도 배송을 일반화시켜 상품에 따라서는 배송시간의 지정, 1일 복수배송, 결품율 제로, 리드타임 단축 등을 원하고 있기 때문에 그 만큼 전달할 정보의 정확한 처리, 발주, 기표작업의 신속화가 필요해진 것이다.

따라서 유통업의 경우에는 점포와 본부간에 한정하지 않고 거래처와도 온라인으로 연결되어 있으며 유통기업, 도매업, 상품 메이커를 포함한 기업간 온라인 수발주 시스템이 보급되고 있다. 또한 VAN을 이용해서 복수기업이 공동으로 EOS를 개설하고 운영하는 경우도 나타나고 있다. 이 시스템의 도입과 전개로 수발주업무가 간소화되고 신속화를 기대할 수 있어 유통기업에서의 호스트 컴퓨터와 도매업이나 상품메이커의 컴퓨터를 연결시킴으로써 더욱 효율적인 자동발주가 실현되는 것이다.

---

8) 流通システム開發センター編(1986), POS·VANでひらく流通情報ネットワグの知識, 日本實業出版社, pp.174-180.

(2) VAN

1) VAN의 역할

VAN(부가가치 통신망 : Value Added Network)이란 공동이용형 데이터 통신 시스템을 말하는데 통신사업자로부터 회선을 빌려 컴퓨터를 그 회선에 접속해서 전송, 변환, 편집, 검색 등 다양한 기능을 부가해서 이용자에게 정보처리와 통신처리를 제공하는 정보통신망을 의미한다.[9)]

지금까지 기업의 컴퓨터 시스템은 자사내에서만 공통적으로 통용되는 자기완결형 이었고 다른 기업의 컴퓨터나 다른 기종 컴퓨터에 접속해서 통신할 수 없었다. VAN은 이와 같이 다른 기업의 다른 컴퓨터를 상호 접속하거나 형식이 다른 정보의 교환을 가능하게 한다. 이에 따라 효율적인 정보의 축적, 제공, 다른 미디어간의 스피드나 형식을 변환, 복수이용자에 대한 동일한 보고, 통신의 선택 등 각종 서비스를 제공한다. 이것을 부가가치 통신망이라고 한다.

2) VAN의 활용범위

VAN의 적용 영역은 다음과 같다.[10)]

① 정보처리기능 : ⓐ 거래정보교환(수·발주청구, 출하안내, 거래상품정보, 기업간 재고에 관한 문의 등) ⓑ 물류업무(출하안내, 재고정보, 피킹, 가격표처리, 배송계획, 지시 등) ⓒ 폰뱅킹(구좌송금의뢰, 구좌송금안내, 문의 등) ⓓ 크레디트업무(유통업의 크레디트 단말기로부터 크레디트 회사로 오소라이제이션, 매출청구 등의 데이터 교

---

9) 본래 미국에서 사용된 VAN이지만 지금은 이 말은 사용하지 않고 Enhanced Network Services : 고속정보통신서비스라는 말을 사용하고 있다. 여기에는 전송, 변환, 통신속도변환 등의 기능과 메시지 변환, 미디어변환, 정보처리를 포함한 데이터 통신, 데이터처리기능을 의미한다고 한다. 우리나라도 VAN의 의미는 반드시 명확한 정의가 있는 것은 아니며 실제 VAN은 이 모든 것을 대상으로 한다기 보다 어느 특정한 업무부분을 대상으로 하는 경우가 많다.

10) 流通システム開發センター 編, 전게서, p.15.

환) ⓔ CD네트(금융네트워크)

② **정보제공기능** : ⓐ 데이터 베이스(공통상품 코드 및 기타 정보의 데이터 베이스 등) ⓑ 비디오디스크(영상정보데이터 등의 서비스) ⓒ 데이터 분석, 조사(개별기업의 분석, 데이터베이스 데이터를 특정 목적별로 분석하는 서비스)등

③ **통신 애플리케이션 기능** : 문서메일, 문서관리, 음성메일, FAX메일 등

그렇다면 VAN에 의한 구체적인 효과를 들어보자.[11] 소매점이 소비자 요구의 다양화에 대응하기 위해서는 아무래도 많은 수의 도매업자와 거래를 해야 하며 이 거래의 증가에 따라 대금지불을 위한 은행송금 수수료가 증가하게 된다. 이를 위해 결제비용을 절약하는 방법이 고안된 것이다. 즉 각 소매점이 거래하는 각 도매업자에 대해 대금결제를 은행송금으로 하는 경우 지금까지는 각 도매업자의 거래은행에 송금했던 것을 ① VAN을 이용해 각 소매점이 1개월분의 각 도매업자에게 보낼 금액의 정보를 집중시켜 센터에서 각 소매점별 합계금액을 계산하여 소매점에 통지한다. ② 각 소매점은 합계금액을 은행에 개설된 공동결제구좌에 송금하고 이 공동결제구좌에서 각각의 도매업자별로 합계금액을 지불하는 시스템이다.

이것은 VAN을 이용하여 결제정보(소매점이 도매업자에 대한 채무)를 모아 이것을 집계, 정리함으로서 일종의 상쇄결제를 하고 또한 공동결제구좌를 개설해서 은행예금의 자금이동을 절약하는 것이다. VAN에 의해 은행예금을 이용하지 않고 결제정보를 집중, 정리함으로서 어느 정도의 상쇄결제가 가능해지고 은행이 전문적으로 담당했던 결제서비스에 사용되지 않던 뱅크가 진출할 수 있다는 것을 시사한다.

다시 말하면 지금까지 거래처별로 은행구좌에 송금하는 방식으로는 가령, 200사(소매점수)×100사(도매점수)×500원(송금수수료)=1,000만원이라는 결제비용이 소요되지만, VAN을 이용한 공동결제구좌에 송금하는 방식은 200사(소매점)×500원(송금수수료)=10만원이라는 적은 금액으로 절약이 된다.

11) 官澤健一 編(1986), 高度情報化社會の流通機構, 東洋經濟新報社, pp.184-190.

3) 정보 네트워크의 유형

VAN은 기업간 정보 네트워크화를 추진하는 유효한 수단이지만 이 네트워크의 지역적 확산과 누가 주도하는가에 따라 대표적으로 다음 3가지 유형으로 나누어진다.

① **대기업형** VAN(개별기업주도 · 전국형 정보 네트워크) : 대규모 과점 메이커(가전업계), 전국형 도매기업(식품가공업계), 전국형 체인스토어, 대규모 물류기업 등 개별기업이 운영하는 네트워크인 경우가 많다.

② **업계** VAN(복수기업주도 · 전국 전개형 정보 네트워크) : 소위 업계 VAN이라고 하는 것은 이를 지칭하는 것이며 동일업종의 기업이 공동으로 이용하기 위해 구축한다. 일반적으로는 메이커와 도매기업간의 수발주공동화, 납품 데이터나 청구 조회 데이터, 메이커로부터 도매기업에 상품제공, 경우에 따라서는 도매기업과 소매기업간에도 구축되며 구축의 형태는 임의기업의 공동출자로 운영하는 경우와 업계단체가 운영하는 경우가 있다.

③ **지역형** VAN(복수기업주도 · 지역형 정보 네트워크 전개) : 어느 특정 지역을 배경으로 정보 네트워크를 구축하는 것을 말한다. 이 가운데 지역의 도매기업을 중심으로 소매기업과의 공동이용형 VAN이 발전하고 있다. 지역도매기업이 변화하는 환경과 위기의식을 반영하여 중간업자 배제 움직임에 대항하고자 스스로 메이커와 소매업자 사이에서 정보기능을 적극적으로 담당하여 역할 강화를 하려는 것이다. 각지의 이업종 도매기업이 공동으로 운영하기도 하고 VAN사업자에게 위탁하는 경우와 제3섹터 방식을 이용하기도 한다.

(3) 카드(card)

1) 카드의 형태와 발행목적

정보기능과의 관련성으로 카드가 주목받고 있는데 한마디로 카드라고 해도 그 발행대상, 종류나 발행목적도 다양하다. 카드란 일반 소비자를 대상으로 한 카드에서 법인카드 등 구매단가가 커다란 것까지 있다. 종류로서는 ID카드, 신용카드, 선불카드, 은행POS 카드, IC 카드가 있고 발행목적도 판매촉진, 구매단가의 향상, 고객고정화 및 조직화, 점포의 이미지 상승, 고객정보의 수집을 위한 수단 등 다양하다. 여기에서는 정보기능과의 관련성에 초점을 맞추어 일반소비자를 대상으로 하는 카드를 검토한다.

특히 신용카드는 그 증가 추세가 현저하다. 소비자도 신용카드에 대해 그다지 저항감을 느끼지 않는 층이 증가하고 있으며 현금을 사용하지 않고 카드를 사용하는데 따른 편리성을 적극적으로 평가하기 시작한 것이다. 또한 카드 시장을 둘러싼 기업간 제휴와 경쟁도 활발하고 은행, 보험회사, 유통업 등 발행주체 역시 다양하여 소비자 금융을 둘러싸고 시장 경계가 낮아져 카드 발행에 박차를 가하고 있다. 그러나 카드 발행매수의 증가와 반대로 소비자는 실질적으로 이용하는 카드는 한정되어 있어 잠자고 있는 카드가 증가하고 있다는 지적도 있다. 카드의 이용을 촉진하기 위해서는 카드 발행기업의 제휴로 유통업 등 자사 하우스 카드에 은행이나 제2금융권이 결합된 카드가 우리나라에는 1970년대부터 등장하기 시작했다. 1987년 11월에 제정된 우리나라 신용카드업법 제2조 1호에서 '신용카드라 함은 이를 상환없이 제시함으로써 반복하여 물품의 구입 또는 용역의 제공을 받을 수 있는 증표로서 신용카드업자가 발행한 것'으로 정의되어 있다.

이러한 소비자신용제도는 신용거래가 발달한 미국이나 일본의 경우 상품이나 서비스를 판매하는 회사의 판매촉진수단 또는 은행의 거래선 확보 수단으로 일찍부터 발달하였으나 우리나라는 경제발전의 역사도 길지 않을 뿐 아니라 소비자 신용의 역사도 매우 짧다. 특히 신용카드의 도입, 발전사는 더욱 일천하다. 그 이유는 제1, 2차 경제개발 5개년 계획의 추진과 더불어 부족한 재원을 산업부문에 치중하여 우선 배분하고 남는 재원을 소비자 신용 부문에 배분했기 때문이다. 또한, 소비자 신용이 확대되기 위해서는 유통산업의 발달이 필수적이나 이 시기에는 시장가격 메커니즘이 제대로 형성되지 않았고, 특히 우리나라와 같이 현금선호사상이 강한 풍토에서는 신용거래가 통용될 범위가 적어 그만큼 소비자 신용의 활성화를 기하기가 어려웠다.

그 후 1960년대 고도성장 즉, 경제개발 5개년 계획이 성과를 나타내면서 우리나라 경제규모의 급속한 팽창 등 많은 변화가 진행되었다. 이에 힘입어 개인소득 증대에 따른 구매력의 향상과 더불어 소비자의 기본적인 수요가 생활필수품으로부터 내구소비재로, 다시 건강, 교육, 여가 등 생활의 질적 향상에 기여하는 방향으로 전환되는 등 구매패턴에 획기적인 변화를 맞게 되었다. 이에 편승하여 할부판매제도가 도입되어 소비생활에 영향을 주게 되었고 도시와 농촌간의 소득 격차 완화와 교통 및 통신의 발달 등으로 지역적, 계층적 이질성이 점차 상실됨으로써 소비를 확대시켰으며, 유통산업의 발달로 고액의 내구소비재 및 서비스 구입을 위한 판매신용공여를 촉진시켰다. 금융산업도 소매금융(Retail Banking)에 관심을 가지면서 신용카드제도가 첨단 소비자 금융기법으로 도입되게 되었다.

신용카드제도의 국내 도입은 1969년 7월 신세계백화점이 삼성그룹 관계회사 임직원을 대상으로 자사카드를 발급한 것이 시초였다.[12] 1974년에는 한일은행과 제휴하여 은행정기예금 고객을 대상으로, 이듬해에는 직장인을 대상으로 카드발급을 확대하였으나 카드의 저변확대를 기할 수 있는 환경이 형성되지 않아 이렇다 할 성과를 거두지는 못하였다.

1970년에는 조선호텔이 회원제의 수단으로 카드를 발행한 바 있으며, 1974년에는 미도파 백화점이, 1979년에는 롯데백화점과 코스모스백화점 등이 카드발급을 시작함으로써 백화점 등 유통계 카드의 발급 경쟁이 확산되었다. 그러나 이들 카드는 발급목적이 고정고객의 확보와 자사상품의 판매촉진을 위한 소매카드였으므로 회원범위나 사용기능이 극히 제한적이었다

다양한 가맹점을 갖춘 전문 신용카드회사의 첫 등장은 1978년 7월 코리안 익스프레스(코리안 익스프레스 카드 발급)가 처음이며, 같은 해 9월에 한국신용카드(후에 세종신용카드로 변경 : KOCA Card발급)가 설립되었다. 1979년에는 대한보증보험이 신용사업부를 설치하고 KC Card를 발급하였고,

12) 신세계백화점(1992), 한국의 시장상업사, pp.341-345.

외국계 카드로는 1973년 다이너스 클럽이 대한여행사를 대행사로 하여 국내에 진출하였다. 은행이 발급하는 신용카드는 1978년 4월 한국외환은행 이 비자 인터내셔널과 제휴하여 해외여행자를 대상으로 발급한 비자카드가 시초이나 카드발급 대상과 사용 가맹점의 제한으로 보급이 확산되지 못하였다. 1970년대 말의 우리나라 신용카드 회원은 백화점카드 회원과 전문회사 카드 회원수를 통틀어 5만여 명 수준의 저조한 상태였다. 이러한 시점에 국민카드의 등장은 우리나라 신용카드 발전에 획기적인 전기가 되었다.

1978년 무렵부터 국민은행 조사부를 주축으로 소비자 금융제도에 대한 연구개발을 거쳐 1980년 1월16일 신용 카드업무취급 승인을 받았으며, 같은 해 9월25일부터 업무를 개시함으로써 범용성을 가진 최초의 실질적 은행계 카드인 '국민카드'가 탄생하게 되었다. 이후 선발5개 시중은행이 신용카드 업무의 공동개발에 합의하고 1982년 4월 은행신용카드협회를 공동출자하여 설립, 같은 해 6월 은행신용카드를 발급함으로써 신용카드 보급, 확산이 본격화되게 된다. 현재 각 은행은 독자 브랜드의 신용카드를 잇따라 내놓을 만큼 영업을 강화하고 있다. 각 은행 및 제2금융권의 카드사는 전화요금 자동이체시 할인, 은행수수료감면, 놀이공원 무료입장, 관람료 할인, 캐시백(cash bag), 리볼빙 결제 등 다양한 서비스를 제공하고 있다.[13]

2) 카드의 역할

카드의 기능은 주로 다음과 같다.

① **본인의 확인** : ID(identification)기능으로서의 소유자 본인의 신분확인을 가능하게 한다.

② **결제기능** : 상품이나 서비스를 구입할 때 구입대금을 현금 대신 사용하는 결제기능이 있다.

③ **신용판매기능** : 후불로 상품이나 서비스의 제공을 받을 수 있다. 신용판매 방법은 리볼빙 지불(revolving loan : 신용카드나 현금서비스를 이

13) 한국경제신문, 2001. 8. 6

용하고 일정한 월간 이율을 정해 매월 일정액을 지불하는 방법과 잔고에 대해 일정비율을 지불하는 방법 등이 있다) 및 일시불이 있다.

④ **소비자금융기능** : 금융기관 또는 유통업자 등이 발행하는 신용카드는 현금서비스는 물론 카드론은 무담보, 무보증으로 소액 융자를 받을 수 있다.

⑤ **판매촉진기능** : 카드회원에게는 각종 특전과 정보를 제공함으로서 카드 이용을 촉진시키고 내점 빈도를 높인다. 예를 들면 카드 사용에 따른 판매가격 할인, 이용액, 회수에 따른 경품 제공, 호텔과 비행예약 서비스, 각종 행사의 초대 등으로 고정고객화를 도모한다.

⑥ **정보수집기능** : 고객 본인 및 가족의 속성데이터, 고객의 구매실태 등을 보다 정확하게 수집할 수 있다. 카드 기업과 소비자를 어느 정도 지속적으로 연결시켜 정보네트워크의 중요한 초점을 형성한다.

3) 고객 데이터와 정보형태

카드가 주목받는 가장 큰 이유는 카드를 통해 고객과 커뮤니케이션을 이루어 중요한 정보를 수집할 수 있다는 점을 중시하기 때문이다. 자사 카드인가 대행카드(발행, 대금회수, 고객에 대한 채권관리 등을 일부 또는 전부를 신용판매회사에 위탁하는 경우)인가에 따라 정보 소스를 관리할 수 있는가 없는가 라는 문제가 발생한다. 고객 데이터 베이스 구축은 자사 카드를 발행하고 있는 기업에 집중되고 있다. 고객 데이터 베이스는 그것을 어떻게 활용할 것인가라는 목적에 따라 수집되는 정보의 범위와 내용이 달라진다. 카드로 어떠한 정보를 수집하고 어떻게 활용하는 것인가를 제시하면 다음과 같다.

① **고객속성** : 현주소, 전화번호, 연령, 직업, 가족구성, 결혼기념일, 거주구분, 구독잡지 등 본인과 필요에 따라서는 가족의 속성을 포함한 개인단위의 정보.

② **고객 신용정보** : 거래은행, 구좌번호, 결제방법, 여신한도액 등 지불상

황 및 지불능력을 나타내는 정보.

③ **구매이력정보** : 고객 데이터 베이스에서 가장 중요한 정보의 수집이 라고 할 수 있는데 구입연월일, 상품종류, 수량, 금액, 이용점포 및 매장, 언제, 무엇을, 얼마만큼, 얼마에, 어디에서 구입했는가 라는 정보.

이와 같이 정보의 수집부터 모든 고객에게 표준적인 접근을 전개하는 것보다도 일정한 기준으로 선정된 타깃에 마케팅 활동을 집중하는 것이 보다 정확하고 효율적인 고객대응이 가능해진다. 이를 위해 이용되는 방법으로 RFM 포인트가 높은 고객을 압축하는 것을 생각할 수 있다. Recency(최근구매일), Frequency(구매회수) 및 Monetary Value(구매금액)의 3가지 변수를 득점화해서 대상 고객을 선출하는 것이다.

사례 RFM기법

고객 데이터베이스는 그 자체가 목적이 아니라, 이를 마케팅정보로 전환하여 현상을 기술하고 미래를 예측하는데 그 가치가 있다. 이는 수집된 정보에 대한 양적인 분석을 통해 이루어질 수 있다. 따라서 원활한 데이터베이스의 활용을 위해 통계적 분석과 다변량 분석에 관한 지식이 요구된다. 성공적인 데이터베이스 활용의 요체는 기존고객 및 잠재고객 가운데서 가장 고객가치가 높은 고객을 발견해 내고, 또한 이들의 특성을 알아내는데 있다고 할 수 있으며, 따라서 데이터베이스에 대한 분석도 이에 초점을 맞추고 있다. 데이터베이스 마케팅에서 유용하게 이용되는 분석방법으로는 RFM 점수분석(Recency, Frequency, Monetary Score analysis)과 세분화 분석(Segmentation analysis)이 있다. 여기에서는 RFM분석에 대해 알아보자.

• RFM 점수분석

RFM은 Recency, Frequency, Monetary의 약자로,
고객이 얼마나 최근에 구입했는가(Recency),
고객이 얼마나 빈번하게 우리 상품을 구입했나(Frequency: 빈도)
고객이 구입했던 총금액은 어느 정도인가(Monetary)

등에 관한 정보를 축약하여 구입 가능성이 높은 고객들을 추려내는 간단하고 편리한 모델링이다. 회사 입장에서 가장 중요한 고객은 앞으로 많이 구입해 줄 고객들이고 어떤 사람들이 이런 고객들이 될 것인가를 생각해보면 Recency, Frequency, Monetary같

은 요소들이 들어간다는 것은 당연하다. 통신판매 회사의 예를 들어 설명하자면, R-F-M각 요소에 따라 각각 고객들에게 점수를 부여하는데, 먼저 Recency 관련 점수는 다음과 같이 구입 일이 가까울수록 높은 점수를 준다.

24점 - 과거 3개월 이내.

12점 - 과거 6개월에서 과거 3개월 사이.

6점 - 과거 9개월에서 과거 6개월 사이.

3점 - 과거 12개월에서 과거 9개월 사이.

구매빈도에 따른 점수는 구매건수에 4점을 곱해 산출한다. 구매금액에 따른 점수는 1만원 단위로 1점씩 주어 계산하되 상한 점을 9점으로 하여 9만원이 넘더라도 9점을 초과할 수 없게 한다. 그 이유는 비정상적으로 높은 금액들이 이 공식에서 나올 결과치를 왜곡할 우려가 있기 때문이다. 여기서 짚고 넘어갈 것은 과연 이렇게 점수를 부여하는 기준들을 어떻게 정하느냐 하는 문제인데, 이것이 모델링의 핵심이다. 구매빈도에 따라 1건당 4점을 줄 것인지 5점을 줄 것인지 어떻게 정확히 알아내느냐는 질문이다. 통계적으로 타당성있는 공식이 되기 위해서는 다중회기분석을 통해 각 변수의 계수 값을 구해내는 것이다.

약간의 통계적 지식을 갖추고 SPSS혹은 SAS와 같은 통계 처리용 컴퓨터 소프트웨어 패키지를 이용하여 구해낼 수 있다. 정확한 분석에서는 독립변수 상호간의 영향력도 제거하는 과정을 거쳐야 하는데 통계패키지가 이런 일들을 자동 계산해준다.

이처럼 $P = aX + bY + cZ +$ 에서 계수 a, b, c 값을 구하기 위해 통계처리가 필요하지만, 통계 전문인력이나 소프트웨어가 없는 경우에는 단순히 마케팅 담당자의 직관으로 단위 당 점수 기준을 설정해도 소기의 목적을 충분히 달성한다. 이 공식에 사용되는 R, F, M 요소들이 워낙 예측력이 강한 변수이기 때문이다.

일단 각 고객별로 각 요소(R, F, M)마다 산출된 점수를 합하면 각 고객에 대한 총점이 나오는데, 이 총점이 바로 예측하려는 변수로 위의 등식에서 종속 변수P가 된다. 이용 목적에 따라서 P는 다른 데이터 값을 넣을 수 있다.

종속변수는 결과가 되는 변수 즉 독립 변수들의 영향을 받아 사후적으로 나타나는 변수가 되어야 한다.

즉 P는 고객의 매출액이나 순이익 등 상대적인 기여도 등을 정할 수 있으며, 모델P $= aX + bY + cZ +$를 풀어서 말한다면 현상 X, Y, Z의 정보들을 이용하여 종속변수 P(여기서는 고객의 예상 기여도)를 예측해 내어 고객들을 구분해 보자는 것이다. 이 총점에 따라서 마케팅 프로그램을 선별적인 마케팅 업무를 실시하며 비용도 줄이고 이익을 극대화할 수 있다. 요컨대 소비자의 과거 구매 형태에 따라 어떤 판촉 수단을 쓸 것인지, 얼마나 자주 판촉활동을 해야 할지를 결정할 수 있으며, 백화점이나 카드회사 등 자사고객의 구매 기록을 가지고 있는 백화점에서는 지금 당장에라도 활용할 수 있는 강력한 기법이다.

점점 커지는 방대한 데이터베이스를 선별적으로 이용하는 것은 매우 효과적인 마케팅을 할 수 있게 해준다.

카탈로그 통신판매, 텔레마케팅을 실시하고 있는 다이렉트 마케팅 전문회사 뿐만 아니라, 은행, 백화점, 카드사 등 고객에 대한 데이터(위에서 언급한 R, F, M)를 보유하고 있는 조직에서는 현재 실시하고 있는 마케팅 커뮤니케이션의 비용을 재검토해 볼 필요가 있다. 아직 데이터를 갖추지 못한 기업에서는 데이터베이스 시스템 구축할 때부터 이런 모델링을 염두에 두고 단계적 계획을 세우고 실시해야 한다. 전산 시스템이 잘 구축되면 위와 같은 일련의 분석과정 전체를 자동화시킬 수 있으므로 이용자로서는 쉽게 마케팅 전략에 참고할 수 있는 정보가 된다.

그리고 위와 같이 고객정보와 거래정보를 혼합하여 분석하는 것은 생각보다 쉬운 일이다. R-F-M데이터는 대금의 결제나 기업의 회계 처리 목적상 혹은 다른 운영상의 이유로 이미 회사 어디에선가 이용되고 있는 기본 자료들이기 때문에 단지 마케팅 목적을 위해 이전하여 활용하는 것은 매우 용이한 일이기 때문이다.

• RFM 모델의 확장

RFM의 변형된 형태의 예를 하나 들어본다. 상품 종류가 한 가지 범주에 들어가는 경우에는 R-F-M공식이 소비자 행동을 잘 반영하나, 여러 종류의 품목을 판매하는 회사의 경우에는 앞서 설명한 R-F-M공식이 잘 적용되지 않는다. 특정 품목의 구입자들의 특성들이 다른 품목 구입자들의 특성과 다른 경우가 많기 때문이다.

Robert Kestnbaum은 RFM에 한 가지 요소를 덧붙여 FRAT이라는 공식을 가지고 기업들에게 컨설팅을 했는데 실제로 원래 R-F-M보다 더 좋은 결과를 볼 수 있었다. FRAT은 F(빈도:Frequency), R(최근성: Recency), A(구매력:Amount), T(구입상품: Type of merchandise/service)의 4가지 요소들 약자이다.

원래 R-F-M공식에 상품의 종류(T)만 추가시킨 것에 불과하다. 통계적 분석 방법으로 비중치(계수)를 부여하지 않고 마케팅 담당자의 직관으로 혹은 특정목적에 따라서 임의로 점수를 부여 할 수도 있다. 이 경우 상품의 종류(T)에 따라 점수를 달리하는 방법은 마케팅 담당자의 목적에 따라 달라진다.

한 가지 예로 마진이 높은 품목을 구입한 경우는 높은 점수를 부여하여, 회사 이익에 대한 공헌도를 중시하는 것도 하나의 좋은 방법이다. 그리고 고객이 최근에 어떤 제품을 샀다는 사실이 미래 구매행동을 예측하고 다른 제품을 교차판매 하는데 매우 중요한 요소로 작용하기 때문에 꼭 이 모델의 점수계산 목적이 아니라도 품목 거래정보는 고객선별에 필수 정보로서 계속 보관할 데이터이다. 실제로 모든 통계모델에서는 예측을 위한 변수가 늘어날수록 그 모델의 예측능력이 커지기 때문에 FRAT공식이 RFM보다 더 유용한 것이 당연하며 이를 이용하여 우리 회사의 모델링에는 어떤 변수들이 필요한지를 재구성 해보는 것도 좋다. 미국의 몇몇 다이렉트 마케팅 회사들은 '고객리스트 출처'나 '대금결제 방법'들도 매우 중요한 변수로 위의 공식에 포함시키는 경우도 있는데, 구입한 상품의 대금을 은행지로나 현금으로 결제하는 고객과 VISA카드를 이용하는 고객과는 실제로 어떤 이유든 다르다는 것이 파악되었기 때문이다. 결론적으로 Y = aX1 + bX2 + cX3 + 로 표현되고 설명되는 어떤 모델에서 독립변수로서 과연 무엇이 주요변수로 선택되었는가에 따라서 R-F-M이 될 수도 있고 F-R-A-T가 되기도 한다는 것이다.

제4장

보조적 유통기능

제1절 유통위험부담

유통의 기본적 역할은 생산물의 사회적인 흐름을 조정하고 수급을 결합하는 것이다. 보조적 유통기능은 이러한 역할을 달성하기 위해 지금까지 설명했던 상거래과정인 상적유통기능, 물류기능, 유통정보기능의 수행을 측면에서 도와주는 역할을 한다. 이 기능은 반드시 유통과정에서만 필요로 하는 기능이 아니라 경제사회의 많은 측면에서도 필요하다는 의미에서 권리이전을 촉진하는 유통활동으로서는 보조적인 위치를 차지한다. 보조적 유통기능에는 유통과정에서 발생하는 위험부담기능과 금융기능이 있다.

1. 위험의 종류

위험의 발생은 장래를 정확하게 예측할 수 없는 불확실성에 의한 손해 및 비용의 발생이다.[1] 유통활동을 수행하는데 위험은 끊임없이 뒤따라 다닌다. 최근 유통활동의 국제화와 경영다각화는 위험발생의 기회와 규모를 확대하고 있다. 유통과정에 존재하는 불확실성과 이에 따른 위험은 다양해지고 있으며 이를 위한 위험부담의 방법도 몇 가지 수단이 있다. 구체적으로는 고객이 자사의 상품을 확실하게 구입할 것인가, 수송도중 상품이 파손될 지도 모른다는 점, 또는 거래하고 있는 판매점이 구입대금을 지불해 주시 않을 지도 모를 우려 등은 기업이 사전에 알 수 없는 불확실성이다. 이러한 것을 고려해서 위험의 종류를 분류하면 다음과 같다.

(1) 자연발생적 위험

풍수해, 태풍, 지진, 낙뢰, 화산분출 등 자연현상에 의해 인력이 미치지

1) 久保村隆祐·荒川祐吉(1974), 商業學, 有斐閣大學雙書, p.171.

못하는 위험

(2) 물리적위험

수송 및 보관상의 파손, 부패, 변질, 화재, 해충발생 등 부적절한 관리에 의한 피해

(3) 사회적 · 정치적 위험

소매치기, 도난, 폭동, 국유화, 전쟁 등 사람들의 윤리의식과 국가의 정치적 불안정성, 체제에 대한 불만과 이에 따른 국제분쟁이 발생할 위험

(4) 신용위험

경영자원인 사원의 질병 및 사망에 의한 경영위험, 부도, 도산 등 채권의 회수가 불가능해진 경우에 따른 위험

(5) 시장위험

판매부진, 반품, 가격변동, 금리 및 환율의 변동에 따른 위험, 유행의 변화, 경쟁기업의 참여 등 시장조건의 변화에 따른 위험

2. 위험삭감법

위험부담의 방법에는 두 가지 방향을 생각할 수 있다. 첫 번째는 위험관리를 적절하게 이용하면서 위험 발생의 기회 그 자체를 억제하는 방법이며 두 번째 방법은 위험을 합리적으로 부담할 수 있는 다른 주체에게 전가하는 방법이다.[2]

---

2) T. N. Beckman, W. R. Davidson and W. W. Talarzyk(1973), *Marketing,* Ronald Press, 9th ed., pp.537-541.

(1) 위험의 부담

예방적 조치로서는 화재발생에 대비하여 내화건축, 스프링클러, 경비강화, 방화설비의 점검등의 안전대책을 철저히 하는 것이다. 상품의 보관도 해충발생이나 품질변화에 사전에 대처하기 위해 훈연이나 온도관리의 설비를 갖추어 놓아야 한다. 점내의 감시카메라와 방범장치를 설치하거나 야간경비를 강화하는 것도 그 예방조치라고 할 수 있다.

신용거래에서는 거래기업에 대해 충분한 신용조사, 담보, 보증이나 연대보증인을 요구할 필요가 있다. 부도에 대해서도 충분한 신용관리가 필요하다. 거래실적이나 담보력이 약한 중소기업이 은행 등 금융기관으로부터 융자를 받는 경우에는 보증기관이 있기는 하지만 융자를 받기가 쉬운 일은 아니다. 그러나 최근 국제적으로 유·담보 원칙이 철폐되고 있는 과정에 있기 때문에 더욱 신용관리가 중요해지고 있다. 이 가운데 소비자신용, 소비자금융, 리스계약의 경우 담보에 의한 보증이 없는 등 개인의 신용능력에 대한 정보시스템의 확립 및 정비가 불가결하다.

시장조건의 변화에 대한 대응은 최근 지속적으로 고객과 시장정보의 수집을 철저히 하고 경영과 마케팅 의사결정을 지원할 수 있는 체제를 갖추는 것이 무엇보다 우선이다. 특히 장래의 수요예측 정밀도를 높이려는 노력이 필요하며 위험발생에 대한 적절한 처치가 가능한 리스크 매니지먼트 노하우를 축적해 놓아야 한다. 기업에 따라서는 적극적으로 위험을 부담함으로서 높은 이익기회와 경우에 따라서는 투기적 이익을 얻기도 하며, 위험부담력이 이 유통과정에서 거래 교섭력을 만들어주기도 한다. 위험을 정확하게 컨트롤할 수 있는 수단으로서 정보처리능력이 주목받고 있다. 이 점은 앞에서 이미 설명한 바 있다.

(2) 위험의 전가(분산)

1) 보증제도 및 상품거래소의 이용

적절한 매니지먼트 노력에 의해 대부분의 위험은 해결할 수 있지만 충분하게 관리된 기업이라고 하더라도 자사만으로는 부담할 수 없을 만큼 위험에 직면하는 경우가 있다. 위험의 규모가 기업의 재무능력을 넘어 도산을 초래하는 경우에 기업자신의 관리 뿐만 아니라 상당한 비용을 지불하고라도 다른 주체에게 그러한 위험을 전가시킬 필요가 있다. 기업이 받는 불확실한 위험은 일정한 집단에게 분산시킬 수 있다. 위험에 따라서는 사회적, 제도적인 수단인 보험으로 커버할 수 있다. 보험제도는 상호부조의 제도이고 다수의 경제주체의 참여로 공동으로 손해를 보전해주며 상대적으로 소액의 보험료를 지불함으로써 거액의 손실 발생에 대처할 수 있다.

자연발생적, 물리적 위험에 보험의 적용이 많아지고 있다. 사회적, 정치적 위험에도 도난보험 등 손해보험이 일부 적용된다. 신용보험이나 시장위험의 대부분은 기업자신의 관리노력에 의해 달라지지만 신용위험 가운데 경영자의 사고, 병이나 사망 등은 생명보험이나 상해보험이 적용된다.

그러나 위험의 모든 것을 보험이 커버해 주고 있는 것은 아니며 위험의 발생율 내지는 손실의 비용을 어느 정도 확정율로 예상할 수 있는 것에 한정되고 있다. 이와 같은 위험발생의 확정율 하에서 위험발생에 의한 손실액(보험료)을 산정해서 보험료를 징수하고 실제로 위험발생에 의해 피해를 본 손실액에 대해서 보험금 지불로 보전해주는 전문업자로서 보험업자가 발전한 것이다. 특히 물리적 위험을 보전해주는 손해보험으로는 화재보험, 자동차보험, 도난보험, 운송보험, 해상보험, 항공보험 등이 발달했으며 이러한 보험료는 최종적으로 상품이나 서비스 가격의 일부를 구성한다.

나아가 상품의 판매활동에 따른 가격변동의 시장위험을 보전하는 방법으로는 사회적인 제도로서 상품거래소가 발전했다. 상품거래소에서는 선물거래를 대상으로 한 헤징(hedging)이라는 방법으로 위험을 분산, 전가시키려 한다. 선물거래는 장래의 일정기간에 상품의 인도 또는 반대매매에 의해 결제(차금결제)하는 것으로 미리 상품의 품명과 가격, 수량을 정하고 매매계약을 체결하는 것을 말한다. 예를 들어 상장회사의 상품을 대량으로 매입하는 경우 동시에 거래소에서 이것에 준하는 만큼 판매에 들어가는 것을 말한다. 이에 따라 그 후 판매시점에서 상품의 가격이 하락해서 실제 거래에서 손실을 입었다 하더라도 거래소에서 팔려고 내놓은 것부터 싸게 사들일 수 있어 손실은 상쇄된다. 이와는 반대로 대량 매입을 예로 들면 현재 갖고 있지 않은 상장회사의 상품의 판매를 계약 한 경우 동시에 거래소에서 이에 적합한 만큼 매입해 둔다. 따라서 실제 매입할 때에는 시세가 폭등해도 거래소에서 매입한 것을 높은 가격에 판매할 수 있기 때문에 결과적으로 손실은 회피할 수 있다. 이와 같이 상품거래소에서의 헤징(heding)은 실제 거래와는 반대의 거래를 결합함으로써 시장위험의 손득을 상쇄하는 것을 목적으로 한다.[3)]

2) 유통기구의 이용

신용거래나 시장조건의 변화로 발생하는 위험은 그 손실을 정확하게 예측할 수 없기 때문에 보험제도가 적용되지 못하는 경우가 대부분이다. 또는 어느 정도 예측이 가능하다 해도 보험비용이 막대하며 경제적으로도 맞지 않는다. 이 때문에 신용거래에서는 유통과정에서 위험의 전부 또는 일부를 다른 기업에게 분산시키는 방법이 이용되어왔다. 기업간 위험을 분산하기 위해서는 유통기구가 다단계로 형성되고 복잡해지는 이유의 하나가 되기도 한다.

특히 우리나라 제조기업은 지금까지 해외로부터 많은 원재료와 자원을 수입해서 국내에서 제조 및 가공을 하고 완성품을 해외에 수출하는 가공무역형태로 발전해 왔다. 일본의 경우도 우리와 같은 가공무역형태의 국가인데 이러한 원재료, 자원의 확보부터 완성품의 판매에 이르는 과정에서 발생하는 가격변동 등의 위험을 중간단계에 유통업자를 다수 활용함으로써 분산, 전가하여 유통기구를 비대화시킨 역사를 갖고 있다. 또한 일본은 전후 내구소비재에서 볼 수 있는 것 같이 위험관리에 대해 노하우를 축적하고 경영능력이 있는 기업이 유통경로의 리더가 되어 유통과정에서 수급조정에 일정한 역할을 담당하기도 했다. 경우에 따라서는 정부가 농가에 상품 구

3) 상품거래소에서 거래되는 상품의 요건은 균질성, 대량거래, 장기간 저장이 가능한 상품이어야 한다.

입가격이나 구입수량을 보증하고 차액을 정부가 부담하는 형태로 개입한 적도 있다.

기업간 관계의 형성가운데 위험의 분산, 전가하는 대표적인 사례는 백화점과 의류메이커의 상품공급기업과의 관계를 들 수 있다. 의류공급기업은 백화점으로부터의 반품을 인정하고 또한 점원을 파견하면서 수요예측의 실패라는 본래라면 백화점이 부담해야할 재고 위험과 머천다이징 기능을 부담함으로써 우리나라 백화점이 성립되어온 측면이 있다.

기업간 위험의 분산에는 이와 같은 반품제도 외에도 주문생산방식, 구입 및 판매의 보증, 하청계약을 통해 위험을 분산, 전가하고 있다.

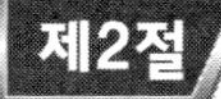

제2절 유통금융

1. 기업 자금수요의 발생과 조달방법

유통금융은 생산물의 수급결합을 원활하게 추진하는데 필요한 자금의 조달과 융통을 위한 활동이다. 생산물을 생산에서 소비 또는 이용의 단계로 이전시키는데 생산물의 구매과 매입, 재고유지, 광고, 유통경로구축, 그리고 점포시설과 보관시설의 설치 등에 많은 자금이 필요하다. 게다가 유통과정에서 생산물의 인도일과 대금지급일이 항상 일치해서 발생하는 것이 아니라 오히려 기간적인 차이가 발생하는 것이 일반적이다. 거래 상대에게도 후불을 인정하고 대금회수까지의 일정기간을 유예함으로써 상대의 구매를 촉진시킨다. 그리고 그 사이에 필요한 자금에 대해서는 누군가가 부담할 필요가 생기는데 오늘날에는 유통과정의 각 단계에 있는 거래주체 측의 금융활동 외에 사회적 제도로서 은행 등 각종 금융기관이 유통금융을 담당하고 있는 것이다.

(1) 자금수요의 주된 발생원(기간별 · 용도별)

기업의 자금수요는 다음 2가지 방향에서 발생한다.

1) 장기자금

기업이 성장하기 위해 필요한 자금이며 회수는 통상 1년 이상이 소요되고 전략자금의 위치를 점한다. 설비자금이 바로 이것이며 토지, 건물, 기계, 계기비품, 차량 등 고정자본의 구입을 위해 필요하기도 하다. 설비투자는 거액이기 때문에 건물과 기계 등 가치의 감소에 따라 장기에 걸친 판매에서 이익을 적립하고 감가상각을 필요로 한다. 토지나 건물 임대의 경우에도 보증금이라는 자금이 필요하다. 금융기관으로부터 융자를 받는 외에 자기자본으로써 주식시장으로부터 조달이나 리스제도를 이용한다. 유통업의 경우는 이 리스제의 이용이 증가하고 있다.

2) 단기자본

기업의 일상적인 운영에 필요한 자금이고 통상 1년 미만에 회수되는 자금으로서 전술자금의 위치를 점한다. 운전자금이 이것이며 상품의 매입, 재고 및 배송비용, 광고와 판매촉진비, 인건비 등 자금이다. 일반적으로 운전자금은 이것을 운용해서 얻은 매출에서 한번에 회수할 수 있다. 상품의 매입대금 등은 기업간 신용이 많이 이용되며 장기적으로 고정적인 운전자금이 될 만큼 금융기관으로부터의 조달이 주류를 이룬다.

(2) 자금조달원(방법별)

현실적으로 유통활동을 하는데 자금이 풍족하게 준비되어 있는 기업만 있는 것은 아니다. 기업은 필요자금을 어떠한 방법으로 조달하는 것인가

1) 자기자본

기업내부로부터 조달하는 자금이며 출자자의 출자자본과 경영활동의 결과로서 획득된 부가자본이 있고 주식의 증자와 내부유보의 수단으로 나누어진다.

2) 타인자본

기업외부의 은행이나 거래처로부터 조달된 자금을 말하며 일정기간 내에 갚아야 할 의무가 있으며 금리를 지불해야 한다. 그러나 기업활동이 다각화함에 따라 자금수요가 보다 커다란 규모가 되고 있어서 타인자본에 대한 의존은 유효한 수단이 된다. 타인자본에 의한 자금조달의 종류에는 차입금, 사채발행, 리스, 기업간신용이 있다.

① 차입금 : 금융기관에서 차입으로 자금조달을 하며 차입에 대한 이자는 이익가운데 지불된다. 차입처는 금융기관(도시은행, 투자신탁, 신용금고), 정부계 금융기관(수출입은행 등), 제도융자(사업공동화를 위한 공적자금)가 있다.

② 사채발행 : 기업이 설비자금이 필요할 경우 증권시장에서 장기자금을 투자가로부터 조달하기 위해 발행하는 채권이다. 자기자본으로서 주식과는 달리 기업이 최고의사결정에 대한 의결권을 갖지 못하며 일정한 이자를 지불하며 일정기간 후에 다시 사 들여야 한다. 일본 유통업계의 슈퍼체인은 외채(사채를 외국에서 발행)또는 전환사채의 발행을 포함해 대단히 활발한 자금원을 개발해서 종합슈퍼, 양판점으로 확대노선을 개척한 것은 유명하다.

③ 리스 : 구입에 의해 설비나 기계 등 소유권을 취득해서 사용하는 것이 아니라 물품의 장기적인 임대차계약으로 사용(점유)권을 취득해서 일정한 리스료를 지불하고 설비나 기계를 빌려 사용함으로써 설비자금 절약을 하는 제도이다. 이것도 넓은 의미에서 유통금융이다. 리스제도가 주목받는데는 유통업계의 활발한 이노베이션이 반영된 것이며 기

업은 점포시설, 물류시스템, 각종 정보처리기기 등 끊임없이 개발이 지속되어 자금부담이 가중되기 때문이다. 특히 급속한 성장확대를 실현하려는 기업에게는 자기자금이나 금융기관으로부터의 융자가 아니라 리스로 자금부담을 가볍게 하는 것도 한 방법이다.

일반적으로 리스기간은 3~5년 계약이 주류를 이루며 이보다 단기간은 대여(rental)라고 말하는데 반드시 명확한 규정이 있는 것은 아니다. 리스전문기업이 속속 등장하고 있는 가운데 리스제도의 이용은 사용자로서는 초기의 리스료가 고액임에도 불구하고 이노베이션이 격화되는 가운데 제품의 진부화에 보다 신속히 대응할 수 있고 설비투자의 용이성과 설비투자 자금의 절약에 도움이 된다.

- 기업간 신용 : 기업간 신용은 유통과정에서 생산물의 거래를 둘러싸고 어느 기업이 다른 기업에 대해 대금을 선불 또는 후불제도를 인정함으로써 생기는 자금의 융통을 말한다.[4] 상품 인도일과 대금지급일의 시기적인 차이를 인정해서 상대에게 신용을 공여하는 방법으로는 일반적으로 어음발행, 외상 및 할부지급이 있다. 특히 어음에 의한 신용공여는 약속어음이 보통 이용된다. 이것을 일정기간후 일정한 금액을 지불하겠다는 것을 약속한 유가증권이다. 자기자금이 부족한 판매자는 이 약속어음을 약속기일까지 기다리지 못하고 은행에서 할인해서 이용하기도 한다. 이 경우 은행은 지불기일까지의 금리와 수수료를 빼고 융자를 해주게 된다. 약속어음은 구매기업이 일정기간 후에 그 대금을 판매기업에게 지불하겠다는 신뢰관계를 기초로 하고 있으며 신용이 전제조건이 되어 성립된다. 따라서 이와 같은 신용공여는 구매기업으로서는 현재 자금보유에 의존하지 않고 장래의 수입을 기대하고 구매나 매입에 착수하게 되며 신용공여가 구매의 자극제로서 유통활동을 활발하게 하는 것이다.

---

4) 久保村隆祐·荒川祐吉(1974), 商業學, 有斐閣大學雙書, p.164.

2. 소비자 신용

(1) 판매신용

기업이 유통과정에서 신용을 공여하는 것은 다른 기업 뿐만 아니라 최종 소비자에게도 신용을 공여한다. 소비자에 대한 신용공여의 방법으로는 상품이나 서비스 판매업자가 소비자로부터 대금의 지불을 일정기간 유예하는 판매신용과 금융기관 등이 소비자를 대상으로 융자하는 소비자 금융으로 나눌 수 있다. 판매신용은 상품이나 서비스가 신용공여의 대상이며 소비자로서는 현재의 보유자금이 아니라 장래 소득을 고려해서 고액상품이나 서비스를 구입할 수 있고 또한 현금없이 구입할 수 있다는 편리함에 적극적으로 이용이 확산되고 있다. 할부판매는 대상상품이 내구소비재가 중심이었는데 실제 생선식료품 이외는 거의 소비재가 대상이 되고 있다.

(2) 소비자 금융

소비자금융은 특정 상품의 구매와 직접 연결되는 것이 아닌 소액융자이며 원칙적으로는 무담보, 무보증이다. 소비자금융은 제공하는 주체에 따라 은행론, 신용카드사에 의한 현금서비스 등이 있다. 최근에는 카드론이나 현금서비스가 활성화되어 논뱅크화가 발전하여 점포망, 지명도, 집객력을 활용하고 있다.

신용카드는 지불이나 결제수단으로 이용되어왔으나 최근에는 저축이나 정보기능을 결합한 복합적인 목적을 갖게 되어 카드 발행 기업간 제휴를 통해 국경을 넘어선 사용이 일반화되어가고 있다.[5)]

---

5) 經濟企劃廳綜合計劃局 編(1987), 金融の國際化·自由化, 大藏省印刷局, p.107-123.

제5장

유통기구의 형성과 유통경로전략

제1절 유통기구의 개념과 내부구성요소
제2절 유통기구 파악법과 유통경로 패턴

제1절 유통기구의 개념과 내부구성요소

1. 유통기구와 유통경로의 개념

생산자와 소비자 사이에는 이미 설명한 것 같이 다양한 사회적 분리 상태가 존재하는데 유통기능은 이와 같은 분리를 극복하고 수급을 조정하는 것을 본질로 한다. 유통기능은 공급과 수요의 필요성이 존재하는 곳에서는 국가나 체제를 불문하고 불가결한 존재인 것이다. 이러한 유통기능은 유통과정에서 누군가에 의해 수행되어야 하는데 그 수행을 위한 사회적 조직을 유통기구라고 할 수 있다.

유통기구(distribution structure or distribution mechanism)란 생산과정에서 소비과정에 이르는 생산물 유통의 사회적 구성이며 주로 유통의 대상이 되는 생산물, 유통기능의 수행방법, 유통기능을 담당하는 구성원 및 구성원간의 결합으로 편성되는 거래 연쇄의 총체라고 하겠다. 유통기구의 개념은 기업이나 개인이 조작할 수 없다는 점에서는 사회적 존재이며, 분석하는 경우 그 시점도 사회경제적 입장에서 생산물 유통을 다루는 것이 일반적이다. 따라서 유통기구는 포괄적인 개념이며 한 국가의 경제에 관련된 한국의 유통기구라든가 지역별 유통기구라는 말로 표현하기도 하고, 특정 산업이나 상품에 관련된 소비재 유통기구나 생산재 유통기구라는 말을 쓰기도 한다.

이와 유사한 표현으로서 유통채널 또는 유통경로(channel distribution/distribution channel)와 마케팅 채널(marketing channel)이 있다. 유통경로는 거래연쇄를 특정한 개별상품의 거래의 흐름으로 보는 경우이며 마케팅 채널은 마케팅 주체가 유통기구에서 스스로의 상품에 적합한 유통경로를 선정하고 구축하는 것을 말한다.[1] 유통경로는 미시적인 측면과 거시적인 측면 양방향에서 다루는데 비해 마케팅 채널은 개별기업관점에서 다루기 때

1) 久保村隆祐·荒川祐吉 編(1986), 商業辭典, 同文館, pp.302-303.

문에 각각 다른 분석단계를 갖는 개념이다. 그러나 유통기구, 유통경로, 마케팅 채널은 실제 불명확하게 사용되고 있다는 것도 부정할 수 없다.

2. 유통기구의 3가지 내부요소

유통기구에는 누가, 무엇을, 어떻게 유통시키는가 라는 주체—대상(객체)—방법의 문제가 포함된다.

(1) 유통의 주체

유통기구를 구성하는 구성원은 유통기능의 담당과 관련된 여러 가지 형태의 주체가 존재한다. 여기에서는 유통기능의 수행을 둘러싸고 경제주체로 분화(분업)와 통합이 반복된다. 유통기능은 상거래 과정인 상적유통기능 즉 생산물의 권리이전을 중심으로 담당하는 생산자(제조업자 및 메이커), 도매업자, 소매업자 그리고 소비자로 구성된다. 유통의 본질적 기능이라는 점에서는 생산물의 권리이전 기구가 유통기구의 원점이다. 물류, 유통정보, 보조적 유통의 각 기능을 전문적으로 담당하는 기업이나 기관의 경우 자기의 서비스 거래와는 별도로 직접 생산물의 상적유통기능까지 담당하는 경우도 있다. 이에 비해 생산자, 도매업자, 소매업자 그리고 소비자는 물류, 유통정보, 보조적 유통의 각 기능을 부분적으로 다른 전문기업이나 기관에게 일임하는 경우는 있어도 상적유통기능의 권리 이전에는 반드시 관여하고 있다.

이 경우 소비자도 유통기능의 담당자로 볼 수 있다. 소비자는 사업목적이 아니라 기업에 비해 담당의 지속성은 약하지만, 셀프 서비스 소매업태에서의 구매는 상품선택, 배달, 보관, 유통금융 등을 스스로 담당한다. 일반적으로 소매업에서 상품을 사고 소비자는 이 부분의 대부분을 소매업에 일임한다. 공동구입이나 산지 직송은 보다 지속적인 형태로 생산기능의 일부와 유통기능을 조직적으로 담당하고 있는 사례이기도 하다. 협의의 의미로는 생산자, 도매업자, 소매업자, 소비자가 유통기구의 구성 멤버가 되며, 광의의 의미로서는 유통과정에서의 규제, 조정기관으로서 정부, 지방자치체, 물류업자, 시장조사 및 광고대리점, 보험회사, 각종 금융기관 등 보조적인 조직도 대상이 된다.

이하에 예시하는 유통기능 담당 일람은 생산물의 권리이전을 원점으로 형성된 유통기능 담당자의 개요이다. 이것은 특정 주체가 특히 중시해서 담당하는 유통기능이라는 것을 상정하고 있다. 그러나 생산자가 때로는 물류기능이나 금융기능도 수행하는 것 같이 특정 주체가 일부의 기능 수행에 한정되는 것이 아니라 주체의 목적이나 상황에 따라 대단히 광범위한 기능 영역을 커버하는 것이기 때문에 이 구성은 반드시 각 주체의 담당영역 모든 것을 나타내는 것은 아니다. ②~④는 특히 유통과정에서의 전문화에 의해 출현하는 주체이다. 그러나 최근 이 분야도 물류업자가 상적유통기능을 담당하는 형태(통신판매의 전개)로 참여하는 사례가 늘고 있어 유통기능은 담당주체가 다양화되고 있다. 이와 같은 유통기능의 분화와 통합 전개는 유통과정에서 다양한 전문적 조직이나 개인을 개재시키고 또한 배제를 반복하고 있어 어느 생산물 유통에 필요한 기능은 가령 조직이나 개인을 배제시킨다고 해도 필요한 기능을 배제할 수는 없다. 누군가가 유통기능을 담당하는 문제는 남는 것이다.

① 상적유통기능 : 생산자(제조업자=메이커), 도매업자, 소매업자, 소비자(소비자단체, 협동조합)
② 물류기능 : 운송업자, 창고업자
③ 정보유통기능 : 시장조사기관, 광고대리점, 유통VAN업자, 유통 데이터베이스 기관
④ 보조적유통기능 : 보험회사, 금융기관
⑤ 조정기관 : 정부, 지방자치체, 업계단체

(2) 유통의 대상(객체)

유통의 대상(객체)은 생산물이다. 생산물이란 유형의 상품 및 무형의 서비스를 포함한다. 지금까지는 유통기구나 유통경로 편성에 상품의 특성이 커다란 영향을 미친다. 상품 용도에 따른 분류로서 소비재인가 생산재인가, 또는 소비자의 구매습관에 의한 분류로서 편의품, 선매품, 전문품에 의해 유통의 일정 패턴을 관찰할 수 있다.

1) 소비재의 분류

소비재를 소비자의 구매습관에 따라 3가지로 분류한 것은 코퍼랜드(M. T. Copeland)이다.[2] 편의품(convenience goods)은 소비자의 구매탐색노력이 가장 적은 상품이고 습관적으로 반복해서 구입하며 표준화된 저가격 상품이 많다. 가격과 품질의 비교에 시간이나 노력을 기울이지 않으며 가까운 곳의 편리한 장소에서 구매하는 특징이 있다. 선매품(shopping goods)은 소비자의 기호나 개성에 적합하도록 가격, 품질, 디자인, 스타일, 컬러, 사이즈 등 매장이나 점포에서 비교를 통해 구매를 하는 상품이다. 가격이 편의품에 비해 비교적 높은 수준이기 때문에 신중한 비교구매를 한다. 전문품(specialty goods)은 사전에 구매계획을 세워 미리 신중하게 선택하고 가격 이외의 요소에 매력을 느껴 점포가 원거리에 있어도 구매에 나서는 특별한 노력을 한다. 상품구매에 대단한 전문적 지식이나 기술적 조작이 필요하기도 하고 구매빈도는 그다지 높은 것은 아니지만 상품단가는 대부분 고가이다.

이와 같은 3가지 구분은 오늘날에도 때때로 사용되는 편이지만 이 구분을 명확하게 나누는 것은 어렵고 기술진보와 시대의 변화에 따라 불명확해지고 있다. 예를 들면 과거에는 대표적인 전문품이었던 시계, 카메라, 전기면도기 등은 오늘날에는 편의품(아니면 1회용)형태가 출현하여 그 채널이 다양화되고 있다. 또한 편의품 가운데도 서비스 디자인 네이밍 등 차별화를 도입함으로서 점포를 돌아보게 만들어 일견 선매품처럼 판매되고 있고,

2) M. T. Copeland(1927), Principles of Merchandising, A. W. Shaw Company, pp.13-16.

선매품 가운데도 구전마케팅, 광고, 구매경험의 증가(학습효과)로 사전에 정보수집이 철저해져서 소비자가 점포를 돌며 구매하는 경향이 점차 감소하고 있다.

2) 서비스 유통경로

지금까지 유통이나 마케팅은 상품 및 서비스를 대상으로 하는 것이라고 하면서 오직 상품만을 다루어왔다. 일반적으로 상품 요건에는 소비자나 이용자가 그 상품이 유익하다고 하는 유용성(사용가치)의 측면과 사업자가 그 상품의 거래를 통해 충분한 수익을 얻을 수 있다는 수익성(교환가치)의 측면 2가지를 동시에 지니고 있어야 한다. 특히 상품의 유용성은 소비자에게는 단순히 물리적인 소재나 형태의 사용, 소비를 기대하는 것만이 아니라 사용과 소비를 통해 그 상품의 기능이나 성능으로부터 얻는 효용을 기대하고 있는 것이다. 화장품의 경우 아름다움이라는 효용, 책이라면 교양과 지적만족, 약은 건강과 체력회복의 효용을 기대하고 있는 것이다. 이 의미로 보면 서비스에 대해서도 같은 말을 할 수 있다.

서비스는 지금까지 유형의 상품에 대해 무형성, 생산과 소비의 동시성, 분할불가능성(비저축성, 일회성)그리고 대면성 등이 강조되어 유통의 대상으로서 익숙해지기 어려운 것이라 여겨왔다. 그러나 그러한 인식에도 불구하고 다양한 서비스 대리점이나 유통경로가 발전한 것도 사실이다. 서비스가 생산자로부터 인격적으로 분리해서 얻은 경우 또는 객관화할 수 있는 경우는 보험서비스, 여행서비스, 정보처리서비스, 각종 렌탈 서비스에서 볼 수 있는 것 같이 프랜차이즈 시스템 방식의 대리점이나 중간업자의 개재로 유통경로 전개가 적극적이 되어가고 있다. 따라서 앞으로 우리나라도 서비스가 하는 역할이 점차 중요해 질 것이라고 예상할 수 있으며 유형의 상품에 비해 서비스의 유통방법에는 독자적인 배려가 필요함과 동시에 서비스를 둘러싼 유통에 유통경로가 중요한 역할을 한다는 것도 고려해야 한다.[3)]

---

3) J. P. Peter and J. H. Donnelly, Jr(1985)., *A Preface to Marketig Management,* Business Publications, Inc. 3rd ed. pp.211-213.

(3) 유통기능

유통기능은 이것을 담당하는 주체의 목표나 전략 하에서 발전하는 것은 물론이고 유통의 성격으로서 생산과 소비의 조건에 따라 유통기능의 수행 방법이 커다란 영향을 받는 것도 사실이다. 유통 스스로의 변화가 경제사회 전체에 영향을 주는 것 뿐 아니라 생산과 소비의 변화가 유통을 크게 변화시키는 면도 있다. 1960년대 이후 우리나라 유통기구의 변화는 생산과 소비의 구조적인 변화로 일어나 유통기능의 혁신과 근대화를 실현해 왔다. 유통기능에 대해서는 이미 설명했으므로 여기서는 유통기능을 생산과 소비의 조건으로써 검토하고 이와 병행해서 유통기구의 형태에 대한 검토를 한다.

〈표 6-1〉 생산과 소비조건과 유통기능의 필요성

생산	수집기능 중계기능 분산기능	소비	대표상품
소규모 분산생산	** ** ** 가늘고 긴 유통경로	소규모 분산소비	식료품
소규모 분산생산	** ** 가늘고 짧은 유통경로	대규모 집중소비	PB상품
대규모 집중생산	** ** 굵고 긴 유통경로	소규모 부산소비	가전제품
대규모 집중생산	* 굵고 짧은 유통경로	대규모 집중소비	철강 · 시멘트

주) ** 각 기능의 필요성이 높은 정도를 나타냄
* 대규모 집중생산과 대규모 집중소비의 결합은 생산자와 소비자와의 직접거래가 되지만 경우에 따라서는 거래업무를 전문적으로 담당하는 대리점이나 종합상사가 중계상으로 개입하기도 한다.

유통기능은 생산과 소비의 조건이 어떠한 가에 따라 수집기능, 중계기능 및 분산기능의 3가지가 있다. 이러한 유통기능이 어떠한 유통단계에 위치하고 있는가를 알아보면 위와 같다.

1) 수집기능

개개의 생산자로부터 생산물을 집하(集荷)하는 것을 내용으로 한다. 생산이 지방이나 해외에 분산된 경우, 중소공업제품이나 농수산물의 경우와 같이 생산규모가 소규모인 경우에는 각 생산물을 매입하는 기능과 이를 위한 기관이 필요해진다. 산지중개인, 산지도매상이나 협동조합이 이 역할을 담당하고 있다.

2) 중계기능

수집과 분산의 중간단계에 있으며 이 두 가지를 조정하는 역할을 한다. 소비재분야에서는 대량생산과 그 분산도매상과의 사이에 거래를 하는 경우, 분산적 소규모생산의 농수산물 등의 수집도매상과 분산도매상과의 사이에 거래의 경우, 그리고 해외입지 조건이 관여하는 대량생산자와 대량소비자와의 거래의 경우에는 중계기능과 이를 위한 기관이 필요하다. 수출입을 통해 국내의 유통기구를 해외의 유통기구와 연결하는 무역업자는 이 위치에 속한다. 또한 농수산물을 취급하는 가락동 농수산물시장의 도매상도 여기에 속한다.

3) 분산기능

집적(集積)된 생산물을 개개의 소비자나 수요자에게 배분하는 것을 말한다. 소비지에서의 수요조건에 적합하게 생산물 크기를 조절하고 다품종의 상품구성으로 형성하는 기능이다. 분산입지에서 다품종 소량다빈도 구매의 니즈(needs)가 높아진 소비자에게 접근하기 위해서는 이 기능이 불가결하다. 주로 도매업자나 소매업자가 이 역할을 담당한다.[4)]

---

4) T. N. Beckman, W. R. Davidson and W. W. Talarzyk(1973), *Marketing,* Ronald Press Company, pp.206-207.

제2절 유통기구 파악법과 유통경로 패턴

1. 유통기구의 접근법

유통기구는 다양한 형태로 발전하고 있으며 이 때문에 실제로는 분석하는 사람의 목적에 따라 여러 각도에서 접근했던 것도 사실이다. 그 대표적인 접근 레벨은 다음과 같다.

(1) 수직적 접근법

생산물 유통을 수직적·종단적으로 파악하는 방법으로 특정상품·업종의 생산단계에서 유통단계를 경유해서 소비단계에 이르는 일련의 흐름에 따라 유통기구를 이해하는 것이다. 생선식료품의 유통기구나 종이의 유통기구라는 형태로 나타낼 수 있다.

(2) 수평적 접근법

유통의 각 단계를 수평적·횡단적으로 파악하여 특정 유통기구내에서 유통기능 담당자의 거래특성이나 상호관계(분업과 경쟁의 관계)라는 특징을 해명하는 것이다. 이것은 도매기구나 소매기구라는 수평(횡단)분업을 파악하는 방법이다.

(3) 공간적 접근법

구체적 시장(농수산물시장 등)또는 추상적 시장(국제시장 등)이라는 일정한 시장공간에서의 유통기능 담당자의 거래특성이나 상호관계를 파악하는 방법으로 지역별 유통기구나 상점가 등이 그 대상이 된다.

2. 제품특성과 유통경로전략

제품의 종류는 무수히 많다. 이는 제품분류의 관점 또는 기준이 그만큼 많다는 것을 의미한다. 여기에서 설명하는 소비재 및 생산재에 대한 분류 관점 이외에도 제품분류 기준을 새롭게 만들 수 있다. 예를 들면 용도(사용목적)에 따른 분류를 한다면 수많은 제품종류가 태어날 것이며 또한 소비자의 가치관이나 생활양식의 차이를 기준으로 한다면 새로운 제품분류가 가능해질지도 모른다.

제품분류는 각각의 분류에 속하는 제품의 개략적 성격과 유통경로와의 관계를 파악하는데 도움이 된다. 제품분류의 다양한 관점은 판매가격전략, 제품전략, 판매입지전략, 유통경로전략, 물류전략, 광고전략, 판매촉진전략 등 마케팅 전략과 중요한 관련을 갖고 있다. 그러나 특정 제품분류에 따른 관점이 이러한 전략면에서 결정적 영향력을 갖는 것은 아니다. 이와 같은 제품분류상의 관점은 대부분의 경우 복합적으로 특정 제품의 성격을 형성하고 그 제품특성 분석이 마케팅의 다양한 영역에서 전략적 방책이 되어 결실을 맺는 것이다.

제품분류를 유통경로전략에 유효하게 결합시키기 위해서는 다음과 같은 배려가 필요하다.

첫째는 고찰의 대상이 되는 특정 제품에 관해 그것이 속하는 제품분류의 복수의 관점을 망라해서 그것을 중요성의 순서에 따라 배열하는 것이다.

둘째는 각각의 관점에서 본 그 제품의 성격 및 마케팅상의 특성을 명확히 하는 것이다.

셋째는 제품 성격과 마케팅 특성에서 이끌어낸 제품 유통경로와의 관계를 찾아내 특히 중요한 제관계를 마크하는 것이다.

넷째는 마크한 제관계를 만족시킬 수 있다고 생각되는 유통경로 패턴을 형성하는 것이다.

다섯째는 복수의 제품분류상의 관점에서 이끌어낸 제관계 가운데 정합적 관계에 있는 것과 부정합적 관계에 있는 것을 식별하는 것이다. 정합성을 갖은 제관계에서는 특정한 유통경로설정의 가능성이 시사될 것이며 부정합성을 갖는 제관계로부터는 보다 깊은 분석 결과에 따라 복수의 유통경로 설정의 기회를 얻을 수 있을지 모른다.

그러나 유통경로 결정요인은 제품특성만이 아니다. 대상이 되는 제품의 수요특성, 시장특성, 소비자(user)특성, 소비(사용)특성, 생산특성, 중간기업 특성, 재무(자금)특성, 경영전략특성 등 많은 요인이 영향을 미친다. 따라서 제품 특성분석만으로는 유통경로 결정은 무리가 따른다.

여기에서는 제품을 소비재와 생산재로 분류하고 소비재는 편의품, 선매품, 전문품의 특성과 유통경로와의 제관계를 검토하고 생산재는 기계설비, 보조설비, 원재료 및 소재, 부품, 조립, 소모품의 성격과 유통경로와의 관계를 설명한다.

(1) 소비재의 특성과 유통경로의 관계

소비재는 다음과 같은 관점에서 분류할 수 있다.

① 소비의 즉시성(consumption immediacy)과 영속성(continuity)에 따른 분류

- 비내구소비재(non-durable goods)
  식품, 담배, 세제, 화장지, 가정용 의약품 등. 소비가 일시적으로 이루어져 그 효용이 지속되지 않는 상품
- 내구소비재(durable goods)
  가구, 시계, 식기용기, 만년필, 주택, 의류, 가정용 전기제품 등. 소비 비교적 장기에 걸쳐 이루어지고 효용이 지속되는 상품

② 일상생활에서 필요도(daily-life necessity)에 따른 분류

- 생활필수품(necessity : essential goods)
  의식주의 정상수준을 만족시키는데 필요한 상품
- 사치품(luxury goods)
  필요성이 사회적 요구수준을 넘어선 것으로 일반인이 보아 사치스럽

다고 보는 상품

- 취미품(hobby goods)

수예, 원예, 회화 등 취미나 스포츠 관련으로 소비되는 상품(소득수준 상승, 생활수준 향상으로 이전에는 사치적인 것과 취미적 성격을 가졌던 것 가운데 일부가 생활필수품 범주에 들어간다)

③ **소비자의 상표고집도(brand persistency)에 따른 분류**

- 편의품(convenience goods)
- 선매품(shopping goods)
- 전문품(speciality goods)

④ **품질 및 성능(quality and performance)의 차이에 따른 분류**

- 고급품(first-grade articles : high quality articles)
- 중급품(medium-grade articles : average quality articles)
- 하급품(low-grade articles : low quality articles)

⑤ **생산지 사양 및 구매자 사양에 따른 분류(producer's specifications or purchaser's specification)**

- 기성제품(ready-made articles)
- 주문품(custom-made articles : goods made-to-order)

⑥ **사양(specification)의 통일성, 이질성에 따른 분류**

- 표준품(standard products)
- 차별품(differentiated products)

(제품사양이 동일 산업내에서 통일된 제품을 표준품이라고 하며 기업에 따라서는 사양이 다른 제품을 차별화라고 한다)

⑦ **용도(사용목적 : purposes of use)에 따른 분류**

- 식료품
- 의류품
- 주택 및 주택관련제품
- 의약품 및 의료기기

• 교육기기 등

⑧ 재질(material)에 따른 분류

• 도자기 및 유리제품

• 철물

• 목공품 등

이상의 소비재 분류는 제품의 성격, 제품의 등급, 소비목적, 소비자의 제품 선호도 차이 등에 기인하는 것이지만 이러한 원인을 파악하는 것은 특정 제품의 유통경로 연구에 도움이 된다. 또한 이 분류의 대부분은 도매, 소매 등 중간기업 전업분야의 기준이 되고 있다.

고객의 구매습관에 따른 분류 또는 상표고집도(또는 충성도, 브랜드 로열티)의 강약에 따라 분류된 상품구분—편의품, 선매품, 전문품—은 상대적인 것이며 소비자의 브랜드 선호의 강도는 개인적인 차이가 있기 때문에 특정 상품이 이 상품구분에 들어야 한다는 객관적인 입장은 존재하지 않는다.[5]

그러나 이 추상적 분류에 따른 상품의 일반적인 특성을 열거하는 것은 자사제품의 경쟁환경에 대한 성격을 인식하기 위한 목적에 도움이 된다.

즉 자사제품의 특성이 이 분류를 바탕으로 상품특성과 어느 요인영역에서 합치하는가, 또는 자사제품의 경쟁력을 강화하기 위해서는 어느 요인에 착목해야 하는가, 그리고 그 결과 어떠한 유통경로를 선택해야 하는가를 판단하는데 유효한 것이다.

문제는 자사제품이 이 3가지 상품분류 범주에 속하는 것인가를 아는 것이 아니라 자사제품이 경쟁제품과의 비교를 통해 경쟁상 강도를 평가하고 약점을 수정해서 마케팅 전략, 나아가 유통경로 전략상의 방책을 발견하는 것이다.

---

5) 편의품, 선매품, 전문품의 분류기준을 소비자 구매특성의 차이에 따라 분류하는 경우도 많다. 그러나 이 제품 분류는 단순히 소비자의 구매행동의 차이에 의한 것이 아니라 오히려 상표충성도의 강약에 영향받은 소비자의 구매행동 차이에 분류의 초점을 맞춘 것에 주목해야 한다. 즉 브랜드 선호의 강약에 따른 소비재의 등급이라고 해석하는 것이 보다 적절하다.

1) 편의품과 유통경로

편의품의 특성 :

편의품의 특성은 다음과 같이 요약할 수 있다.

① 소비자는 그 구입에 대부분의 시간과 노력을 하려고 하지 않는다.
② 차별화 정도가 낮다(경쟁제품과 기능, 품질상의 차별이 곤란하다)
③ 판매가격이 저렴하다.
④ 소비자는 경쟁제품과의 가격비교 또는 품질비교를 통해 얻어지는 작은 이득에 고집하는 경향이 있다.
⑤ 구입빈도가 높고 또한 구매행동이 일상화되고 있으며 습관적인 경향이다.
⑥ 1회 구입양은 작지만 반복구입 빈도가 높고 대부분의 소비자가 구입하기 때문에 종합적, 장기적 구입양은 대량이다.
⑦ 소비자는 상품가격, 경우에 따라서는 품질에 정통해 있기 때문에 강매, 설득, 사전 서비스를 그다지 필요로 하지 않는다.
⑧ 가격 및 품질이 비슷하다면 소비자는 특정 상품브랜드, 특정점포를 고집하지 않는다.
⑨ 생활에 밀착된 기초상품(생활필수품)적 성격이 있고 동일 또는 그것과 거리적으로 가까운 점포에서 구입하는 경향이 있다.
⑩ 가격이 저렴하기 때문에 소비자는 단독으로 구입의사결정을 내릴 수 있고 공동의사결정자가 필요하지 않다.
⑪ 이 특성을 갖는 상품의 대부분은 주부가 구입한다.
⑫ 지갑이 두꺼워지면 보다 고품질, 고가격 상품으로 수요가 이동한다.
⑬ 광고 및 선전이 침투함에 따라 특정 브랜드에 대한 수요가 편중되는 경향이 생긴다.

편의품의 유통경로 전략

앞에서 설명한 상품특성을 고려해서 편의품 유통경로를 설계한다면 다음과 같은 방향을 시사할 수 있다.

① 적은 단위이고 또한 소액 수요를 광범위한 시장으로부터 집약할 필요가 있다.
② 상품의 존재가 소비자 눈에 쉽게 보이도록 최대한 상품 노출을 해야 한다.
③ 유통경로의 말단을 소비자 구매행동 범위 안에서 전체적으로 설정해야 한다.
④ 소비자의 반복적 구매행동 시간대에 따른 소매업태를 유통의 말단에 설정해야 한다.
⑤ 수요가 집중하는 시장과 분산되는 시장에 대해서 각각 적합한 유통경로 및 물류시스템을 설계해야 한다.
⑥ 지역시장에 소비수요를 효율적으로 집약할 수 있는 대규모 소매업과 그렇지 않은 소규모 소매업이 포함된 경우에는 각각에 적합한 복수의 유통경로 믹스를 설계할 수 있는 가능성을 분석해 놓아야 한다.
⑦ 경쟁제품과 차별화 정도가 적은 경우에는 소매업체의 진열위치 및 카운터로부터의 거리를 고려해서 소비자에게 상품노출도를 높여야 한다.
⑧ 긴급상품[6]은 사용장소에 근접한 위치(구입지점)를 광범위하게 설정해야 한다.
⑨ 광범위한 소량 수요품은 상품 품절이 일어나지 않도록 주의를 하여야 하며 유통재고를 최소한의 수준으로 유지할 수 있도록 상품공급시스템(로지스틱 시스템)을 개발해야 한다.
⑩ 소량 소비수요를 양적수송 및 저장수단과 유효하게 결합할 수 있는 유통경로 시스템 및 물적유통 시스템을 개발해야 한다.
⑪ 매스컴의 이용해서 최종소비자에게 소구하는 광고 뿐 아니라 도매상 또는 소매상 등 중간기업에 대한 광고를 유효하게 실시해야 한다.(특히 홍보는 신제품을 유통경로에 적응하도록 하기 위해서는 대단히 중

6) 긴급상품(emergency product)은 소비자가 긴급하게 필요로 할 때 그 장소에서 만족할 수 있는 상품을 말한다. 예를 들면 지하철 역에서 전철 시각표, 관광지에서의 사진필름이나 건전지 등이 여기에 해당된다.

요하다)

⑫ 제조기업의 판매요원은 도매 또는 소매단계까지 접촉하고 유효한 재고량의 유지와 진열을 확보해야 한다.

⑬ 학교, 병원, 관공서 등 공동소비수요와 연결되는 유통경로를 설정해야 한다.

편의품적 성격을 갖는 제품의 유통경로는 집약적 경로가 될 수밖에 없는데 소비수요의 집중분산 정도에 따라 단계수가 다른 복수의 유통경로를 설정할 수 있는 가능성이 있다.

2) 선매품의 유통경로

선매품의 특성 :

선매품은 다음과 같은 특성을 갖고 있다.

① 상표고집도, 즉 상표충성도가 비교적 높으며 몇 가지 브랜드 사이의 가격—품잘(성능, 디자인)—서비스의 비교를 통해 구입한다

② 특정 브랜드를 필요로 하는 소비자는 어느 점포에 그 상품이 없을 경우에는 다른 점포로 구매행동을 일으킨다. 그러나 그 구매행동을 하는데 필요 이상의 노력이 요구되면 다른 브랜드를 구매한다.

③ 판매가격은 비교적 높고 가격차는 경쟁 기업간의 제품차별화, 서비스차별화, 제품세분화에 따라 일어난다.

④ 구매빈도는 비교적 적고 구매행태는 불규칙적이고 비습관적이다.

⑤ 가격지향형 선매품과 차별지향형 선매품이 있다. 가격지향형 선매품은 가령 경쟁제품에 차별이 있다고 해도 소비자의 눈에는 무차별(표준적)로 보이는 상품이며 소비자는 보다 낮은 가격을 찾아서 선택하는 상품이다. 이에 비해 차별지향형 선매품[7]은 품질, 성능, 디자인,

---

7) Sims, Foster, Woodside는 여기에서 말하는 가격지향형 선매품을 동질적 선매품(homo-genous shopping goods), 차별지향형 선매품을 이질적 선매품(heterogeneous shopping goods)라 불렀다. J. Taylor Sims, J. Robert Foster and Arch G. Woodside (1977), *Marketing Channels,* Harper & Row, p.230.

서비스의 차이를 찾아내어 선택하는 상품이다.

⑥ 소비자의 상품선택은 차별이 제일 커다란 요인이고 가격은 부차적 요인인 경우가 많다.

⑦ 상품선택행동이 소비자의 즐거움 가운데 하나가 되고 있다.

선매품의 유통경로전략

선매품은 앞에서 설명한 것 같이 가격지향형 선매품과 차별지향형 선매품으로 나눌 수 있는데 차별지향형 선매품은 유행지향형 선매품(fashion products)과 품질지향형 선매품으로 구분할 수 있다. 선매품의 유통경로는 이러한 분류와 관련하여 다음과 같이 볼 수 있다.

(가격지향형 선매품의 유통경로)

가격지향형 선매품은 소비자가 복수기업 제품, 또는 동일 기업제품 품목간의 가격비교를 통해 보다 저렴한 가격의 상품을 찾아 선택하는 제품이다. 이와 같은 제품은 일류 메이커 제품과 비교해 경쟁력이 떨어진다든지 일류 브랜드 제품의 모방품이 많다. 유통경로 전략으로서는 다음의 점을 유의할 필요가 있다.

① 가격탄력성이 작은 시장보다 가격탄력성이 큰 시장을 주력 유통경로로 설계한다.

② 일류 소매기업보다 오히려 그 보다 작은 소매기업과 연결되는 유통경로를 설계한다.

③ 차별지향형 선매품과 비교하면 양산품이기 때문에 대규모 생활에 이용되는 제품이 아니므로 극도의 집약적 경로를 선택할 필요는 없다.

④ 브랜드 지명도가 낮고 고가격을 기대할 수 있는 제품이 아니므로 동일 종류의 경로수를 많이 만들고 비교적 광범위한 시장을 확보할 수 있는 유통경로를 설계한다.

⑤ 소비자입장에서 가격비교가 용이하도록 판매시설을 강구하고 품질, 성능면에서 상대적 가격특성이 판단 가능하도록 각 경로단계에서 제

시할 필요가 있다.

(차별지향형 선매품의 유통경로)

A. 유행지향형 선매품

유행지향형 선매품의 수요는 품질과 성능이 아니라 스타일, 디자인, 컬러의 유행에 좌우되고 경우에 따라서는 여기에 브랜드 선호가 첨부된다. 유행은 장기적인 것과 단기적인 것이 있다. 또한 광범위한 시장에 적용되는 유행이 있으며 비교적 좁은 시장 세분화에 적용되는 유행이 있다.

① 유행에 영향을 받기 때문에 좁은 선택적 경로를 설정할 수 없다.

② 유행은 위로부터 아래로 또는 아래로부터 위로, 도시에서 지방으로, 소비자 계층에서 다른 소비자 계층으로 움직인다. 따라서 유행을 리드하는 부문 및 가장 유행의 영향을 받는 부문에 대해서는 가능한 한 많은 경로수를 설정한다.

③ 소비자 부문간에 유행이 이동되는 경우 판매촉진과 광고의 포인트를 유통경로별로 설정한다.

④ 유행의 주도성을 발휘할 수 있는 기업은 지역단위 시장별로 극히 소수의 소매기업과 연결되는 독점적 준・직접경로를 설계한다.

⑤ 품종다양화가 소매기업의 고객유치 포인트가 되기 때문에 다상품라인, 다품목을 수납하고 진열할 수 있는 전문점을 유통경로에 포함시켜야 한다.

⑥ 판매요원은 자사 유통경로의 말단(소매기업)에서 자사 제품라인 및 아이템의 노출효과를 높여야 한다.

B. 품질지향형 선매품

품질・성능지향형 선매품은 일반적으로 고액이며 품질차별지향이 강한 상품이다. 이러한 상품은 내구소비재가 많고 판매시점의 기술 서비스나 애프터 서비스가 필요한 경우가 대부분이다. 경우에 따라서 여기에 패션적인 요소와 브랜드 선호가 포함되기도 한다.

① 소비자의 주요 구입지역에서 제품 노출기회를 최대한 높일 수 있는

경로를 설정한다.

② 경쟁제품, 유사품을 취급하는 백화점 및 쇼핑센터에 입지한 소매기업과 연결되는 경로를 설정한다.

③ 내셔널 브랜드성이 있는 제품은 일류 전문점을 포함한 경로의 전국망을 설계한다.

④ 판매시점에서 기술적 어드바이스, 애프터 서비스 능력을 갖는 소매기업을 선택하거나 육성한다.

⑤ 소비수요가 집중되는 시장과 분산되는 시장에 따라 유통경로 단계수 및 경로수에 차이를 두어야 한다.

⑥ 각 경로단계의 중간기업에게 자사기업의 의향을 침투시키고 자사제품에 대한 프로모션 디바이스[8](promotion devices : 판매장려금제도, 물량할인계약, 콘테스트 등)를 제도적으로 고안할 필요가 있다.

⑦ 차별과점시장을 형성하고 있는 유명 브랜드는 독점적 유통경로를 설정할 가능성이 있다.

⑧ 고가격이고 품질과 성능 및 브랜드 지명도가 있는 제품은 전방수직통합경로[9]를 설정할 수 있는 기회가 있다.

선매품의 유통경로는 선택적 경로를 채택하는 것이 보통이다. 이 형식은 집약적 성격을 나타내는 것부터 독점적 성격을 갖는 것 까지 다양성이 풍부하다. 선매품의 경우 편의품과는 달리 광고에 의존해 소비자에게 직접 소구할 필요는 그다지 많지 않지만, 경쟁의 격화에 따라 소매기업에 대한 판매촉진상의 물적, 인적 직접적 접근은 경로설정의 중요한 요인이다. 또한

8) 유통경로를 통한 판매촉진전략에는 판매촉진원조(promotional assistance), 협동광고(cooperative advertising), 진열·판매시점원조(displays & selling aids), 콘테스트 인센티브(contests & incentives), 훈련계획(training programs), 세일즈맨 파견 등이 있다. Bert Rosenbloom(1978), Marketing Channels, The Dryden Press, pp.257-271.

9) 전방수직통합경로(forward vertically integrated channel)는 경로지배가 최종소비자로부터 가장 멀리 떨어진 단계에서 이루어지는 유통경로 형태이다. 예를 들면 메이커에 의한 도매업 또는 소매업에 대한 지배가 이것이다.
David A. Revzan(1967), "Marketing Organization Through the Channel", in Bruce E. Mallen, *The Marketing Channels,* Wiley, pp.6-8.
C. Glenn Walters(1977), *Marketing Channels,* Goodyears, pp.6-8.

소비수요의 집중·분산 정도나 소비자의 브랜드 선호의 강약은 유통경로수와 유통경로단계수에 커다란 영향을 미친다.

3) 전문품의 유통경로

전문품의 특성 :

전문품의 특성은 다음과 같이 요약할 수 있다.

① 상표충성도가 높고 강한 브랜드 선호를 바탕으로 구입한다.

② 따라서 대체품에 대한 충성도는 현저히 저하한다.

③ 소비자는 특정 브랜드 상품을 찾아서 광범위한 구매행동을 한다.

④ 대체품(代替品)의 가격—품질(성능, 디자인)—서비스 비교는 하기 어렵다.

⑤ 고가격이기 때문에 구입빈도는 대단히 낮고 또한 불규칙 구입이다.

⑥ 제품에 대한 구입차별행동의 특징이 되는 것은 품질, 성능, 디자인 그 자체 보다 이러한 특성에 대한 개인적, 주관적 선호(選好)이며 유행이다.

전문품의 유통경로 전략

전문품은 소비자의 브랜드 선호가 특정 또는 제품그룹을 한정해서 구입하는 것을 말한다. 이 분류는 소비자의 상표충성도(고집도)가 고도로 반영된 상태에서 분류한 것을 의미한다. 특정제품의 소유가 사회적 지위(social status), 부와 명예, 선구자 등의 대상이 되고 싶어하는 소비자의식과 결합될 때의 유통경로전략에 관한 유의사항으로써 다음과 같은 것을 생각할 수 있다.

① 소비자의 브랜드 선호가 강하지만 그것이 특정 가치관을 바탕으로 한 것이 아니라 제품선택행동에 커다란 증감이 있을 경우 유통경로는 선매품(때에 따라서는 편의품)이 이것과 동일한 것이 된다.

② 브랜드 선호가 대단히 강한 제품이 다음과 같은 요건을 만족시킬 경우, 유통경로는 전방수직통합경로 또는 후방수직통합경로[10]의 형태를

---

10) 후방수직통합경로(backward vertically integrated channel)는 경로지배가 최종소비자에 가장 근접한 단계에서 이루어지는 유통경로이다. 예를 들면 농산물, 가공소비재 메이커를 소매업체가 경로지배하는 것을 말한다.

택한다.

(ㄱ) 통일상표[11]가 소비자에게 깊이 침투되어 있어야 한다.

(ㄴ) 개별상표가 통일상표로 통합되어 있어야 한다.

(ㄷ) 통일상표 하에서 비교적 많은 제품라인과 아이템이 존재해야 한다.

(ㄹ) 이 상표제품의 소유가 사회적 가치관에 결합되고 또한 소비자가 이것을 인정해야 한다.

(ㅁ) 판매가격이 특히 고액이어야 한다.

(ㅂ) 유통경로에서 경쟁제품을 취급하지 않아야 한다.

(2) 생산재의 특성과 유통경로의 관계

생산재는 여러 가지 다른 관점에서 분류할 수 있다.

① 생산형태(form of production)에 따른 분류

- 추출생산물(extractive industry goods)(제1차 산업품)
  철광석, 석유, 석탄 등
- 제조업제품
  - 기간제조업제품(basic manufacturing industry products)
    철강, 석유화학제품, 전력 등
  - 부품 : 제조업제품(parts manufacturing industry products)
    부품, 준부품 등
  - 조립제조업제품(fabricating industry products)
    트럭, 공작기계, 설비 등

David A. Revzan, op, cit., pp.6-8.

11) 통일상표(blanket or family brand)는 한 기업이 생산 및 판매하는 모든 제품에 붙이는 상표를 말한다. 이에 비해 개별상표(individual brand)는 개개의 제품 라인 또는 제품 아이템의 등급 차이에 따라 붙이는 개별적인 상표이다.
德永 豊(1965), マーケティング戰略論, 同文館, pp.271-282.

② 업종(type of industry)에 따른 분류
- 철강업제품
- 자동차산업제품 등

③ 생산공정단계(stage in process of prodcution)
- 원료 및 소재(raw and processed materials): 원재료
- 반제품(semifinished products)
- 완성품(finished products)

④ 사용형태(type of utilization in production)에 따른 분류12)
- 기계설비 · 장치(installation goods)
- 보조설비(accessory processed materials)
- 원재료 · 소재(raw and processed materials)
- 부품 · 서브어셈블리(parts and subassemblies)
- 소모품(supplies)
- 서비스(service)

⑤ 생산방식(type of operation : 업태)에 따른 분류
- 대량생산제품(mass production products)
- 소품종다량생산제품(class-processed products)
- 다품종소량생산방식(lot-processed products)
- 개별수주생산제품(job-order products)

⑥ 투기성(speculative)에 따른 분류
- 잠재시장생산제품(prospectively produced products)
- 수주제품(ordered products)

---

12) 사용형태에 따른 생산재의 분류는 중기계장치(heavy equipments), 경기계장치(light equipments), 기계부품(component parts), 가공재료(processed materials), 소모품(consumable supplies), 원료(raw materials)로 하는 것이 있다.
Robert W. Haas(1976), *Industrial Marketing Management,* Petrocelli/Charter, New York, pp.26-29.

이상의 분류는 특정 생산재의 유통경로 설계에 미치는 요인을 발견하는데 유익하다. 여기에서는 ④의 분류에 따라 생산재의 제품특성과 유통경로와의 관련을 검토해 본다. 그러나 이러한 설명 가운데 이상의 분류 중 유통경로 시스템의 설계와 관련되는 것이라면 이와 동시에 다룬다.

생산재는 일반적으로 전통적, 관습적 경로를 통해 판매된다. 전통적, 관습적 방법에서 벗어나 유통경로가 설정되는 경우 여기에는 실질적 이유가 있을 것이다.

1) 주요기계설비·장치와 유통경로

주요기계설비·장치(installation goods)는 자본재(capital goods)라고 하며 공장 또는 사업의 기본적 조업을 수행하는 것이다. 제조기업의 기계설비, 전력회사의 발전장치, 시장조사회사의 컴퓨터 등이 이에 속한다.

이 제품의 유통측면에 따른 특성은 다음과 같다.

주요기계설비·장치의 특성 :

① 완성생산재이며 다른 제품 또는 서비스의 생산을 위해 소비된다

② 고도의 기술로 전문화된 것이며 이 사양은 복잡하다.

③ 판매가격이 높아 투자비가 거액에 이르기 때문에 구입한 기업의 단기자금 능력범위로는 조달이 어려운 경우가 많다.

④ 사용연수가 길고 투자회수가 장기간이다.

⑤ 제작에 많은 자금이 소요되고 제작기간도 길다. 따라서 제작을 위한 지출과 매출채권의 회수까지 긴 시간이 필요하다.

⑥ 운전비용(operating cost), 성능(performance) 및 신뢰성(reliability)이 제품판매의 결정적 중요성을 갖는다. 판매가격은 이러한 요소의 충족을 기초로 결정된다. 또한 제품이 사용되는 주요생산 라인의 고장에 의한 정지는 거액의 손실발생과 연관되기 때문에 긴급수리 서비스 체제를 갖추는 것이 판매촉진에 중요한 열쇠가 된다.

⑦ 수주생산(개별사양)방식을 채택하는 경우도 있고 규격생산(표준사양)

방식을 채택하는 경우도 있다. 완전수주사양제품은 발주가격, 성능, 제품사양, 재료 및 부품사양의 대부분이 발주기업에 의해 결정되기 때문에 수주기업은 재료비의 인하(재료구입원가의 삭감, 불량률 제로), 제작기간의 단축, 제조간접비 및 일반관리비, 판매비의 부담액 감축으로 이익을 확보하는 방법 외에 없다.

⑧ 수주기업이 제품의 기본적 부분의 설계, 제조사양을 결정할 능력을 갖고 있는 경우, 수주가격결정상 보다 유리한 입장에 설 수 있다. 그러나 수주량 및 거래상의 역학관계가 이 입장에 영향을 미친다.

⑨ 판매에는 제품 사양 뿐만 아니라 사용원재료나 운전자의 특성, 관련 기계설비와의 결합 등, 그 제품을 둘러싼 각종 요건에 대해서도 설명할 수 있는 지식이 필요하다. 매매의 구체적 절충은 쌍방의 전문가 사이에서 이루어진다.

⑩ 표준규격품을 판매하는 기업은 수리용 재고 부품을 항시 준비해 놓거나 아니면 부품 교체가 필요한 경우 조달할 수 있도록 제작 체제를 갖추어 즉시 대응할 수 있어야 한다.

⑪ 어느 기계설비는 판매가격이 높고 그 구입이 자본지출의 일시적 거액화를 초래하기 때문에 일부 고객은 리스를 원하는 경우도 있다. 이러한 제품은 복수의 동종 기업에 의해 이용된다.

⑫ 주요한 판매촉진 수단은 인적촉진이다. 이것은 판로개척이나 수주획득을 위해 실시된다.

⑬ 광고는 주요 잠재고객을 위한 제품소개와 판매요원을 지원하는 것을 주목적으로 한다. 퍼블리시티(publicity)[13]는 신형제품 또는 개량제품에 유효한 방법이다.

---

13) 퍼블리시티(publicity)는 뉴스의 가치가 있는 기업 또는 제품(서비스)에 대한 정보를 TV, 신문, 기타 보도기관에게 기사 소재로 제공하여 시간적으로 소비자와 지역사회에 소구하는 것을 말한다. 제품에 대한 퍼블리시티를 제품 퍼블리시티(product publicity), 조직에 대한 퍼블리시티를 기업 퍼블리시티(company or institutional publicity)라고 한다. 퍼블리시티에 관해서는 다음 책을 참고할 것.
Joseph C. Quinlan(1983), *Industrial Publicity,* Van Nostrand Reinhold.
Stanley M. Ulanoff(1977), *Advertising in America,* Hasting House, pp.14-15, 178-179.

⑭ 제품의 성능 및 원가절약 능력을 고객에게 직접 이해시키기 위한 전시회, 실연(實演), 카탈로그 배포는 광고 이상의 중요성을 갖는다.

⑮ 이러한 제품의 최종적 구매 의사결정자는 최고경영자이다.

주요기계설비·장치의 유통경로전략

이상의 요건을 고려하면 주요기계설비·장치의 유통경로 설정에 대해서는 다음과 같은 전략적 사고가 필요하다.

① 제품 자체 및 그 사용상의 특성에 관한 정보가 직접 소비자에게 전달된다는 의미에서 유통경로는 직접경로 또는 여기에 근접한 간접경로를 채택하는 것이 유효하다.

② 수주규격제품의 유통경로는 원칙적으로 직접경로를, 표준규격품은 간접경로를 채택하는 것이 유효하다. 직접경로는 소비자의 특수사양 니즈를 만족시키는 것이 주된 목적이며 간접경로는 범용적 수요를 만족시키는 것이 중요하기 때문이다.

③ 제품매매의 절충과정은 설계상, 사용상의 고도의 기술적 지식을 필요로 하기 때문에 판매자나 구매자측의 기술자가 직접 정보 및 의사교환이 가능하도록 직접경로의 설정, 또는 중간기업이 개재한다고 해도 쌍방(판매측과 구매측)의 원활한 의사소통이 이루어지는 간접경로의 설정이 필요하다.

④ 직접경로 또는 간접경로를 채용하고 있어도 소비자의 입장에서 그 제품의 사용상의 이점(기술적, 재무적 타탕성)을 산정하고 설명하며 또한 이용시스템(노하우)을 설계할 수 있는 능력을 갖는 세일즈 엔지니어를 유통경로 말단에 배치하는 체제를 갖추는 것이 바람직하다.

⑤ 제품 결격 및 고장은 소비자 기업의 생산공정을 혼란시키고 막대한 손해를 끼치는 위험이기 때문에 경로 말단에 긴급 교체부품을 상비하거나 즉시 수리할 수 있는 물적, 인적체제를 확립하는 것이 필요하다. 클레임 정보나 고장정보의 직접적이고 즉시적인 파악, 수리작업을 위한 교체부품의 지급체제 및 수리 작업요원의 배치 체제는 유통경로의

설계 요소로 고려할 필요가 있는 과제이다.

⑥ 완전 수주사양제품은 소비자(구매기업측)의 의사가 반영됨에 따라 직접경로 또는 간접경로의 채용이 결정된다.

⑦ 수주기업이 제품의 기본적 부분에 대해 우수한 독창적 설계능력을 갖추고 있는 경우, 유통경로는 직접경로를 채용하는 것이 유리하다. 왜냐하면 직접경로 채용으로 자사의 기술력을 보다 높은 채산으로 이끌 수 있기 때문이다. 중간기업의 개재로 상실된 이익액과 중간기업개재로 판매수량의 증가에 바탕을 둔 이익과의 양적 비교가 필요하다.

⑧ 판매가격이 비교적 낮은 표준규격제품은 판매수량의 증대가 전체적인 이익총액의 증가와 관련되는 유통경로 즉 간접경로를 설정하는 것이 바람직하다. 기업명성이 침투하고 자사제품에 대해 거래 문의가 왕성할 때의 경로라는 것은 선택적이 되며 반대인 경우에는 집중적이 된다. 그러나 주요기계설비는 소비자의 제품개념에 대한 차이[14], 원가삭감을 목적으로 하는 공정설계의 독자성에 따라 특수화하는 경향이 있기 때문에 범용성을 갖는 기계설비를 제외하면 간접경로를 채용하는 이유는 적다고 할 것이다.

⑨ 대형 플랜트 건설과 같이 건설 프로젝트의 일부분에 자사제품이 충당되는 수주규모인 경우 유력한 전문중간기업이 개재하는 경우가 있다.

⑩ 표준규격제품의 리스 수요가 있다고 판단되는 경우에는 직영 리스회사 또는 외부 리스회사를 통한 간접경로를 설정할 수 있다.

⑪ 제조기업이 지닌 판매조직의 힘이 불충분해서 시장확대 또는 미경험 시장에 관한 정보수집 및 판매촉진을 추진할 여력이 없는 경우에는 간접경로를 선택할 이유가 생긴다.

⑫ 소비자(구매자측)의 최종 의사결정자와 대응할 수 있는 임원판매요

---

14) 제품개념(product concepts)이란 기업이 그 제품의 마케팅 프로세스(제품설계과정, 광고활동, 판매촉진활동)를 통해 소비자에게 소구하려고 하는 제품의 특징(characteristics)을 말한다. 즉 경쟁제품과의 비교에서 자사 제품의 우위성(advantages)이 제품의 품질, 기능, 디자인, 가격, 브랜드, 서비스, 기타 이점 등의 형태로 표현된 것이다.

원[15]을 둘 필요가 있다.

2) 보조설비와 유통경로

보조설비(accessory equipments)는 기본적인 조업을 보조하는 것이다. 포크리프트(forklift), 첸호이스트, 컨베어가 여기에 속한다. 이러한 생산재는 유통상 다음과 같은 특성을 갖고 있다.

보조설비의 특성 :

① 주요기계설비 · 장치에 비해 판매가격도 낮고 전문화의 정도도 그다지 높지 않다.

② 제품의 대부분은 표준사양에 의해 제작되고 제품재고가 상비되어있다.

③ 제작자의 기업명성(기업브랜드)이 판매촉진의 중요한 요소가 된다.

④ 구매기업의 구매담당자의 개인적 제품선호가 중요한 구입포인트가 되며 과거의 납품 실적이 현재의 구입에 커다란 영향을 미친다.

⑤ 구매기업의 구매담당자는 보통 중간관리자이며 대조직의 구매자라면 이러한 등급의 관리자가 최종 구매 의사결정자가 된다.

⑥ 납품의 신속성과 교체부품의 긴급 공급 체제유지가 판매촉진을 위한 결정적 요소이다.

⑦ 구입자금이 대형인 경우에는 분할구입(installment)이 가능하다.

⑧ 제품명성 및 브랜드 선호를 높이기 위해서, 그리고 판매요원에 대한 지원을 강화하기 위해서 광고가 유효한 수단이 된다. 광고는 주로 전문지를 이용한다.

⑨ 신형제품이나 개량제품은 특히 퍼블리시티가 유효하다.

⑩ 기타 판매촉진 수단으로 중간기업(딜러)을 위한 콘테스트, 딜러나 소

---

15) 임원판매요원(executive salesman)이란 고도한 기술적 능력(technical competence)을 지닌 생산재의 세일즈맨을 말하는데 세일즈 엔지니어와는 다른 타입의 사람이다. 그것은 판매담당임원이 아니다. 이 용어가 의미하는 세일즈맨은 예를 들면 고객기업의 구매당당중역, 경리부장, 인사부장, 정보관리부장, 광고매니저 등 톱 매지지먼트에게 기업컨설팅, 기업보험프로그램, 공정설계프로그램, 광고설계 프로그램 등을 판매할 능력이 있는 수준을 갖춘 판매요원이다.

비자를 위한 전시회, 설명이 실린 전단의 배포가 유익하다.

보조설비의 유통경로전략

보조설비의 유통경로는 제품사양의 특수성 정도, 판매가격수준, 생산품종의 다양성 등에 영향을 받지만 그 종류는 많지 않다.

① 판매가격이 비교적 높고 기업명성이 소비자에게 침투해 있는 경우에는 직접경로를 채용하는 것이 유효하다. 그러나 1회 거래로 얻을 수 있는 이익이 방문판매에 소요되는 코스트를 보충하고 남을 금액이어야 한다.

② 비교적 고가격이고 소비자의 브랜드 선호도가 높으며 또한 다양한 품종이 갖추어져 있는 제품은 전방수직통합경로를 이용하는 것이 좋다. 이 경우에는 자영 판매회사를 통해 제품을 판매하는 준직접경로, 또는 대리점을 통한 간접경로를 설정한다.

③ 표준사양제품이고 비교적 낮은 판매가격의 제품은 간접경로를 이용하는 것이 유효하다. 그러나 경로단계수를 최소화시켜야 한다.

④ 주요기계설비에 필요한 특수 부속설비로 사용되는 제품은 그것과 동일한 유통경로를 채택하는 것이 바람직하다.

⑤ 이러한 종류의 제품의 소비자(구입기업)1인당 판매수량은 상대적으로 소량이기 때문에 중간경로를 설치해서 양산체제로 연결시킬 필요가 있다.

3) 원료·소재와 유통경로

원료・소재는 소비재 또는 생산재의 생산에 사용되는 미가공 상태의 재화 및 준비 상태에 있는 재화를 말하며 그대로는 완성품 또는 반제품이 되지 못한다.

원료는 천연광물자원원료, 천연생물자원원료로 크게 나눌 수 있다. 천연광물자원원료는 철광석, 석유, 석탄, 석회석 등을 말하며 천연생물자원원료는 양모, 쇠고기, 콩, 어류, 재목 등을 예로 들 수 있다. 소재는 천연자원원료에 소규모의 인위적 가공이 더해진 것을 말하는데 철강재, 알루미늄 판(봉), 목재, 나프타, 합성수지 등이 있다.

원료・소재는 유통상 다음과 같은 성격이 있다.

원료・소재의 특성 :

① 천연광물자원원료의 추출(extraction)은 통상 대규모생산으로 이루어지고 그 물류 이동도 대규모 수송이 일반적이다.

② 천연생물자원원료의 채취규모는 비교적 작으며 생산용 원료로 이용하기 위해서는 소단위 채취량을 대량수송, 생산단위로 모을 수 있는 집약적 작업을 필요로 한다.

③ 소재는 대량으로 집약된 천연원료에 인위적 가공을 한 것으로 그 경쟁구조는 동질과점형태를 나타내는 원료라도 그 유통은 이러한 것을 사용하는 목적 또는 용도에 따라 대량에서 소량에 이르기까지 물류 또는 소비단위가 형성된다.

④ 원료・소재는 일정한 횡단적 표준사양에 의해 소비자의 생산량 조건을 채울 수 있는 수준의 양적판매가 이루어진다.

⑤ 일정한 품질수준을 만족시키면 거래량은 가격 변동에 크게 영향받는다.

⑥ 천연생물자원원료의 생산은 계절성이 있기 때문에 구입은 투기적 성격을 나타내며 필연적으로 저장시설을 필요로 한다. 이에 비해 천연광물자원원료와 소재는 소비자가 그 생산조건에 견주어 필요량을 구입할 수 있다.

⑦ 경쟁에 의한 판매가격 하락과 공급의 단절을 방지하기 위해 제조기업은 경우에 따라서 원재료의 안정공급을 위해 전방수직통합의 형태를 채용하기도 한다. 천연광물자원원료는 이 공급형태의 채용이 많다.

⑧ 인적판매가 더욱 중요한 판매촉진 수단이다. 왜냐하면 원료・소재는 일정 수준의 범위에서 동질성이 있어서 가격경쟁은 경쟁기업의 추격을 불러일으켜 이익의 공동감소를 초래하기 때문이다.

⑨ 기업광고(institutional advertising)16)는 기업명성을 제고할 목적으로 이용되며 제품광고는 그다지 이용하지 않는다. 또한 퍼블리시티는 혁신적 제품의 경우를 제외하면 커다란 효과가 없다.

원료·소재의 유통경로

유통경로전략에 대해 설명할 경우 원료·소재는 동일 범주에서 획일적으로 설명할 수 없다. 원료 또는 소재라고 해도 그 생산형태 및 소비행태는

---

16) 기업광고(institutional advertising : corporate advertising)는 제품 또는 서비스 자체가 아니라 제품 또는 서비스의 배경이 되는 조직을 선전할 목적으로 실시되며 조직 및 그 기능에 관한 정보를 제공하여 소비자에게 조직, 제품, 서비스에 대해 보다 커다란 신뢰감을 얻으려는 것이다.
기업광고는 다음 요건의 1개 또는 2개 이상을 만족시키는 것이어야 한다.
1. 경영방침, 기능, 시설, 경영목표, 경영이념, 행동규범에 대해 시민을 교육시키고 알리는 것. 2. 경영능력, 과학적인 노하우, 제조기술진보, 제품개량, 사회발전과 복지에 대한 공헌을 강조하여 자사에 대한 호감을 구축하려는 것. 한편 불평의 퍼블리시티와 부정적 태도를 불식시키는 것. 3. 회사의 재무구조를 개선하기 위해 주식 투자효율을 높이는 것. 4. 채용목적으로 회사를 알리는 것
기업광고는 3가지 기본적 형태가 있다. 애원(愛願)기업광고, PR기업광고, 공공서비스기업광고가 바로 그것이다.
- **애원기업광고**(patronage institutional)는 소비자나 산업소비자에게 제품이나 서비스 보다 회사의 사기를 북돋아줄 수 있는 이유를 제공하는 것으로 뛰어난 연구, 입지의 편리함, 명성 등 애원적 구매동기를 자극해서 회사의 신뢰도를 높이는 광고이다.
- **PR기업광고**(public relation institutional)는 회사나 경영자에 대해 친밀감을 조장할 목적으로 실시된다. 회사가 좋은 취직처이며 지역사회의 선량한 구성원이라는 등의 기사를 회사 기관지나 기타 매체를 통해 게재하는 방법이 있다.
- **공공서비스광고**(public service institutional)는 비논쟁적인 토픽으로 시민의 사회적 관심을 소구하는 것이다. 예를 들면 공해방지운동, 재활운동, 비행방지활동에 대한 기업참가 등이 여기에 해당된다.

Richard E. Stanley(1977), *Promotion,* Prentice-Hall, pp.255-259.
또한 공공서비스광고는 우리나라의 경우 공익마케팅 측면에서 대기업이 유니세프 어린이를 위한 지구촌운동, YMCA와 함께하는 건전동요 보급운동, 소외계층을 위한 컴퓨터 교육실시, 올바른 교통문화정착 캠페인, 환경정화운동 및 사랑의 집짓기 행사 등 공익적인 행사를 하는 경향에 있다. 특히 경기가 불황인 경우에는 판매촉진보다 공익적인 이미지제고로 공공의 이익을 부각시키고 기업브랜드 이미지를 구축하는 등 장기적인 기업 판매에서도 긍정적인 효과를 얻는 방법이 되기도 한다. 그러나 아동보호나 금연운동 등은 이미 선진기업에서는 보편화된 마케팅 기법이란 점을 비추어보면 불황기에도 지속적인 공익마케팅이 되어야 성과를 거둘 수 있다는 점을 염두할 필요가 있다.

다양하기 때문에 엄밀하게 말하면 각각의 품목과 경영과의 관련으로 그 유통경로를 설계해야 하는 것이다.

① 일반적으로 원료·소재는 대량생산→저장→수송→소비되는 경향이 있기 때문에 대량처리 기능을 갖춘 대규모기업이 관계될 가능성이 높다. 따라서 그 유통경로는 단축화된 형태를 채용한다. 그러나 천연생물자원원료는 재배에서 소비에 이르기까지의 과정에서 집배 및 저장기능을 담당하는 중간기업 또는 조직이 개재할 필요성이 있고 또한 소재는 생산 및 소비에 이르는 과정에 복수의 경로가 발생할 필연성이 있다.

② 원료용농축산물로 대표되는 천연생물자원원료의 유통경로설계는 대단히 복잡하다. 이러한 원료는 통상 재배 및 사육규모가 작고 생산의 계절적 영향 및 수확의 변동에 따른 투기성을 갖기 때문에 집배·저장기능이 있는 중간기업 및 중앙시장기구의 개재로 단계수의 대부분이 간접경로를 이용해야 하는 성질을 갖고있지만, 재배·사육 규모 및 소비규모의 증대에 따라 단축화된 간접경로 또는 준직접경로를 설계할 가능성이 증대한다.

③ 천연생물자원원료는 수요기업(예를 들면 치즈, 버터 등을 생산하는 기업)이 양산규모의 계획생산을 실시하게 되면 원료의 계획적 추출을 실시하는 방향으로 전향하고 재배·사육과 소비까지의 유통거리를 단축화한 간접경로, 준직접경로 또는 직접경로를 설계할 가능성이 생긴다.

④ 재배·사육이 계절에 따라 영향을 받고 수확이 날씨에 좌우되는 천연생물자원원료(예를들면 원피, 원모, 사료, 커피 등)는 거래의 계절성, 가격의 변동, 장기저장의 필요, 중앙시장기구의 존재 등의 요소가 간접경로를 채용하게 만드는데 소비수량의 증대는 간접경로의 단계수를 감소시키는 작용을 한다.

⑤ 천연광물자원원료의 추출은 통상 대규모생산형태를 채용하고 그 주체는 그것을 원료로 사용하는 대규모 제조기업이며 수요창조 기업측으

로부터의 후방수직통합형태 또는 추출기업 측으로부터의 전방수직통합형태가 된다. 따라서 그 유통경로는 직접적 통합경로가 많다. 이 통합형태를 채용하지 못하는 제조기업은 추출기업을 상대로 하는 직접경로를 통해 보다 고가의 원료를 입수하게 되는 것이다.

⑥ 소재는 공급기업까지 유통경로의 종류는 많고 그 단계수도 경로에 따라 다르다. 유통경로의 설계에 미치는 요인은 수요기업의 소재소비량, 사양지정성, 용도 등이다.

⑦ 소재생산기업과 대규모 수요기업 사이의 유통경로는 주로 직접경로이며 수요기업의 소비량이 소재생산기업의 생산량의 커다란 부분을 차지함에 따라 수요기업의 소재사양을 바탕으로 소재생산기업이 수주생산을 하게 된다. 철강제조기업과 자동차제조기업과의 사이의 소재유통이 여기에 해당된다. 그리고 수요기업이 소재생산기업을 후방수직통합해서 지배하려는 형태가 발생한다.

⑧ 소재를 사용하는 수요기업의 소비량이 생산기업의 생산량을 지배할 만큼 크지 않고 비교적 대량인 경우, 소재생산기업은 도매기능을 담당하는 자영판매회사 또는 독립도매기업을 이용해서 수요기업에 판매한다. 즉 준직접경로 또는 단축화된 간접유통경로를 설정한다. 표준규격의 철강재, 시멘트, 섬유류의 대규모 수요자에 대한 유통경로는 이 형태를 채용하고 있다.

⑨ 소재를 사용하는 수요기업의 소비량이 작고 생산기업의 생산량이 극히 일부만을 이용하는 경우, 생산기업은 간접경로를 통해 소단위의 수요를 집약하려고 한다. 이 경우 경로단계는 증가한다.

4) 부품어셈블리와 유통경로

부품(parts) 및 서브어셈블리(subassemblies)는 완성조립제품 본체의 구성부분이다. 서브어셈블리는 복수의 부품이 결합되어 일정한 기능을 하도록 설계된 반제품을 말한다.(자동차의 계기판을 예로 들 수 있다) 완성품을 구성하는 부품의 종류는 대단히 많고 부품제조기업 1개사가 제작한 부품은 다른 제조기업의 부품과 결합되어 소비된다.

부품은 그 사양의 표준성과 특수성 및 판매대상시장의 범위에 따라 분류하면 다음 4가지로 나눌 수 있다.

A. 특정 완성조립제품 제조기업의 특별사양에 따라 제작되어 납품되고 다른 완성품 조립에는 이용하지 못하는 것.

B. 상기의 특수사양에 따라 제작된 교체부품으로 교체시장(replacement market)에 판매되지만 상기 A의 완성품 수리에만 이용되는 것.

C. 횡단적 표준사양에 따라 제작되고 복수동종의 완성조립 제품제조기업의 제품에 공통적으로 사용되는 것.

D. 상기 C의 부품으로 교체시장에 공급되는 것

부품 · 어셈블리의 특성 :

① 상기 A에 속하는 특수사양을 갖는 부품 거래는 부품제작 기업과 완성품조립기업과의 직접절충에 따른다. 이 거래의 당사자는 쌍방 기업의 경영자층이다.

② 상기 B에 속하는 특수사양을 갖는 부품의 교체시장에 대한 유통은 이 부품사양을 결정한 완성품 제조기업의 딜러 및 수리 서비스 기업을 통해 이루어진다.

③ 횡단적 표준사양을 갖는 부품의 완성품조립기업에 대한 판매는 직접적 또는 간접적으로 이루어진다.

④ 횡단적 표준사양을 갖는 부품의 교체시장 판매는 간접적으로 이루어진다.

⑤ 특수사양이라도 부품의 거래기준이 되는 것은 판매가격과 품질이다.

⑥ 부품교체시장은 본질적으로 최종 소비자 시장이지만 완성시스템의 기술적 수준이 높아지고 완성품과 부품과의 시스템적인 관계가 복잡해짐에 따라 완성품조립기업의 수리서비스 부분 및 유통경로의 기술적 능력이 요구된다.

⑦ 횡단적 표준사양을 갖는 부품은 완성품 시장은 물론 교체시장에서도 그리고 품질면과 가격면에서도 경쟁기업의 부품과 경쟁한다.

⑧ 완성품 시장은 인적판매촉진이 중요하며 교체시장은 인적판매수단과 가격정책 및 유통재고정책이 중요하다.

⑨ 표준사양 부품이 교체시장을 대상으로 판매되는 경우, 광고는 소비자 브랜드 선호를 조장하기 위해 때때로 이용된다. 퍼블리시티는 신형 부품이 개발된 경우를 제외하고 그다지 이용하지 않는다.

부품·서브어셈블리의 유통경로전략

유사한 부품도 특수사양을 갖는 것과 횡단적 표준사양을 갖는 것, 완성품 시장을 대상으로 하는 경우와 교체시장을 대상으로 하는 경우는 채용하는 유통경로가 다르다.

① 특정완성품에 대한 특수사양으로 제작된 부품(또는 서브어셈블리)은 직접경로로 제작자로부터 해당 완성품 제조기업에 납품된다. 그 경로는 때때로 후방수직통합적이며 또는 이와 유사한 완성품 제조기업의 지배가 농후한 경로를 채용한다. 이때 완성품 제조기업으로부터 부품 제조기업으로의 자본 또는 인적 참여가 이루어지는 경우가 많고 이 두 기업은 운명공동체적인 관계가 형성된다.

② 특수사양을 갖는 부품이 교체시장용으로 판매될 때 그 경로는 다음 3가지 형태가 된다. 첫째는 완성품 제조기업의 완성품 유통경로를 통하는 것이고, 둘째는 해당 완성품 전용 수리기능을 담당하는 경로를 통하는 것이며, 셋째는 독립적 수리기능을 갖는 경로를 통하는 것이다. 이러한 경로를 통해 판매되는 부품은 각각의 경로의 발전 정도에 따라 그 양적 규모가 다르다. 세 번째 경로는 중간기업이 개재하는 경우가 대부분이다.

③ 완성품 제조기업이 스스로 제작한 특수사양 부품을 시판되는 자사제품의 부품교체수요에 제공할 수 있다. 이 경우 유통경로는 자사전용 제품유통경로 또는 독립수리기능을 갖는 기업을 통한 유통경로로 나

눌 수 있다.

④ 횡단적 표준사양을 갖는 부품은 원칙적으로 2가지 유통경로를 갖는다. 첫째는 완성품 조립시장에 제공되는 경로이며 둘째는 교체시장을 통한 경로이다. 전자의 경우 부품은 완성품 제조기업의 입장에서 보면 제품개념의 형성에 공헌도가 작고, 경쟁부품을 충당하는 것이 가능하든지, 또는 사용개수가 소량이고 특수사양으로 발주되면 원가가 높아지는 경우이다. 이러한 부품은 판매가격이 구입의 가장 중요한 결정요소가 되며, 경로는 직접경로의 형태를 취하는 경우와 간접경로를 취하는 경우가 있다. 이러한 경로 조건을 결정하는 것은 그 부품의 완성품 제조기업이 사용하는 부품수량에 달려있다. 후자의 경로는 대부분 간접경로이며 경로단계수는 구입수량에 영향받는다.

5) 소모품과 유통경로

소모품(supplies)은 공장용 소모품과 사무용 소모품으로 분류할 수 있다. 공장용 소모품은 수리용 및 보전용 기구, 공구, 윤활유 등 이며 사무용 소모품은 기록용구 등을 포함한다. 이러한 재화는 완성품 본체에 구현되는 것이 아니라 그 생산을 보조하고 관리할 목적으로 간접적으로 소비되기 때문에 간접재료라고도 한다.

소모품의 특성 :

이 분류에는 많은 제품이 포함되기 때문에 한마디로 말할 수는 없지만 개괄적으로 다음과 같은 특성이 있다.

① 대부분의 제품은 횡단적 표준사양에 따라 제작된다든지 표준사양이 존재하지 않는 경우에도 경쟁 제품간에 현저한 품질 및 기능상의 차이가 인정되지 않는 것이 일반적이다.

② 특수사양을 갖는 제품은 그것이 보조기능 역할을 하는 대상이 되는 주요기계설비 · 장치의 운전 또는 주요작업의 수행에 관련되어 소비되는 것이다.

③ 가격조건에 따라서는 양적으로 구입하는 경우도 있지만 양적 구입의 이점이 적은 경우에는 소량으로 구입한다.

④ 일반적으로 가격탄력성이 작고 판매가격의 인하는 1회 거래당 판매량을 증가시키지만 고객 1회 총소비량을 증대시키는 것은 아니다.

⑤ 경쟁제품과의 대체성(代替性)을 작게하기 위해서는 미세한 차별을 강조해야 할 필요가 있지만 제작사양의 차별화는 소비자의 개별적 필요성, 편의성에 제품을 적합시켜야 가능하다. 따라서 소비량이 비교적 큰 소비자에게 적합하도록 하는 판매경로를 선택해야 하는 것이다.

⑥ 경쟁제품간 차별적 특징이 적기 때문에 대체탄력성이 크다. 이것이 판매가격을 인하하는 주요한 요인이다.

⑦ 판매의 중점은 중간기업 또는 소비자에게 인적판매촉진, 즉시납품 및 가격정책이다.

⑧ 브랜드 침투가 필요하다면 광고가 이용될 수 있지만 품질, 기능에 차이가 없다면 효과는 그다지 크지 않다. 퍼블리시티는 특히 작업능률의 비약적 증대를 불러일으키지 못한다면 이용할 필요가 없다.

⑨ 카탈로그나 설명서는 소비자에게 품목을 소개하는 것이지만 공급품목이 적은 경우에는 중간기업의 종합 카탈로그에 실리게 되어 소비자의 직접적 인지를 얻을 수 없다.

소모품의 유통경로전략

① 소모품의 품목은 대단히 많고 제작기업 1개사 만으로 이처럼 많은 품목을 직접 소비자를 상대로 취급하는 것은 불가능하며, 또한 소비자도 소모품 구입에 많은 제작기업을 상대하는 것은 불필요한 시간을 소비하는 것이 되어 필연적으로 중간기업의 개재를 필요로 한다.

② 소품종을 제작하는 기업은 중간기업이 개재하면 집약적 유통경로의 채용을 하게 된다.

③ 소비량 및 소비금액이 큰 소비자에 대해서는 그 특수 사양제품을 제작할 능력을 갖춘 제작기업은 직접경로를 채용할 가능성이 있다.

④ 제작기업은 특정용도 영역의 제품에 대해서 품종다양화를 도모하고

그 영역에서 전문화하는 것이 유력한 중간경로를 선택하기 위한 강력한 전략이 된다.

⑤ 제작기업 가운데 제작 제품영역이 넓고 비교적 큰 시장점유율을 갖는 기업은 부족한 제품영역을 외주제품으로 채우고 스스로 종합화하여 소비량이 많고 특수사양을 요구하는 소비자와는 직접경로, 다른 소비자에 대해서는 집약적 경로를 채용하는 경로 믹스정책을 취할 가능성이 있다.

사례 주류업체 국순당의 유통전략

Ⅰ. 산업의 개요

1. 유통시장의 개황

주류는 인류 역사와 함께 생성, 음용되어 온 것으로서 동서고금을 통하여 인류역사에 많은 영향을 미쳤으며 그동안 많은 경험과 연구가 뒷받침되어 오늘날에는 괄목 할 만큼 발전되었을 뿐만 아니라 지역 및 기호에 따라 그 종류도 매우 다양하다.

따라서 주류는 국민 대중 거의가 일정한 습성에 따라 소비하는 기호식품으로 세금부과에 대한 소비자의 거부감이 적으므로 소비량 또한 많아 세원이 풍부하고, 주류가격 또는 주세율의 변동에 따른 소비량의 변화폭이 다른 세목에 비해 비교적 저기 때문에 주세수입은 안정적일 뿐 아니라 세부 확보에도 효과적이어서 대부분의 국가에서 이 주류소비를 세원으로 하는 소비 세제를 채택하고 있다. 또한 주류는 생활필수품은 아니지만 국민 대부분이 애용하는 음료로서 국민생활과 밀접한 관계가 있으므로 국민의 건강·위생보호와 사회·도덕적 측면에서 소비를 촉진시킬 수는 없으나 주질 향상을 통한 국민건강, 보건보호 측면과 주류의 원료인 양곡정책과 의 조화를 이루어 나가도록 해야 하며 나아가서는 주류산업의 건전한 육성이라는 산업 효과적 측면에서 중요한 정책적 목적이다.

주류시장 유통의 흐름

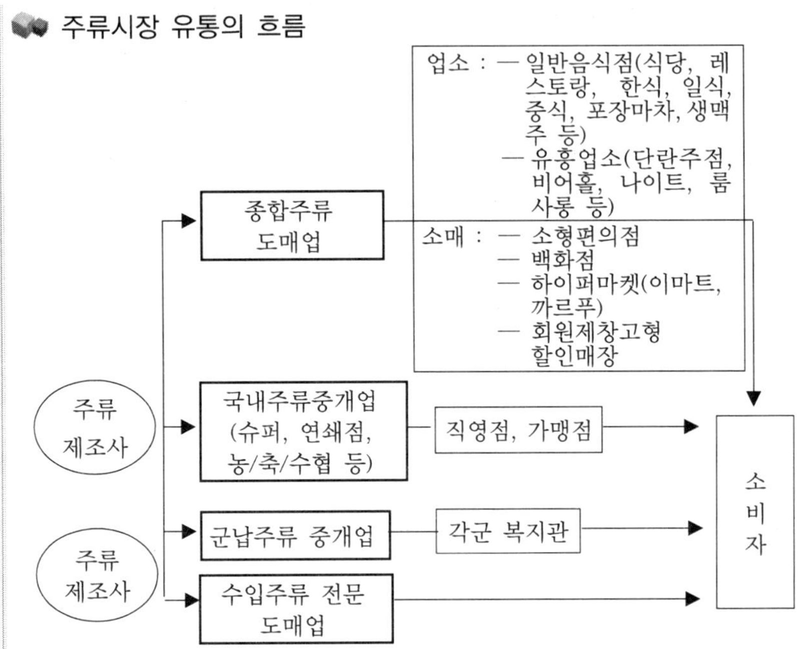

주류는 소비에 따라 사회에 미치는 부정적인 측면이 많고 주세보전 및 국민보건위생과 직접적인 관련이 있기 때문에 주류 판매는 일반적으로 금지되고 있다. 주류 판매면허는 이러한 일반적 금지사항을 주세법령에 근거하여 세무서장이 특정인에게 해제하여 주는 행정처분으로 주류 판매업을 하고자 하는 판매장 1개소마다 관할 세무서장의 면허를 받도록 하고 있다. 따라서 면허의 효력은 인적, 장소적으로 제한되기 때문에 면허자 및 면허 장소에 한하여 효력이 발생한다.

주류 판매면허는 크게 도매면허와 소매면허로 구분되는데 이를 종류별로 보면 다음과 같다.

(1) 도매면허

① 종합주류도매면허

: 일반탁주와 주정을 제외한 전 주류를 도매할 수 있는 면허

② 특정 주류 도매업면허

: 탁주 및 약주, 민속주를 도매할 수 있는 면허

③ 주류중개업면허

: 주류를 중개할 수 있는 슈퍼, 연쇄점 및 본부 등에 대한 주류중개업면허

④ 주류수출도매업면허

주류 수출업 면허	주류 수입업 면허	수입주류 전문도매업 면허
국산주류를 수출할 수 있는 면허	외국산 주류를 수입할 수 있는 면허(겸업불가)	외국산 주류를 수입업자로부터 구입하여 도매할 수 있는 면허

(2) 소매면허

① 주류 소매업 면허

주정 이외의 주류를 허가 장소에서 소매만을 할 수 있는 면허

②의제판매 면허

아래의 사업을 영위하는 자에게 범위 내에서 소매로 지정하여 주고 사업자 등록증에 주류 판매신고 확인을 하여 약식으로 면허를 부여하는 것으로 의제면허의 대상과 범위는 다음과 같다.

- 식품위생법에 의해 영업허가를 받은 장소에서 주류 판매업을 하는 자
- 주류를 제조장으로 직접구입하지 않은 자로서 식료잡화점, 일용잡화점에서 주류를 소매하는 자

(3) 종합주류 도매면허의 이용범위

- 판매의 조정상 시/군별 신규면허의 허용범위 내에서 부여하여 주류소비 증가 예상량이 지역별 판매수량의 2배를 초과할 때 1개의 업소를 증가시킨다.
- 당해연도 시/군별 주류소비 증가 예상량은 직전연도의 1인당 평균 주류소비량에 1인당 평균 주류 소비증감률 및 시/군별 인구증가 수를 곱하여 계산한다.
- 기준판매수량은 정상적인 주류 판매업을 영위하기 위하여 연간 필요한 최소한의 수량으로서 각 지역별로 구분한다.

2. 유통시장의 특성

(1) 경로의 특이성

주류는 소비에 따라 사회에 미치는 부정적인 측면이 많기 때문에 거래질서를 확립하고 무자료거래를 방지하기 위하여 거래 판매단계별로 면허 제도를 채택하여 원칙적으로 「제조→도매→소매→소비자」의 유통단계를 거치도록 하고 있다.

다만, 유통산업 발전법에 의한 연쇄화 사업자에 대하여 산업자원부의 유통근대화 사업을 지원하기 위하여 별도의 유통체계(슈퍼, 연쇄점 본부에 주류중개면허를 부여하고 가맹점은 본부로부터만 주류구입) 을 인정하고 있으며 특정주류(탁주, 약주, 민속주 등)에 대해서는 각각 저알콜, 서민 대중주임과 전통 민속주임을 감안하여 특별히 지원 · 보존하기 위해 각각 저알콜 특정 주별로 도매면허를 부여하고 제조자가 직접 소매업자에게도 판매할 수 있도록 판로를 확대하고 있다.

특정주류의 유통구조

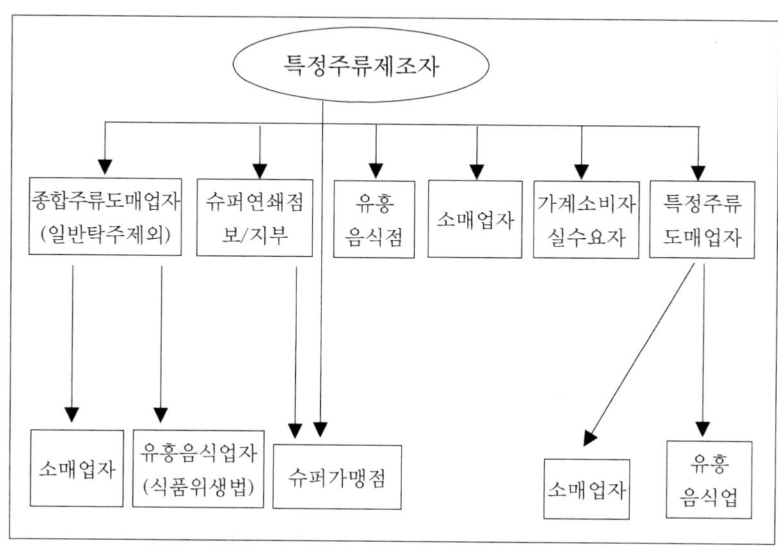

(2) 업계의 특성

① 전형적인 내수산업이 최근 수출이 증가되고 있다. 주류산업 중에서는 수출비중이 소주 중심으로 증가되고 있다. 위스키, 포도주의 반입증가로 수입은 1998년에 가공식품 중 6.3%의 비중을 보이고 있다.

② 탁주가 포함된 가공식품 중 발효주를 제외하고는 대규모 장치산업이다. 자본집약도면에서 가공식품산업은 제조업평균보다 5백만원이나 낮은 소규모임에도 불구하고 주류 업종은 제조업 평균보다 최소 2배 이상의 수준을 보이고 있다. 특히 맥아 및 맥주 제조업은 105만원이나 되어 타제품보다 2배 이상 투자규모가 가장 큰 장치 산업이다.

③ 주세율 변경에 따른 주류의 소비성향 변화가 가시화된다.

④ 제품개발 추이는 소비자의 선호도 변화에 가장 큰 영향을 받는다. 최근 소비자들의 건강의식 강화로 인해 주류 전체적으로 신선제품, 저도주 성향의 제품개발이 활발히 이루어지고 있다.

⑤ 주류산업은 1인당 연간 음용량이 '94년을 정점으로 성숙단계이다.

〈주류 음용량 변화 추이〉

구분	1993년	1994년	1995년	1996년	1997년	1998년
1/인	135	142	237	135	132	127

⑥ 저도주, 신선제품의 선호도가 지속될 전마에 따라 이런 조건을 충족하는 주류의 성장이 예상된다. 최근 소비자의 선호도는 가격 측면의 저가성과 비가격측면의 저도주, 신선제품으로 변화고 있다. 가격측면에서 경기가 침체된 1998년 저가인 소주, 탁주는 증가하고 위스키와 맥주는 감소하였다. 비가격측면에서 건강선호 추세에 따라 저도주 신선제품들을 출고하고 있다. 소주는 저도주 선호추세에 따라 23도 이하 제품이 1997년에 전체 소주 출고량의 17%에서 1998년 33%를 차지하였다. 또한 신선제품 선호추세로 인하여 맥주는 맑은 물을 주제로 한 하이트 맥주가 1998년에 전년대비 7% 감소한 598*kl*로 전체 맥주 감소폭 16%보다 상당히 낮았으며, 소주도 진로 참이슬이 1998년 말 출시 후 큰 폭의 성장세를 보였다.

3. 문제점

상품이 소비자에게 알려지려면 일정 수준 이상의 소매점과 업소를 확보하는 것이 중요한데 소규모업체의 신제품 출시라든가 소주, 맥주를 제외한 타 주종의 출시는 유통경로를 경쟁사에 차단당하고 있다. 이것은 앞에서 살펴본 바와 같이 일반적인 유통경로가 종합 주류 도매업과 중개면허 도매업에 의하여 이루어지고 있기 때문이다. 따라서 종합 주류 도매업의 경우 같은 주종이라도 할지라도 자도주(自道酒)이외의 상품을 제외하고는 동일한 망을 통함에도 불구하고 소기의 성과를 얻기가 상당히 어렵다.

이러한 유통망 「섞어 팔기, 선 매출 후 배송」이라는 특이한 유통이 이루어지고 있다. 이런 결과는 수도권에서의 진로, 강원도의 그린(두산), 경상도의 무학, 선야소주, 전라도권의 보해와 같은 자도주를 보면 쉽게 이해할 수 있다.

또한 종합주류 도매업과 특정주류 도매업 면허를 받을 경우 해당 주류제조업자와의 거래약정서를 제출하도록 하는 규정과 수입주류 도매업자에 대해 주류 수입업자의 추천을 의무화한 규정은 판매업자를 특정 제조업체에 예속시켜 주류유통체계를 왜곡시킬 우려가 있다.(현행폐지) 따라서 주류라는 특이성을 인한 제조업의 강한 규제로 인하여 오히려 유통은 병들고 있는 실정인 셈이다.

또한 현재 주류도매상의 영세성을 들 수 있다. 이를 위해서는 도매상의 전문화, 대형화가 시급하다. 소규모 도매상들의 제살깎기식 경쟁으로 많은 제품들이 덤핑처리 되면서 속칭 삥시장'(출고가 이하의 가격형성)으로 흘러 들어가 유통질서가 왜곡되는 것이다.

다행스럽게도 과거의 다양한 판매면허의 요건은 완화가 되어 주류 판매업 면허 조건 중 「거래약정서 1부 이상 제출」은 폐지(1999)되었으며 주류 판매업 면허를 유형별로 6종류로 통합(1998)하였으나 사업영역을 지나치게 제한하여 경쟁저해요인으로 작용하고 있다. 또한 주류유통 면허를 단일화 하거나 전통주, 일반주로 유통별로 통합하는 방안은 지속적으로 제기되고 있다.

주류의 유통 시 면허가 없는 경우에는 주류의 취급을 할 수 없는 경우가 발생하여 제 3자 물류 (TPL: Third Part Logistics)를 실행하고 있는 업체에 쉽사리 아웃소싱 못하는 이유가 된다.

Ⅱ. 「국순당」의 유통경로 설계

1. 경로설계 전략

국내 전통주 사업은 지난 60년대 중반 식량관리 차원에서 주류 원료에 쌀 등을 사용할 수 없도록 한 양곡 관리법에 따라 사양길에 접어들어 명맥만을 겨우 유지하는 극도의 침체기를 맞았다.

그러나 1998년 서울 올림픽을 기점으로 한국을 대표하는 전통주류가 부재한 현실에 직면하여 정부차원에서 10여 가지 전통 주류의 복원과 상품화가 추진되면서 부흥의 길을 맞이하였다. 이후 전통 민속주 등이 우후죽순처럼 생산되어 시판되었으나 그 영세성으로 인하여 특수시즌(명절)에만 소비되거나 가격대가 지나치게 높게 책정되어 대중적으로 확산되지 못하는 한계성을 드러냈다. 이에 전통주의 대중화와 복원을 회사의 기본이념으로 내세운 「국순당」은 20여 년 간 축적된 전통누룩 및 효소제 기술을 바탕으로 지난 92년 전통주 시장에 뛰어 들었다. 「국순당」은 당시 대중화의 걸림돌이었던 약주의 공급구역 제한을 철폐하는데 앞장서 결국 93년 약주의 전국시판의 길을 열어 놓았다. 「국순당」의 영업망은 대리점을 통한 판매활동과 유통/할인/백화점 등을 통한 판매망으로 구별된다. 적국에 분포되어 있는 대리점은 약주의 대중화와 저변확대에 유리한 경쟁수단으로 작용하고 있다. 「국순당」은 사업초기에 유통경로의 설계에 상당한 애를 먹었다. 왜냐하면 약주라는 제품 자체가 영세성을 지니고 있고 유통경로자체가 소주나 맥주에 의하여 이미 장악되었기 때문에 새로운 유통경로의 개척은 필연적이었다. 따라서 「국순당」은 자체적 도매점망을 개설하였다.

「국순당」의 유통채널

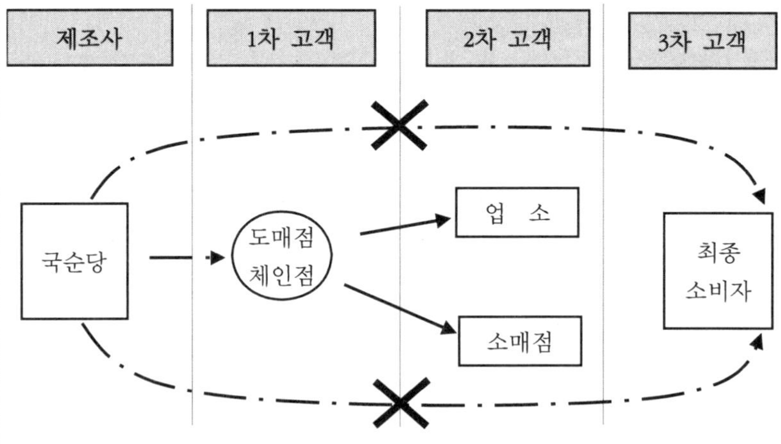

– 제조자는 도매상을 거치지 않고 소매상이나 최종소비자를 상대할 수 없다.
– 도매업자간의 도매거래는 허용되지 않는다.

(1) 도매점의 기능

– 프랜차이즈의 형식으로 독점적인 계약 수행을 위한 형식이며 직영개념을 도입한 것이다.

또한 종합주류 판매면허 유통경로에 "백세주" 라는 제품을 유통시키지 않으므로 차별화된 경로를 선택했다. 일반 도매점은 다양한 제품을 판매하면서 영업력의 분산을 초래하는 반면, 「국순당」 도매점은 영업력의 집중과 마진 확보가 가능하게 되었다.

–제품의 설명 및 제품의 운송, 업소의 관리까지 일원화 시켰다.

각 도매점의 구역을 3개 시, 군으로 광역화 시켰으며 이에 따라 배송과 동시에 제품의 설명이 이루어짐으로써 일반 주류가 가지지 못한 본사 직원과의 대화가 가능해졌으며 소비자의 욕구 및 배송에 차별화를 가져왔다. 이는 과거 종합주류 도매상을 중심으로 운영되고 있던 상황이 약주류를 구색상품으로 인식하기 때문에 적극적인 판매는 전무할 수밖에 없었다. 이러한 유통구조를 극복하고 후발 주류업체로서 기존시장에서 살아남기 위한 방법으로 기존 업체와의 차별적인 전략이 대두된 것이다.

「국순당」 은 중국 모택동의 유격대 전술을 응용하여 하나의 거점을 마련하고 이 거점을 통해 인근 지역으로 영역을 확대하는 게릴라 전술을 전개하고 있다. 도매점의 판매조건은 전액 현금결제로 현금조달 능력을 확대시킴으로써 유통경로의 통제력을 강화하였다.

(2) 유통/할인/백화점

소매업소까지 제품의 브랜드 파워를 높이기 위하여 경쟁사에 차단되고 있는 유통경로를 주류업계의 특성상 금기시 되어있는 Route Sale팀(영업2부, 직할영업팀)에 의하여 유통라인의 우회공략을 이용하였다. 이는 일반 주류가 종합 주류의 망을 통한 하치장에서 할인점, 백화점, 유통업체에 납품하던 것을 직매장이라는 법인을 설립하여 이 법인에서 직접적인 영업을 할 수 있도록 한 것이다. 처음에는 영세한 상태에서 두 개의 법인을 운영한다는 자체가 무리가 있었지만 합법적으로 2차 소매점을 직접 개척함으로써 경쟁사가 막고 있던 유통경로를 뚫은 것이다.

따라서 주문의 수주 및 배송은 그 자리에서 일어나게 되며 영업사원은 영업을 통해 그 백화점의 납품시간, 매입처의 특성, 납품 시 유의사항 등의 파악이 가능하게 되어 인력, 시간의 낭비요소를 줄일 수 있었다. 이러한 형태는 2000년에 상물분리(賞物分離)의 원칙에 의거 확연히 구분되게 된다.

즉 영업사원은 주문수주만을, 배송은 아웃소싱 업체로부터 일부 운송하게 되며 현재 2001년은 자사물류 분사의 개념으로 진행되고 있어 긴급발주에 만전을 가능하게 하고 있다.

2. 전략요소

"전통을 오늘에 맞게"라는 슬로건의 「국순당」은 옛것을 현대화하고 계승, 발전시켜 세계 속에 한국을 대표하는 전통약주를 만들기 위해 노력하고 있다. 따라서 우리 몸에 좋은 술을 만들고 더불어 사는 문화를 대표하는 기업으로 가고자 했다. 술은 적당히 마셨을 경우 사회관계를 원활히 해줄 수 있다는 술 문화의 긍정성을 최대한 살리고 사장되었던 전통주를 대중화시켜 우리의 전통주를 세계에 과시하고자 하는 것을 목표로 했다.

(1) 고급화 전략

기존약주에 대한 이미지는 싸고 뒤끝이 안 좋으며 저급하다는 것이었다. 품질과 효능을 가지고 있더라도 소비자의 관심을 끌 수 없었을 뿐만 아니라 업체도 저가정책을 유지함으로써 스스로 제품의 가치를 살리지 못하였다. 「국순당」의 대표 상품인 "백세주"는 기존 소비자의 인식과 업체의 현실을 뛰어 넘어 출고초기부터 고가정책을 지속적으로 유지하고 있다. 이는 품질에 대한 자신감에 기인한 것으로 제대로 된 제품은 제값을 받아야 한다는 원칙에 입각한 것이다.

(2) 맞춤 마케팅

기존 주류 회사들은 획일적인 판촉물들을 각 업소나 소비자들에게 무차별적으로 제공함으로써 만촉물 자체의 참신성이나 독특성이 전무하였다. 이런 방법으로는 각 업소의 특성을 살릴 수 없었다. 「국순당」은 각 업소의 주 메뉴와 특성에 맞는 맞춤형 차림표와 메뉴판을 제작, 공급함으로써 업소의 매출증진과 홍보까지 할 수 있는 일거양득의 기회를 창출하였다. 맞춤마케팅은 현재 기존의 다른 회사에서 벤치마킹의 모델로 활용되고 있으며 대동소이한 맞춤형 차림표와 메뉴판이 제작되고 있다.

(3) 건강을 우선하는 판촉전략

우리 사회의 음주형태는 고도주 위주로 폭음과 폭주가 일반적이었으며 음주의 목적은 취하는 것이었다. 음주문화는 기성세대 위주였다. 그러나 국민 소득이 향상되어 삶의 질이 개선되면서 음주형태는 저도주 중심으로, 술을 즐기고 아울러 건강을 생각하는 것으로 변하고 있다. 특히 음주세대도 20~30대의 젊은 층으로 확대되고 있는 상황이다. 「국순당」은 알콜 13도의 저도주이면서 알러지 반응이 없는 한약재로 구성되어 있다.

(4) 탁주의 전국공급 및 신규면허의 허용

약주와 탁주의 공급구역 제한에는 위생상의 문제라는 배경이 있었다. 약주와 탁주는 살균되지 않은 상태에서 보존기간이 7일 밖에 되지 않는다. 효모가 계속 발효를 하여 술이 식초처럼 시어지기 때문이다. 따라서 일부 양조장에서는 짧은 보존기간을 감안하여 숙성이 제대로 안된 상태에서 상품을 내보내고, 유통과정에서 숙성이 되도록 유도하는 방법을 사용하기도 하였다. 때문에 소비자 입장에서는 품질이 항상 똑같이 않고 위생적으로도 위험한 술을 마시는 셈이었다.

이를 막기 위해서는 살균, 진공포장 등의 기술이 필요한데 대부분의 영세한 양조장에서는 이러한 기술의 개발이나 도입은 엄두도 낼 수 없었다. 결국 이런 문제로 약주와 탁주의 공급 구역 제한이라는 법이 나왔고 이는 전통주를 전국적인 대중주로 보급하려는 업체의 걸림돌로 작용하게 되었다. 「국순당」은 국회청원운동을 전개하였고 그 결과 약주에 대한 전국 판매가 허용되었다. 단 6개월간 보존되는 살균제품에 한하며, 「국순당」 제품역시 이 기준에 적합하다는 판정을 받아 전국적인 판매가 가능하게 되었다.

한편 일반탁주는 과거부터 공급구역을 선정하여 공급에 제한을 두었던 부분을 2000년에 와서 공급구역제한제도는 폐지되고 신규면허가 허가 되었다. 「국순당」은 공급구역제한폐지 라는 입법화에 노력을 하였으며 살균탁주라는 캔제품을 개발하여 전국에 시판하였다.

3. 결론

경기침체에도 불구하고 전통 민속주를 비롯한 우리 술 시장이 활기를 띠고 있다. 특히 중견기업인 「국순당」의 빽세주"가 선도해온 전통 약주 시장규모가 지난해 말로 M/S 1.5% 선을 넘어섬으로 인해 대형 업체인 「두산」과 「진로」도 타격을 입게 되어 군주', 천국' 전통주시장 공략에 나섰다.

물론 다양한 유통망을 가진 대규모 조직의 물량 공세에 아직은 중견기업에 불과한 「국순당」에게는 상당한 위협으로 제기되고 있다. 그러나 「국순당」은 약주의 경로의 불모지에서 새로운 유통경로를 만들어 냈으며 이러한 Route Sale는 「하이트」에서도 벤치마킹하여 천연암반수라는 제품의 경로로 선택한 바 있다.

동일한 유통경로를 가지고는 성공신화가 잠식될 수 있다는 이유로 「국순당」은 일반 프랜차이즈와의 연계로 새로운 경로를 설계 중에 있다. 물론 다각적인 이미지의 전환을 위하여 군납, 면세점의 판매, 이산가족의 지원으로 빽세주"라는 브랜드를 자연스럽게 홍보하는 전략을 내세우고 있다.

과거 동일한 상품으로는 성공할 수 없다고 생각했지만 유통의 흐름을 전환시키는 계기가 되었다. 이제 특정주류의 흐름은 보편적인 유통경로로 인식되는듯하다. 유통경로는 하나의 흐름을 원활히 하기 위한 수단이지 그 자체가 목적은 아니다. 「국순당」의 성공신화에 동일한 유통경로를 통하여 제품을 유통시킨다 할지라도 무엇인가 차별화되지 않는 다면 그 자체가 성공을 보장하지는 못할 것이다.

자료 : Maxpert, 2003

제6장

소매업의 형태와 역할 I

제1절 소매업의 발전

1. 소매의 개념

우선 소매(小賣, retail trade, retailing)란 무엇인가를 알아보기 위해 개념 규정에 대해 접근해 보기로 하자. 소매란 개인 또는 그 가정에서의 사용을 목적으로 최종소비자(ultimate consumers)에게 직접 소비재 또는 서비스를 판매(렌탈)하는 활동을 말한다. 이 소매활동에는 판매활동과 함께 매입, 광고, 정보처리, 재고유지 등 다양한 활동이 포함된다. 그러나 산업재의 판매 또는 재판매업자에 대한 판매는 포함되지 않는다. 이와 같이 소매를 주된 사업으로 전개하는 기업을 소매기업이라고 한다.

또한 생산자나 도매업자라도 같은 행동을 하고 있다면 소매활동을 한다고 할 수 있다. 그러나 예를 들어 직접 소비자에게 판매를 하는 생산자를 소매업자라고 말하지는 않으며 이 때에는 생산자에 의한 소매활동을 하고 있다고 한다. 여기에 소매를 주된 사업으로 한다는 의미가 있는 것이다.

이와 같이 소매는 그 거래수량의 대소에 따른 구분이 아니라 판매상대가 누구인가라는 관점으로의 분류인 것이다(도매도 이와 같다).

그리고 대부분 소매활동은 점포를 통해 이루어지지만(점포소매업자), 최근에는 점포를 소유하지 않고 직접 소비자에게 판매활동을 하는 무점포소매업자(TV홈쇼핑, 인터넷쇼핑몰, 다이렉트 마케팅, 자동판매기 등)도 출현하고 있다.

소매업의 세계는 지금까지 여러 가지 소매기관이 등장했고 발전하면서 쇠퇴하는 역사의 반복 속에서 형성되어 왔다. 이 여러 가지 소매기관의 발전 패턴은 제품의 라이프 스타일로 설명할 수 있는 것과 같은 동일한 패턴이 존재한다. 오늘날에도 여러 마케팅 학자에 의해 제창되었던 소매기관의 진보 및 발전에 대한 이론을 이해하고 소매기관의 라이프 사이클에 대해 통찰력을 얻어보기로 하자.

2. 소매업의 라이프 사이클(retail life cycle theory)

우선 소매업의 성장·발전에 대해 메이슨과 메이어(J. B. Mason & M. L. Mayer)는 소매업의 라이프 사이클 이라는 개념을 이용해서 소매기관의 탄생부터 쇠퇴에 이르는 과정을 4단계의 라이프 사이클로 접근하고 있다.[1] 이러한 네 단계는 각각 도입기, 성장기, 성숙기, 쇠퇴기를 말한다.

도입기 : 라이프 사이클의 최초 단계에서의 경영자의 목표는 이 새로운 라이프의 소매업을 소비자에게 인지시켜야 하는 것이다. 여기에서는 전통적인 소매업과 다른 특징을 강력하게 어필하는 전략을 택한다.

성장기 : 제2단계에서는 매출액 및 이익률을 급속히 증가시킨다. 진보적인 기업은 지리적 확대를 시도하며, 많은 경쟁기업이 출현하는 것도 이 시기이다. 이러한 가속적인 성장도 그 말기에 달하면 비용의 증대(인건비, 재고비, 관리비 등의 증대)가 이익을 압박하기 시작한다.

성숙기 : 제3단계는 매출액의 증가에 정체현상이 일어나는 시기이다. 이 단계에서는 기업규모의 증대, 시장의 포화, 새로운 경쟁기업의 출현 등의 상태에 충분하게 대응 할 수 있는 능력의 경영자가 연마해야 한다.

쇠퇴기 : 제4단계는 현재의 상태로는 다시 활성화되기 어려운 단계이다. 경쟁기업이 시장에서 퇴출하는 시기이다.

이와 같이 소매업의 라이프 사이클 개념은 소매업이 어떻게 해서 자신들을 진화시켜 왔는가에 대한 지침을 준다고 할 수 있다. 초기단계에서는 확대지향, 성숙단계에서는 경영상 및 영업상의 숙련성, 최종단계에서는 새로운 적응능력이 요구된다고 할 수 있다.

여기서 중요한 점을 발견할 수 있다. 그것은 이 라이프 사이클이 새로운 형태의 소매업이 나타날 만큼 짧아졌다는 점이다. 예를 들면 백화점은 성

---

1) J. B. Mason and Morris L. Mayer(1990), Modern Retailing : *Theory and Practice,* Richard D. Irwin, inc., pp.17-19.

숙과정에 접어들기까지 100년이 필요했었지만 최근 오프 프라이스 점포는 거의 5년 만에 성숙기를 맞이하고 있다.

〈표 6-1〉 소매업의 라이프사이클

	항 목	도입기	성장기	성숙기	쇠퇴기
시 장 특 성	경쟁업자의 수	소 수	적 당	직접경쟁자 많음 간접경쟁자 적당	적당한 직접경쟁자 간접경쟁자 많음
	매출액 신장	급 속	급 속	적 당	마이너스
	이 익 율	낮다→적당	높다	적 당	대단히 적다
	새로운 이노베이션의 지속기간	3-5 년	5-6 년	불확실	불확실
적절한 소 매 업자의 행 동	투자 / 성장 / 리스크 의사결정	투자의 최소화高리스크 수용	성장을 유지하기 위한 고투자	미개발시장부분의 개척에 의한 성장	최소의 자본지출
	CEO의 관심사	조정과 실험을 통한 컨셉의 세련화	선도적인시장 포지션 확립	과잉능력 소매컨셉 수정	철수전략 실시
	통제수단의 이용	최 소	적 당	많 이	적 당
	성공하는 경영자의 형태	기업가형	집권형	전문형	관리형
적절한 공 급 업자의 행 동	유통경로 전략	선도적시장 포지션개발	시장포지션 확보	이익이 있는 매출액 확보	과도한 지출의 회피
	유통경로 문제	다른 고객의 저항 가능성	다른 고객의 저항가능성	보다 과학적인 소매업자와 거래	일정한 이익 하에서 고객에게 서비스
	유통경로 조사	중요한 이노베이션의 식별	이노베이션을 채용한 다른 소매업자의 식별	새로운 이노베이션 기회의 선별개시	새로운 이노베이션 기회의 적극적인 탐색
	거래의 인센티브	직접적인 재무적 지원	가격상 특전	새로운 가격의 인센티브	없 음

〈표 6-2〉 미국 소매기관의 성장과 변모

	급성장의 시기	탄생에서 성숙까지의 기 간	라이프사이클 단 계
제너럴 스토어	1800 - 1840	100	쇠퇴기
전문점	1820 - 1840	100	성숙기
백화점	1860 - 1940	80	성숙기
버라이어티 스토어	1870 - 1930	50	성숙기
통신판매	1915 - 1950	50	쇠퇴기
코포레이트 체인	1920 - 1930	50	성숙기
디스카운트 스토어	1955 - 1975	20	성숙기
슈퍼마켓	1935 - 1965	35	성숙기/쇠퇴기
쇼핑센타	1950 - 1965	40	성숙기
협동조합	1930 - 1950	40	성숙기
가솔린스탠드	1930 - 1950	45	성숙기
편의점	1965 - 1975	20	성숙기
패스트푸드점	1960 - 1975	15	성장기 후반
홈인푸르브먼트 스토어	1965 - 1980	15	성장기 후반
슈퍼스페셜리스트	1975 - 1985	10	성장기
창고형소매업	1970 - 1980	10	성숙기

3. 소매업 발전에 관한 이론

이와 같은 소매기관의 발전에 법칙성을 찾아내 여러 가지 소매기관이 탄생하고 성장, 성숙하고 쇠퇴하는 이유를 이론적이고 법칙적으로 해명하려는 노력이 여러 학자에 의해 시도되었다. 여기에서는 그 대표적인 이론에 대해 검토해 보자.

(1) 소매 수레바퀴이론(the wheel of retailing hypothesis)

소매업의 발달을 설명하는 방법에는 여러 가지가 있는데 그 대표적인 것이 소매 수레바퀴이론이다.[2)]

이 이론에 따르면 새로운 혁신적 소매기관은 기존의 소매형태와의 경쟁상 우위성을 확보하기 위해 저마진, 저가격, 저품위라는 형태로 참여해 온다. 이 새로운 소매기관도 점차 시장에서 지위를 확보하고 경쟁업자도 그 존재를 받아들이게 된다. 더욱이 이 소매기관은 성숙단계로 접어들면서 경쟁업자와의 차별성을 추구하기 위해 설비, 상품구성을 개선하고 서비스를 향상시켜 보다 많은 마진을 확보하려고 한다.

이 결과 이 소매기관은 관리비용과 서비스 비용이 증가하게 되며, 결국 종래와는 다른 방법 또는 보다 세련된 방법으로 저가격, 저마진, 저품위를 확보한 새로운 형태의 소매기관과의 경쟁에 직면하게 되어 결국은 동일한 패턴을 반복하게 된다. 이와 같이 소매 수레바퀴이론은 일종의 사이클 이론이라 할 수 있다.

소매 수레바퀴이론의 특징은 다음과 같이 정리할 수 있다.[3)]

① 소매기관의 혁신은 가격을 기초로 침투한다.

② 새로운 기관의 특징인 저가격은 점포 서비스의 삭감과 점포의 물리적 설비의 간소화를 통해 가능해진다.

③ 소매업계에 받아들여지게 되면 이 새로운 소매기관은 고급화 과정에 접어든다.

④ 고급화는 새로운 소매기관의 혁신을 불러일으킨다.

이 이론은 1958년 맥네어(M. D. McNair)가 제시한 이론으로 그 후 여러 형태로 화제를 일으켰으며 홀랜더(S. C. Hollander)에 의해 검증이 이루어졌는데 미국과 영국의 소매발전과정에서 증명한 이론이다. 또한 이를 대신할 이론의 제창을 불러일으킨 소매업 발전에 관한 각종 이론의 발단이 된 이론이다.

---

2) R. R. Gist(1974), *Marketing and Society,* The Dryden Press, pp.356-360.

3) J. B. Mason and M. L. Mayer, *op, cit.,* p.20.

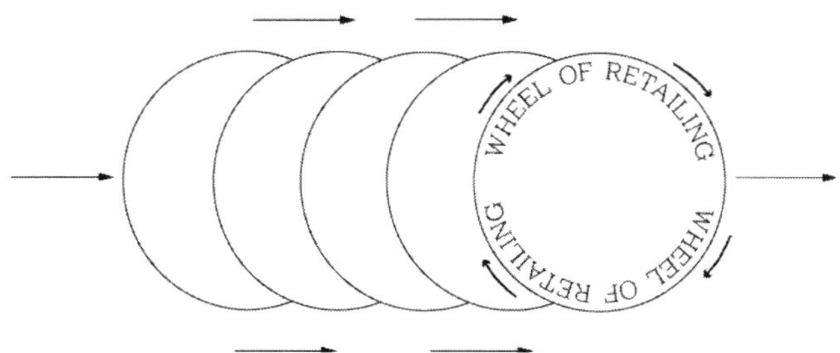

잡화점 →백화점→체인스토어→슈퍼마켓→디스카운트스토어→?
자료 : W.H.Bolen, *Comtemporary Retailing*, Prentice-Hall, 1978, p.10

〈그림 6-1〉 소매 수레바퀴이론

분명히 오늘날까지 등장한 여러 가지 소매업 형태, 예를 들면 백화점, 통신판매업자, 체인스토어, 슈퍼마켓, 디스카운트 스토어, 창고형 소매업 등의 발전은 이와 같은 법칙에 따라 발달해온 소매업이라고 할 수 있다.

그러나 이 이론은 모든 소매업의 발전을 설명할 수 있는 것은 아니다. 맥네어 자신도 소매수레바퀴 이론은 모든 소매업의 발전에 적용된다고 설명하는 것은 아니라고 인정하고 있다. 예를 들면 백화점의 지점전개, 자동판매기의 등장, 교외 쇼핑센터, 편의점의 등장 등은 이 이론의 반증사례로서 자주 인용된다.

(2) 아코디온 – 이론(retail accordion theory)

아코디온 이론은 1963년 브랜드(E. Brand)에 의해 전개되었고 홀랜더(S. C. Hollander)에 의해 1966년에 명명된 이론이다.[4] 이 이론은 미국 소매업의 발전을 판매되는 상품라인의 특성으로 설명하려고 한 것이다. 즉 아코디온 이론은 넓은 상품라인과 좁은 상품라인의 소매업자가 교차 출현한다는 순환원리로 설명하고 있다. 폭넓은 상품라인을 확보한 소매기관은 보다 전문

4) R. R. Gist, op, cit., pp. 355-356. W. Stern and A. I. El-Ansary(1977), *Marketing Channels,* Prentice-Hall, p.243.

적인 상품라인을 갖는 소매기관으로 변화되며, 전문적인 소매기관 역시 종합적인 상품을 취급하는 소매기관이 그 역할을 대신한다는 것이다.

스탠과 엘 앤서리(L. W. Stern & I. El-Ansaly)에 따르면 미국 소매기관의 역사는 다음 〈그림 6-2〉에 나타난 것 같은 순환을 그리고 있다고 했다. 이 그림을 보면 우선, 상품구성이 폭넓은 만물상이 출현하고 그 다음에 한정된 상품구성의 전문점이 뒤를 이어서 나타나며 그 뒤를 따라 상품구성의 폭이 넓은 백화점이 등장했다. 또한 이후에는 부티크의 시대, 쇼핑센터의 시대가 뒤따르고 있다.

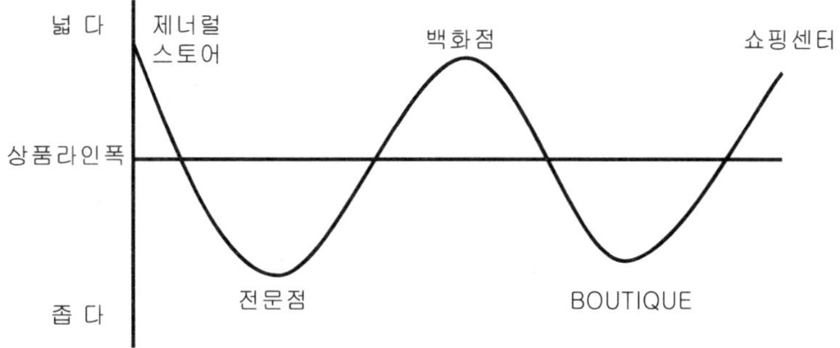

〈그림 6-2〉 아코디온 이론의 사이클

(3) 위기 - 변화 모델

위기-변화 모델은 소매기관이 위기적 상황에 대응하는 과정에 나타나는 4가지 단계를 통과하면서 변화를 이루어 가는 것을 설명하는 것이다. 이 모델은 다음 4가지 단계를 볼 수 있다고 한다.[5]

5) L. W. Stern and A. I. El-Ansary, *ibid,* pp.246-248.

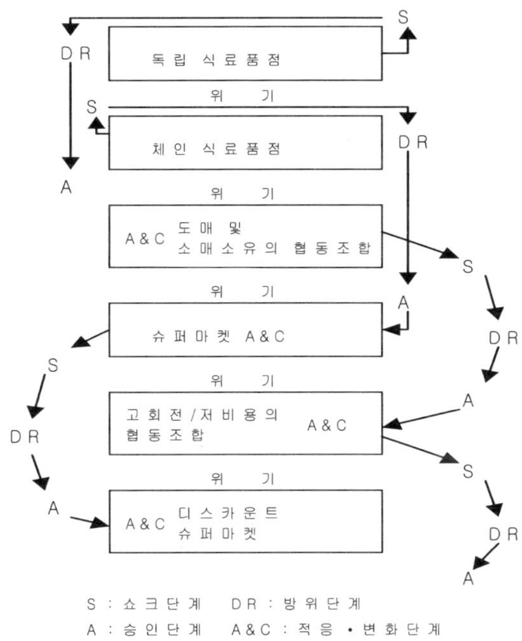

〈그림 6-3〉 위기-변화 모델

1) 쇼크 단계

어느 조직이 그 시스템 전체의 생존에 없어서는 안될 요소가 위협받을 때 위기의 상태에 있다고 판단할 수 있다. 쇼크단계는 새로운 타입의 소매기관의 출현으로 그 시스템의 존속 또는 어느 목적을 달성하는데 위협을 느낄 때 나타난다.

2) 방위의 단계

이 단계는 기존 시스템으로 위협을 감소시키기 위해 통제 수단을 동원하는 것을 의미한다. 그러나 이 단계에서의 통제 수단은 위기를 근본적으로 해결하려는 것이 아니라 위기와의 전면적인 대결을 장래로 미루며 병을 치료하기 위한 수단에 불과하다.

예를 들면 미국에 체인 스토어가 출현했을 때 소규모 글로서리 점포는 새롭고 진보적이며 보다 효율적인 조직의 활동에 대항하기 위해 법적 규제를 요구했고 이 위기적 상황을 일시적으로 회피하려고 했다. 이에 따라 이 단계에서 위기를 극복할 수는 있었지만 이와 같은 방어활동은 장기적인 성장의 목적과 일치하는 것이 아니기 때문에 자멸적인 위험을 내포하고 있다.

3) 승인의 단계

이 단계에서 위협을 받은 시스템 멤버는 신중한 자기분석과 다른 멤버와의 연계, 상호관계를 활발하게 이루게 된다. 상황을 정확히 파악하고 다른 멤버와 정보를 공유하기 위해 컴퓨터 등 보다 좋은 방법을 강구하게 된다. 이 단계에서 기존 시스템은 자신들이 전통적인 방법에 의문을 갖게 되며 새로운 방법을 신중하게 검토하는 움직임이 대두된다. 어떠한 구조변화가 보일 때 시스템은 과거의 역사에 얽매이지 않고 현재의 발전을 더욱 추진해 가는 것이다.

예를 들어 앞의 설명을 생각해보면 독립 소규모 글로서리 점포는 생존하기 위해 스스로를 혁신해야 한다는 인식 하에서 볼룬터리 그룹을 결성한 것이다.

4) 적응과 변화의 단계

적응과 변화의 단계는 재생의 단계, 즉 그 시스템에 다시 활력이 돌아와 새로운 성장이 나타나는 단계이다. 시스템이 이 단계에 도달하면 서브 시스템과 효율적으로 상호 활동이 이루어지는데 방해가 되는(역기능적)요소를 제거하게 되며 나아가 전체가 하나의 토탈 시스템으로서 활동하게 된다.

볼룬터리 체인의 사례에 따르면 대량 매입이라는 각 기능의 효율화는 물론 조직의 모든 영역에서 성숙화의 단계를 맞이하게 된다. 이 단계에 달하면 앞에서 설명한 자신에게 위협을 준 시스템이 역으로 쇼크 단계를 맞이하게 되는 것이다.

제2절 소매업의 기능과 종류

1. 소매업의 기능

소매업은 소비자가 필요로 하는 상품 및 서비스를 분할공급(소량판매)하고 수요의 인격적 통일기능(소유권 이전)을 하는 것이지만, 한편으로는 생산자 및 도매상으로부터 상거래를 해서 사회적 유통의 일단의 기능을 담당하고 있다.

그러나 판매자가 아닌 사람이 소매기관의 역할을 대신하는 경우도 있다. 즉 제조업자의 직영소매점에 의해 직접 소비자에게 판매하기도 하고 소비자가 설립한 협동조합이 조합원(소비자)에게 상품을 판매하는 경우도 있다. 또한 농업협동조합과 같은 곳에서도 농업경영자, 농업종사자를 위한 공동구입 등의 구매사업, 생산물 판매사업 등을 실행하고 있다.

특히 농업제품의 판매의 장소로써 우리나라의 경우는 하나로마트를 설립해서 조직화하고 있다. 또한 도매상이 직접 최종소비자(수요자)에게 판매하기도 한다. 즉 상품 및 서비스의 매매를 통해 유통이 달성되는 것이다.

그러나 소매상은 최종소비자에게 상품 및 서비스를 직접 판매하여 유통기능을 담당하는 것이며 소비자 및 생산자, 도매상은 각각 〈표 6-3〉과 같은 기능을 담당하고 있다.

소매기능의 본질은 유통기능에 있으며 최종소비자에게 상품 및 서비스를 구성을 하고 작은 단위로 나누어 판매하는 것이며 이러한 기능을 만족시키기 위해 소매기관이 존재한다.

소매점은 다양한 상품을 (편의품, 선매품, 전문품 등) 취급함으로서 생업적 경영, 기업적 경영, 대규모 경영을 하는 것이다. 소비자의 욕구, 필요는 다종다양하며 여기에 대응하기 위해서는 각종 상품을 갖추고 양과 질로 충실함을 도모할 필요가 있다.

〈표 6-3〉 소매업의 유통기능적 분류

기 능	소 비 자	생산자·도매업자
① 기본적 기능	· 적절한 상품의 판매활동을 하며 소량 분할 제공한다 · 상품선택구매 · 상품구성 · 배송활동 · 적재적소(장소)에서 편의를 제공한다. 상품판매의 입지 조건 · 서비스의 제공 · 가격, 외상, 판매신용을 실시하고 금융상 편의를 제공한다 · 상품에 대한 지식을 전달한다	· 상품의 수요환기 및 판매촉진에 협력한다 · 생산자의 상품개발, 생산활동에 협력하고 도매상에 대해서도 유통에 협력한다. · 가격
② 정보 기능	· 정보의 제공, 소비자 욕구, 니즈 등 · 상품의 정보, 유행 및 생활 정보제공	· 소비자의 니즈, 욕구 등 정보를 수집하고 분석해서 제공 · 상품계획(merchandising)에 적극적으로 조언
③ 신용공여	· 외상 · 할부 · 기타 소비자신용	· 생산자, 도매상의 상품 등과 제휴하여 소비자신용을 이룬다
④ 상품지식의 제공	· 상품의 품질 및 특성에 대한 조언 · 스페셜리스트로서의 조언	· 품질보증, 상품의 특성을 대행한다
⑤ 상품관리	· 일정량의 상품을 보관하고 수요에 대응한다 · 적절한 상품구성을 한다	· 생산자, 도매상의 상품보관을 일부 대행한다 · 상품보관, 위험부담을 분담한다
⑥ 쇼핑 환경의 제공	· 쇼핑의 즐거움과 만족감을 준다 · 쾌적성을 제공한다 · 유희기능(amusement center)의 정비	· 점포의 설치, 소매시장, 상점가 · 유희, 오락장

2. 소매업의 분류

소매업의 분류는 기능적 시점으로 나누는 것이 적절하지만 일반적으로는 경영규모에 의한 분류, 소유관계에 의한 분류(경영방식), 점포의 유무에 의한 분류, 판매방법에 의한 분류, 취급상품에 의한 분류, 출자형태 · 입지(점포소유지)등으로 분류할 수 있다. 소매업을 개념적으로 분류하면 〈표 6-4〉와 같다.

〈표 6-4〉 소매업의 개념적 분류

광 의	상품(소비재상품 및 생산재상품(산업상품) 및 서비스를 최종소비자에게 유통시키는 상업
협 의	소비재 상품(생활용품) 및 서비스를 최종소비자(일반가정)에게 유통시키는 상업
최협의	협의의 개념을 더욱 한정시켜 대규모 소매점인 백화점, 체인점을 제외한 것

(1) 경영규모(매출액 · 종업원수)에 의한 분류

1) 소규모 소매점

① 보통소매점(독립소매점) : 만물상(general store)
단위소매점(unit store)
선매점(shopping goods store)
전문점(specialty store)
소규모 백화점(small depeartment store)
편의점(convinience store)

② 이동상(移動商) : 행상(peddling)
노점상(road-side store)
홈파티판매(home party selling)

2) 대규모 소매점

백화점(department store)
체인스토어(chain store)
통신판매점(mail order house)
슈퍼마켓(supermarket)
디스카운터(discounter)
디스카운트하우스(discount house)
디스카운트스토어(discount store)

(2) 자본출자(소유관계)에 의한 분류

1) 상인자본에 의한 소매업

독립소매점(보통소매점, 이동잡화점, 전문점)
백화점
회사연쇄점
슈퍼마켓
통신판매점
디스카운트 스토어(디스카운터)
편의점
드럭스토어
홈센터
소매시장(일용품소매시장)

2) 생산자의 출자에 의한 소매업

직영소매점(직영직매점)
농업협동조합, 어업협동조합, 생산자의 협동조합

3) 소비자 출자에 의한 소매업

소비생활협동조합
공제조합

(3) 점포의 유무에 의한 분류

1) 유점포소매업

백화점 : 도심백화점
터미널 백화점
교외백화점
지방백화점
체인스토어 : 슈퍼마켓
슈퍼스토어 체인
백화점체인
프랜차이즈 체인
편의점 체인
독립소매점
조직된 것 : 볼룬터리 체인 가맹점
쇼핑센터
조직되지 않은 것 : 일반소매점
전문점
가족경영점

2) 무점포소매점(무점포판매)

통신판매업(홈쇼핑, 사이버쇼핑몰 포함)
자동판매기
카탈로그 판매
행상

이외에도 각 분류 기준에 따른 정리를 한다면 다음과 같다.

1) 소유권에 의한 분류

개인소유, 공동소유, 기업소유

2) 제공하는 서비스에 의한 분류

풀서비스점(full-service store)
셀프서비스점(self-service store)
현금무배달판매점(cash-and-carry store)
자동판매점(automatic selling)

3) 경영권(경영방식)에 의한 분류

독립점(independent store)
연쇄점(chain store)
소비생활협동조합(consumers' cooperation)

4) 취급상품에 의한 분류

일반잡화점
편의점
선매점(shopping goods store)
전문점(specialty store)

5) 판매방식에 의한 분류

셀프서비스점
대면판매점

6) 점포 상황에 의한 분류

단독점
집합점포

7) 점포 유무에 의한 분류

유점포 : 백화점, 체인스토어
독립소매점
무점포 : 홈쇼핑, 통신판매업, 방문판매업, 행상

제3절 소매업의 규모

1. 소규모 소매점

소규모 소매점은 매출액 및 종업원이 적고 일반적으로 보통 소매점(retail store)과 이동상(移動商)이 있다. 보통 소매점은 소규모 독립소매점이고 비교적 소자본경영·생업적 경영이며 영업과 가계(家計)가 미분화된 형태이다. 그리고 1인 또는 수명으로 경영되며 무급노동자(가족)와 개인조직이 주류를 이루지만 법인 조직도 있다.

즉 경영조직도 간단한 독립단위를 이루는 소매점이며 그 의미로 해석한다면 보통 소매점은 독립소매점, 단족소매점, 단위점으로 나눌 수 있다. 현재 소규모 소매점은 전폐업이 많은 상황이다. 다른 소매형태와의 경쟁격화, 지가폭등과 교통사정에 따른 입지조건이 격변하여 경영악화를 초래하고 있고 점주를 비롯한 그 가족의 노동에 의존하여 경영하고 있다. 한편 소규모 소매점은 생업성, 영세성이 점차 해결되는 경향에 있고 일반소매점은 그 취급상품의 범위에 따라 식료품점 등 편의품형점과 의류품점, 화장품 등 선매품점 및 전문품점으로 나눌 수 있다.

(1) 행상(peddling)

소량의 상품을 갖고 가가호호(家家戶戶) 방문하거나 핸드 마이크로 판매를 촉진하는 가장 원시적인 매매방법을 채용한 소매상이며 농산물이나 어류를 생산지 또는 도매상으로부터 매입하여 소비지로 순회하여 판매하는 원시적인 형태이다. 이러한 행상의 근대화된 형태가 외교판매, 방문판매라고 볼 수 있다. 행상은 완전한 생업적 색채가 농후하며 겸업이 비교적 많다.

(2) 노점상(roadside stands)

무점포 소매업이며 각지의 상업지역에 분포하고 있으며 특정일(졸업, 입학)이나 특정지역(학원가, 역세권)에 다수 진출해있다. 소형차량, 포장마차나 기타 도구를 이용해서 각종 상품을 펼쳐놓고 서서 판매하는 소매상도 있고 농어민이나 소규모 제조업자가 겸업적으로 판매하는 경우도 있으며, 실직자가 생업 수단으로 상품을 판매하기도 한다. 그러나 대단히 원시적인 상업의 전형이라 할 수 있다. 최근에는 출근길 정체구간에서 차량을 타깃으로 한 간편식(김밥)이나 샌드위치 판매가 성행하고 있다. 이러한 차량고객을 타깃으로 한 신사복, 구두, 서적, 스포츠 용품, 장난감, 가구 등 전문점과 중대형 음식점이 교외 주요도로 변에 주차장을 갖추고 진출한 경영형태를 로드 사이드 비즈니스라고 한다.

(3) 만물상(잡화점)(general store)

만물상이란 교통이 불편한 지역이나 시골에 잡다한 다종다양한 상품을 무엇이든 갖추어놓고 판매하는 소매점이며 주로 농촌과 어촌 등 촌락에서 볼 수 있다. 또한 농촌식료, 잡화점이라고도 하며 해당 지역민의 일상생활에 필요한 상품을 소량으로 판매하는 소매점이다. 따라서 소매상의 오랜 형태라 할 수 있고 소매상으로서의 일용품, 잡화, 식료품, 의류품 등을 취급하지만 그 품질이나 형태 등의 상품구성은 불충분하며 경영능률도 낮고 경영상 불필요함도 많은 유치한 경영상태이다. 교통의 발달과 자동차의 등장으로 교외도시에서의 선택구매가 가능해 짐에 따라 이와 같은 농촌형 잡화점은 점차 쇠퇴하고 있으며 전문 단일업종점(single line store)으로 전업하고 있다.

(4) 단위소매점(unit store)

만물상이 취급하는 품종의 일부를 한정해서 취급하는 소매점이며 보통 소매점(single-line store)또는 한정품종점(limited line store)이라든가 단일업종점(single line store)이라고도 한다. 소매점이 1개 독립단위체이며 또한 취급업종이 특정화되어 단일업종의 상품만을 취급하는 것은 단독점(independent store)이다. 이와 같은 편의품 판매를 주로하고 간혹 선매품을 판매하는 경우도 있다. 소매점 가운데 가장 일반적인 형태이며 단순하게 소매점이라고 하면 이 단위 소매점(unit store)을 말한다.

1단위의 상품이라는 것은 단일품종의 상품이라는 의미가 아니라 주요 취급품 및 이것과 관련이 있는 상품을 포함한 의미이며 식료품, 일용생활필수품(편의품)과 선택구매품(선매품) 등이 주된 취급품이다. 또한 선매품을 주로 취급하고 대부분 도시 중심가에 있는 상점가(shopping street)를 형성하는 선매품점(shopping goods store)도 있다. 예를 들면 식료품점, 약국, 금은방 등이다. 그리고 한정품종점(限定品種店)이 더욱 특화하여 단일품종의 상품만을 취급하는 것은 단독점 또는 단일품목점(single-line store)라고 한다. 이러한 소매점이 급격히 증가함에 따라 경쟁이 격화되었고, 더불어 근대적 형태의 백화점이나 슈퍼마켓 등의 압박으로 더욱 경영의 합리화에 노력해야 하는 상황이다.

특히 단위소매점은 경영규모가 영세하며 또한 소규모, 판매단위, 평당매출액도 적고 판매효율은 낮고 비능률적이다. 그러나 보통소매점(단위소매점)으로서 경영자의 경영이념(management concept)이나 경영방침(management policy)을 점포경영에 활용하면 고객과의 신뢰관계의 유지 등 특징을 갖춘 경영이 가능하다.

소매점은 경영능률을 높이기 위해서는 상인협동조합을 결성한다든지 상호부조, 공동매입, 공동금고, 판매금고 등을 적극적으로 활용하여 지위 향상을 위해 노력해야 한다. 또한 소매점포가 몇 점포 이상이 모여 중고층점포를 공동으로 건설하여 점포의 근대화와 더불어 협업화를 추진하여 원 스톱 쇼핑(one stop shopping)이 가능한 업종구성과 대형점 1점포의 플로어(floor)와 같이 오픈 플로어 형태를 취한다. 그리고 공동선전, 공동주차장, 공동창고, 종업원 공동모집 등 공동사업의 이점을 활용하는 것이 좋다.

판매촉진 방법으로서는 소매업자가 주제를 결정하여 상품을 모집하고 선전활동을 전개하는 테마 프로모션(thema promotion)을 전개해서 경영확충에 노력하는 것이 바람직하다. 최근에는 안테나 숍(antena shop)에 테스트 상품을 판매하여 고객의 동향을 파악하는 소매점이나 버라이어티 스토어(variety store)라고 하는 편의적, 충동적 상품을 취급하는 소매점도 진출했다. 구입단가가 비교적 낮고 균일가격으로 광범위한 종류의 상품 및 선택구매품과 가정전기기구, 부인복 등 취급의 다양화에 초점을 맞추고 1930년대 미국에서 발전했다가 쇠퇴하였으나 오히려 일본에서는 디스카운트 스토어의 형태로 점차 대형화되면서 정착되고 있다.

(5) 전문점(specialty store)

전문점은 대소도시를 중심으로 발달해 있으며 단일종류 또는 밀접한 관계에 있는 일군의 비교적 고급 상품을 전문적으로 취급하는 소매점이다. 도시에서는 근교의 소비자를 대상으로 의류, 구두, 가구, 약품 등 선매품을 품질, 가격, 브랜드명 등으로 검토해서 선택 구입하는 상품을 취급하는 소매점과, 비교적 고급 선매품을 특수화한 카메라, 시계, 양복, 피아노, 악기,

고급가구, TV, 귀금속 등 전문품을 전문적으로 취급하는 소매점 등을 예로 들 수 있으며 넥타이, 화장품, 건어물 등의 판매점 또한 이에 해당된다. 단일품종 라인 전문점으로는 양복, 서적, 가구, 가정전기점 등이다. 그리고 단일품종을 용도별로 취급하는 전문점이 있다.

전문점의 특징은 다음과 같다.

① 경영자는 뛰어난 경영능력과 상품에 대한 풍부한 지식, 정보제공 등 전문적 서비스가 가능하다.
② 취급상품은 품종적으로 제한을 받지만 품종적인 상품구성, 컬러, 사이즈, 형태 등 품질 및 가격 측면에서는 폭이 깊고 풍부하다.
③ 자본도 집중적으로 투하되고 시대의 필요나 유행을 받아들여 고급상품을 갖추고 상품회전율도 높다.
④ 상품의 종류가 한정되고 고객층도 특정화되는 경향이 있다.
⑤ 점포에 간판, 포스터 등을 게시하는 POP광고(advertising point of purchase)를 많이 이용한다.

말하자면 전문점은 취급상품의 품종을 한정하여 상품구성을 깊이 있게 하는 보다 전문화된 점포를 말한다. 전문점의 경영자는 고도한 경영능력을 갖추고 있어야 하며 상품에 대한 풍부한 전문적 지식과 고객 니즈나 욕구에 즉시 대응할 수 있는 정보제공의 전문적 서비스를 하는 것이 특징이라 할 수 있다. 이러한 의미에서 자본이 집중적으로 투하되고 회전력이 빠르기 때문에 대규모 소매점에 대항할 수 있는 힘을 갖게 되는 것이다. 상품의 종류를 압축해서 안경, 고급의류, 양복 등을 취급하며 고급 고객을 대상으로 하는 전문점이 발생한 것을 볼 수 있다. 이와 같이 보다 전문화하고 특화해서 단일상품을 취급하는 전문점과 상품용도에 따라 의료용품, 운동용품, 가구 등 상품의 특화 방향을 택하는 용도별 전문점도 발생하고 있다. 즉 취급품의 구성에서 품종전문화를 도모하는 단일상품전문점, 고객층에 의해 전문화를 도모하는 객층전문점, 메이커의 체인점으로 브랜드별 전문점이 시대의 추세와 고객층의 고급화, 개성화에 대응하는 소매점으로서 발달하고 있는 것이다.

전문점에는 중심상점가나 대규모 쇼핑센터에 입지하는 단독점포 외에 체인방식이 있으며, 고급품 판매를 지향하는 점포와 양판(量販)을 지향하는 점포가 있다.

(6) 소규모백화점(small department stores)

소규모백화점은 중소도시에서 볼 수 있는 중규모의 소매점이며 백화점 정도의 대규모는 아니지만 백화점이라는 명칭을 이용해서 편의품, 선매품 등 각종 상품을 취급하는 중규모의 소매점을 말한다.

(7) 편의점(convenience store : CVS)

편의점은 1950년대 이후 미국에서 발달했다. 쇼핑센터(shopping center : SC)의 증대에 의해 원 스톱 쇼핑이 가능해졌지만 대형점포의 틈새를 메우는 상권확대, 소비자 생활양식의 변화에 적응하면서 소비자의 욕구나 필요를 만족시키기 위해 탄생한 것이다. 편의점은 소비자에게 편의를 주는 제일주의를 목적으로 운영됨과 동시에 경영관리 측면에서는 효율성을 추구하는 소매업이다. 즉 식료품, 가공식품, 일용잡화, 단품의류(輕衣類) 등 편의품과 일용품인 생활필수품 중심의 편의품(convenience goods)을 소품종, 다량판매를 하면서 대규모 소매점이 제공하지 못하는 편리를 고객에게 제공하는 것을 주체로 삼는 소형 슈퍼마켓 중소규모점을 말하며, 점포규모는 300㎡정도이고 가격은 약간 비싸게 설정한 소위 편의품 전문점이다.

우리나라에서도 역시 긴 영업시간, 연중무휴, 시간의 편리, 상품의 편리(3,000~5,000품목)에 중점을 두고 급성장을 이루는 과정에 있다. 즉, 시간, 입지 및 상품의 편리성, 경제성을 추구하며 메이커, 도매점을 포함한 시스템에 의한 경영으로서 생활환경에 적합한 경영방식이라고 할 수 있다. 주로 연중무휴, 24시간 영업 등 소비자의 구매시간의 편리를 보장하면서 일상생활에 필요한 최소한의 일용 잡화와 편의품을 중심으로 상품구색을 갖추고 고객본위의 단가가 낮은 경영, 고객층은 젊은층을 대상으로 고객의 요구에 대응하고 있다. 또한 상품판매 외에도 현금서비스, 세탁, 사진인화 및 현상, 택배, 티켓예약, 전화 및 전기료 지불 등 각종 서비스 기능을 추가해서 새로운 유통시스템을 구축했다고 할 수 있다. 그리고 다빈도 소량배송에 의한 공동배송 시스템이나 체인시스템을 구사한 새로운 형태로써 직영 뿐만 아니라 본부가 별도 있는 프랜차이즈 체인이 보급되었고 체인방식과 셀프서비스 방식이 채택되어 급속히 확대되고 있다. 특히 체인조직은 중앙본부가 적극적으로 경영을 지도하고 상품회전율의 신속성, 브랜드 품목 등 상품구색을 갖추어 소비자 필요에 대응한 대형 유통센터나 정보시스템의 확립이 더욱 필요해 지면서 경영감각은 점차 발전해갈 것이다. 대규모 소매점을 설명하기 전에 미국 소매점의 형태를 우선 검토해 보기로 한다.

1) 슈퍼마켓(supermarket)

일반식료품이나 일용품 및 잡화 등을 주로 저가격에 셀프서비스 방식으로 판매하는 대형소매점이며 낮은 이익률과 상품구성으로 발달해왔다. 연쇄점 형식의 슈퍼마켓, 슈퍼체인이라고도 한다.

2) 슈퍼체인(superchain)

연쇄(체인)형태로 계열화된 슈퍼마켓이나 디스카운트 스토어 점포전개 형태를 말하며 대형자본에 의한 계열경영이 많다. 대형 슈퍼체인은 제너럴 머천다이즈 스토어(GMS) 라고한다.

3) 드럭 스토어(drug store)

원래 의약품점을 말하는데 화장품, 일용잡화품이나 음식료품 등을 상품구성한 체인방식의 대규모 소매업이다. 미국에서는 순조로운 성장을 이루고 있으나 일본이나 우리나라에서는 그 성장이 눈에 보이지 않는 업태이다.

4) 슈퍼드럭(superdrug)

초염가의 드럭 스토어를 말한다

5) 버라이어티 스토어(variety store)

오픈 디스플레이의 진열형식이며 셀프서비스, 셀프셀렉션 판매형식이다. 도기, 나무제품, 인형 등 취미나 선물 등으로 이용되는 잡화상품을 판매한다. 저가격을 무기로 광범위한 상품구색을 갖춘 소매점이다. 일정한 가격내에서의 버라이어티를 장점으로 한다. 1970년대 미국에서 발전하였고 그 후 부인복, 아동복 등도 취급하고 있다.

6) 기업형 슈퍼마켓(super supermarket)

대기업에서 운영하는 '기업형 슈퍼마켓'을 뜻한다. 연면적 990~3300㎡(300~1000평) 규모로 대형마트에 비해 출점이 용이하고 가공품을 주로 판매하는 편의점과 달리 채소, 생선 등 농축산물도 판매한다.

7) 디스카운트 하우스(discount house)

할인상점을 말하며 주로 내구소비재 판매가 중심이고 가구, 가정용품, 원예용품 등 저가격을 무기로 하는 최소 서비스의 소매점이다.

8) 디스카운트 스토어(discount store)

디스카운트 하우스나 슈퍼마켓의 절충형으로 1960년대 이후 미국에서 발전했으며 디스카운트 하우스의 발전형태로 이해해도 무방하다. 교통의 발전에 의한 식료품, 의류품, 잡화, 내구소비재도 취급하는 할인점이며 철저한 경비절감과 독특한 매입방법으로 각종 상품 가운데 잘 팔리는 상품만을 집중적으로 취급해서 상품회전율을 높인다.

9) 셀프서비스 디스카운트 데파트먼트 스토어(SSDDS)

고객이 스스로 상품을 선택하는 셀프서비스 방식의 할인 백화점이다. 일반적으로 식료품, 의류품, 가정품, 잡화품 등은 셀프서비스 방식이고, 전기기구, 시계, 귀금속, 가구 등 내구소비재는 판매원이 대면판매를 한다. 1955년 미국에 출현했으며 저마진, 대규모, 셀프서비스가 주된 것이다.

10) 아울렛(outlet)

교외형 재고전문 판매점이다. 백화점이나 제조업체에서 판매하고 남은 재고상품이나 비인기상품, 하자상품 등을 정상가의 절반 이하의 매우 싼 가격으로 판매하는 것을 말한다. 의류에서 구두, 가구 등 품목을 다양화해 현재 수도권을 중심으로 등장하고 있다.

11) 어패럴 스토어(apparel store)

일반적인 의류를 판매한다.

12) 웨어하우스 스토어(warehouse store)

창고와 같이 간단하게 만든 염가 대형소매점을 말한다.

13) 카탈로그 쇼룸(catalogue showroom)

카탈로그로 사전에 구입하고 싶은 상품을 고객이 실물의 진열상품을 보고 구입할 수 있는 쇼룸을 말한다. 주로 카메라, 시계, 스포츠용품 등이 여기에 해당된다. 또한 그 판매방법을 택하는 점포도 있다.

14) 홈센터(home center)

가정용품을 전문적으로 판매하는 점포이며 홈 임프루브먼트(home improvement) 센터라고도 한다. DIY(do it yourself)점의 주택수선에 필요한 부품이나 목공품과 도구를 풍부하게 갖추고 있다. 홈 데포(home depot), 즉 가정용품 창고의 역할을 한다.

15) 컴비네이션 스토어(combination store)

이(異)업종 소매점이 결합된 복합적인 점포이다. 슈퍼마켓과 드럭스토어가 하나의 건물에 동거하고 있으며 이 두 업종이 융합하여 새로운 업태를 형성하고 있다.

16) 슈퍼렛(superette)

슈퍼마켓보다 소규모이다. 일반 식료품과 보존식료품을 셀프서비스 방식으로 판매하며 인기상품을 주로 판매한다.

17) 카테고리 킬러(category killer)

일정한 부문(카테고리)에 대해 전문품목의 구색확보와 철저한 저가판매, 최소한의 서비스 제공이 특징이다. 지역내 최저가격(zoon pricing)을 장점으로 1,000∼3,000평의 규모에 20,000∼30,000품목의 상품구성을 한다. 미국내에서는 가전제품, 카메라, 장난감, 스포츠용품 점포가 카테고리 킬러로 전환하고 있다.

2. 대규모 소매점

(1) 백화점(department store)

백화점은 의식주에 관한 다종다양한 상품 및 서비스를 판매하는 각 부문별로 전문화된 대규모 소매점을 말한다. 최초의 백화점은 1852년 부시코(Aristde Boucicaut)에 의해 프랑스 파리에서 개점한 봉 마르세(Bon marche) 백화점이다. 그 후 3년 뒤인 1855년에 루부르(Louvre)백화점이 개점되었으며 뒤이어 사마리텐(Samaritaine)백화점, 브렝땅(Printemps)백화점 등이 속속 개점하였다. 영국은 1863년 런던에 개점한 화이틀레이(Whiteley's)백화점이 대표적이며 1800년대 말에는 해롯(Harrods)백화점이 문을 열었다. 미국은 1858년 뉴욕에 개점한 메이시(Macy), 필라델피아의 워너메이커(Wanamaker), 시카코의 마샬필드(Marshall field)등의 백화점이 앞을 다투어 개점하여 백화점 시대를 개막하였다. 일본은 1904년 영국의 해롯과 미국의 워너메이커의 운영기술을 도입한 미쓰코시(三越吳服店)가 일본 최초의 백화점으로 문을 열었다.

우리나라에 백화점이 등장한 것은 1930년 10월 일본 동경의 미쓰코시 백화점이 현재의 신세계 백화점 자리에 미쓰코시(三越)백화점 경성지점(京城支店)을 개점한 것이 최초이다. 그리고 1931년 박흥식(朴興植)이 설립한 화신백화점(和信百貨店)이 종로 네거리에 개점되었다. 뒤이어 서울 퇴계로 원호처(援護處)자리와 평양에 미나카이(三中井), 퇴계로 대연각 빌딩 자리에는 히라다(平田), 명동 미도파 자리에는 죠지아(丁子屋)백화점 등이 일본인에 의해 개점되었다.[6)]

당시 화신백화점은 금전등록기를 설치하여 매일 매일의 매출을 당일 기록 처리하였으며 판매전략에 있어서도 상품권 증정 사은대매출이라는 대대적인 판촉활동을 전개하는 등 현대적 백화점 경영방법을 채택한 순수한 민족자본에 의한 백화점이었다는데 그 의의와 중요성이 부여된다. 또한 박흥식은 전국의 소매상들을 규합하여 1934년 350여개의 점포를 화신연쇄점(和信連鎖店)이라는 이름으로 일제히 개점함으로써 한국에서 최초로 대규모적인 연쇄화사업에 착수한 선구자이기도 하다.

백화점에 대한 명확한 규정은 없으나 그 특징을 요약하면 다음과 같다.[7)]

① 다종다양한 상품 및 서비스를 취급하고 풍부한 상품구색을 갖추어놓고 고객의 필요에 대응하고 있다. 특히 의류품은 소비자의 니즈를 파

---

6) 조병찬(1992), 한국시장경제사, 동국대출판부, p,382.

7) P. Kotler(1986), *Principles of Marketing,* Prentics-Hall, p.448.
德永 豊(1992), アメリカ小賣業の歷史にまなぶ(第2判), 中央經濟社, p.11.

악하고 다종다양한 조화있는 패션을 만들어 판매전략을 세우는 패션 코디네이터(fashion coordinator)도 있어서 고객에게 구매상 편의를 제공한다. 백화점의 상품 수는 보통 1점포 당 10만품목(item)이상이다.

② 각 상품군이 전문화되어 있으며 대면판매를 기조로 원 스톱 쇼핑을 제공하고 고객에게 만족을 준다. 또한 점내에 전문점인 인숍(in shop)을 설치하여 고객에게 편의를 제공한다.

③ 스토어 로열티를 유지하면서 정가판매나 통신판매를 실시하여 고객 신용도가 높다.

④ 대규모 경영이며 규모의 경제성(economics of size)을 도모하고 그 경영은 집중적 경영이기 때문에 점포는 주로 대도시 중심, 부도심, 철도의 시발역 또는 종착역의 터미널(terminal)에 위치하기 때문에 입지조건이 뛰어나다. 터미널 백화점은 일본의 한큐(阪急)백화점이 최초이다.

⑤ 풍부한 자금력, 인적자원, 거대한 점포로 부문적 자원을 유효하게 활용하고 있다.

⑥ 고객에 대해 정찰판매, 현금판매, 할부판매나 소비자신용, 반품자유 등으로 신뢰감을 주는 신용도가 높다.

⑦ 독립채산제에 의한 합리적인 부문별 조직으로 집합적 경영을 한다.

⑧ 각종 서비스기능의 강화, 확대를 도모하고 정보를 제공하며 기획전을 개최하거나 문화활동을 전개하고 전람회장, 극장, 휴게실, 에스컬레이터, 엘리베이터, 옥상정원, 안내소 및 무료배송 등 서비스를 제공하여 고객의 니즈에 대응해 왔다.

그러나 점포 건설비, 시설설비에 막대한 자본이 투하되고 게다가 경상비 지출이 많다. 또한 대규모경영에 결격으로서 획일적 경영이 되어 고객의 욕구에 즉시 대응하는 탄력적인 운영이 어렵고 점원의 접객태도도 기계적이 되어 고객과의 친밀감이 결여되기 때문에 전문점에 미치지 못하는 서비스를 하고 있는 측면이 있다.

백화점은 대규모 경영의 특징을 활용하여 소비자가 찾는 편의품, 선매품,

전문품과 고급품에 이르기까지 다종류의 상품을 구성해서 소비자에게 구매를 환기시키는 흡인력을 갖고있으므로 합리적, 계획적으로 운영된다면 점차 발전을 할 것이다. 특히 독창적인 오리지널 상품(original goods)을 만들어 고객을 흡인하는 판매촉진 방법도 있다. 인구의 도시집중, 교외주택지로부터 도심에 접근하는 교통기관의 발달, 소비자 가처분소득의 상승에 따른 구매력의 증가와 고급품 수요의 일반화 등 사회경제적인 환경 변화에 대응하여 백화점이 상권의 확대와 유통기관으로서의 역할을 인식하고 과학적 경영을 이룬다면 소비자 수요에 합치하는 발전을 이룰 것이다.

미국 마케팅 협회(AMA)의 정의에 따르면 백화점은 커다란 소매기업단위이고 부인기성복 및 부속품, 신사복 및 아동복, 잡화, 가정용품을 포함한 각종 다양한 선매품 및 전문품을 취급하고, 그리고 매출증진, 서비스, 관리의 목적을 위해 개별 각 부문으로 조직된 것을 말한다고 했다. 백화점도 도심을 중심에서 점차 터미널 등 교통 요지로 진출하는 경향을 볼 수 있다.

(2) 체인스토어(chain store)

체인스토어는 각도시의 번화한 지구에 점포를 개설하고, 판매하는 상품을 본부에서 일괄적으로 매입하여 필요에 따라 각 점포에 공급하는 방식의 대규모 소매점이다. 본부회사의 통제하에 있는 소매점 조직이며 매입 등은 본부기구가 담당하는 연쇄점이다. 각 점포의 경영은 중앙본부의 소유와 통제로 통일적으로 이루어지며 각 점포의 설계, 진열, 광고, 서비스 및 경영관리 하에 다수의 소매점포가 판매활동을 한다.

AMA의 정의에 따르면 "체인스토어는 본질적으로 같은 형태의 소매점포 집단이며 중앙집중적인 소유관계이고 그 경영이 어느 정도는 중앙집중적으로 관리된다. 연쇄점이라는 말이 이러한 종류의 집단 구성단위로써 단일점포를 의미하는 경우도 많다"고 했다. 중앙본부를 이루는 1개의 회사가 존재하고 그 자본소유와 관리통제 하에 다수의 점포가 이 통제를 받는 것을 말한다. 여기에는 회사연쇄점, 코포레이티드 체인(corporate chain)이라든가 정규연쇄점, 레귤러 체인(regular chain)이 있으며 자유연쇄점(voluntary chain) 및 프랜차이즈 체인(franchise chain : FC)으로 분류할 수 있다.

레귤러 체인의 특징은 대규모 소매점과 보통소매점의 특징을 결합한 것에 있다.[8)]

① 중앙본부의 지배와 통제 하에 모든 점포는 관리통제를 받는다. 즉 다수의 점포가 단일기업체로 통합된다.

② 상품의 본부집중관리로 각지의 중심부에 상품창고가 설치되고 각 점포의 보관량은 최소한도로 상품회전율을 높인다.

③ 다수의 점포를 소비자 거주지에 배치하고 구매상 편의를 제공한다.

④ 현금정찰 판매와 고객에 대한 상품 무배송을 원칙으로 판매경비를 절약한다.

⑤ 취급상품은 주로 편의품을 중심으로 상품의 매입은 일괄적으로 중앙본부에서 하며 할인 등의 서비스를 받아 저가격에 제공한다.

말하자면 연쇄점은 매입, 경영관리는 대규모 경영의 장점을 활용하고 판매는 소규모 소매점의 이점을 활용한 것이 특징이라 하겠다.

그러나 각 점포에 우수한 점장 등을 찾기가 어렵고 취급상품도 일정 한계가 있는 편의품이며 특정 선매품과 일부 전문품으로 한정되기 때문에 표준화된 제품이 취급된다는 점이 문제가 된다. 또한 각 점포의 지역성을 충분히 살린 상품구성이 어려운 측면도 있고 점원과의 대면판매가 부족해 신뢰감이 적다.

체인스토어는 일반적으로 보면 이상적인 소매경영형태이며 대부분의 단위점포는 그 개선방법으로서 연쇄점 형태를 택한다든지 백화점도 이 형태를 이용한 연쇄백화점을 볼 수 있다.

체인에 의한 대량매입, 대량판매 및 상품의 고회전율을 통해 상품을 취급하여 매입비용 삭감, 물류비용 삭감, 경영의 집중화, 상품의 표준화에 따른

---

8) L. W. Stern, A. I. El-Ansary and J. R. Brown(1989), *Management in Marketing Channels,* pp.65-66.

경제적 이익을 도모할 수 있어 체인 경영형태가 앞으로 많은 관심을 받을 것이다.

그러나 대량매입은 대량판매를 하지 않으면 상품재고가 남아 적정한 관리가 어렵고 비용이 소요되어 경영효율상 문제가 생기기 때문에 매입과 판매, 그리고 효율적인 재고관리 역시 자본의 유효한 이용이라는 측면에서 중요한 과제라 하겠다.

체인스토어는 선매품이나 내구소비재도 취급하며 백화점화 되기도 하고, 한편 전문점의 형태로 내구소비재 분야에서 저가격 디스카운트 스토어로 발전하는 것과 고급품 중심의 전문점 체인으로 나눌 수 있다.

체인스토어의 발전은 주로 편의품을 취급하는 슈퍼마켓, 슈퍼스토어 형태가 중심이 되어 발전할 것이라는 지적이 있는 것 같이 슈퍼마켓의 활약이 중심이 될 것이라 생각한다.

자유연쇄점(voluntary chain : VC)은 소규모로써 동일한 상품을 취급하는 소매점이 공동매입이라든가 공동광고나 보관, 포장지, 공동훈련 등 연쇄점의 기능을 받아들인 것을 말하며 독립형태를 유지하고 탈퇴도 자유로워 앞으로 커다란 발전이 기대된다. 그러나 문제점이 없는 것은 아니다. 즉 규모의 이익이나 분업의 이익을 향수하지 못하며 체인사업비율이 낮고 매입집중율 및 가맹점의 의식도 여전히 낮다는 점 등이 그 이유이다.

준수직적통합이 발전된 형태의 취급상품, 판매방법, 설비, 장부기록, 광고 기타 전면적인 규제를 받는 프랜차이즈 시스템(franchise system)은 프랜차이저(체인주재회사)가 프랜차이지(가맹점)로부터 가맹료(간판료, 수수료)를 받고 사업을 할 권리에 대해 허가 및 조직, 훈련, 머천다이징, 관리운영의 지원, 조언을 해주고 양자의 지속적 관계를 맺는 것을 말한다. 대표적인 것이 편의점이다.

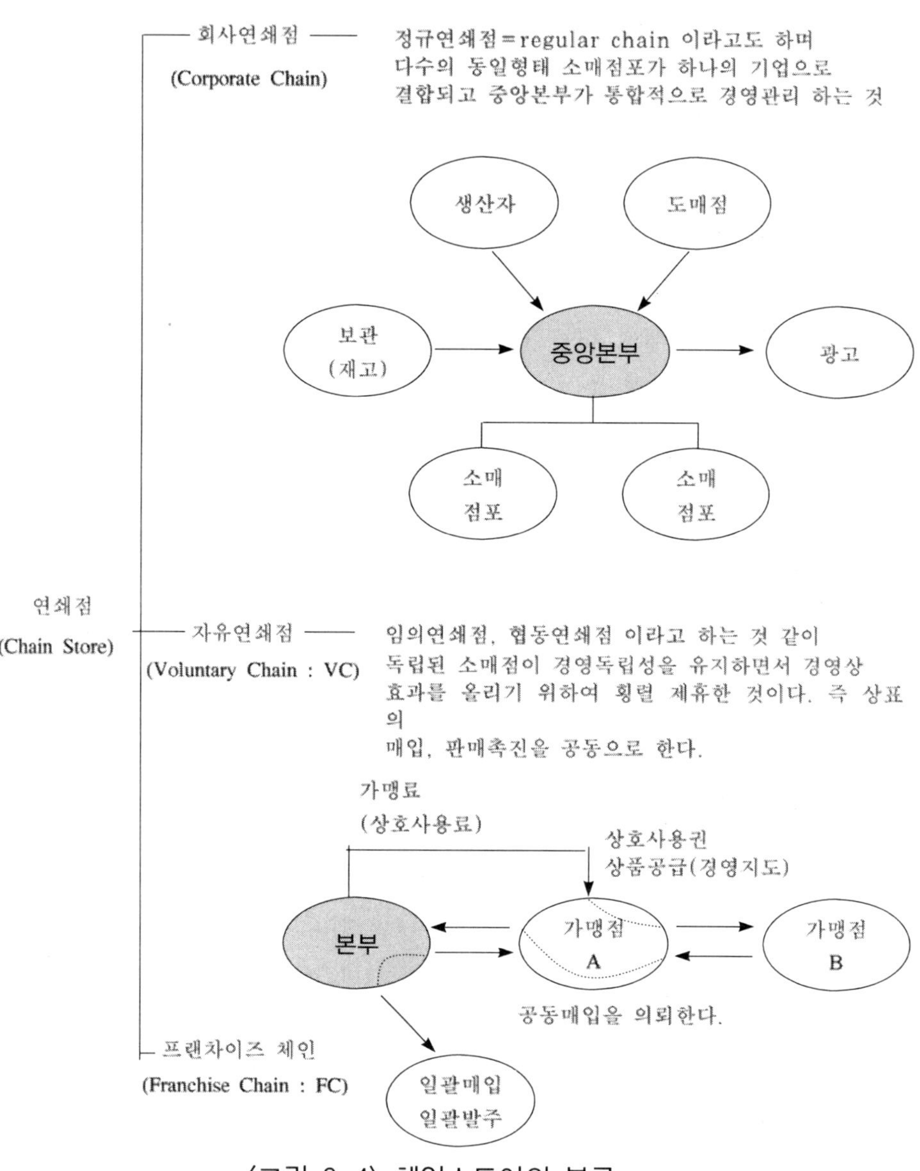

〈그림 6-4〉 체인스토어의 분류

(3) 슈퍼마켓(supermarket)

슈퍼마켓은 1910년부터 미국에서 발전한 것으로 회사연쇄점(corporate chain), 통신판매점에 대항하기 위해 출현했다. 특히 1929년 대공황이 소비자의 구매력을 극단적으로 저하시켜 상점도 과잉재고를 가지고 있어 경영부진에 빠졌다. 이러한 문제점을 해결하기 위한 의미로써 로스 리더(잘 팔리는 상품을 위주로 한 정책)에 의한 염가주의를 표방하고 셀프서비스 방식(self-service system) 및 캐쉬 앤드 캐리 방식(cash-and-carry system)의 획기적인 방법을 채택하며 등장한 것이 슈퍼마켓이다.

슈퍼마켓에 대한 각국의 정의는 조금씩 다르기는 하지만 대동소이하다. 미국 슈퍼마켓협회의 정의에 따르면 점포의 일부 또는 전부가 셀프서비스 방식을 채용하고 연매출액 100만 달러 이상의 종합식료품 소매점으로 충분한 주차장을 확보하고 있어야 한다고 되어있지만 매장면적 5,500㎡이상, 연간 매출액 800백만 달러 이상, 비식품이 40%에 미치지 못하는 대형 슈퍼마켓을 슈퍼스토어라고 하며 구별하고 있다. 셀프서비스와 저가격 잡화 등 비식품을 중심으로 한 대량판매점이라 할 수 있다.

일본 셀프서비스협회는 종합식료품 소매점으로 셀프서비스 방식을 채용하고 연매출액 1억엔 이상의 점포를 슈퍼마켓이라고 하고 있으며, 일본 슈퍼마켓협회는 매장면적이 약 150㎡이상으로 연매출액 5,000만엔 이상의 셀프서비스로 식품을 중심으로 한 단독 소매경영체라고 정의하고 있다.

슈퍼마켓이라는 명칭이 된 것은 미국에서 1933년 개점한 알버스 슈퍼마켓(Albers Supermarket, Inc.)이라고 볼 수 있다.

슈퍼마켓의 특징은 다음과 같다.

① 식료품, 식료잡화, 의류품을 중심으로 판매하는 소매기관이다.

이 식료품, 의류품 외에 잡화, 가구, 가정용품 가운데 상표품에 중점을 두고 편의품, 선매품 분야까지 그 영역을 넓혀 취급상품이 다종다양한 품목이 되었고 시계, 스포츠용품, 내구소비재 등으로 확대되면서 빅 비즈니스(big business)경향이 있다. 이와 같이 의류품, 잡화품을 주력상품으로 하는 셀프

서비스는 슈퍼스토어라 하며 미국에서는 5,500㎡정도로 식품, 비식품 상품을 갖추고 있다. 또한 지금까지 PB는 소매점에서 파는 상품가격보다 저렴한 것이 보통이었지만 반대로 가격을 높여 고급상품이라고 어필하는 PB도 출현하고 있다.

② 초저가격판매를 한다.

생산자나 도매업자로부터 상품을 저가격으로 대량매입해서 저가격으로 고객에게 판매하는 점이 하나의 커다란 특징이며 특히 셀프서비스와 현금 무배송판매(고회전주의)라는 특색이 있다. 즉 영업비를 절약해서 초저가격 판매를 특징으로 하는 것이다.

③ 비교적 넓은 매장을 갖고 있다.

점차 대형화 경향에 있으며 대규모 경영을 하는 소매기관의 일종이지만 우리나라에서는 아직 소규모 경영의 식료품을 중심으로 취급하는 점포가 많다. 그러나 넓은 매장과 주차장을 겸비한 대형화가 현재의 추세라 하겠다.

④ 센트럴 바잉(central buying)방식으로 본사가 상품을 일괄적으로 매입하는 방식이다.

미국에서는 소형 슈퍼마켓을 슈퍼렛(superette)이라고 하며 특히 소규모 식품점을 스몰 스토어라고 한다. 일본은 연매출액 5,000만엔 이상 1억엔 미만의 셀프서비스 방식의 식료품점을 슈퍼렛이라 한다.

또한 종합적인 상품구성을 해서 일반소비자를 대상으로 판매를 하는 대형 슈퍼체인을 제너널 머천다이즈 스토어(GMS)라고도 한다.

(4) 디스카운트 스토어(SSDS, SSDDS)

SSDS는 셀프서비스 디스카운트 스토어(self-service discount store)를 말하며 1950년대 미국에 출현한 셀프서비스 방식의 할인점이다. 주로 의류품, 가정용품, 의약품, 화장품, 잡화 등 내구소비재나 가전제품, 가구, 원예, 인테리어, 구두, 스포츠용품, 레저 등을 취급하며 저가격을 무기로 비교적 낮은 이익과 최소한의 고객서비스를 하는 소매점이다. 또한 디스카운트 스토어를 디스카운트 하우스와 동의어로 해석하는 경우가 있으나 디스카운트 하우스의 발달된 대형소매점을 의미하기도 한다. 그리고 웨어하우스 스토어(warehouse store)라고 해서 창고와 같은 간단한 설비의 대형저가격 판매점이 발달하고 있다. 특정기업의 의류, 또는 잡화류 결함있는 상품, 과잉생산품, 재고품이나 사장품(死藏品)을 집중적으로 대량 매입해서 저가격으로 판매하는 것을 아울렛(outlet)이라고 한다.[9)]

SSDDS(self-service discount department store)는 고가격 내구소비재는 판매원이 컨설팅을 해주며 대면판매를 하고 일부는 무료배송을 하는 등 고객과 신뢰구축을 형성하면서 셀프서비스 방식과 저가격 판매정책을 실시한 슈퍼와 백화점의 장점을 이용한 경영을 하는 특색이 있다. 특히 상품라인의 구성은 백화점과 유사하며 주로 내셔널 브랜드(NB)상품을 취급한다. 우리나라의 경우도 지금까지 슈퍼마켓은 식료품을 중심으로 발전하였으나 일본이나 미국의 경우처럼 의류중심의 슈퍼마켓으로 이동하며 산업구조의 진전, 산업경제의 변혁, 교통발달에 따라 식료품, 의류에서 잡화, 내구소비재를 취급하는 SSDS에서 SSDDS로 발전이 예상된다.

SSDDS는 셀프서비스 방식의 할인백화점을 말하며 주로 가전제품, 귀금속, 시계, 가구 등 내구소비재를 중심으로 저가격판매 위주의 영업과 동시에 식료품이나 의류, 가정용품, 잡화 등 비내구소비재를 판매한다. SSDDS는 원래 의류를 중심으로 대량 저가격 판매점으로 미국에 1955년 출현했는데 그 특징은 박리다매, 저마진, 대규모, 셀프서비스의 슈퍼마켓과 백화점의 장점을 활용한 점포경영이다. 우리나라에서는 SSDDS를 셀프서비스 디스카운트 데파트먼트 스토어라고 말하기도 하지만 아직 본격적인 점포는 없다.

이외에 유럽에서 발전한 최초의 하이퍼마켓(hypermarket)이 있는데 1960년 프랑스 제일의 소매업체인 까르푸(Carrefour)가 파리 교외에 개설한 것이 효시이며, 슈퍼마켓과 할인점을 혼합한 형태의 초대형 저가격 소매점이다. 우리나라 특성상 국토가 작고 상권이 협소하며 아직은 자동차 보급률이 유

9) 久保村隆祐 編(1992), 商學通論, 同文館, p.46.

럽에 비해 낮기 때문에 어느 정도 한계성은 있지만 지속적인 자동차의 증가와 도심지 주차장 부족을 고려해볼 때 다른 신업태와 마찬가지로 하이퍼마켓의 출현이 필요한 것은 사실이다. 하이퍼마켓은 교외에 입지하고 넓은 주차장과 점포면적 5만㎡에 이르는 거대한 규모이고 대량매입(대부분의 상품이 직접 매장에 반입되어 그대로 진열된다), 대량판매, 셀프서비스, 박리다매 전략을 무기로 경영 시스템화를 도모하고 있다.[10] 1996년 국내 유통시장이 완전 개방되면서 외국기업에게 주어지는 초저리 외자도입 특혜를 활용하여 무차별적인 고가의 신도시지역 요지를 매입하는 방식으로 우리나라에 진출하기도 했다. 까르푸가 대표적으로 강한 머천다이징을 구사하는 부분은 과일과 야채, 생선, 빵 등과 같은 식료품이고 최근에는 전자제품, 규격비식품류, 단품의류에서도 강한 일면을 보이고 있다. 이러한 가운데 일종의 하이퍼마켓이라고 할 수 있는 E-마트, 롯데마트, 홈플러스가 등장하면서 우리나라도 자연스럽게 할인점이 그 역할을 다 하고 있다. 그러나 결국 월마트는 E-마트로, 까르프는 홈에버를 거쳐 홈플러스로 인수합병되면서 현재에 이르고 있다.

(5) 디스카운트 하우스(discount house)

디스카운트 하우스는 저가격점 또는 할인판매점을 말한다. 제2차 세계대전 후 미국에서 등장했고 1950년 이후 급속하게 발전했다. 디스카운트 하우스의 원류는 여행구두의 저가격 점포로서 1948년에 미국에서 급격하게 성장 발전한 유진 퍼카우프(Eugen Ferkauf)가 뉴욕에 작은 점포로 할인 판매한 것이 계기가 되어 그 후 가정용품, 가구, 카메라, 시계 등을 현금무배송판매, 서비스 폐지로 경비를 절약하여 할인판매에 성공한 것이다.

디스카운트 하우스는 주로 비교적 고가격인 내구소비재 유명브랜드(가구, 가정용품, 귀금속, 전문품)를 판매하고 소매가격 보다 저렴한 할인가격으로 제공하는 소매점으로 서비스가 없으며 현금무배송판매가 영업정책이

---

10) H. Assael(1990), Marketing : *Principles and Strategy,* The Dryden Press, p.411.

다. 일반적으로 재고를 줄이고 카탈로그, 견본에 의한 판매, 셀프서비스의 현금무배송판매 제도를 채용하여 서비스를 최소한으로 억제하고 경비를 절약하여 비교적 저마진으로 고객을 유인해서 상품회전율을 높임으로서 모든 상품을 정가표보다 저가격으로 판매를 하는 특수한 할인전문점이다. 따라서 판매형식은 고객에 대한 서비스를 줄이고 셀프서비스 또는 셀프 셀렉션을 채용하는 초저가격 판매의 대형점포이다. 즉 취급상품도 의류, 아동복, 주방용품, 잡화, 원예용품 등이 많고 내구소비재의 구입 편의를 도모하여 상시 할인가격으로 판매하고 셀프 셀렉션을 채용하여 일반 소매점보다도 저가격으로 판매함은 물론 대량으로 상품을 판매해서 이익을 확보하는 것이 디스카운트 하우스 발전의 원동력이다.

처음 단계는 점포라기보다 집이라는 의미로 디스카운트 하우스(discount house)라고 했지만 점차 비내구 소비재까지 취급품목이 확대되어 풀 라인(full line) 상품을 셀프서비스로 할인 판매하는 디스카운트 스토어(discount store)로 발전한 것이다. AMA의 정의를 보면 할인판매점은 소비자용 내구제품 종류를 판매하는 소매기업단위이며 가격소구의 경영방침에 따라 경쟁하고 비교적 낮은 이익률과 고객에 대한 최소한의 서비스로 경영되고 있는 점포라고 했다. 우리나라와 일본은 디스카운트 하우스 및 디스카운트 스토어의 정식 형태는 아직 많은 것은 아니지만 미국은 풀 라인 디스카운트 스토어(FDS)인 월마트(Wal-Mart), K마트, 그리고 전문 디스카운트 체인(specialty), 회원제 디스카운트 스토어인 월마트 계열의 샘스 클럽(Sam's Club), 프라이스사와 코스코사가 합병해 만들어진 프라이스 코스코(Price Costco), BJ's 홀세일 클럽(Wholesale Club)등이 있다. 오프 프라이스 의류 체인(APP), 카탈로그 쇼룸(CAT)등 다양한 형태의 디스카운트 스토어가 성장 발전을 하고 있다. 전문 DS체인으로서는 완구전문점 체인 토이저러스(Toys'R'Us)가 유명하다. 우리나라는 혼합된 형식을 채용해서 적극적으로 디스카운트 판매를 하는 할인전문점으로 볼 수 있는 것은 용산 전자상가와 세운상가 등이다.

이와 같이 경영 형태는 다양하지만 슈퍼마켓이나 슈퍼스토어는 최종적인 목표가 대형화라고 할 수 있다. 또한 구입빈도가 높은 일용품을 상품구성해서 저가격으로 판매하는 버라이어티 스토어(variety store)가 발달했다. 취급상품이 가구, 가정용품, DIY 등 전문화 되어있는 홈센터(home improvement center)등 대형점 외에 셀프서비스제의 소형점으로 점포를 간편화시킨다든지 점원과 상품구성을 간소화해서 특정 품목의 일용품을 저가격 판매하는 박스 스토어(box store)나 저가격 점포가 점차 증가하고 있다. 그리고 슈퍼마켓과 슈퍼스토어를 드럭스토어나 디스카운트 스토어 등과 결합한 컴비네이션 스토어(combination store)등 새로운 근대적인 영업형태가 출현했다. 즉 이업종(異業種) 소매점이 결합된 점포를 복합점포하고 한다.

이상과 같이 점차 발달하는 업태 변화의 과정을 맥네어(M. P. McNair)가 소매수레바퀴(the wheel of retailing)이론으로 발표한 바와 같이 매점→잡화점→백화점→체인스토어→슈퍼마켓→디스카운트 스토어→와 같이 바퀴가 돌아가는 것 처럼 소매형태가 발전한다는 이론으로는 설명하지 못하는 업태가 등장한 것이다.

(6) 통신판매점(mail order house)

통신판매점은 각지의 소비자(고객)에게 카탈로그(catalogue) · 우편광고 및 정가표(price list)나 기타 인쇄물을 발송한다든지 통신 · 교통기관 등을 이용해서 상품을 원거리 소비자에게 판매하는 대규모 소매점을 말한다. 그리고 소비자로부터 우편, 팩스, 전화, 인터넷으로 주문을 받는다. AMA의 정의로는 주로 우편 또는 전화로 주문을 받아 일반적으로 판매를 위한 상품 또는 서비스를 카탈로그 또는 기타 인쇄물로 제공하는 소매업체라고 했다. 이것은 카탈로그 판매라든가 논 스토어 리테일링(무점포판매, non-store retailing), 다이렉트 마케팅, 다이렉트 세일링 등 다양하게 불리워졌다.

통신판매는 연쇄점이나 디스카운트 하우스와 같이 미국에서 발전했으며 몽고메리 우드(Montgomery Ward & Co.,1872년 시카고에 설립)와 시어즈 로벅(Sears Roebuck & Co.,1886년 통신판매점을 설립)이 잘 알려져 있으며 처음에는 시계를 통신판매로 시작했다고 한다.

미국에서는 도로망의 정비와 자동차의 발달에 따라 통신판매점은 점차 발달이 정체되었으나 통신판매 외에 점포를 설치하여 체인스토어 형태를 받아들여 전환에 성공했다. 우리나라의 경우는 컴퓨터와 통신미디어의 발달에 따라 대형소매점, 식품업계, 이동통신업계, 신용카드 업계 및 개인사업자 등이 적극적으로 통신판매업을 하고 있다. 즉 카탈로그, 신문, 광고전단, DM, 인터넷 및 TV 광고 등 매체를 이용하는 통판의 특징은 다음과 같다.

① 통신에 의한 광범위한 거래가 이루어지고 점포시설이나 판매원 등 비용이 절약된다.
② 광고 등을 통해 소비수요의 확대를 적극적으로 시도하며 통신판매의 기본적인 프로모션인 카탈로그와 정가표를 만들어 고객의 구매를 환기시킨다.
③ 판매방법은 주문을 받고 상품 수령 후 입금하는 제도와 상품 주문과 동시에 입금하는 제도가 있으며 상품 도착 후 1주일 이내의 반품은 자유이다(cooling-off제도).
④ 대규모 통신판매점은 상품의 대량매입과 대량판매가 가능하며 메이커를 계열로 만들면 자기 브랜드에 의한 상품을 생산할 수도 있다. 대량매입으로 매입비용이 절감된다.
⑤ 거액이 소요되는 건물 등 고정자본의 투하가 적어 상품개발 등에 자금을 투하할 수 있고 상품보관 비용도 절약할 수 있다. 최근에는 직접 메이커가 배송해 준다.
⑥ 고객이 상품목록 등을 보고 필요한 상품을 선택해서 주문하는 포지티브 옵션(positive option)이 일반적이다

이상과 같은 이점이 있으며 그러나 다음과 같은 단점도 있다.

① 일정한 기간상 제한은 있으나 자유로운 반품제도가 있어서 상품의 반품이 많아 경영효율이 낮다.
② 시장가격의 변동에 대응이 늦다. 카탈로그 유효기간까지 판매되므로

카탈로그 정가표에 구속받는다.

③ 취급상품이 원칙적으로 선택구매품, 전문품 등으로 제한적이다..

④ 고객과의 대면판매가 불가능해서 인적접촉이 없다.

⑤ 카탈로그 판매(catalogue retailing)가 중심이기 때문에 고객과의 충분한 상품 지식이나 특성에 관한 정보를 제공할 수 없다.

또한 통신판매업의 형태에 관해서는 취급품종 측면에서 보면, ① 단일 품종 및 수품종만으로 한정되는 것과 ② 여러 종류의 품목에 걸친 것이 있다.

그리고 상품의 유통경로 측면에서 보면, ① 메이커에 의한 직접판매 ② 도매업자가 소매업자를 판매대상으로 하는 것 ③ 대규모점이 메이커로부터 직접 매입하거나 자사공장에서 제조하고 상품을 소비자에게 배송하는 것 ④ 생산재 메이커가 생산공장을 대상으로 하는 것 등이 있다.

최근에는 통신판매만으로 운영하는 업체도 있고 겸업하고 있는 백화점도 자체 정비되고 있다. 카탈로그, TV, 인터넷, 신문, 잡지의 광고 등에 의해 왕성한 활동을 하고 있으며 특히 TV홈쇼핑 및 인터넷쇼핑몰의 성장은 대단한 열기이다. 무점포 판매전략으로는 방문판매, 카탈로그 판매가 증가하고 있다.

3. 소매업의 새로운 형태 전자상거래

최근 인터넷의 폭발적 확산은 기업내 또는 기업간 업무의 정보화를 통한 생산성 향상을 넘어 본격적인 사이버마켓의 가능성이 가시화되고 있으며 인터넷을 통한 전자상거래는 국경을 초월한 무한경쟁이 가장 먼저 구현되는 분야이므로 각국은 세계 시장을 선점하기 위한 노력을 가속화하고 있다. 특히 미국, 일본 등 선진국들은 CALS/EC를 국가경쟁력의 새로운 기반으로 인식하여 CALS/EC를 국가 전략적으로 추진하고 있으며, CALS/EC를 통해 현재의 경쟁우위를 강화하기 위해 자국은 물론 국제적인 전자상거래 촉진 분위기를 선도하고 있다.또한 고비용, 저효율 산업구조로 대표되는 국내 산업 경쟁력 향상을 위해서는 적극적인 정보기술의 활용이 절대적으로 요구되고 있다.

결국 글로벌 시장의 무한 경쟁시대에 기업의 생존 전략으로서 나아가 국가경쟁력을 강화하기 위한 수단으로서 CALS/EC 촉진에 대한 체계적이고 종합적인 정책의 조속한 추진이 필요하다. 전자상거래의 발전과정과 배경, 그리고 개념 등에 대해서 살펴보고, 이를 구성하는 요인에 대해서 알아보고자 한다.

(1) 발전과정

전자상거래는 처음에 EDI의 발달에서 시작되었다. EDI는 1960년대에 국제 운송회사들이 운송 서류를 신속히 전달할 목적으로 전자 문서를 표준화하여 사용한 것이 시초이다. EDI는 기업 간 거래에서 표준화된 전자형식으로 컴퓨터와 컴퓨터 간에 상호 정보처리 하는 방식이다. 이러한 EDI체제는 최근 정보통신 기술과 컴퓨터 기술의 발달로 전자상거래 체제로 이행되어 가고 있다.

한편 기업 간 정보 교환이 주목적이었던 EDI에서, 기업과 소비자간 정보 교환 및 상거래를 가능케 하는 보편적 전자상거래로 발전되는데 가장 큰 역할을 했던 것은 WWW(World Wide Web)이었다. 이는 Mouse만으로 인터넷을 쉽게 사용토록 해주었고, 쉬운 사용은 인터넷을 보급시키는 데 결정적인 역할을 수행하였다. 그리하여 전자상거래 = 인터넷 상거래를 의미하게 된 것이다. 또한 정보통신의 발전이 결국은 국가 간의 경계와 거리를 없애고 세계 각국의 정보화를 촉진시켰다. 이러한 전자상거래는 경영혁신 및 BPR (Business Process Reencountering)의 일환으로 80년대 이후부터 기업체들로부터 관심을 끌기 시작하였다.

이 당시 미국방성이 컴퓨터로 군수품의 조달을 처리하기 위해 군수 물류 획득 및 지원체제인 CALS(Computer-Aided Acquisition and Logistic Support)/EDI 프로젝트를 추진하면서 전자상거래에 대한 관심이 높아지게 되었다. 당초 군수품 조달을 위해 추진되었던 CALS가 현재는 전 세계에서 추진되고 있으며, 민간 기업들도 산업개혁의 일환으로 이에 관심을 가지게 된 것이다. 결국 전자문서교환 수준에 불과했던 EDI가 전자적 상거래를 의미하는 전자상거래(Electronic Commerce)개념으로 바뀌게 된 것이다. 한편 이러한 전자상거래에 대해 미 행정부는 앞으로 인터넷을 통해 이루어지는 전자상거래에 대해서는 관세를 포함한 어떠한 세금도 부과하지 않고, 정부의 개입도 최소화하겠다고 발표했다. 따라서 대부분의 전통적인 상거래 방식이 앞으로는 전자상거래로 대폭 전환될 것이라는 예측이 가시화 되고 있다.

(2) 정의

전자상거래는 1989년 미국의 Lawrence Livermore National Laboratory에서 미국 국방성의 프로젝트를 추진하면서 처음 사용된 이후 1933년 미국 연방정부가 조달행정 업무의 전자화에 '전자상거래(Electronic Commerce)'를 표방하면서 그 개념이 확산되었다고 할 수 있다. 전자상거래에 대한 정의는 학자마다 약간씩 차이점은 있으나 미국국방성에서 정의 하고 있는 개념이 가장 보편적으로 받아들여지고 있다.

미국 국방성은 "전자상거래는 종이문서를 사용하지 않고 전자문서교환(EDI: Electronic Data Interchange), 전자우편(E-Mail: Electronic Mail), 전자게시판(E-Board: Electronic Board), 팩스(FAX), 자금 이체 등과 같은 정보기술(IT: Information Technology)을 이용한 상거래이다."라고 정의하였다. 보다 일반적인 개념으로는 기업이나 상인, 그리고 고객들이 상품이나 서비스의 전달기간과 유통단계를 줄임으로써 생길 수 있는 비용의 절감을 위해서 사용되는 가장 현대적인 경영기법(business methodology)이라고 할 수 있다.

전자상거래는 온라인 마케팅 및 광고, 홈쇼핑 등 그 응용분야가 다양하며 이것을 가능하게 하기 위하여 보안이나 사생활 침해에 관한 정보의 정책과 전자문서, 통신규약에 관한 기술적인 표준을 근간으로 하여, 초고속 정보통신 기반구조, 제품정보를 전달하기 위한 멀티미디어 기반구조, 정보를 송·수신하기 위한 정보전달 기반구조, 판매와 구매를 촉진하기 위한 보안, 인증, 전자지불 체계 등의 기반구조가 필요하다. 상기 그림은 이를 표현한 것이다.

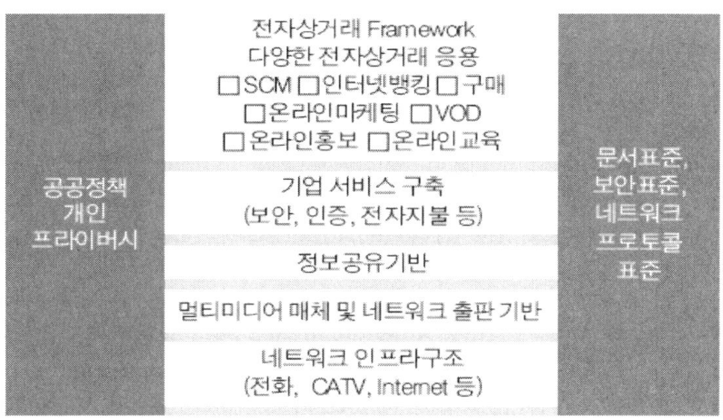

〈그림 6-5〉 전자상거래의 기반구조

(3) 전자상거래의 범위

초기의 전자상거래는 기업과 소비자간의 제품정보제공과 구입이 이루어지는 이른바 온라인 시장을 의미하였다. 그러나 지금의 전자상거래는 어느 한 기업의 일련의 활동을 컴퓨터나 통신망 등의 전자화된 기술을 이용하여 행하는 시스템을 의미하며 나아가서는 이에 따라 실현되는 경제활동을 의미하기도 한다. 이와 유사한 의미로 CALS(Commerce At Light Speed) 가 있다. CALS는 1980년대 초반 군수에 소요되는 부품과 소모품의 보급 및 교환과 그를 위한 각종 문서작업을 전자화하기 위한 미국 국방부의 프로젝트에서 출발하였다. 그 후 CALS의 대상범위는 제품 개발과 제조과정의 전 과정으로 확대되었고, 지금은 CALS가 기업내부 기업 간, 산업간 정보전달을 통합시키고, 전자화시키는 것을 의미하게 되었다.

한편 전자상거래는 크게 전자문서 교환 (EDI: Electronic Data Interchange), CALS(Commerce At Light Speed), 그리고 Cyber Business 의 3가지 개념으로 나눌 수가 있다.

전자문서교환(EDI)이란 '국제간 또는 국내 기업 간의 컴퓨터 통신을 통하여 표준화된 거래문서를 전자적으로 상호 교환하는 방식'으로, 과거부터 인터넷과는 무관하게 추진되어 온 기업간 상거래활동을 말한다. CALS 는 '제품의 설계, 개발, 생산에서 유통, 폐기에 이르기까지 수명주기 전반에 관련된 데이터를 통합, 공유, 교환하여 비용절감과 생산성 향상을 추구'하기 위한 정보기술을 뜻한다.

〈표 6-5〉 전자상거래의 다양한 정의

학자 및 기관	`정 의
레이포트와 스비오클라 (1994)	거래의 내용(content)이 정보 중심으로, 거래의 정황(context)이 전자적 화면상에서, 거래의 하부구조(infrastructure)가 컴퓨터와 통신으로 바뀌는 것
미 국방부 (1996)	종이에 의한 문서를 사용하지 않고 전자자료교환(EDI), 전자우편, 전자게시판(Electronic Bulletin Board), 팩스(Fax), 전자자금이체(EET) 등과 같은 정보기술을 이용한 상거래
Ecom(1996)	다양한 종류의 컴퓨터 네트워크를 이용하여 제품 설계 · 제조 · 광고 · 상업적 거래 · 회계 정산을 포함하는 전 범위에 걸친 활동을 지원하는 활동
칼리코타와 윈스톤(1997)	컴퓨터 네트워크를 통한 정보, 제품 및 서비스를 구매 및 판매하는 행위
EITO(1997)	통신네트워크를 통해 가치의 교환을 이끄는 사업활동을 수행하는 것
OECD(1997)	텍스트 · 음성 · 화상을 포함한 디지털 자료의 처리 및 전송에 기초한 조직과 개인을 포함하는 상업적 활동과 관련된 모든 형태의 거래
European Comminssion (1997)	텍스트 · 음성 · 비디오를 포함한 데이터의 전자적 처리와 전송에 기초하여 전자적으로 다양한 사업을 수행하는 것

자료 : 안중호 외(1999), 인터넷과 전자상거래, 홍문사.

Cyber Business는 '인터넷에 홈페이지, 가상상점(virtual shopping)등을 개설하여 일반소비자를 대상으로 마케팅 및 판매활동을 수행'하는 것을 뜻한다. 일반적으로 Cyber Business를 협의의 전자 상거래라고하며, EDI, CALS, Cyber Business를 모두 합쳤을 때, 광의의 전자상거래라고 한다.

전자상거래는 인터넷의 발달과 CALS의 등장, 그리고 EDI 기술의 발전을 기반으로 시작되었으며, 1980년대 말에서 1990년대 초에는 기업 내부의 업무 프로세스의 효율성 향상을 위해 주로 종이로 된 문서서류를 디지털화하는데 초점이 맞추어진데 비해, 최근에 이러한 초점은 고객에게 보다 가까이 다가서기 위한 새로운 통합 비즈니스 어플리케이션의 개발로 옮겨졌다. 아울러 IT는 이와 같은 비즈니스 전환의 핵심요인으로 작용하고 있다.

전자상거래는 환경변화를 수용하며 지속적으로 확장되는 개념이기 때문에 연구자들마다 그 견해가 조금씩 차이를 보이고 있으나 여기에서는 전자상거래의 정의를 네트워크를 기반으로 경제주체들이 제품이나 서비스 및 정보를 거래하는 것으로 정의하고자 한다.

이와 같은 전자상거래를 이루는 주요한 구성요소로는 거래 주체, 상품 및 절차 등을 들 수 있다. 또한 전자상거래를 구성하는 주체들의 거래 형태에 따라 기업간 거래(Business to Business), 기업과 소비자간 거래(Business to Consumer), 기업과 행정기관간 거래(Business to Administration), 소비자와 행정기관간 거래(Consumer to Administration)로 구분되며, 기업과 소비자간의 거래는 전자 쇼핑몰을 통해 상품을 판매하거나 구매하는 형태로써 사용의 편리성, 저렴한 가격, 다양한 부가정보의 제공 등의 장점으로 인하여 많은 발전을 이루고 있다.

(4) 전자상거래의 유형

ESPRIT(1996)에서는 거래의 주체에 따라 전자상거래의 유형을 기업간 거래(Business to Business), 기업과 소비자간 거래(Business to Consumer), 기업과 행정기관간 거래(Business to Administration), 소비자와 행정기관간 거래

(Consumer to Administration)의 네 가지로 분류하고 있다.

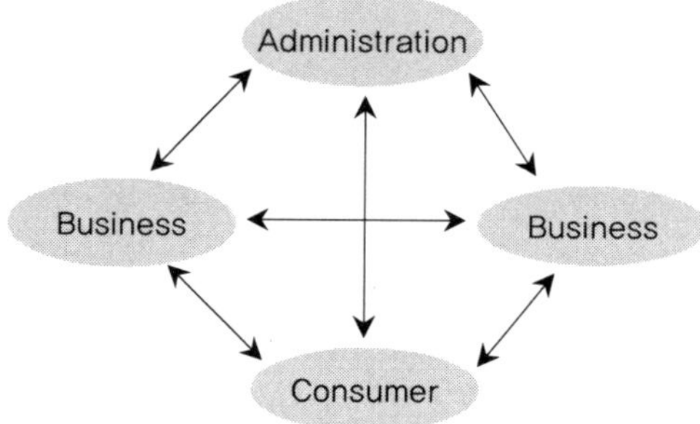

〈그림 6-6〉 전자상거래 유형 개념도

1) 기업간 거래(B to B : Business to Business)

기업간 거래는 사설 통신망이나 VAN 등의 네트워크상에서 주로 EDI를 사용하여 기업간 주문을 하거나 송장을 받고 지불하는 유형이다. 이는 가치창출이 이루어지는 활동을 기업과 기업의 거래에 초점을 둔 것으로, 기업 내부의 거래가 이루어질 수 있도록 원재료나 부품이 입력되는 조달활동이 중심을 이룬다. 기업간 거래의 예로는 공개입찰, 물류 및 택배업무의 외부화 등을 들 수 있다.

2) 기업과 소비자간 거래(B to C : Business to Consumer)

기업과 소비자간 거래는 기업이 고객에게 제품 및 서비스를 전달하는 수단으로서 전자상거래를 사용하여 전자시장(Electronic Mall)에서 구매를 하는 것이다. 기업과 소비자간 거래는 주로 전자소매(Electronic Retailing)에 해당하는 것이며 WWW(World Wide Web)의 출현에 따라 크게 성장하였다. 성공적인 전자상거래 기업으로 유명한 Amazone과 Dell 등은 기업과 소비자간 거래를 전자상거래의 주력으로 하고 있다.

3) 기업과 행정기관간 거래(B to A : Business to Administration)

기업과 행정기관간 거래는 기업과 정부조직간의 모든 거래를 포함하는 유형으로 현재까지는 그 이용이 초기단계이다. 우리나라에서는 조달청에서 전자조달시스템을 도입해 매우 긍정적인 효과를 보이고 있다.

4) 소비자와 행정기관간 거래(C to A : Consumer to Administration)

소비자와 행정기관간 거래는 최근 그 보급률이 확산일로에 있다. 향후 기업과 행정기관간 거래가 지속적으로 성장함에 따라 정부조직은 세금환급이나 복지급여, 생활보호지원금의 지급 등을 전자적으로 수행할 때 향후 대국민 서비스 차원에서 더욱 진전을 보일 것이다.

(5) 전자상거래와 물류

미국마케팅협회(American Marketing Association : AMA)에서는 물류를 "생산의 단계에서 소비 또는 이용의 단계에 이르기까지의 재화의 이동 및 취급을 관리하는 것"이라 정의하고 있는데, 인터넷 쇼핑몰에서의 물류를 위한 기본 사항으로는 다음을 고려할 수 있다.

- 고객서비스를 위한 고려사항(인터넷 쇼핑몰 운영자가 고객)
  · 사용이 쉬운 웹 브라우저 상품 주문 화면
  · 재고 확인 및 생산 계획 시스템과 연계
  · 가능한 배송일 제시
  · 배송 추적 서비스
  · 고객이 지정한 날짜, 지정 장소에 정확한 배송 및 친절 서비스
  · 배송 상품의 품질 보증 및 반품
  · 사후서비스
- 기업 간 효율적 물류시스템을 위한 고려사항 (사이버 쇼핑몰 운영자가 생산업체, 택배업체)

- 공급망 관리 : 생산자, 유통업자, 택배회사 등의 파트너십에 의한 물류최적화
- 지능적인 소프트웨어 에이전트에 의한 자동화 및 에이전트간 계약 프로토콜
- 기업 간 상품 및 배송 관련 정보 공유
- 기업 간 공동 수배송 전략
- 지역별 배송 점을 활용한 배송서비스
- 물류 정보 시스템 운영 및 종합물류 전산망과 연계

(6) 전자상거래의 혜택

오늘날 소비자들의 욕구는 급속하게 변화하고 다양해져만 가고 있다. 이러한 소비자들의 욕구를 파악하기 위해서 기업은 신속하고 효율적으로 대응하여야 한다. 소비자가 원하는 제품을 신속하게 파악하여 효율적인 제품 생산 및 유통 등의 기업활동을 통해서 경쟁사보다 비교우위를 누릴 수 있게 된다.

마소토(Masotto)는 기업을 중심으로 전자상거래의 도입으로 인한 혜택을 설명하고 있는데, 이 혜택은 마케팅, 소비자 지원, 공중관계, 내부의사소통 등 네 가지로 분류될 수 있다고 한다.

우선 마케팅 측면에서 기업은 고객과의 관계 증진, 새로운 판매경로의 개척을 통한 새로운 판매기회의 파악, 정보를 필요로 하는 고객에게 보다 많은 정보의 제공 및 피드백 정보를 획득함으로써 고객서비스의 강화, 유통경로상 비용 감소 등의 혜택을 누릴 수 있다.

다음으로 전자상거래를 도입한 기업은 소비자 지원을 강화시킬 수 있다. 다시 말하면, 소비자 지원비용을 절감할 수 있고, 소비자에게 제공되는 제품 및 서비스에 대한 정보를 지속적으로 제공할 수 있으며, 소비자의 요구와 불만에 신속하게 대응함으로써 소비자와 유대를 강화할 수 있다.

마지막으로 전자상거래를 도입한 기업에게 있어서 내부의사소통 측면의

혜택은 프로젝트 공동수행, 아이디어 공모 및 그룹토의 등이 가능하게 되며, 팀이나 부서간의 의사소통이 통합적으로 진행되며, 조직학습이 향상된다는 것이다.

호프만(Hoffman)등은 소비자와 기업의 양 측면에서 전자상거래의 도입으로 인한 혜택을 연구하였다. 우선 소비자의 측면에서는 전자상거래의 도입으로 인한 혜택을 정보의 신속하고 정확한 검색 및 대조, 상대적으로 저렴한 탐색비용, 원 스톱 구매(one-stop shopping), 지리적 한계를 넘어서는 정보의 가용성을 설명하고 있다.

다음으로 기업의 측면에서는 전자상거래의 도입으로 인한 혜택을 물류, 마케팅 의사소통 및 운영상의 혜택으로 설명하고 있다. 전자상거래를 도입함으로써 기업은 물류부분에 있어서 유통비용의 절감을 통한 효율성 제고, 거래시간 단축, 유통채널의 갈등 최소화, 현실적인 고객 정보 획득 등의 이점을 얻을 수 있다. 또한 내부 · 외부 의사소통의 효율적 수행, 관계마점을 얻을 수 있다. 또한 내부 · 외부 의사소통의 효율적 수행, 관계마케팅을 통한 소비자와의 유대 강화, 제품기획 및 신시장 진입에서 애프터 서비스(after-sales service)에 이르는 프로세스의 일원화를 통한 효율의 증대 등을 기업이 마케팅 의사소통 측면에서 전자상거래 도입으로 얻을 수 있는 혜택으로 분류할 수 있다.

마지막으로 전자상거래를 도입한 기업은 운영적인 측면에서 오류 및 재작업의 감소와 전자주문 등 업무의 전산화로 시간과 비용을 절감하는 혜택을 누릴 수 있다.

이와 같이 여러 연구자들이 제시한 전자상거래의 도입으로 인한 소비자와 기업 측면의 여러 가지 혜택들 때문에 보안, 전자화폐, 법률, 관세 등에 관한 많은 문제점들이 산적해 있음에도 불구하고 전자상거래의 도입은 절실히 요구되고 있다.

4. 온라인 쇼핑몰

(1) 온라인 쇼핑몰의 정의

전자상거래의 일종인 온라인 쇼핑몰의 출현으로 고객은 자신이 원하는 상품을 24시간 동안 세계 어느 곳에서든지 간편하고 신속하게 구매할 수 있게 되었다. 온라인 쇼핑몰은 기존 유통의 시간적 · 공간적 제약을 극복함과 동시에 생산자와 소비자의 직거래를 가능하게 해주었다. 기업은 온라인 쇼핑몰을 통하여 고객의 기호 및 특성을 보다 정확하게 파악할 수 있게 되었고, 이를 기반으로 다양한 고객들의 정보가 담긴 데이터베이스를 구축하여 경쟁력을 높일 수 있게 되었다.

온라인 쇼핑이란 소비자가 통신 네트워크를 이용하여 인터넷에 접속, 각종 상품의 정보가 나열되어 있는 가상의 쇼핑몰에서 원하는 상품을 선택, 주문, 결제하여 원하는 장소에서 배달 받는 상거래를 말한다. 즉, 소비자와 판매자가 직접 연결되어 전자적으로 정보를 교환하고, 제품을 주문하고, 대금을 지불하며, 상품에 따라서 실시간으로 직접 인도받을 수도 있으며, 시간도 단축되고, 지리적 · 공간적 제약이 제거되는 등 기존의 상점이용과 비교할 때 많은 상이점을 지니고 있다(Bloch, Pigneur, and Segev, 1996).

이와 같은 온라인 쇼핑은 기업 측면에 있어서는 쇼핑몰을 통하여 중간물류 및 유통단계를 축소할 수 있고, 인적 · 물리적 공간자원을 감소하여 비용 절감의 효과를 누릴 수 있다.

온라인 쇼핑몰이란 전자상거래의 일종으로서 컴퓨터가 제공하는 가상의 공간에서 판매자가 전시한 상품을 소비자가 찾아보고, 구매하고, 이에 대한 대금을 지불하는 일련의 과정이다. 온라인 쇼핑몰이란 가상의 공간에서 상품과 서비스를 파는 것으로써 과거의 단순 실제거래를 지원하는 차원에서 기존 시장의 구조, 생활양식, 문화, 기업조직 등 사회구조 전반에 걸쳐 근본적인 변화를 가져오고, 유통 · 금융 · 서비스업에도 많은 영향을 미치는 차원으로 발전하였다. 현재의 온라인 쇼핑몰에서는 많은 공급자와 구매자가 존재하고, 거래되고 있는 서비스와 상품이 다양하게 표준화 된 방법에 의해 제공되고 있다.

즉, 온라인 쇼핑몰이란 소비자가 자신의 장소에서 원격 정보 커뮤니케이션 시스템을 통하여 시장 내의 다른 모든 참가자와 의사소통을 함으로써 시장 거래를 통해 거래를 하거나 그러한 거래를 완료하도록 서비스를 제공하는 정보시스템으로 정의할 수 있다.

호프만(Hoffman)과 노박(Novak)(1996)은 온라인 쇼핑몰을 "다양한 영역의 제품들을 포함한 온라인 상점들의 집합"이라고 정의하였다. 이는 상품광고 및 전시가 온라인 쇼핑몰을 통하여 행해지고, 온라인(server)에 다양한 제품에 대한 가격과 특성에 관한 정보들을 보유하고 웹페이지를 이용하여 멀티미디어 정보와 함께 제품에 대한 정보를 제공하는 것을 의미한다.

인터파크는 온라인 쇼핑몰을 "통신 네트워크에 연결되어 있는 컴퓨터(server)상에 상품정보를 올려놓고 이 컴퓨터에 접속하는 이용자가 제품을 선택한 후, 온라인 상에서 결제하면 이용자가 원하는 장소로 상품을 배송해 주는 새로운 상품 판매 형태"로 정의하였다. 매장건축, 상품진열, 판매행위, 대금결제 등이 통신 네트워크에 접속된 컴퓨터 안에서 구현된다는 것이 실물공간에서 상점을 구축, 운영하는 기존 유통시스템과의 차이점이라고 할 수 있다.

이와 같은 온라인 쇼핑몰에 대한 다양한 정의를 바탕으로 하여 다음과 같은 정의를 내릴 수 있다. 온라인 쇼핑몰이란 "온라인(server) 상에 제품을 제공하고 쇼핑몰 내의 제품선택, 결제, 배송의 전 단계가 온라인을 통해 행해지는 새로운 형태의 상거래 방식"이다.

온라인 쇼핑몰은 그 명칭이 다양하여 인터넷 몰(Internet Mall), 전자몰(Electronic Mall), 가상몰(Virtual Mall), 가상점포(Virtual Storefront), 전자쇼핑몰(Electronic Shopping Mall) 등으로 불리우고 있다. 본 책에서는 용어의 통일을 위하여 일반적으로 많이 사용되어 진다고 보이는 '온라인 쇼핑몰(On-line Shopping Mall)'로 통일하기로 한다.

(2) 온라인 쇼핑몰의 유형

전자상거래의 활성화로 최근에는 다양한 e-business 모델이 제시되고 있으며, 전통적인 비즈니스가 새로운 형태로 급속히 전환되고 있다.

한국전산원은 온라인 쇼핑몰에 대한 유형을 판매하는 상품 측면에서 상품의 성격, 취급상품의 종류로 분류하고, 전자상거래업체 측면에서 가치사슬상의 위치, 판매채널의 복수성 등으로 분류하였다.

첫째, 판매하는 상품의 성격에 따라 상품을 거래하는 사업과 서비스를 제공하는 사업으로 분류할 수 있다. 전자의 경우 다시 물리적 상품을 취급하는 경우와 디지털 상품을 취급하는 경우로 분류가 된다. 물리적인 상품을 거래하는 사업의 경우 전자적으로 주문되어 물리적으로 배달되는데, 일반적인 온라인 쇼핑몰이 이러한 유형에 해당된다. 증권, 은행, 전문 컨설팅과 같은 서비스는 전자적 주문과 배달이 가능하다. 전자적으로 배달되는 상품을 판매하는 유형은 물리적으로 배달되는 상품과 비교하여 많은 이점이 있다.

둘째, 취급하는 상품의 종류에 따라 일반점(종합 쇼핑몰)과 전문점(전문 쇼핑몰)으로 분류된다. 일반점은 백화점과 같이 다양한 종류의 상품을 취급하는 형태이며, 전문점은 특화된 분야의 제품만을 전문적으로 취급하는 형태이다. 대부분의 온라인 쇼핑몰은 일반점에 해당되며, 대부분의 전자상거래 시스템을 독자적으로 운영하고 있다.

셋째, 전자상거래 기업이 가치사슬에서 점하는 위치에 따라 공급자와 중간매개자로 분류된다. 공급자는 다시 제조업체가 기존의 유통채널 이외에 인터넷을 직접적인 판매채널로 활용하는 형태와 제조업체로부터 상품을 공급받아 판매하는 유통업체 형태로 분류된다. 중간매개자는 고객이나 회원에게 상업적인 거래를 위한 전자화된 시장을 제공해 주고 참여자간의 직접적인 거래를 지원해 주는 전자경매, 가상공동체 등이 이러한 형태에 해당된다.

넷째, 전자상거래 기업은 인터넷 상에서만 판매하는 경우와 실물세계의 물리적인 매장과 인터넷을 동시에 판매채널로 활용하는 경우로 분류된다. 전자는 새로운 비즈니스 모델을 시도하는 것이거나 현재 존재하는 시장에 대한 신규진입에 해당되고, 후자는 전통적인 기업이 인터넷을 새로운 판매 채널로 확장한 경우이다. 최근에는 제조 · 유통 · 서비스 산업에서 전통적인 기업이 인터넷으로 전환되는 경향이 두드러지고 있다.

〈표 6-6〉 온라인 쇼핑몰의 유형

판매하는 상품 관점	상품의 성격	· 제품을 거래하는 사업 · 서비스를 제공하는 사업
	취급상품의 종류	· 일반점(종합 쇼핑몰) · 전문점(전문 쇼핑몰)
전자상거래 업체의 성격 관점	가치사슬상의 위치	· 공급자 · 중간매개자
	판매채널의 복수성	· 인터넷에서만 판매하는 경우 · off-line과 on-line 모두 판매채널을 가지고 있는 경우

자료 : 한국전산원(1999), 소비자 대상 전자상거래의 성공요인 분석을 통한 전자상거래 시장 활성화 전략 수립, pp.31-35.

온라인 쇼핑몰을 분류하면 다음 네 가지로 나누어볼 수 있다.

첫째, 종합직판형은 다양한 차별화 전략, 교통과 주차난 해소 및 높은 수익성을 특징으로 하고, 제품판매 유형이 직접판매형이며 판매하는 제품의 유형이 다종 유형일 경우 이에 해당된다. 대표적인 종합직판형으로는 롯데닷컴, 신세계닷컴, Hmall 등이 있다.

둘째, 종합중개형은 수많은 가상상점, 다양한 취급품목과 검색기능 제공 및 중소기업에 새로운 전략적 기회를 제공하는 것을 특징으로 하고, 온라인 쇼핑몰의 제품판매 유형이 간접판매형이며 판매하는 제품의 유형이 다종 유형일 경우 이에 해당된다. 대표적인 종합중개형으로는 인터파크가 있다.

셋째, 전문직판형은 자사의 고유 브랜드 제조업체로 전문화된 제품을 취급하는 특성을 가지도 있으며 온라인 쇼핑몰의 제품판매 유형이 직접판매이고 판매제품의 유형이 단일 유형일 경우 이에 해당된다. 대표적인 전문직판형으로는 Amazone이 있다.

넷째, 전문중개형은 기업과 기업간에 거래알선과 전문기술정보를 제공하는 특징을 지니며 제품의 판매 유형이 간접판매형이고 판매제품의 유형이 단일 유형일 경우 이에 해당된다. 대표적인 전문중개형으로는 디지털 마켓이 있다.

〈표 6-7〉 온라인 쇼핑몰의 유형별 특성 분석

특성 \ 유형	종합직판형	종합중개형	전문직판형	전문중개형
특 징	다양한 차별화전략, 교통과 주차난 해소, 높은 수익성	수많은 가상상점, 다양한 취급품목, 검색기능 제공, 중소기업에 새로운 전략적 기회 제공	자사의 고유브랜드 제조업체,전문화된 제품 취급	기업과 기업간의 거래알선, 전문기술정보 제공
제품판매 유 형	직 접	간 접	직 접	간 접
판매제품 유 형	다 종	다 종	단 일	단 일
기 업 유 형	백화점형	중소기업형	제조업, 전문상점형	거래중개, 가상기업형
전자지불 시 스 템	신용카드 전자현금	신용카드 전자현금	스마트카드	전자수표
전 략 유 형	차별화전략	혁신, 성장전략	비용전략	제휴전략
주 요 성공요인	동적인 정보화, 쇼핑몰의 창의적 설계와 구축	다양화, 비교 쇼핑 지원	전문화, 쉽게 구하기 어려운 제품의 손쉬운 구매	연계화, 위험관리

자료 : 김홍석, 김창소(1997), 전자쇼핑몰의 특성모형에 관한 연구, 한국경영정보학회 국제컨퍼런스, p.886.

■ 신용 카드 결제 시스템

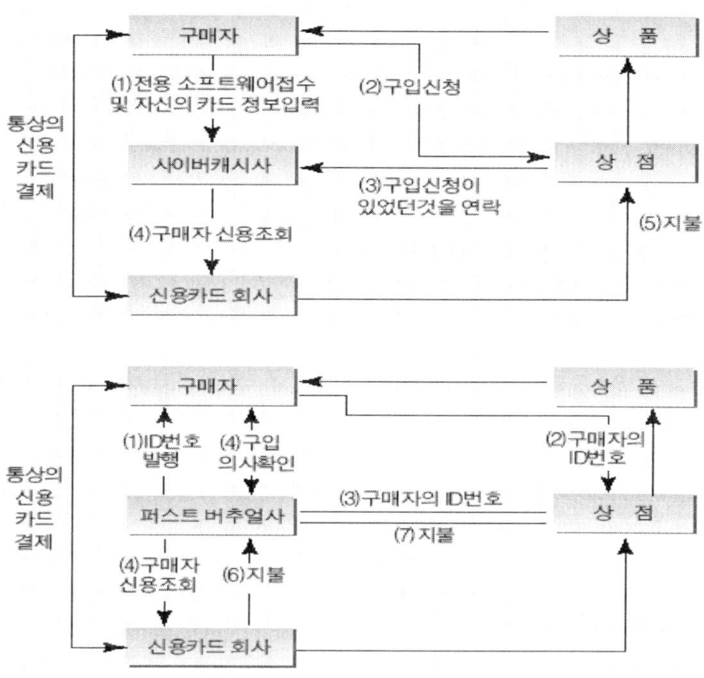

(3) 온라인 쇼핑몰의 특성

온라인 쇼핑몰은 소비자 측면에서는 시간 및 공간의 제한이 없으며, 제품의 선택이 용이하고, 비교쇼핑 · 다양한 정보의 이용 · 상호작용 등이 가능하다는 특성이 있다.

1) 유통(distribution)기간 및 비용의 축소

온라인 쇼핑몰은 인터넷을 통하여 상품을 제공하는 제조업체, 즉 기업과 구미하고자하는 소비자가 직접 만나서 1:1로 거래를 하기 때문에 기존의 시장과 차이가 있다. 또한 중간의 유통마진이 감소함에 따라서 소비자는 일반 시장보다 싼 가격에 구매할 수 있다. 또한 소비자는 자신이 원하는 상품이 어느 위치에 있는지를 정보네트워크를 통해 검색함으로써 보다 쉽게 정보를 전달받을 수 있기 때문에 검색비용 등이 줄어들 수 있다.

2) 거래대상 지역의 무제한

전 세계에는 많은 수의 인터넷 사용자가 있다. 즉 이들이 모두 온라인 쇼핑몰의 잠재고객이라고 할 수 있다. 그리고 이들은 전 세계에 퍼져 있으므로, 전 세계를 대상으로 마케팅을 할 수 있다는 의미도 된다. 그러므로 온라인 쇼핑몰을 디자인 할 때 다국어를 지원할 수 있게 해 놓으면, 전 세계의 고객들을 무리 없이 자신의 고객으로 만들 수가 있게 된다.

또한 고객들의 입장에서는 지리적 제한으로 인해 구매를 꺼려왔던 상품들도 손쉽게 주문을 하고, 상품을 받아 볼 수가 있다.

3) 24시간 거래 가능

온라인 쇼핑몰은 운영자가 원하는 대로 모든 시간에 상거래를 위한 접속이 가능하다. 24시간 365일 전 세계에 열려 있는 온라인 쇼핑몰을 가정 및 기업의 PC앞에서 방문하여 쇼핑을 할 수가 있다.

4) 판매거점의 용이성

온라인 쇼핑몰은 가상공간에 설립되는 것이므로, 점포를 위한 공간이나 비용이 상대적으로 적게 든다. 즉 쇼핑몰을 구축하기 위한 공간은 서버(Server)의 용량과 데이터베이스(database)의 크기에 따라서 결정이 되고, 통신 네트웍 등은 이미 구축되어진 것을 사용하면 된다. 그러므로, 지리적 이점이나 점포의 크기 들이 고려되지 않아도 된다.

5) 고객 수요 파악의 용이성

온라인 쇼핑몰은 영업사원 혹은 지점에서 들어오는 저보를 분석할 필요 없이 고객들이 사이트를 방문하고 나서 기재함으로써 이루어지는 정보로 고객들의 수요 및 욕구를 파악할 수 있다. 또한 이러한 정보들은 디지털 데이터(digital data)로 이루어지기 때문에 관리자의 입장에서는 데이터(data)를 가공할 필요가 없다. 그렇기 때문에 관리 측면에서 더욱 쉬워진다.

6) 고객대응의 신속성

이 점은 전자상거래가 가지고 있는 최대의 장점이라고 할 수가 있다. 즉, 특정 소프트웨어를 사용함으로써 고객들이 가장 원하고, 관심이 있는 상품이 무엇인지를 알 수 있다. 그리고, 그 결과를 바탕으로 인터넷 쇼핑몰은 즉각 고객들이 원하는 상품을 보유할 수가 있음으로 인해 매출액의 증가는 물론, 대고객(對顧客) 서비스 수준을 높일 수가 있다. 이렇게 온라인 쇼핑몰은 고객들의 욕구를 쉽게 파악할 수 있을 뿐만 아니라 파악한 즉시 대응할 수가 있지만, 전통적인 상거래는 고객의 욕구를 파악하기도 힘들지만, 욕구에 대해서 대응하는데 더 시간이 걸린다.

7) 마케팅 활동의 효율성

온라인 쇼핑몰은 쌍방향 통신을 통해서 특정 고객과 기업이 1:1의 상호 마케팅 활동을 벌일 수가 있지만, 일반적인 상거래는 무작위의 고객을 대상으로 마케팅 활동을 전개하기 때문에 효율성 면에서 상대적으로 떨어진다. 즉, 기존의 마케팅 활동이 기업이 중심이 되고, 소비자는 목표가 되어 진행된 일방적인 활동이었을 반면에, 인터넷을 통한 쇼핑몰에서는 기업의 마케팅 담당자와 고객이 서로 묻고 답해줄 수 있는 형태의 활동으로 진행되기 때문에 보다 빠르게 고객의 욕구를 파악할 수가 있게 된다.

위에서 제시한 7가지 온라인 쇼핑몰의 특징은 기업에서 바라본 온라인 쇼핑몰의 마케팅 측면을 담당하고 있는 운영자의 특면에서 본 것이라 할 수 있다. 하지만, 24시간 운영, 거래대상 지역의 무제한, 제품 정보의 탐색, 상품 주문의 용이 등과 같이 온라인 쇼핑몰이 구축되었을 경우 나타나는 점은 사용자들도 느낄 수 있는 온라인 쇼핑몰만의 특색이라고 할 수 있다.

〈표 6-7〉 온라인 쇼핑몰의 장 · 단점

구분	장 점	단 점
고객	· 상품선택의 용이 · 구매활동의 시간/비용 절감 · 한 자리에서 여러 상품을 저렴하게 구매 · 구매행위의 편의성 증대 · 편리한 수단을 이용해 24시간 365일 구매 가능 · 상품의 비교/선택 · 다양한 검색/활용 가능 · 사전조사를 통한 구매계획 용이 · 구매장소의 이동 용이	· 보안과 신뢰수준 취약 · 판매자들이 고객을 직접 만날 수 없다 · 배달의 문제점 · 정보의 홍수로 원하는 제품을 쉽게 찾을 수 없다. · 즐거운 쇼핑을 구현하는데 어려움이 있다.
기업	· 제품전시공간이 무한 · 인적 · 물리적 공간 감축으로 효율적 경영 · 전세계의 소비자를 대상으로 확대 · 비용절감, 적정 재고관리를 통한 재고 비용 절감 · 광고 · 유통 · 운영비용 등 절감 · 중간물류 및 유통단계 생략 · 효율적 마케팅 · 고객의 소비동향 파악 용이 · 고객서비스의 개선 · 새로운 판촉활동 및 마케팅 전략 수립 가능	

5. 우리나라 대규모 유통산업 개요

이미 앞장에서 설명한 바와 같이 소매유통업은 최종소비자에게 직접 상품이나 서비스를 제공하여 소매활동을 하는 유통형태를 의미한다. 물리적인 판매공간의 유무에 따라 유점포소매업(백화점, 할인점, 편의점, 슈퍼마켓 등) 및 무점포소매업(홈쇼핑, 인터넷쇼핑몰 등)으로 구분되는데 최근에는 복합쇼핑몰, Category Killer, Outlet, SSM(Super Super Market) 등 새로운 업태

들이 속속 도입되고 있다. 우리나라 소매유통업의 시장규모 및 현황을 보면 다음과 같다.[11)]

(1) 백화점

2009년 국내 유통시장에서 가장 주목받은 업태는 단연 백화점이었다. 지난해 초만 해도 유통전문가들은 백화점에 대해 비관적이었다. 글로벌 금융위기의 여파로 경기 영향을 많이 받는 백화점은 2~3%대 저성장에 그칠 것으로 전망했다. 하지만 뚜껑을 열어 보니 상황은 정반대로 흘렀다. 상반기에는 원화 약세로 해외에서 명품 화장품 잡화 등을 구매하는 수요가 백화점으로 흡수됐고 하반기 들어선 매출의 절반 가까이를 차지하는 의류 매출이 증가세로 돌아서며 상승 탄력이 붙었다.

결국 지난해 백화점 시장은 8.7% 성장하며 전체 시장 규모가 21조원을 넘어섰다. 특히 지난해 미국 백화점 시장이 10%, 일본 백화점 시장이 7% 역신장한 것을 감안하면 국내 백화점의 성장세는 더욱 두드러졌다.

롯데백화점 유통전략연구소의 발표에 따르면, 2010년 백화점은 2009년 신규사업 모델로 선보인 복합쇼핑몰(Shopping mall)이 안착하고 추가로 출점되면서 소비자들의 이용이 확산될 것으로 보인다. 즉 복합쇼핑몰의 시험대였던 신세계백화점 센텀시티와 영등포 타임스퀘어의 성공으로 복합몰에 대한 확신이 증대되어 백화점의 새로운 돌파구로 급부상할 것으로 예상된다. 물론 백화점의 대형화는 상권중복이라는 과제를 반드시 수반하기 때문에 수익성확보, VIP마케팅, 차별화전략 등을 통한 경쟁력 강화에 역량을 집중할 것으로 보인다.

또한 경기회복의 기대감 속에 각 기업들이 외형확대와 성장동력 확보를 위해 대부분 소매업태에서 적극적인 국내외 M&A를 타진하여 업계내 구도가 개편될 것으로 보인다. 이 밖에 온라인 쇼핑의 상승세를 반영하여 업태별 온라인 채널을 강화(Internet shopper)할 것으로 예상되며, 업태간 경쟁이

---

11) 한국백화점협회(2010), 유통저널 1월호, pp.10-13.

심화되는 가운데 기존 고객에 대한 충성도를 제고하고 내점 빈도를 증대하기 위한 마케팅과 지속가능한 경영을 추구하는 이미지를 구축하기 위한 친환경상품, 매장 등이 다양하게 시도될 것으로 전망된다.

동 연구소는 또한 2010년 소매유통 전망으로 소매업 전체 매출 189.1조원을 예상하고 있다. 소매유통업별로 2009년 경기침체 속에 견고한 신장세를 보인 백화점은 2010년에 5.7% 성장할 것으로 보이며, 내실을 다지기 위한 경영효율성을 강화하는 가운데 복합쇼핑몰, 아울렛 등 신규 사업모델과 온라인 채널 개발을 통해 추가 수익구조 확보에 노력할 것으로 예상된다.

(2) 대형마트

대형마트는 시장이 성숙하고 외부환경 악재 속에서 2009년에 4.3%의 매출 신장률을 보인 것으로 예측하고 있다. 불황에 따라 소비자들의 생필품 구매 패턴이 대량 구매에서 계획구매, 소량구매로 변화하여 인당 구매단가가 감소하였으며, 근거리 구매 성향에 따라 슈퍼로 고객들의 유입이 증가하였다. 또한 하반기 신종플루 확산으로 내점객이 줄어 지난해 어려운 상황을 겪었다. 점포 수가 400개를 넘어 점포당 평균 매출이 오히려 줄어드는 상황에 온라인몰과 기업형 슈퍼마켓(SSM)을 비롯한 슈퍼마켓, 편의점 등 다른 업태가 부상하면서 대형마트는 신성장 동력을 발굴해야 하는 상황에 이르렀다.

이런 시장상황 속에서 대형마트들은 M&A를 통한 해외 시장 진출 및 신규 사업 확대를 모색하고 있다. 특히 롯데마트의 타임즈, 마크로 인수로 본격화된 국내기업의 중국 시장 쟁탈전(롯데마트 65개, 이마트 22개)이 심화되었다. 또한 정부의 법적규제 완화에 따라 마트 내 주유소가 확대 운영되고 마트슈랑스가 도입되는 등 다양한 사업으로 확대가 이루어졌다.

대형마트는 2010년에 3.8%의 성장이 예상되며 마트의 이익률 확대를 위한 PB상품에 대한 관심도가 확대 될 것으로 보인다. 기존 상품보다 가격면에서 비교우위에 있는 PB상품이 지속적으로 판매가 증가함에 따라 PB상품

비중도 확대될 것으로 예측된다. 특히 단순히 비중만 증가하는 것이 아니라 소비자들의 소비 패턴 다양화에 맞추어 고객 니즈에 적합한 PB상품 세분화가 이루어져 기존 중저가 상품을 유지하면서 프리미엄급 브랜드 육성을 통해 고객 만족을 제고할 것으로 보인다.

또한 컴팩트 할인점 등 신형출점 모델을 개발도 있을 것으로 예상된다. 컴팩트형 할인점은 4,000㎡(약 1,200평)규모에 50대의 주차장 시설을 갖춘 중소형마트 업태로 식품 상품군을 확대를 통한 MD개선으로 지역 밀착형 점포를 지향을 것으로 보인다. 또한 오픈마켓에 대응하여 온라인 시장에서의 경쟁력을 확보하고, 판매 채널을 확대하기 위해 온라인 시장에 대한 마케팅을 강화할 것으로 예상하고 있다.

(3) 슈퍼

슈퍼 업계는 '09년 22.4조로 '08년에 비해 4.2% 신장할 것으로 예상된다. 슈퍼는 불황으로 인한 심리적 위축으로 근거리 지역 상권에서 다소 비싸도 필요한 상품만을 선별하여 구매하려는 소비 패턴이 선호되면서 대형마트의 대체 유통업태로 각광을 받아왔다. 그러나 SSM의 경우 하반기부터 매장개설시 지역 상권과 충돌하여 성장세가 주춤하였다. 슈퍼들은 기존 슈퍼 매장 인수 등의 방법을 활용하고 있으나, SSM진출과 관련 대기업에 대한 부정적 이미지 확산으로 사업 전개에 어려움을 겪고 있다.

2010년 슈퍼 업계의 화두는 유통산업발전법으로 이 법안의 개정이 슈퍼 업계의 성장을 좌우할 것으로 보인다. 즉 신고제에서 등록제로 전환이 되기 전에 매장을 많이 오픈할 것으로 예상되는 바 이에 따라 지역 상권과의 마찰이 당분간 이슈화될 전망이다.

또한 직영점 출점 방식의 문제점을 해결하기 위해 프랜차이즈 방식의 매장이 등장하게 될 것이다. 비록 개점 비용을 고려하면 개인이 매장을 출점하기 어렵고 기업측면에서도 직영점 보다 수익이 악화될 수 있어 이 방식이 정착될지는 좀 더 지켜 볼 필요가 있다. 그리고 기존 점포보다 작은 소형 점포 모델이 강화되며 인터넷 슈퍼 확대 등 다양한 판매채널 구축 및 서비스가 강화될 것으로 전망된다.

(4) 편의점

편의점 업계는 '09년에 6.3조원의 매출액과 14.4%의 높은 매출 신장률을 보일 것으로 예상된다. '09년말 편의점 점포수가 1만3천점을 넘을 것으로 예상되는 등 적극적인 진출로 외형성장이 지속되었으며 불경기에 실속파 소비자들의 취향에 맞는 상품(소량판매상품 등)의 강화와 부가서비스(공과금 수납, 티머니구매 · 충전, 택배, 인터넷몰 제휴 반품처리 등)개발로 매출이 증대되었기 때문이다. 특히 외식비용에 비해서 상대적으로 저렴한 도시락, 삼각김밥 등 후레쉬푸드 상품을 지속적으로 개발하여 직장인과 학생들에게 좋은 반응을 얻고 있다.

2010년 편의점 업계는 M&A를 통한 기존 편의점 업계의 경쟁구도가 변화를 이룰 것으로 보인다. 대형 편의점 업체의 매각설이 나도는 가운데 국내업체는 물론 일본 편의점 업체들도 아시아 시장 진출을 위한 포석으로 한국 편의점 업체 인수를 적극적으로 나설 것으로 전망된다. 또한 라이프스타일에 맞게 놀이공원, 고속도로, 카페형, 베이커리형, 테이크아웃 등 편의점 내 특화 체류 공간이 도입될 것으로 예측한다.

(5) 온라인 쇼핑몰

'09년도에 20.7조원의 매출액과 14.4%의 높은 신장률을 보일 것으로 예상되는 온라인 쇼핑몰은 연초 경기침체기를 겪는 동안 합리적인 소비를 원하는 오프라인 고객이 온라인 시장으로 전환되었으며, 하반기 신종플루 영향으로 인터넷 쇼핑몰의 이용이 증가하였다. 특히 이베이의 G마켓 인수 속에서도 오픈마켓 후발기업인 11번가가 외형성장 위주의 강력한 마케팅으로 급성장하였다.

2010년에도 14%이상의 매출 신장세를 보일 것으로 전망되는 온라인 쇼핑몰은 특히 '09년도부터 두드러진 신장세를 보인 생활용품과 식품이 인터넷 쇼핑몰의 성장모멘텀으로 등극할 것으로 예상된다. 또한 경쟁이 치열해지면서 고객의 만족도와 충성도를 높이기 위한 수단으로서 사이트내 쇼핑 편의 증대, 당일 배송을 위한 물류시스템 개선, 반품편의 증대 등 고객서비스의 강화가 요청될 것이다.

(6) TV홈쇼핑

'09년에 19.4%의 매출 신장률로 소매업태 중 가장 높은 신장률을 보였다. 이는 경기둔화로 소비자들이 보수적, 저가지향적 소비행태가 홈쇼핑 업계로 소비를 유인하였으며 후발업체와 기존 업체간 판촉 경쟁 및 배송 서비스 개선으로 시장 규모가 성장하였다. 또한 하반기 신종플루 영향으로 호재가 작용하면서 구매 고객수가 증가하였다. 시장 확대화 함께 업체간 매출경쟁이 심화되면서 홈쇼핑 업계 시장구도에도 변화가 생겼다. 특히 사은품, 카드할인 등 마케팅을 앞세운 후발업체의 공격적인 매출 전략이 기존 업체의 수익위주 전략을 공격적인 매출 우선 전략으로 바꾸게 하는 등 사업 전략에도 변화가 있었다.

2010년 TV홈쇼핑 업계에서는 채널연번제, 중소기업홈쇼핑 출현 등 외부환경 변화에 따라 시장 구도가 변화될 것으로 예상된다. 특정 채널번호대로 묶는 채널연번제를 실시할 경우 홈쇼핑 업계의 입지가 축소될 가능성이 있으며, 중소기업 홈쇼핑 업계가 홈쇼핑 시장 진입으로 또 한번의 시장 확보를 위한 격량이 예상된다. 해외진출도 예상되는 홈쇼핑 업계는 스토리텔링과 같은 기존의 단순한 상품과 가격정보를 뛰어넘는 패션쇼, 전문가의 상품정보 저안 등 다양한 프로그램을 통해 획일적인 상품 정보 방송을 벗어난 차별화된 방송 판매가 예상된다.

〈표 6-8〉 2010년 소매업태별 전망

(단위 : 조원, %)

	2008년			2009년(E)			2010년(E)		
	매출액	매출비중	성장률	매출액	매출비중	성장률	매출액	매출비중	성장률
소매업 전체	174.7	100.0	5.6	180.1	100.0	3.1	189.1	100.0	5.0
백화점	19.5	11.2	4.3	21.2	11.8	8.7	22.4	11.8	5.7
대형마트	29.9	17.1	6.0	31.2	17.3	4.3	32.4	17.1	3.8
슈퍼	21.5	12.3	9.7	22.4	12.4	4.2	23.5	12.4	4.9
편의점	5.5	3.1	16.0	6.3	3.5	14.5	7.3	3.9	15.9
인터넷 쇼핑몰	18.1	10.4	15.1	20.7	11.5	14.4	23.6	12.5	14.0
TV홈쇼핑	3.6	2.1	3.9	4.3	2.4	19.4	4.7	2.5	9.3
기타/재래시장	76.5	43.8	2.0	74.0	41..1	-3.3	75.2	39.8	1.6

* 2008년 소매유통업 규모는 통계청 소매판매액 규모에서 승용차 및 차량연료를 제외한 금액임
* 2008년 통계청 소매판매액 규모, 승용차, 차량연료는 각각 243.2조원, 21조원, 46.6조원임
* 2009, 2010자료 ; 주요소매업체를 대상으로 설문 및 인터뷰 조사하여 추정한 수치임

자료 : 한국백화점협회(2010), 유통저널1월호, p.11

제7장

소매업의 형태와 역할 Ⅱ

제1절 프랜차이즈의 태동

1. 프랜차이즈의 발아

맥도날드 햄버거, 켄터키 후라이드 치킨(KFC), 던킨 도너츠, 세븐일레븐 등 길을 가다가 볼 수 있는 이러한 점포는 이제 우리나라 대부분 소비자들에게 친숙하게 다가서고 있다. 미국에서 시작된 이러한 스토어 포맷은 1980년대부터 우리나라에도 본격적으로 등장하기 시작했는데, 이런 스토어 포맷과 유통방법은 사실 현대 미국을 상징하는 하나의 제도(다시 말하면 개인이 작은 점포를 소유하는 새로운 방법)라 할 수 있는데 바로 프랜차이즈 시스템이 여기에 해당된다.

프랜차이즈는 소유는 하지만 독립하지 않고, 위험은 있지만 자본이 많지 않은 사람들과 그다지 사업경험이 없는 사람들에게 대형자본, 대규모경영, 전문적 경영기술, 광고, 그리고 제품명성 등 많은 이점을 제공함으로서 확실한 비즈니스 기회를 부여하고 또한 비즈니스의 대중화, 민주화를 불러일으켰다.

프랜차이즈 시스템의 보급은 전국 어디서나 동일한 음식, 음료, 서비스를 구입 가능하게 하고 소비활동의 평균화, 균일화를 한층 촉진시켰다. 다른 한편으로는 유통기업 간 새로운 형태의 의존관계와 새로운 종류의 독립성(혹은 반독립성)을 만들어냈다. 이것을 다른 측면으로 보면 소비자와 판매자, 제조업자와의 관계를 애매하게 만들고, 소유와 경영(관리)의 관계를 희박하게 만든 일종의 유통분야의 새로운 지평을 개척해낸 것으로도 볼 수 있다.

톰프슨(D. A. Thompson)은 프랜차이즈 아이디어는 반드시 새로운 것이 아니라 오래전부터 존재했었던 것이라고 했다.[1] 즉 프랜차이즈라는 용어는

1) D. N. Thompson, Franchise Operation and Antitrust, p.5

석방하다, 면제하다, 자유롭게 하다는 의미를 지닌 고대 프랑스어로부터 파생된 중세영어에서 온 말이다. 프랜차이즈는 종속상태, 구속으로부터 해방을 나타내며 또한 타인에게는 허락되지 않은 것을 한다는 의미였다. 그 후 중세의 프랜차이즈는 시장을 개설할 권리, 세금의 면제, 특정 재판소의 사법권으로부터의 자유 등 독점적 내지는 특수한 특권을 나타내는 말로 사용되기도 했고, 근세초기에는 참정권이나 투표권을 의미했었다. 현재도 그 의미가 남아 유권자연령(legal voting age)이나 부인참정권(women's suffage)의 의미로도 사용된다. 상업적 특권을 인가해준다는 뜻은 오래전부터 있었지만, 프랜차이즈라는 용어는 대부분 비상업적 혹은 준상업적 분야에서 이용되었다는 것은 틀림없는 것 같다.

유통 분야나 마케팅 분야에서 프랜차이즈라는 용어를 사용하게 된 것은 19세기 후반 미국에서 새로운 의미를 지닌 뜻으로 등장하면서 부터이다.

2. 제품 프랜차이즈 시스템

프랜차이즈 시스템이 미국에서 언제부터 적용되기 시작되었는지에 대해서는 통일된 견해가 있는 것은 아니지만, 프랜차이즈 비즈니스를 가장 먼저 시작한 것은 미국의 싱거 재봉 회사(Singer Sew Machine)로서 남북전쟁(1860-1865년)이 한창이었던 1863년에 특정지역에서 재봉틀을 파는 판매원을 대상으로 보수제도에 관한 네트워크를 만든 것이 프랜차이즈 비즈니스의 기원이라고 할 수 있다. 당시 싱거 재봉 회사는 자사의 재봉틀을 전국에 판매하기 위해 소매업자들과 계약을 맺고 프랜차이즈 개념을 도입하게 되었다. 그런데, 이때는 총체적인 프랜차이즈 비즈니스라기보다는 일종의 판매방식에 가까웠다고 볼 수 있다. 이 프랜차이즈는 이후 100여년 간 미국 유통구조의 주요한 부분을 차지하고 있지만, 싱거 재봉 회사는 초기 실험이라고 할 수 있는 프랜차이즈를 도입하고 20년이 지난 후 점차 시장에서 볼 수 없었다는 사실 이외에는 거의 알려져 있지 않다.

현재 일반적으로 알려져 있는 프랜차이즈 시스템 형태는 서비스 프랜차이즈 시스템이지만, 프랜차이즈 시스템으로서 일반화된 것은 1898년 미국의 제너럴 모터(GM)로 자동차를 판매하기 위한 독립지점을 만든 것이 본격적인 시작이었다. GM은 자사 자동차의 판매를 위해 프랜차이즈 딜러제도를 도입한 이래 모든 승용차, 트럭 대부분이 프랜차이즈 딜러를 통해 판매하게 되었다. 프랜차이즈 딜러제도가 정착된 것은 1920년대였다. 초기 자동차 산업은 반드시 적극적으로 프랜차이즈 방식을 채용한 것은 아니며, 채용한 방법 역시 당시에도 혁신적인 것도 아니었다. 또한 자동차산업이 현재에 이르기까지 프랜차이즈 방식에 대해 이노베이션(혁신)을 불러일으킨 것도 아니다. 그럼에도 불구하고 프랜차이즈 시스템은 자동차 산업 전체적인 측면에서 본다면 경제적 발전과 경제사회에서의 중요성의 증가에 따른 결과, 판매를 증대시키기 위한 전략으로서 중시되고 있는 제도임에는 틀림없다.

1900~1910년 미국 자동차산업의 프랜차이즈 협정에 대해 헤위트(C. M. Hewitt)는, "당시 자동차제조업자는 최종소비자에게 직판하고 있었고, 또한 통신판매, 위탁판매, 세일즈맨 채용, 백화점을 통한 판매 등 모든 형태의 판매방법이 실험대상이었다. 이러한 때 프랜차이즈 방식의 딜러제도가 등장했다. 이후 자동차제조업자는 자사 유통문제를 해결하고자 프랜차이즈 딜러제도 - 배타적지역설정, 판매점수의 제한, 방문회수의 감소와 수송비용의 삭감, 정확한 정보수집, 애프터서비스 체제의 강화 등을 목적으로 - 를 추진하게 되었다"고 했다.[2)]

어쨌든 자동차업계는 빠른 속도로 미국 전역의 유통망을 확립하는 수단으로 프랜차이즈 딜러의 설립을 추진했고, 한편 자동차가 보급됨에 따라 각 지역은 가솔린, 윤활유의 필요성이 급속이 증대하여 이에 대응하고자 석유정제회사는 1920~1930년대에 프랜차이징을 효율적인 유통방식으로서 채용하였다. 이처럼 제품 프랜차이즈 시스템은 미국에서도 다양한 산업에 표준적인 유통방법이 되었던 것이다.

2) C. M. Hewitt(1958), The Furor Over Dealer Franchise, Business Horizons, Nov. p.81

3. 메이커의 채널전략과 프랜차이즈 시스템

앞에서 설명한 2개의 산업, 즉 자동차산업과 석유정제산업의 딜러 네트워크는 프랜차이징 지배력을 강화하고, 지속시키려고 했던 것이 타 산업의 프랜차이즈 유통 성장에 커다란 영향을 초래하게 되었다. 1937년 미국 연방거래위원회는 GM 및 GM의 판매회사에 대해, 프랜차이즈 딜러에게 GM의 부품, 부속품, 기타 수리공구를 강제로 구입하게 했다는 점에 대하여 정지권고를 내렸다. 소위, 이와 같은 거래행위는 자유롭고 공정한 거래를 저해하는 배타적거래관행에 해당되는 위법한 행위라고 했다. 이 결과 타 산업의 프랜차이즈 유통의 성장을 저해하게 되었다.

그런데 상술한 2개의 산업이 프랜차이즈 시스템을 채용했다는 것이 일반적인 견해지만, 프랜차이즈 시스템이 비즈니스로서 본격적으로 전개된 것은 오히려 타 산업이었다. 코카콜라, 펩시콜라 등 청량음료 메이커는 1900년대 초 보틀러(Bottler)라는 도매업자에게 절대적 지배권을 갖고 있었다. 그리고 이들 청량음료 메이커는 처음부터 프랜차이즈화된 보틀러(보틀러가 코카콜라에서 콜라원액을 구입하고 여기에 탄산수를 희석해 넣어 소매점에 콜라의 판매를 담당)를 기반으로 유통시스템을 구축하였다. 또한 하워드 존슨(Howard's Johnson's)아이스크림, 레스토랑), A & W 루트맥주 등도 1920년대에 프랜차이즈 시스템을 채용했다.

그러나 위의 회사와 업계에 의해 틀림없이 프랜차이즈 시스템은 창설되었지만, 이들 프랜차이즈 시스템의 특징은 한마디로 말하면 자사제품을 판매하기 위한 네트워크로서 프랜차이즈 시스템이다. 이러한 시스템은 제2차 세계대전 직후에 이를 때까지 급속한 발전은 거의 없었으며 대부분 메이커의 채널전략의 하나로서 이용되었다. 오늘날에도 이러한 흐름을 갖고 있는 프랜차이즈 시스템은 대부분 메이커의 채널전략으로서 활용되고 있다.

제2절 근대적 프랜차이즈 시스템의 발전

1. 서비스 프랜차이즈 시스템의 폭발적 성장요인

1950년대 이후 프랜차이즈 시스템은 그 형태를 서비스 프랜차이즈 시스템으로 변화시켜 모든 종류의 사업분야로 확산되고, 끊임없는 새로움, 급속한 혁신, 그리고 변함없이 애매한 소유권을 지닌 채 폭발적인 성장을 이룩하였다. 직간접적인 영향을 보면 다음과 같다.

① 쇼핑센터의 발전

② 체인스토어의 성장(슈퍼마켓, 디스카운트 스토어 등)에 의한 소규모소매업자의 압박

③ 제2차 세계대전 후 복귀군인, 전환농가의 증가

④ 미국인의 개인적인 독립의 꿈(아메리칸 드림)

제2차 세계대전 후 도시인구가 교외 거주지역으로 이동함에 따라 고속도로 인터체인지, 주요도로변에 입지하는 쇼핑센터의 개발은, 새롭게 상업집적된 쇼핑센터에 출점하지 못하는 지역의 소규모소매업자나 많은 신규출점 예정자(당시 철강을 판매하던 사람, 빵집 배달원, 과테말라의 커피농장 경영자, 퇴역군인)등이 새로운 유통방식으로서 프랜차이즈 시스템에 커다란 관심을 갖고 프랜차이즈점(franchisee)의 소유자가 되었다.

1964년 사우스랜드사(Southland Corporation)의 세븐일레븐(7-eleven) 사장이었던 톰프슨(John P. Thompson)은 컨비니언스 스토어(편의점)를 프랜차이즈 시스템으로 변경한 것에 대해 다음과 같이 말했다. "우리 미국인이 오랜 동안 꿈꾸었던 독립의 꿈(창업)은 세븐일레븐 푸드 스토어로 가능해졌고 퇴역군인이나 소규모소매업자에게 이제야 일자리를 줄 수 있게 되었습니다. 이는 세븐일레븐이 미국 사회에서 실업률 제고의 역할을 하고 있다는 의미

로도 볼 수 있으며, 그리고 성장이라는 측면과 직접 당사자가 수입을 얻을 수 있다는 두 가지를 갖춘 유니크한 투자기회를 제공하고 있습니다"고 했다.

톰프슨의 지적처럼 프랜차이징은 많은 미국인의 열기에 의해 한층 확산되었고, 새로운 프랜차이즈 비즈니스를 하려는 사람들에게 이처럼 많은 사람들이 존재하고 있다는 것은 소위 이상적인 상황이었음에 틀림없다. 즉 이러한 사람들은 자신의 업체(사업)를 갖을 수 있다는 개인적인 독립의 꿈, 다시 말하면 창업을 어느 정도 가능하게 해주는 프랜차이지로서의 매력을 느꼈다고 할 수 있다. 오늘날에도 독립된 점포를 갖는 것이 아메리칸 드림 그 자체이고, 미국인의 이러한 꿈을 현실적으로 실현 시켜주는 지배적인 요소 가운데 하나가 프랜차이즈라고 하겠다.

2. 미스터 도너츠의 탄생과 성공

프랜차이즈 역사의 고전적인 성공 스토리는 미스터 도너츠에서 찾아볼 수 있다. 회계사였던 헤리 위노커(Harry Winokur)는 매사추세츠주 레뷔러에 작은 도너츠점인 미스터 도너츠를 열었다. 이 작은 도너츠점이 미국 전역에 도너츠 프랜차이즈 네트워크를 확립하고 새로운 꿈을 실현시키게 될 줄은 아무도 몰랐다. 1955년 11월의 일이다. 미스터 도너츠는 보통 도너츠 외에 새로운 맛과 형태가 전혀 다른 40종류의 도너츠를 판매하여 1년 만에 4개의 점포를 개설했다. 그리고 이후 체인점 확장에 나섰지만 확장에 필요한 장기자금 조달이 생각처럼 순조롭게 이루어지지 않았다. 그래서 그는 그동안 성공했던 40종류의 수제 도너츠를 판매할 작은 점포 미스터 도너츠를 미국인에게 소개하기 위해 차선의 가능성을 강구해야했다. 이때 시작한 것이 프랜차이즈 시스템이었다. 즉 그는 미스터 도너츠를 개점하는데 필요한 자금을 출자하려는 출자자에게 미스터 도너츠의 명칭, 제품의 품질과 그의 경험, 경영기술의 사용허가를 부여하였다. 본사인 미스터 도너츠는 프랜차이즈 가맹점에 제품의 재료와 여러 가지 설비기구를 제공하고 경제적인 이득을 얻었다. 그는 유망한 프랜차이지 희망자를 매사츄세츠주에 있는 미스터 도너츠의 발상지에 초대하여 도너츠를 만드는 방법, 관련업무, 종업원의 감독, 올바른 회계 및 경리 등 점포경영에 필요한 기법을 가르쳐주었다. 그후 그는 지방지역까지 가서 프랜차이즈에 적합한 장소를 선정하거나 토지, 점포의 임대교섭을 하고 표준화된 설계도면을 바탕으로 미스터 도너츠점의 건설상황을 감독했다. 그의 목적은 프랜차이즈점이 적어도 3년 이내에 영업이익이 발생하고 자신도 지도료를 받을 수 있는 것이었는데 이것이 소위 프랜차이즈 피(fee)로서 결정된 계기가 된 것이다.

1964년 무렵 40개주 200점포 이상의 미스터 도너츠가 개점되고 본부는 매년 40점포의 신규 프랜차이즈점을 계획하기에 이르렀던 미스터 도너츠의 경이적인 발전은 소규모 사업 성장의 전형적인 신화로서 여전히 미국인에게 회자되고 있다.

3. 프랜차이즈 시스템의 유형

1950년 이후 프랜차이징이라는 용어는 급속히 확산되어 프랜차이즈 붐을 형성하기에 이르렀다. 소비재와 서비스를 취급하는 프랜차이즈 프로그램(제품 프랜차이즈)은 특히 1950~1965년에 걸쳐 급속한 성장을 이룩하였다. 이 가운데도 몇 가지 패턴이 있는데, 그 중 하나가 부문형 프랜차이즈(departmental franchise)이다. 퍼니 파머(Fanny Farmer), 로프츠(Loft's), 럿셀스토버(Russel Stover), 바톤즈(Barton's) 등 캔디회사에 의해 시작된 많은 프로그램은 선택적 채널전략으로 전개한 부문형 프랜차이즈이며, 1964년도에는 15,000점포 이상이나 있었다. 또한 여기에 필적할 만한 발전을 보인 것은 화장품, 기성복, 진공청소기 등 상품분야를 들 수 있다.

그리고 경쟁 브랜드 상품을 판매하고 있는 상황 하에서 특정 브랜드 상품을 확대하기 위한 프랜차이즈 계약도 중요성을 증대시켰다. 그렇지만 메이택(Maytag), 제니스(Zenith) 등 기업은 프랜차이즈 프로그램을 채용함으로서 경쟁적 지위를 강화하려고 노력했지만 반드시 성공적인 결과를 얻은 것은 아니었다. 확실한 것은 이러한 부문형 프랜차이즈는 메이커의 마케팅 전략이라는 관점에서는 중요한 것이었지만 미국 소매유통구조에는 그다지 커다란 영향을 미친 것은 아니었다.

이와는 대조적으로 가맹점 경영의 모든 것을 망라한 포괄형 프랜차이즈 프로그램(서비스 프랜차이즈라고도 한다)은 미국 유통업계에 커다란 충격을 주었다. 앞에 설명한 미스터 도너츠, 맥도날드 햄버거 등은 모두 포괄형 프랜차이즈 프로그램(comprehensive franchise programs)으로 운영되고 있는 프랜차이즈 시스템이다.

이 포괄형 프랜차이즈 프로그램의 채용은 청소 및 세탁소, 소프트 아이스크림, 보청기, 카페트 및 실내장식 크리닝 서비스, 냉난방설비, 수영장, 컨비니언스 스토어 등 다양한 업계에 적용되었고 레스토랑, 모텔, 파트타임 고용 대리점, 여행대리점, 경영컨설팅 등의 업계에도 적용되었다.

4. 패스트푸드 업계에서 급성장을 이룩한 프랜차이징

프랜차이징은 패스트푸드 업계에서 급속한 성장을 보였다. 가령 1983년 20개 프랜차이징 조직의 약 50%가 레스토랑과 소프트 아이스크림 판매점이었다. 이러한 급성장은 소프트 아이스크림 업계의 역사를 통해 보면 곧 알 수 있다. 즉 제2차 세계대전 후 소프트 아이스크림 판매점은 100점포 정도에 지나지 않았는데 1964년에 프랜차이즈 가맹점으로 영업하고 있는 소프트 아이스크림 판매점이 18,000점을 넘어섰다.

또한 이와 같은 사례는 패스트 푸드점에서도 동일하다. 치킨 디라이트사(Chicken Delight Inc.)는 1952년 한 점포로 시작하여 1964년에는 511점포로 늘어 매출액, 수수료, 가맹료를 포함해 총수입이 4,000만 달러에 달했다. 또한 맥도날드 시스템사(McDonald's System's Inc.)는 1955년 4월 제1호점을 개점하고, 크럭(Ray A. Kroc)이 맥도날드사로부터 260,000달러에 매수하여 그 후 1969년에는 점포수 약 1,100여점(이 가운데 직영점이 15%), 매출액 4억 6,000만 달러에 달했으며, 햄버거, 프라이드 포테이토, 밀크쉐이크 등을 추가하였고, 1965년 뉴욕 주식시장에 주식을 공개, 유럽, 일본, 한국에도 진출

(에리어 프랜차이즈로 상륙)하여 대부분 진출한 국가에서 햄버거 시장의 독점적 지위를 향유하고 있다.

전 세계적 호텔 체인 '홀리데이 인(Holiday Inn)', '피자헛' 등이 모두 1950년대에 등장한 프랜차이즈 업체들이다.

제3절 프랜차이즈 시스템의 개요

1. 프랜차이즈의 개념

우리나라에서 프랜차이즈 유통 시스템(franchise system of distribution)을 프랜차이즈 체인 혹은 체인점이라고 부르고 있는데 이것은 체인스토어 내지는 볼런터리 체인과 같은 명칭으로 사용하면서, 이것과 일단 구별한다는 이유, 혹은 체인이라는 명칭이 비교적 우리에게 익숙하다는 이유도 있고, 다른 한편으로 일본에서 사용되는 프랜차이즈 체인이라는 명칭을 그대로 차용한 이유도 있는 것 같다. 그러나 미국에서는 프랜차이즈 체인이라는 용어는 거의 사용하지 않고 있으며, 오히려 현대적인 유통시스템의 하나로서 인식하고 프랜차이즈 시스템, 프랜차이즈 비즈니스, 프랜차이징 등이 가장 일반적인 명칭으로 사용되고 있다.

앞의 설명에서와 같이 '프랜차이즈(franchise)'는 프랑스어 franc와 francher에 어원을 두고 있으며, '자유를 주다' 라는 의미를 갖고 있다. 비즈니스에 있어서 프랜차이즈라고 하면 본부와 가맹점 간에 계약에 의한 일종의 상호협력 시스템을 의미한다. 국제 프랜차이즈 협회(IFA)에서 '프랜차이즈(franchise) 사업이란 프랜차이저(가맹사업자 혹은 본사, franchisor)와 프랜차이지(가맹계약자 혹은 가맹점, franchisee) 사이의 계약관계이고, 프랜차이저는 노하우와 훈련 등의 업무에 관하여 계속적으로 이익을 제공하고, 이를 유지할 의무를 지며, 프랜차이지는 프랜차이저의 소유 또는 관리 하에 있는 공통의 트레이드 네임 포맷 및 수순에 따라 영업을 하며, 프랜차이지의 사업에 대하여 자신의 자본을 실질적으로 출자하는 자를 의미한다'고 정의하고 있다. (사)일본 프랜차이즈 체인 협회(JFA)에서는 '프랜차이즈란 사업자가 다른 사업자와의 사이에 계약을 체결하고 자기의 상표, 서비스마크, 트레이드 네임, 그 밖의 영업의 상징이 되는 표지 및 경영의 노하우를 사용하여, 동일한 이미지 하에 상품의 판매 및 그 밖의 사업을 수행할 권리를 부여하고, 프랜차이지는 그 반대급부로서 일정한 대가를 지급하며, 사업에 필요한 자금을 투입하여 프랜차이저의 지도 및 지원 하에 사업을 수행하는 양자의 계속적 관계'로 정의하고 있다.

우리나라 공정거래 위원회에서 '가맹사업자(franchisor)가 다수의 가맹계약자(franchisee)에게 자기의 상표, 상호, 서비스표, 휘장(영업표지) 등을 사용하여 자기와 동일한 이미지로 상품판매, 용역제공 등 일정한 영업활동을 하도록 하고 그에 따른 각종 영업의 지원 및 통제를 하며, 가맹계약자는 가맹사업자로부터 부여받은 권리 및 영업상 지원의 대가로 일정한 경제적 이익을 지급하는 계속적인 거래관계'라고 정의하여 고시(1997-19호)하고 있다.

즉 프랜차이즈란 가맹본부는 가맹점과의 계약에 의해 일정 지역 내에서의 독점적 영업권을 부여하는 동시에 상품이나 광고, 인테리어, 서비스, 교육, 경영지도, 판촉지원 등 경영전반에 관한 노하우를 제공하고 가맹점은 본부의 명성과 부여받은 권리를 이용하여 독자적으로 사업을 영위하는 대신 가맹비, 로열티 등의 형태로 일정한 비용을 지불하는 형태의 비즈니스 시스템이라고 할 수 있다. 이 때 상호, 상표, 노하우 등을 제공하는 자를 프랜차이저(franchisor)라 하고, 프랜차이저로부터 권리를 부여받은 자를 프랜차이지(franchisee)라고 한다.

이 처럼 프랜차이즈 시스템의 정의에 대해서는 반드시 통일된 견해가 있는 것은 아니지만 이들 견해를 통해 필자가 프랜차이즈 시스템에 대해 정리를 하면 다음과 같다.[3)]

---

3) 전태유·임현철·윤남수(2006), 프랜차이즈 업태별 마케팅 믹스 요인 활동의 차이분석,

프랜차이즈 시스템은 독특한 사업형태에 관한 원형, 혹은 양식을 개발하여, 이를 전개하는 프랜차이저가 그 상품 혹은 서비스, 또는 이러한 것들을 통한 사업기회 및 권리를, 계약을 통해 적은 대가로 프랜차이지에게 부여하는 수직형 마케팅 시스템의 한 형태이다. 일반적으로 브랜드, 트레이드 마크, 특허권, 판권 혹은 광고재료의 사용 및 기타, 법률적으로 보호받는 제품, 방법, 명칭 기타 독특한 마케팅 기술을 프랜차이즈 패키지로 제공하고 당사자 간의 지속적 관계를 유지하는 것이라고 정의한다.

2. 프랜차이즈 비즈니스의 3요소

프랜차이즈 비즈니스의 특징은 첫째, 본부와 가맹점은 각각 독립된 사업체이며 계약에 따른 공동사업이라는 점이고, 둘째, 본부가 가맹점에 프랜차이즈 패키지를 제공하는 점, 셋째, 제공된 프랜차이즈 패키지의 반대급부로서 가맹점은 본부에 일정한 대가를 지불하는 것이라 하겠다.

(1) 본부와 가맹점은 각각 독립된 사업체이며 계약에 따른 공동사업

본부와 가맹점은 법률적으로나 재무적으로도 각각 독립된 사업체이며 공동경영을 하는 것이 아니다. 경영에 대한 성공이나 실패의 책임은 각자에 있기 때문에, 말할 필요도 없이 본부의 경영은 본부 경영자의 책임이며 가맹점 경영은 가맹점의 경영자가 책임지는 것이다.

또한 본부와 가맹점은 상하관계가 아니다. 어디까지나 계약을 맺은 비즈니스 파트너의 관계로서 대등한 것이므로, 점포를 경영하는 가맹점의 능력과 노력에 따라 충분히 점포를 신장시킬 수 있는 것이다.

다시 말하면 프랜차이즈 비즈니스란 각각 독립된 사업체가 계약에 따라 비즈니스 파트너로서 상호간에 협력하면서 공동사업을 하는 것이지 공동경영을 하는 것이 아니라는 점이다. 따라서 경영의 책임은 각자에게 있는 것

한국외식산업학회

이다.

프랜차이즈(franchise)란 본래 사람이나 회사 등에 특권(판매권)을 부여한다는 의미를 갖고 있으며, 계약에 의거하여 프랜차이저(본부)가 프랜차이지(가맹점)에게 특권을 부여하고 공동사업을 하는 것을 말한다. 가맹점이 본부로부터 받는 특권의 내용은 다음 3가지로 설명할 수 있다.

① 본부의 상표, 서비스 마크, 체인 명칭을 사용할 권리
② 본부가 개발한 상품이나 서비스, 정보 등 경영상의 노하우를 이용할 권리
③ 본부가 가맹점에 대하여 지속적으로 실시하는 경영기법 및 각종 지원을 받을 권리

(2) 프랜차이즈 패키지

패키지라는 말은 본래 감싸거나 포장한다는 의미가 있다. 프랜차이즈 패키지(franchise package)란 "충분하게 구성된 일련의 혹은 일체의 프로그램 또는 계획으로, 상세하게 준비되어 있고, 한 묶음의 체계적인 서비스로서 즉시 제공될 수 있도록 일정한 가격으로 판매되는 것"이라 할 수 있다.

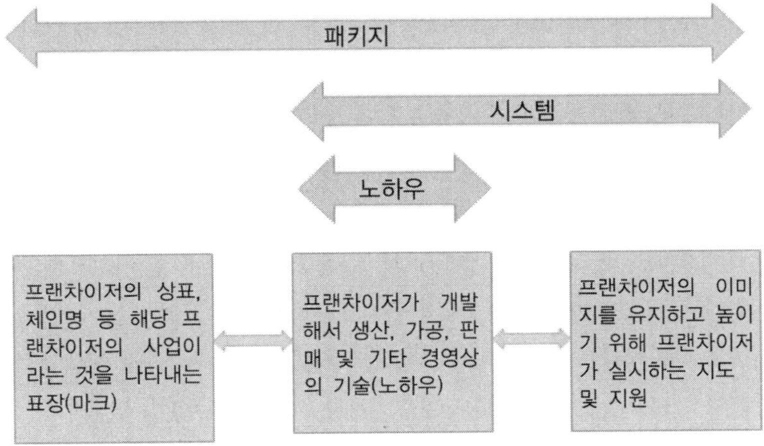

〈그림 7-1〉 프랜차이즈 패키지 요소

다시 말하면 프랜차이즈 패키지는 프랜차이즈 계약에 따라 본부가 제공할 것을 약속하고, 가맹자가 대가를 지불하고 이용하는 일정한 경영시스템 혹은 일련의 프로그램인 것이다. 즉 프랜차이즈에서는 일련의 비즈니스가 포괄적, 체계적, 표준화된 패키지로 제공되고 그것이 일정한 가격으로 판매된다. 프랜차이즈 패키지는 다음 3가지 요소가 유기적으로 구성되어 형성된다.

① 본부의 상표, 서비스 마크로 본부의 사업이라는 것을 나타나는 마크
② 본부가 개발한 가맹자를 운영, 관리할 시스템이나 노하우 등의 구성
③ 프랜차이즈 체인의 통일된 이미지를 유지하기 위한 본부의 지도방법

(3) 프랜차이즈 패키지의 구성요소

1) 상표의 제공

프랜차이즈 체인으로서 체인명 등 본부의 비즈니스라는 것을 나타내는 브랜드나 마크로서 본부가 가맹점에게 제공하여 체인점으로서 통일적인 이미지를 갖추게 함으로서 고객에게 안심감과 신뢰감을 조성해주고 단골이 되게 하기 위한 심볼을 말한다.

프랜차이저와 프랜차이지는 법률적으로 각각 개별 사업자이지만 간판 등 외관, 스탭의 유니폼 등은 직영점 뿐 아니라 가맹점 전체가 통일되어 있다. 경쟁관계에 있는 타사와 차별화 수단으로 광범위하게 알려져 있는 상표나 서비스 마크(표장, 標章)등은 사업활동을 하는데 필수불가결한 도구이다. 이것을 사용 허락하는 것은 가맹점에게는 중요한 요소라 할 수 있다. 서비스 마크는 금융, 운송, 음식, 광고, 숙박, 교육, 오락, 정보, 건설, 통신 등과 같은 서비스 거래에 있어서 서비스 업자가 자기(자사)가 제공하는 서비스를 타인(타사)이 제공하는 서비스와 식별(구별)하기 위해 자기가 제공하는 서비스에 대해 사용하는 표식(標識) (마크: 문자, 도형, 기호)을 말한다.

서비스 마크는 서비스를 받는 고객이 서비스를 제공하는 기업을 명확하게 식별할 수 있는 것으로서 비즈니스에서 점포명이나 체인명에 해당되는

것이며, 말하자면 기업의 얼굴이라 할 수 있다.

프랜차이즈 패키지에서 특허를 받은 시스템을 제외하고는 유일하게 법률로 보호를 받는 것으로서 서비스 마크가 없는 것은 프랜차이즈 패키지를 구축했다고 말할 수 없다. 가맹점으로서는 프랜차이즈 본부가 갖는 기업이미지를 이용하는 것이므로 신규 오픈했어도 고객은 일정한 신뢰를 이미 갖고 있다고 해도 과언이 아니다.

2) 시스템 노하우의 제공

본부는 가맹점 경영이나 운영을 지원하는 정보시스템 또는 노하우를 개발하여 가맹점에게 제공하고 본부의 직영점과 동일한 영업방침이 적용 가능한 내용을 구축해야 한다. 브랜드의 통일, 점포이미지의 통일과 더불어 타사와 차별화된 상품, 서비스의 제공을 지속함으로서 고객의 신뢰감을 얻게 된다. 이러한 것은 본부가 만든 매뉴얼을 통해 상시 가맹점에 제공되어야 한다. 또한 본부는 체제를 구축하기 위한 교육프로그램과 훈련시스템을 개발하여 개점전에 가맹점에 제공하는 것도 패키지의 요소라는 것을 잊어서는 안된다.

본부가 실시하는 가맹점 교육훈련으로서는 점포 개점전과 개점후 몇 개의 단계로 나누어 교육훈련 계획을 만든다. 교육훈련의 형식은 강의뿐 아니라 실제 현장에서 일을 하고 몸으로 익히는 실습도 포함된다. 또한 개점전 교육훈련을 받는 것은 가맹점 오너에 한정하는 체인본부도 있고 점장이나 가족종업원 모두 받아야하는 체인도 있다.

3) 계속적 지도 및 지원

본부가 전개하는 직영점과 같은 경영이나 운영이 가능하도록 본부는 가맹점의 교육훈련을 시키고, 동일한 레벨의 경영과 운영을 유지하도록 하며 나아가 성장 발전시키기 위한 지도와 조언을 실시하며, 가맹점의 가맹점 관련 경영 상담에 대해서는 적절한 지원을 할 수 있는 능력이 필요하다. 구체적으로는 본부의 슈퍼바이저에 의한 경영지도가 여기에 해당된다.

프랜차이지가 된 사람은 프랜차이저가 실시하는 개점전의 교육, 훈련에 따라 점포운영의 노하우를 제공받는다. 그러나 여기에서 제공받는 노하우는 일시적인 것이며, 획일적인 것이다. 각 프랜차이즈점은 각각 입지조건도 다르고 프랜차이지의 경영능력도 다르다. 따라서 실제로 개점해보지 않으면 구체적인 경영지도가 불가능하다는 것도 계속적 경영지도가 중요해지는 요인인 것이다.

또한 본부의 기능으로서 정보를 수집하여 분석한 자료를 가맹점에 계속적으로 제공하는 것도 중요하다. 경쟁점포의 출점정보나 경제정보는 물론이고 개별 점포의 매출, 이익 등의 경영분석 데이터를 실시간으로 가맹점에 제공할 수 있는 본부는 경쟁력 있는 프랜차이즈 본부라 말할 수 있다.

4) 프랜차이즈 시스템의 체계화

본부가 가맹점에 제공하는 프랜차이즈 패키지 요소는 크게 마케팅 기능과 매니지먼트 기능으로 구성되어있다. 프랜차이즈 시스템은 하나하나의 시스템을 종합적으로 기능화하고 본부가 갖고 있는 시스템 노하우를 가맹점에서 사용할 수 있도록 체계화하지 않으면 안된다.

프랜차이즈 시스템의 중요한 내용은 다음과 같다.

마케팅 기능으로서, 가맹점주 개발기능, 물건개발기능, 입지상권평가 · 분석기능, 점포건설 · 시공기능, 머천다이징 기능, 로지스틱 기능, 세일즈 프로모션 기능이 있다.

매니지먼트 기능으로서는, 체인 운영 기능, 슈퍼바이징 기능, 교육 · 훈련 기능, 점포경영관리 기능, 경영정보시스템 기능, 파이낸스 기능 등이다.

5) 노하우

본부가 가맹점에 제공하는 프랜차이즈 패키지의 한 요소로 프랜차이즈 시스템을 사용할 때 어떻게 해야 하는가에 대한 비결을 말한다. 노하우는 정보, 지식, 경험, 지혜, 요령 등이 체계화된 것으로 무형자산이다. 프랜차이즈 체인의 노하우란 프랜차이저가 개발하고 프랜차이지에게 제공하는 점포 운영에 필요한 정보, 생산, 가공, 판매, 관리 등 프랜차이즈 시스템의 비결을 뜻한다.

6) 매뉴얼

일반적으로 소책자, 편람, 수첩 등을 말한다. 프랜차이저는 점포운영 매뉴얼, 상품관리 매뉴얼, 접객매뉴얼, 제조(가공)매뉴얼 등 매뉴얼을 프랜차이지에게 제공한다. 이러한 매뉴얼은 계약서의 일부인 운영규칙이나 운영규정 등과는 다르고, 그 프랜차이즈 시스템에 대한 하나의 도구이다.

프랜차이저가 프랜차이지에게 대여하는 매뉴얼은 프랜차이지 및 종업원이 읽고 또는 보고, 프랜차이즈 사업운영 상의 작업, 동작, 사무 기타 업무가 가능하도록 만들어진 것이다. 프랜차이즈 시스템이 정한 또는 기대하는 표준에 따라 정확, 확실 그리고 효율적으로 실시하기 위한 기본적인 절차, 수속, 방법 등을 구체적, 실제적으로 기재한 것이다. 이 표현 방법 및 체재는 프랜차이지 및 해당 종업원이 실제 활용하기 편리하도록 만드는 것이 바람직하다.

매뉴얼은 본부의 사업전략에 따라 구축된 체인 오퍼레이션 시스템으로 고객에게 최적의 상품이나 서비스를 제공하기 위해 표준화된 최소한의 도구이다. 매뉴얼은 고객에게 체인점으로서 통일적 이미지를 느끼게 하기 위해 가맹점이 최소한 실현해야 하는 기준을 정한 소책자이므로 가맹점 오너가 자신의 점포의 스탭에게 교육훈련을 실시하는데 필요한 교본도 된다. 매뉴얼을 넘어서는 것은 프랜차이즈 체인 발전을 위해서는 필요한 것이지만 매뉴얼 불필요론(不必要論)과 혼동해서는 안된다.

(4) 프랜차이즈 패키지의 반대급부로서 가맹점은 본부에 대가를 지불

가맹점은 본부로부터 받은 특권이나 프랜차이즈 패키지에 대해 가맹금이나 로열티 등 대가를 본부에 지불하고, 또한 필요한 사업자금은 스스로 투자해야 한다. 한편 본부는 가맹점에 대해 본부의 사업과 동일한 사업을 영위하기 위해 필요한 지도와 지원을 하고, 가맹점은 그 관리, 지도 하에 본부의 사업과 동일한 이미지를 유지하도록 사업활동을 한다.

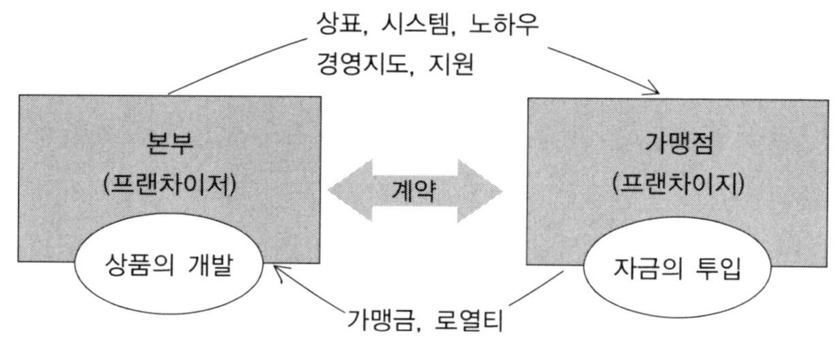

〈그림 7-2〉 프랜차이즈 비즈니스의 구성요소

3. 가맹점의 권리와 의무

(1) 가맹점의 권리는 사용할 권리, 이용할 권리, 받을 권리

가맹점과 프랜차이즈 본부는 계약에 따른 법률행위에 의해 이루어진 관계이다. 계약을 체결함으로서 계약기간 중, 본부가 갖는 상표, 명칭 등을 사용할 권리, 경영 상의 노하우를 이용할 권리, 계속적인 지도, 지원을 받을 권리 등, 소위 프랜차이즈 패키지를 향유할 수 있다.

(2) 가맹점의 의무는 본부의 방침을 토대로 점포운영

가맹점은 본부와 협력하면서 프랜차이즈의 통일적 이미지를 유지하고 체인 발전에 기여할 의무가 있다. 또한 가맹점 의무의 하나는 매뉴얼을 지켜야 한다는 점이다. 가맹점은 표준화라는 정책 그대로 본부가 확립한 점포운영의 통일된 이미지를 유지하고 본부가 지시한 대로 품질을 관리하고 본부가 지정한 대로 매니지먼트를 유지할 의무가 있다.

매뉴얼에 적힌 내용은 모두 이유가 있고 본부에서 충분하게 연구를 거듭해 추구한 결과를 노하우로서 매뉴얼로 만든 것이다. 방법론을 가맹점에 강요하는 것이 아니라 성공하기 위해 매뉴얼을 제공하는 것이다. 따라서 연수나 경영지도를 겸손하게 받아들이는 자세도 중요하다. 배운 것을 솔직하게 실행에 옮기는 것이 중요하며, 자신의 생각은 이러하니까 이렇게 하겠다는 것은 마이너스가 되며, 배운대로 충실하게 실행에 옮겨야 한다. 그럼에도 불구하고 자기 스타일로 하고 싶다면 프랜차이즈에 가맹하지 말고 독립된 점포를 개업하는 것이 현명하다.

4. 결과는 모두 자기 책임이라는 인식이 중요

프랜차이즈 비즈니스의 기본은 계약(契約)과 자기책임(自己責任)의 원칙(原則)이다. 가맹하면 간단하게 성공할 수 있다, 프랜차이즈 본부가 다 해주니까 괜찮다는 등의 의존심은 실패하기 십상이다. 본부의 운영방침에 따르면서 본부에 의존하는 철부지 아이들과 같은 생각을 갖지 말고, 자신의 노력으로 실적을 올리는 자기책임의 중요성을 인식하고 자신의 문제를 명확히 파악하면서 하나하나 해결해 나가는 노력이 필요하다.

한편 프랜차이즈 본부가 그 기능을 상실한다든지 도산한 경우에는 가맹점에 커다란 손해를 끼치기 때문에 미리 리스크가 있다는 점도 인식할 필요가 있다. 또한 이와 같은 본부에 가맹하지 않는 것도 자기책임(本部選擇自己責任論)의 하나이며 가맹점의 중요한 능력이다.

어떤 비즈니스든지 리스크가 전혀 없는 사업은 존재하지 않는다. 반드시 성공한다는 보증은 없으며 사업인 이상 실패할 경우도 있다는 인식도 필요하다. 가맹점은 독립된 경영체이며 가맹자는 모든 것을 책임지는 경영자이기 때문에 어떠한 결과가 있다고 해도 자기책임이라는 것을 각오해야 한다. 사업은 자신의 것이며 자기 점포운영에 대해 모든 책임을 진다는 자세야말로 이익을 창출할 수 있는 원동력이 되는 것이다.

본부는 가맹점의 성공을 보증하는 것이 아니라 지원할 뿐이고 이익을 보장해 주는 것이 아니다. 자기책임으로 개업한다는 것을 가슴에 새겨두고 잊지 말아야 한다. 자신은 경영자로서 무엇을 해야 할 것인가, 무엇에 대해 책임을 지는 것인가를 충분히 이해하고 경영자로서 본부와 대등하게 대화할 수 있는 마음가짐이 필요하다. 또한 경영자로서 자신이 리스크와 맞서 싸운다는 각오가 필요한 것은 두말할 필요도 없다.

5. 계약의 중요성

본부와 가맹점의 권리와 의무를 문서로 만든 계약서에 따라 가맹계약을 한다. 가맹계약은 쌍방의 권리와 의무를 공유화함과 동시에 후일 분쟁을 방지하기 위한 목적을 갖고 있다. 소위 구두약속(口頭約束)은 "해 주겠다", "하지 않았다", "말했다", "말하지 않았다"는 식이 된다. 때문에, 만약 본부와 가맹점 사이에 분쟁이 발생했을 때 반드시 필요한 것이 이 계약서이다. 따라서 계약내용은 몇 번이고 반복해서 읽어보고, 의문점이 있으면 즉시 본부에 질문하고 이해한 후 서명, 날인하는 것이 무엇보다 중요하다. 후일, "그럴려고 그런 것이 아니다"며 괴로워해도 계약사회에서는 통용되지 않는다. 믿을 만한 본부라는 단순한 믿음에 근거한 계약은 프랜차이즈 시스템에서는 적용되지 않는다. 계약에 익숙하지 않은 우리나라 사람에게 프랜차이즈 계약서의 중요함은 몇 번 강조해도 부족함이 없다.

제4절 프랜차이즈 시스템의 이론적 배경

1. 비용절감과 규모의 이익추구

체인스토어 이론과 그 내용을 경영에 채택함으로서 비용절감이 가능해지고 규모의 이익을 얻을 수 있다. 이 근거로는 대량(大量, mass)의 기조가 있다. 프랜차이즈의 목적은 비교적 단기간에 많은 가맹점을 만들어 사업규모를 확대하고 가맹점과 함께 비용절감과 규모의 이익을 향수하는 것이다. 여기에서 중요한 것은 본부만이 아니라 가맹점도 규모의 이익을 얻을 수 있다는 점이 특색의 하나이다.

2. 분업형태로 성립된 체인스토어

체인스토어 이론에서는 본사가 담당하는 역할과 점포가 담당하는 역할이 다르고 분업의 형태로 이루어져 있다. 본사는 경영전략, 점포출점전략, 상품개발, 재무관리, 노무관리, 교육, 물류 등 중심적 기능을 담당하며, 현장(店鋪)은 운영을 담당하면서 비용관리를 한다.

본사와 점포와의 관계는 프랜차이즈의 경우로 설명하면 본사기능은 프랜차이즈본부가 담당하고 점포의 기능은 말 그대로 가맹점이 담당하는 것이다. 이와 같이 체인스토어 이론이 본래의 작용을 하면서 소기의 목적을 달성하기 위해서는 본부가 기업윤리를 지키면서 사회적 책임을 다하고 쌍방이 성실하게 계약상의 의무를 다하겠다는 약속을 지켜야 할 필요가 있다. 왜냐하면 본부와 가맹점은 계약으로 연결되어있기만 할뿐 양자는 경영을 독립적으로 하는 사업체이기 때문이다.

분업방식은 역할이 명확하고 최고의 효율을 올릴 수 있는 반면 이에 따른 결점도 있다. 이것은 전체상을 보기가 어렵게 된다는 점이다. 경영을 별

도로 하는 사업체가 협력하는 프랜차이즈는 이 결점이 현저하게 나타난다. 그렇기 때문에 프랜차이즈는 이념을 공유하고 커뮤니케이션을 중시하면서 서로 신뢰관계를 만들어 가는 것이 중요한 것이다. 그리고 분업이기 때문에 본부와 가맹점 양자가 상대에 대해 스스로의 책무를 다하지 않는 잠재적 불만을 파생시키기 쉽다. 소위 프랜차이즈에 있어서 경쟁자동차의 이론이다. 이는 경영체를 동일시하는 직영점 체인의 본사와 현장(직영점)과의 관계에 있어서 어떤 확집과 알력이 나타나는 것과 똑 같다.

3. 3S

체인스토어 이론에 의거한 경영관련 내용 모든 부분이 표준화(standardization), 단순화(simplification), 전문화 혹은 분업화(specialization)되는 것을 3S라고 한다. 이 기법을 추구하는 것은 효율화와 비용절감을 달성하여 규모의 이익을 얻을 수 있다. 3S를 실제 프랜차이즈에 적용시키기 위해 우선 해야 할 것은 프랜차이즈화하려는 사업의 표준화이다. 필자는 표준화한 사업을 최적규모의 유니트라 부르고 있다. 이것은 프랜차이즈의 대전제이며, 이것이 가능해지면 프랜차이즈화가 가능해진다. 표준화도 되어있지 않은데 사업권리(유니트)를 판매하는 본부가 있기 때문에 개업 후 트러블이 발생하는 것이다.

다음은 단순화인데 유니트 오퍼레이션은 가맹점의 아르바이트나 임시직원이라도 가능한 쉬운 내용으로 단순화된 매뉴얼의 전개이다. 현장 작업내용은 가맹점의 오퍼레이션 비용을 좌우하기 때문에 본부는 절대 숨겨서는 안되는 부분이기도 하다. 개업 후 경비가 소요되었는데도 벌지못하는 가맹점이 있는 것은 가맹점의 오퍼레이션이나 관리능력에도 기인하지만 작업내용을 철저히 분석하고 단순화함으로서 오퍼레이션 내용을 만드는데 게을리한 본부의 잘못에 의한 것인 경우가 많다.

마지막으로 전문화 또는 분업은 체인스토어 최대의 특징이라 할 수 있다. 체인스토어 내용은 이미 설명한 바와 같이 본사와 점포가 갖는 기능은 전혀 다르다. 본사는 점포가 할 수 없는 것과 해서는 안되는 것을 집중적으로 실시하고 점포는 오퍼레이션만 전념하는 것이다. 양자는 상호보완관계이며 함께 주어진 역할을 달성함으로서 최고의 효율을 발휘하여 규모의 이익을 얻을 수 있는 것이다. 가맹점은 오퍼레이션에 전념하는 것만으로 충분하며 불필요한 것은 본부가 대신 해 주는 것이다. 이것이 프랜차이즈에 가맹하는 가장 커다란 이유이다. 이상의 설명과 같이 프랜차이즈는 미경험자나 초보인 경우에도 일정수준의 일을 할 수 있도록 제공해주는 것이 체인스토어 이론의 3S인 것이다.

4. 소상권주의와 도미넌트 출점

체인스토어 이론에서는 점포출점(店鋪出店)과 소상권주의(小商圈主義)를 추구한다. 다수의 점포를 개발하기 위해서는 개개의 점포상권은 작을수록 좋다. 원하는 지역 내에 가능한 한 많이 출점하기 위해서는 작은 상권으로 몇 개를 나누는 방법이 유효하다고 하겠다. 폭격방법으로 말하면 융단폭격이다. 이것이 체인스토어 이론에서의 점포출점 전략이다. 프랜차이즈가 체인스토어 형태로 가맹점을 단기간에 대량으로 출점시키는 것이 사업확대 전략이라고 이해하면 이러한 점은 알기 쉬울 것이다.

이 상권은 반경 500미터에서 1킬로미터의 적은 규모이며 많이 걸어야 15분 이내이다. 카페나 커피숍은 간선도로 양측을 마주보며 출점하기도 한다. 이와 같이 작은 상권의 점포를 일정지역에 다수 집중적으로 출점시킴으로서 체인스토어의 우수한 지반을 구축하는 것이 가능하다. 이것은 가맹점에 대한 상품배송이나 슈퍼바이저 순회의 측면에서도 효율적이며 가맹점에 있어서도 플러스 요인이 된다. 배송비용의 삭감에 따른 규모의 이익을 모든 가맹점이 공유할 수도 있다. 이러한 것을 총칭해서 도미넌트(dominant)출점이라고 한다.

도미넌트 출점은 또한 그 체인이 갖는 브랜드력을 확장시키는 작용도 한다. 일정지역에서 집중적으로 점포를 증가시킴으로서 브랜드는 단기간에 침투하고 상호작용으로 가맹점의 인지도를 더욱 높여준다. 그러나 반드시 플러스요인만 있는 것은 아니다. 이 결과로 초래되는 것은 각각의 직영점이나 가맹점의 상권이 서로 인접하게 되어 상권침투에 관한 트러블이 일어날 수 있다. 체인스토어 이론에 따라 충실하게 도미넌트 출점하는 우량본부일수록 이 트러블에 빠지게 된다. 전국규모의 체인이라고 스스로 자임하면서 서울부터 제주도까지 주요도시에 몇 개의 점포단위로 출점하는 것은 체인스토어가 아니다. 가맹희망자는 본부가 발표하는 점표일람표를 보고 본부가 어떠한 점포출점전략을 택하고 있는지를 알 수 있다. 상권을 둘러싼 트러블이 일어나는 것은 프랜차이즈 체인의 점포출점전략의 숙명이라고 할 수 있다. 이것을 완전하게 회피하는 것은 100%직영점으로 체인을 전개하는 것 외에는 방법이 없다.

5. 점포의 규모가 작다

이상 설명한 바와 같이 체인스토어는 소상권주의를 추구하기 때문에 가맹점의 사업규모는 작아진다. 대규모 사업은 프랜차이즈에 적합하지 않다. 이러한 점은 개인이나 소규모자영업자가 많은 가맹점의 개업자금조달력을 감안한 것이다. 점포의 규모는 본부가 개발한 최적규모의 유니트가 기준이 된다. 여기에서 말하는 최적규모는 결코 크다는 것을 의미하는 것이 아니다.

따라서 가맹점이 사업을 확대하려고 한다면 점포수를 증가시키는 것 외에 달리 방법이 없다. 표준화된 소상권의 점포규모는 상정된 규모이상으로 확대하는 것은 바람직하지 않다. 무리하게 매출을 늘리고 싶다면 표준화가 붕괴되고 통일적 이미지도 손상된다. 그래서 본부는 2호점이나 3호점의 출점을 장려하게 되는 것이다. 실적이 좋은 가맹점 점주에게 복수점포를 경영하도록 하면 경영력 측면에서 본부도 안심되고, 본부에 따라서는 복수점포를 장려하기 위해 인센티브를 주기도 한다. 프랜차이즈 사업에 메가 프랜차이즈라고 하는 다수의 점포를 경영하는 기업이 출현하는 배경은 이와 같은 이유 때문이다.

또한 프랜차이즈는 지역밀착형(地域密着型)이라고 할 수 있다. 지역을 잘 알고 있는 지역출신 사업가가 원래 갖고 있는 자사 브랜드 업태의 전개를 포함하여, 보기 좋게 도미넌트 출점을 성공시킨 사례가 일본에서는 많이 볼 수 있다. 대규모 직영사업으로 성장한 프랜차이즈 본부가 소규모로 이루어진 프랜차이즈 패키지를 개발하여 사업규모를 확대하는 것도 바로 이 이유이다. 일본의 경우 종합가전 프랜차이즈에서 이러한 사례를 볼 수 있다.

6. 최종소비자를 고객으로 하는 사업이 많다

프랜차이즈 사업은 소비자를 최종고객으로 하는 사업이 많다. 유통의 중간단계에 있는 대기업이나 사업자를 상대하는 프랜차이즈는 일부 인재관련 서비스업, 사업지원 프랜차이즈 등을 제외하고는 성립되기 어렵다. 이것은 무엇 때문일까. 이유는 점포가 소상권주의를 택하고 있기 때문이다.

따라서 상품은 일용성이 높은 생활필수품을 취급하게 된다. 서비스의 제공도 이와 같다. 이렇게 하는 것이 고객의 구매빈도가 높아지고 지역밀착형으로서 좁은 상권으로 영업이 가능해는 이유이다. 반대로 구매빈도가 낮은 고급상품을 포함한 명품, 희소품, 취미상품 등은 원거리의 고객을 필요로 하기 때문에 프랜차이즈에 적합하다고 할 수는 없다.

이러한 점은 외식업에서도 적용된다. 메뉴는 주로 매일 먹어도 질리지 않는 것이 바람직하다. 최근 점포수가 많아진 외식업체를 보면 대부분 메뉴가 일상성이 있다는 공통점이 있다. 격조있는 프랑스요리나 고급음식점은 브랜드력이나 상호는 발군의 지명도가 있다고 해도 체인화하기 어려운 것은 식재료의 조달이나 조리하는 기능, 기술의 문제만이 아니다. 일상성이 없는 메뉴라서 다점포화하기에 한계가 있기 때문이다.

서비스업도 이와 같다. 세탁, 청소, 시설관리(각종 보수), 보육원, 학원 등 서비스를 떠올리면 이해하기 쉽다. 이러한 서비스는 일상성이 높고, 이러한 서비스가 없으면 소비자가 곤란하기 때문에 결과적으로 이용하는 빈도도 높아진다.

또한 잠재구매력이 있는 예상 고객은 가능하면 많을수록 좋다. 이는 고객층을 확대하는 것이 된다. 즉 체인스토어는 폭넓은 고객층을 대상으로 한다. 한 사람이라도 더 많은 고객에게 일용품이나 생활필수품을 매일 구입하도록 하고, 외식도 매일하도록 하며, 매일 서비스를 받게 하는 것이 대량이라는 개념으로 연결시킬 수 있다. 하루에 몇 백개, 몇 천개 판매하는 상품, 하루에 몇 인분이라도 배달하는 메뉴, 고객이 기다리는 시간이 필요한 미용실 서비스 등을 개발하는 것이 다점포화로 연결된다는 것을 쉽게 이해할 수 있을 것이다.

체인스토어가 일용성이 높은 상품, 서비스를 제공하는 것을 주된 내용으로 한다는 것은 가맹점 운영이 박리다매(薄利多賣)를 전제로 한다는 것을 의미한다. 단가가 낮은 상품이나 서비스를 휴일도 없이 경우에 따라서는 24시간, 매일 조금씩 지속적으로 판매하는 것이 프랜차이즈이다. 점포운영도 표준화되어 단순해졌다고는 해도 매일 매일의 노력이 축척되어야 할 필요가 있다는 점을 생각한다면 결코 편한 사업은 아니다. 따라서 가맹점 모집은, 본부는 가맹점 점주의 연령을 제한하여 부부가 같이 영업해야 한다는 등의 여러 가지 부대 조건을 달게 된다. 점포의 휴일이나 긴 영업시간을 둘러싼 트러블이 발생하는 것은 바로 이러한 점이 로열티의 계산기준이 되기 때문이기도 하지만, 앞에 설명한 배경에 관계되기 때문이다.

7. 상품개발과 구매경로 개발

소상권의 작은 점포로서 일상성이 높은 상품이나 메뉴를 폭넓게 조금이라도 많은 고객에게 제공하기 위해서는 어떻게 해야 하는가. 우선 가격은 저렴한 것이 좋다. 대량매입으로 저렴해지기는 하지만 이것은 한계가 있다. 그래서 등장하는 것이 PB(private brand)나 자사규격으로 불리는 상품개발이다. 자사 체인업태에 적합한 가격(업태를 결정하는 것은 가격이다)과 품질의 상품, 원재료, 식재를 제조 가공한다.

따라서 체인스토어 확대라는 측면에서 독자적인 조달경로의 개발이 가장 중요한 과제가 된다. 점포를 포함한 제조가공 과정에 체인스토어 이론인 3S를 이용함으로서 판매가격은 더욱 낮아진다. 조달부터 판매까지 상품개발 과정에서 비용절감을 도모하고 저렴한 가격을 실현하는 것이 체인스토어 논리이다. 이와 같은 내용구성은 본부의 노하우가 되어 가맹점에 조달원을 지정하는 이유가 되고 로열티를 징수할 수 있는 근거가 된다.

8. 매뉴얼 개발

체인 운영에서 매뉴얼은 중요한 지위를 갖는다. 특히 프랜차이즈의 본부는 최적규모의 유니트 운영 방법을 단기간에 정확하게 가맹점에 전수해주어야 한다. 프랜차이즈 실무 현장에서는 제조, 가공, 조리나 서비스의 제공이 사람에 따라 달라지는 것을 가장 염려스러워 한다. 매뉴얼이 있기 때문에 이것을 방지할 수 있다.

매뉴얼을 부정하는 사람은 반드시 획일적 서비스를 비난한다. 그러나 임기응변의 서비스가 가능해지는 것은 매뉴얼이 있기 때문에 비로서 가능해지는 것이다. 매뉴얼 없이 임기응변으로 서비스를 하는 것은 가맹점이 편리한대로 하는 것에 불과하다.

부연 설명하자면 매뉴얼은 현장에서 작업과 운영에 정통한 사람이 작성해야 하며, 타사의 매뉴얼은 편집방법은 참고할 수 있어도 내용은 전혀 참고가 되지 않을 것이다. 자사의 독자적인 프랜차이즈 패키지가 있음으로서 비로서 매뉴얼이 만들어진다. 그리고 가맹점에 배포할 매뉴얼은 용이하게 수정, 추가될 수 있는 형식이 바람직하다. 왜냐하면 프랜차이즈 패키지는 끊임없이 업그레이드 되어 그때 그때 수정, 추가할 필요성이 발생하기 때문이다. 다시 말하면 확실하게 제본된 매뉴얼은 본부가 버전업을 할 마음이 없다는 증거가 된다.

제5절 프랜차이즈 시스템의 특징

프랜차이즈 시스템은 주목받고 있는 경영시스템이지만 모든 사업이 성공할 수 있는 꿈의 시스템은 아니다. 본부와 가맹점 양측에 장점도 있고 이에 따른 단점도 있다. 다만 잘 활용하면 장점이 더 많다는 것이다. 프랜차이즈 시스템을 활용해서 비즈니스를 하고 싶다면 이러한 점을 충분히 인식할 필요가 있다.

1. 가맹점의 장점

1) 독자적으로 개업하는 것 보다 위험성이 낮다

본부가 많은 자금과 시간을 들여 개발한 효율적, 효과적인 노하우나 시스템을 이용할 수 있기 때문에 자신이 사업을 시작하는 것 보다 자금 및 시간적인 부담이 가볍고 사업실패의 위험성도 적어진다. 가령 경쟁력을 상실한 소규모 점포가 프랜차이즈 체인에 가맹하여 노하우나 시스템을 제공 받는다면 경쟁력을 회복할 가능성이 높아진다.

2) 사업경험이 없어도 경영이 가능하다

프랜차이즈 시스템 패키지는 전혀 경험이 없는 사람이라도 배울 수 있는 시스템이다. 개점 전에는 본부의 교육훈련을 받을 수 있고, 개점 후에는 슈퍼바이저가 지속적인 경영지도를 해주기 때문에 사업경험이 없는 사람도 경영을 할 수 있다.

3) 체인의 지명도나 좋은 이미지를 활용할 수 있다

본부의 사업전개에 의해 소비자가 인지한 체인명을 활용함으로서 단독으로 개업하는 것 보다 소비자가 인지하는 것이 빠르다. 또한 본부가 구축해 놓은 좋은 이미지를 활용하기 때문에 소비자의 신용도 높아진다.

4) 비교적 적은 자본으로 개업할 수 있다

사업내용에 따라 여러 가지가 있을 수 있겠지만 본부가 구축한 노하우를 활용함으로서 단독으로 개업하는 것 보다 소자본으로 개업할 수 있는 업종 및 업태가 비교적 많다.

5) 가맹점은 자기 점포의 경영활동에 전념할 수 있다

본부가 상품개발이나 상품구성의 결정, 매입처의 개척은 물론 광고를 해 주기 때문에 가맹점은 자신의 영업활동에 전념할 수 있다. 많은 시간을 영업활동이나 접객에 집중할 수 있어서 고객 만족도가 높아지고 매출액 제고에 도움이 된다.

6) 안정적으로 원재료 및 재료를 공급 받을 수 있고, 가격 메리트에 의한 경쟁력 발휘가 가능하다

단독점포는 상품이나 자재의 구입수량이 적기 때문에 구입단가가 아무래도 비쌀 수 밖에 없다. 그러나 프랜차이즈 시스템은 본부가 상품이나 자재를 일괄적으로 구입하거나 알선하기 때문에 대량구입에 따른 가격인하가 가능하다. 점포의 설비나 계기, 비품 역시 이와 같다. 상품, 자재, 설비, 계기, 비품의 매입가격이 낮아지는 만큼 가맹점은 상품가격도 낮게 설정할 수 있다는 것은 경쟁점포 보다 경쟁력의 발휘가 기대되는 이유인 것이다.

7) 환경변화에 적응한 사업경영이 가능하다

단독으로 사업을 하게 되면 일상적인 업무가 많고, 기업환경의 변화를 찰지하는 시간적 여유가 없어진다. 또한 기업환경의 변화에 대한 대응책을 내놓을 만큼 노하우도 그다지 많지않다. 프랜차이즈 체인에 가맹하면 본부가 기업환경의 변화를 일깨워주고 그에 따른 대응책을 강구해주는 경우가 많다. 또한 경우에 따라서는 한 곳만 체인가맹을 하는 것이 아니라, 복수의 체인점에 가맹하는 전략을 취하면 기업환경의 변화에 대응한 컨셉이 가능해져 소비자 니즈의 변화에 적합한 사업전개를 할 수도 있다.

〈표 7-1〉 가맹점의 장점과 단점

장 점	단 점
- 독자적으로 개업하는 것 보다 위험성이 낮다 - 사업경험이 없어도 경영이 가능 - 체인의 지명도나 좋은 이미지를 활용할 수 있다 - 비교적 적은 자본으로 개업할 수 있다 - 가맹점은 자기 점포의 경영활동에 전념할 수 있다 - 안정적으로 원재료 및 재료를 공급받을 수 있고, 가격 메리트에 의한 경쟁력 발휘 가능 - 환경변화에 적응한 사업경영 가능	- 본부의 평판 여부에 따라 가맹점의 업적이 좌우된다 - 표준화된 시스템이기 때문에 점포의 독창성을 발휘하지 못한다 - 가맹점의 의견이 전달되기 어려운 시스템이다 - 본부에 의존함으로서 경영노력이나 판매노력이 나태해진다 - 가맹금이나 로열티가 필요 - 계약해지 후에 그때까지 영업실적을 활용한 사업을 하지 못하는 경우가 많다

2. 가맹점의 단점

1) 본부의 평판 여부에 따라 가맹점의 업적이 좌우된다

상품개발력이나 가맹점에 대한 지도능력이 낮고 충분한 슈퍼바이저를 확보하지 못한 본부도 많다. 이러한 프랜차이즈 체인에 가맹하면 가맹점 경영의 안정은 물론 성장하는 것 조차도 대단히 어렵다. 또한 본부가 경영 및 판매촉진 노하우를 갖고 있다 해도 가맹점을 직접 지도하고 지원하는 것은 슈퍼바이저이기 때문에 슈퍼바이저의 자질에 따라 가맹점의 성장여부가 결정된다고 보아도 무방하다. 따라서 본부선정은 가능한 한 충분히 검토할 필요가 있으며, 쉽게 판단하고 가맹하지 않는 것이 성공을 위한 첫걸음이라고 하겠다.

2) 표준화된 시스템이기 때문에 점포의 독창성을 발휘하지 못한다

프랜차이즈 시스템은 본부가 상품정책이나 판매촉진 정책 등을 결정해서 모든 가맹체인을 대상으로 실시하기 때문에 가맹점이 독자적인 판단으로 상품구성이나 판매촉진 정책을 쓰는 것은 곤란하다. 이 때문에 단독점포에 비해 경영의 창의성이 떨어지는 경우도 있다.

3) 가맹점의 의견이 전달되기 어려운 시스템이다

프랜차이즈 계약은 본부가 작성한 계약내용을 모든 가맹점이 동일한 조건으로 동의하는 것이 기본이다. 따라서 가맹희망자의 조건이 받아들여질 여지가 거의 없다.

4) 본부에 의존함으로서 경영노력이나 판매노력이 나태해진다

본부의 다양한 지원을 받는데 익숙해져서 본부가 시키는 대로 하면 잘 될 것이라는 안일한 생각에 빠져 자칫 자신이 경영자라는 사실을 망각해 노력 자체를 게을리 하는 경우도 있다.

5) 가맹금이나 로열티가 필요하다

사업을 시작하기 위해서는 임대료, 점포공사비, 설비구입비, 상품 · 원재료구입비, 개업에 따른 운전비용을 준비해야 한다. 이와는 별도로 프랜차이즈 계약을 체결하게 되면 가맹금이 필요하다. 또한 가맹 후에는 본부에 로열티를 지불해야 한다. 로열티만큼 수익이 줄기 때문에 가맹점의 수익은 그만큼 감소한다.

6) 계약해지 후에 그때까지 영업실적을 활용한 사업을 하지 못하는 경우가 많다

일반적으로 계약서에는 계약 중은 물론 계약 종료 후에도 동종의 사업을

해서는 안된다는 조항이 삽입되어있다. 따라서 프랜차이즈 체인에 가맹하여 획득한 노하우나 고객은 계약종료와 동시에 소멸되는 것이며, 그때까지의 실적을 활용한 사업을 해서는 안된다.

3. 본부의 장점

1) 자본력이 적은 기업이라도 타인의 경영자원을 활용하기 때문에 많은 금액이나 인재를 필요로 하지 않으며 빠른 속도의 점포 확산이 가능

직영점 방식으로 다점포를 추진하려 한다면 많은 자금과 유능한 인재가 필요하다. 그러나 프랜차이즈 시스템은 출점과 관련된 비용과 인재를 가맹점이 부담하기 때문에 점포의 출점 스피드가 빠르고 단기간에 다점포화의 실현이 가능하다.

2) 가맹점포의 판매의욕 유지가 가능

가맹점은 일정한 로열티 지불 의무가 있지만 매출이 오르면 오를수록 획득 할 수 있는 이익은 커진다. 이 때문에 가맹점은 매출액을 올리기 위한 경영노력에 정진하므로 이 결과 모든 점포의 판매의욕이 유지된다.

3) 가맹점이 보유하는 지역 네트워크 활용가능

가맹희망자는 점포를 출점할 지역에서 활동하고 있는 경우가 많고 프랜차이즈 사업 역시 그때까지 닦아온 지역밀착 네트워크를 활용할 수 있다. 고객과 가맹점 간에는 이미 신뢰관계가 구축되어있기 때문에 새로운 프랜차이즈 사업도 고객이 받아들일 확률이 높다.

4) 점명, 점포디자인, 상품구성, 판매방법의 통일로 소비자에게 판매효과나 높은 신뢰도를 기대할 수 있다.

직영점, 가맹점은 통일된 프랜차이즈 점포나 점포이미지로 출점하기 때문에 소비자는 직영점, 가맹점을 구분하지 못한다. 이러한 점은 여러 지역에서 동일한 점포가 속속 출점하는 것으로 소비자에게 보이기 때문에 당연히 브랜드 인지가 빠르고 점포에 대한 신뢰감이 높아진다.

5) 가맹금이나 로열티를 징수함으로서 안정된 경영이 가능하다

직영점의 경우 수입원은 직영점의 매출액이나 이익뿐이다. 그러나 프랜차이즈는 가맹점이 가맹금이나 로열티를 부담하기 때문에 수입원의 폭이 넓어 경영의 안정화에 기여한다.

4. 본부의 단점

1) 영업정책이나 시스템을 기동력 있게 변경하지 못한다

본부와 가맹점은 독립된 경영체이기 때문에 본부의 의견만으로 가맹점을 통제할 수 없다. 이는 급격한 시장변화가 생겼을 때 가맹점의 저항에 부딪치면 영업정책이나 시스템의 변경, 기동력 있는 출점 및 폐점이 원활하게 이루어지지 않는 것과도 연관된다. 유연한 정책변경이 불가능해지면 프랜차이즈 시스템 전체의 경쟁력이 떨어진다.

2) 경쟁력 있는 노하우나 시스템의 유지, 신규개발이 필요하며 이를 위한 자금이나 인재의 투입이 필요하다

가맹점은 경쟁력 있는 노하우나 시스템에 대한 반대급부로 가맹금이나 로열티를 지불하는 것이며 실상 노하우가 확립되어있지 않으면 프랜차이즈는 기능하지 못한다. 또한 현재 노하우나 시스템이 아무리 뛰어나다 해도 라이벌 체인이 곧 바로 따라오기 때문에 지속적인 노하우나 시스템 개선이 필요하다. 따라서 항상 자금이나 인재의 투입이 필요해지고 이러한 점이 경영을 압박하는 요소가 되기도 한다.

3) 본부의 영업정책이 지역특성에 대응하지 못하는 경우도 있다

기본적으로 가맹점은 본부가 추진하는 영업정책에 따를 필요가 있다. 그러나 이 영업정책이 획일적, 경직적일 경우 가맹점이 입지한 지역별 니즈의 차이를 극복하지 못한 채 유연한 대응이 곤란해져 타 체인과의 경쟁에서 밀려날 수 있다.

4) 일부 가맹점의 문제 발생으로 인해 전체 이미지가 저하될 수도 있다

프랜차이즈 시스템은 통일적인 브랜드나 이미지를 사용함으로서 체인 전체가 하나의 기업인 것 처럼 운영된다. 이 때문에 일부 가맹점의 경영노력 부족이나 문제가 체인 전체 이미지를 저하시킨다.

5) 성장이 부진한 점포가 발생한 경우 이를 위한 경비와 인력이 필요하다

모든 가맹점이 반드시 성공한다는 보장은 없다. 경우에 따라서는 업적부진이나 폐점하는 상황도 있다. 이 경우 본부로서는 활성화시키기 위한 지원이 필요해지고 경비와 노력이 따르게 된다. 또한 불행하게도 소송에 휘말리게 되면 이에 대응하기 위해 장기간에 걸친 불피요한 비용과 노력이 발생한다.

〈표 7-2〉 본부의 장점과 단점

장 점	단 점
- 자본력이 적은 기업이라도 타인의 경영자원을 활용하기 때문에 많은 금액이나 인재를 필요로 하지 않으며 빠른 속도의 점포 확산 가능 - 가맹점포의 판매의욕 유지 가능 - 가맹점이 보유하는 지역 네트워크 활용 가능 - 점명, 점포디자인, 상품구성, 판매방법의 통일로 소비자에게 판매효과나 높은 신뢰도를 기대할 수 있다. - 가맹금이나 로열티를 징수함으로서 안정된 경영이 가능	- 영업정책이나 시스템을 기동력 있게 변경하지 못한다 - 경쟁력 있는 노하우나 시스템의 유지, 신규개발이 필요하며 이를 위한 자금이나 인재의 투입이 필요하다 - 본부의 영업정책이 지역특성에 대응하지 못하는 경우도 있다 - 일부 가맹점의 문제 발생으로 인해 전체 이미지가 저하될 수도 있다 - 성장이 부진한 점포가 발생한 경우 이를 위한 경비와 인력이 필요하다

제6절 체인 시스템의 유형

체인의 종류는 프랜차이즈 체인 이외에도 몇 가지가 있다. 이들 체인은 체인의 내용이 다르기 때문에 그 차이점을 이해할 필요가 있다. 직영 체인스토어는 인재는 물론이고 토지, 건물, 점포설비 등 많은 자금을 수반하는 경영자원이 필요하다. 이에 비해 프랜차이즈 체인 시스템은 인재, 자금 등 경영자원은 원칙적으로 프랜차이지가 조달하기 때문에 프랜차이저는 적은 인재와 비교적 소자본으로도 급속한 다점포전개가 가능하다. 프랜차이저는 경영자원을 절약하면서 직영 체인스토어와 같은 효과를 올릴 수 있다. 체인 시스템은 하나의 자본을 갖은 기업이 다점포를 전개하는 시스템이다. 체인 시스템은 직영체인, 프랜차이즈 체인, 볼런터리 체인이 있다. 또한 이들 체인과 유사한 것이 대리점, 특약점이다.

체인 시스템은 모든 점포가 동일한 경영방법이 원칙이고 점포운영의 3대 원칙이라 할 수 있는 단순화, 표준화, 전문화로 구성된다. 이에 따라 점포이미지가 형성되고 비용측면에서도 상품이나 원재료의 대량구입에 의한 매입가격 절약, 설비투자 등 코스트 삭감, 독립점보다 훨씬 유리한 경영관리가 가능하다. 또한 광고를 하더라도 한 점포가 담당하면 많은 비용이 소요되지만 체인 시스템의 경우 점포수를 나누어 부담한다면 적은 금액으로 충당이 가능해진다. 규모의 경제가 실현되는 것이다.

〈표 7-3〉 점포경영 시스템의 비교

	직영점 체인	프랜차이즈 체인	볼런터리 체인	대리점·특약점
주체	-	프랜차이즈전문 기업	소매 또는 도매상	메이커
자본	본부자신(단일자본)	가맹점(본부와 가맹점은 별개)	가맹점(본부와 가맹점은 별개)	계열점(주체와 계열점은 별개)
경영	비독립	독립	독립	독립
점포운영	본부가 임명한 스토어매니저	본부와 독립된 오너	본부와 독립된 오너	주체와는 독립된 오너
점포개발	신규점포개발	신규점포개발과 기존영업점의 가맹	주로 기존영업점의 가맹	기존영업점의 계열화와 신규점포개발
출점속도	타 체인스토어보다 한정	빠른 출점이 가능	빠른 출점이 가능하지만 한정	한정
상품공급	본부지시	본부 경우 또는 알선	본부매입이 중심	주체가 공급
계약범위	없음	운영전반	운영의 일부	주로 상품공급
가격	본부지시	본부장려	자유	주체가 장려
운영방법	매뉴얼	매뉴얼	매뉴얼 이용은 자유	매뉴얼 배포
영업시간	본부의 지시	본부와 가맹점의 의사	자유	자유
교육훈련	완전한 교육훈련	완전한 교육훈련	자유롭게 이용	경영자 교육
경영지도	슈퍼바이저의 순회지도	슈퍼바이저의 순회지도	자유롭게 이용	대리점 지원제도
판매촉진	본부가 통일적으로 실시	본부가 통일적으로 실시	자유롭게 이용	주체자(메이커)가 통일적으로 실시
본부통제	완전통제	강함	약함	약함
본부명령	본부 명령권 있음	본부 명령권 없음	본부 명령권 없음	본부 명령권 없음
본부와의 관계	완전한 동일	경영이념 공동체	임의공동체	주체 주권경영
점포 이미지	통일적 이미지	통일적 이미지	통일적 이미지를 지향하지만 모든 것을 통일하지는 않음	통일적 이미지는 그다지 없음
로열티	로열티 발생	점포매출액, 이익 본부 귀속	가맹자는 본부에 회비 지불	로열티나 회비 징수 거의 없음

1. 체인의 유형

(1) 레귤러 체인

단일 자본에 의해 복수의 점포를 직접 경영하는 사업시스템으로서 다수의 점포를 체인 브랜드로 통일하여 기획과 관리를 행하는 본부가 있다. 본부는 본부의 방침이나 물건개발, 입지조사, 시공, 머천다이징, 로지스틱, 세일즈 프로모션, 슈퍼바이징, 교육훈련, 점포경영관리, 경영정보시스템에 관한 계획을 총괄하며, 점포는 본부의 경영방침에 따라 점포조직, 상품구성, 매입계획, 점포운영, 스탭채용, 교육훈련, 고객정보수집, 지역사회활동을 한다. 회사형 체인, 직영점 체인이라고도 한다. 미국이나 일본은 11개 점포 이상을 직영하는 체인을 체인스토어라 한다.

(2) 볼런터리 체인

볼런터리(voluntary) 체인은 임의연쇄점이라도 하며, 독립자본의 다수 소매점이 모여서 자기가 가지는 기능의 일부를 가맹본부에 위탁하여 본부를 설립하고, 많은 점포를 조직화하여 독립점포로는 얻을 수 없는 매출액이나 수익을 획득하고자 하는 시스템이다.[4] 가맹본부가 도매업자라 할지라도 조직의 주체는 어디까지나 각 소매업자이며, 체인경영의 의사결정에 참가하는 등 소매업간에 횡적 연결이 강조된다. 상품기획, 공동매입, 판매촉진 방법, 교육훈련 방법 등 점포운영을 표준화하여 점포는 본부의 경영시스템을 사용하여 점포 경영을 한다.

(3) 프랜차이즈 체인

조직의 형태는 볼런터리 체인과 흡사하며 가맹본부와 가맹점이 모두 독립 자본의 사업자이지만 운영의 주체는 가맹본부에 있으며 가맹점은 체인

---

4) (社)日本フランチャイズチェーン協会(2005),フランチャイズ入門, p.20.

경영의 의사결정에 적극적으로 참가하지 않는다. 또한 가맹점끼리의 횡적 관계보다 가맹본부와 가맹점 간에 종적 관계가 중시된다.

(4) 대리점(agent, selling agent)

대리점은 메이커가 독자적인 유통경로를 확립하기 위해 판매 대리자로서 설치한 점포를 말한다. 본부가 사업자와 계약하여 일정한 지역내에서 판매권이나 상표 사용권을 부여하고, 상품, 서비스 공급과 판매지도, 경영지도 등을 실시한다. 메이커는 유통단계에 직접투자를 절약하고 특정 국가나 전국에 효과적으로 시장침투를 실현하기 위해 이용된다. 프랜차이즈 체인과 비교하면 본부가 대리점에 지속적인 지도를 하는 것은 아니며, 판매방법 등 규제도 그다지 많지 않다. 따라서 대리점은 동시에 다른 회사의 상품과 서비스를 취급할 수 있다.

(5) 특약점(exclusive agent)

메이커가 조직한 것으로 메이커의 선택적 채널 정책으로 특정지역에서 독점적 판매와 비슷한 상황을 보증해주기 위해 설치한 점포로서 메이커의 마케팅 전략에 전면적으로 협력하는 조직이다. 대리점이 메이커의 마케팅 전략을 충분히 받지 못하는데 비해 특약점은 각종 딜러 프로모션을 받으면서 대신 메이커의 마케팅 전략에 협력 약속을 체결한 판매점이다.

2. 프랜차이즈 시스템의 종류

프랜차이즈 시스템은 다양한 업종과 업태에 적용될 수 있다. 즉 이 시스템에는 많은 패턴과 비즈니스 방식이 존재하고 있다. 따라서 여러 가지 기준에 의해서 분류할 수 있으나 일반적인 프랜차이즈 시스템의 종류와 형태를 검토해보면 다음과 같다.

(1) 가맹점주의 권한 범위에 따른 분류

1) 단일지역 프랜차이즈

계약한 가맹점에 한하여 일정한 지역내에 가맹기간 동안 가맹본부가 가지고 있는 권리 및 영업권의 일체를 부여하는 가장 보편적이고 전형적인 프랜차이즈 시스템이다. 이러한 방식은 소지역 단위 가맹점에 일정한 지역 범위의 독점 영업권(Exclusive Right)을 확보해 주는 것이 장점이며 우리나라 대부분의 가맹본부들이 채택하고 있는 가맹점 모집 방식이기도 하다.

2) 지역개발 프랜차이즈

지역개발 프랜차이즈란 일정기간, 일정지역 내에서 특정의 가맹점을 축으로 하여 여러 개의 가맹점 개설권을 부여하는 시스템이다. 지역개발 프랜차이즈 시스템에서는 가맹본부와 가맹점주가 지역개발계약을 체결하고 개발수수료를 지급한 후 일정지역에 대한 개발권을 매입한다. 이 경우 만일 가맹점이 계약서의 약정대로 해당지역을 개발하지 못할 경우 계약을 취소하고 가맹점의 권리를 박탈할 수 있다.

3) 지역분할 프랜차이즈

지역분할 프랜차이즈란 일정지역 내에서 일정기간 동안 어떤 개인이 또는 집단에게 가맹본부로서의 권리를 부여하고 이러한 권리를 부여받은 분할 지역 가맹본부(Master Franchisee)가 다시 프랜차이즈 권리를 최종 가맹점(Sub Franchise)에게 하나 또는 수 개의 점포에 대하여 가맹점 영업을 하도록 하는 형태이다. 최상위 가맹본부는 최하위 가맹점에 교육을 포함한 가맹본부로서의 모든 노하우를 제공하고 그에 따른 대가를 취하는 방식이다. 이 경우에는 분할지역 가맹본부 자신이 가맹점주가 될 수도 있다.

(2) 결합관계에 따른 분류

결합관계에 따른 분류에는 수평적 결합과 수직적 결합이 있으며 수평적 결합은 제공자 및 이용자가 동일한 유통단계에서의 결합을 뜻하며 수직적 결합은 상이한 유통단계에서의 결합 관계로 제조업자와 도매상간의 프랜차이즈, 제조업자와 소매상간의 프랜차이즈, 도매상과 소매상간의 프랜차이즈, 제조업자와 도매상 및 소매상간의 프랜차이즈가 있다.

(3) 업종에 따른 분류

외식업, 도·소매업, 서비스업 등 업종에 따른 프랜차이즈로 분류할 수 있다.

(4) 제공의 내용에 다른 분류

프랜차이즈는 본부가 가맹점에게 제공하는 것이 무엇인가에 따라 상품명(상호) 프랜차이즈(Product Format Franchise)와 사업형 프랜차이즈(Business Format Franchise)로 분류할 수 있다.

1) 상품 유통 프랜차이즈(Product Format Franchise)

상품(상호) 유통을 목적으로 하는 이 프랜차이즈 시스템은 가맹점에게 상품, 상호 등 영업을 상징하는 표지의 사용을 허락함과 동시에 그 영업에 관한 노하우를 제공하지 않는 프랜차이즈 시스템을 말한다. 자동차 딜러, 주유소, 음료대리점 등이 이에 대표적이다.

2) 프랜차이즈 비즈니스(Business Format Franchise)시스템

프랜차이즈 비즈니스를 목적으로 하는 이 시스템은 특정 상품을 유통시킴으로써 생기는 이익을 목적으로 하는 것이 아니다. 상표와 상호, 상품 및 자재의 판매, 각종 교육 및 조직관리의 지도와 지원 등을 포괄적으로 규정한 프랜차이즈 패키지라고 불리는 프로그램을 개발하여 가맹점을 모집하고 패키지를 제공한 대가로 받는 가맹비 및 로열티 등에 의해 이익을 취하는 프랜차이즈 시스템이다.

즉, 본부가 상품을 팔 때 보다는 오히려 프랜차이즈 패키지를 가맹점에 팔 때 이익이 생기는 시스템이다. 경우에 따라서는 본부는 프랜차이즈 패키지를 개발하여 가맹점에 대한 교육, 지도만을 하고 원재료나 상품 등은 다른 업자를 통하여 매입하는 방법을 택하는 경우도 있다. 이 시스템은 주로 음식점이나 레스토랑 등 서비스를 제공하는 업종에 많으며 애초부터 프랜차이즈 시스템 그 자체를 판매하기 위해 가맹본부가 설립된 경우라 할 수 있다.

제7절 우리나라 프랜차이즈 비즈니스

1. 우리나라 프랜차이즈 비즈니스의 현황

30여년에 불과한 우리나라 프랜차이즈의 시작은 1975년 개점한 림스치킨으로 보는 견해와 1979년 동숭동 샘터사 자리에 난다랑이라는 커피전문점을 개점한 것을 효시로 보는 견해도 있다. 그후 1979년에 프랜차이즈 기법을 도입한 롯데리아가 개점함으로서 기업형 외식 프랜차이즈가 본격적으로 출범하였다. KFC(1984년), 피자헛(1985년), 파리바게트(1986년), 맥도날드(1988년), 도미노피자(1990년), 던킨도너츠(1994년) 등이 등장하면서 프랜차이즈 비즈니스의 서막을 알렸다. 우리나라의 2010년 4월 말 기준 공정거래위원회에 등록된 정보공개서 및 가맹본부의 수는 다음 표와 같다.

〈표 7-4〉 공정위 등록 정보공개서, 가맹본부, 가맹점수 현황

구분	정보공개서	가맹본부	가맹점수	직영점수
수	2,181	1,743	134,195	7,999

※ 2010년 4월 말 기준 공정거래위원회에 등록된 정보공개서 분석
자료 : 한국프랜차이즈협회(2010. 5), 가맹사업거래공정화에 관한 정책방향 포럼자료

08년 프랜차이즈 실태조사를 업종별로 보면 소매업이 약30% 감소하였고, 서비스업은 18% 증가한 것으로 추정된다. 외식업이 감소하면서 프랜차이즈 산업은 외식, 소매, 서비스 각 영역의 고른 발전을 보여주고 있는 추세에 있다.

그러나 여전히 외식업 비중이 상대적으로 높은 것은, 아무래도 본부의 지원으로 별 다른 기술적인 배경없이 창업할 수 있다는 점이 예비창업자의 선호도가 높아진 결과이며, 단일 메뉴로 세분화되는 외식 문화의 특징 때문이라고 할 수 있다. 또한 고객의 수요가 급속히 변하지 않는다는 점과 적은 자본으로 창업할 수 있다는 점도 그 이유 중 하나가 될 것이다. 이러한 가운데 한국프랜차이즈협회(KFA)는 조선일보사와 공동으로 주최하는 '2006 제16회 국제 프랜차이즈산업박람회' 의 설문조사 결과, 프랜차이즈 산업이 국내 경제에 미치는 영향에 대해서 62%가 긍정적인 면이 크다고 답변했으며, 예상되는 효과로는 경제성장과 고용창출(45%)이라고 답변할 만큼 프랜차이즈는 이제 경제의 한 축으로서 그 역할이 증대하고 있다고 할 수 있다.

〈표 7-5〉 국내 프랜차이즈 체인 매출액

업종	2002년 추정 (조원)	2005년 추정 (조원)	2008년 추정 (조원)	2005년 대비 2008년 증감율(%)
외식업	11.18 (26.8%)	24.07 (39.3%)	40.17(52.0%)	66.9
소매업*	26.08 (62.5%)	34.13 (55.7%)	28.02(36.2%)	-17.4
서비스업	4.43 (10.6%)	3.11 (5.0%)	9.12(11.8)	19.3
계	**41.69 (100%)**	**61.31 (100%)**	**77.31(100%)**	**26.1**

* 식품소매업 포함
자료 : 한국프랜차이즈협회(2009), 2009정기총회자료, pp.18-19

제8장

입지선정과 스토어 레이아웃

제1절 입지선정

1. 입지선정과 접근방법

소매업은 입지산업이라고 할 만큼 점포입지(store location)는 소매경영에 중요한 요소이다. 실제 입지선정은 해당 소매업의 이익과 성장을 크게 좌우하고 있으며[1] 수많은 사례가 여실히 증명하고 있다.[2] 따라서 소매유통업은 상업시설과 더불어 공간의 발전과 근대화를 함께 고려하는 것이 중요하다. 그러나 생활공간 가운데 특히 도시공간에서 생활하는 소비자의 생활의식・행동・체계 속에서 각 소매업이 어떠한 역할을 할 것인가, 또는 어떠한 역할을 하려는 것인가는 더욱 중요하다. 소비자의 생활공간과 소매업의 관련성은 여러 가지 상업시설이나 상업공간의 발전・근대화라는 하드 부분과 이 부분에 연결되어 행동하고 사고하는 소비자의 소프트한 질적 부분이라는 두 가지 인과관계에 의해 형성된다. 그리고 이 두 가지 인과관계에 슈퍼마켓(supermarket), 편의점(convenience store) 등 새로운 혁신적 업태, 고급화를 지향하는 백화점(department store) 및 저가격지향의 할인점(discount store), 새로운 업태로서 각종 전문점이 깊이 관계하면서 소매유통업의 새로운 역할과 포지션을 형성하고 있다.

도시가 소매업태를 만들고 다양한 소매업태가 도시를 만든다는 말은 최근 도시상업공간과 소비자의 관계를 나타내는 의미있고 매우 타당한 표현이라 할 수 있다.

지금까지는 소비자의 구매권과 소매유통업의 상권이라는 측면에서 그 관련성을 추구하는 경향이 있었으나, 구매행동이라는 소비자 생활의 일부를 한정해서 상권을 설명하기는 점차 어려워지고 있다. 분명히 소비자는 식품

---

1) D. J. Duncan, S. C. Hollander(1977), *Modern Retailing Management,* Irwin Inc., p.91.

2) A. E. Spitz, A. B. Flaschner(1980), *Retailing,* Winthrop Publishers Inc., pp.130-131.

이나 생활필수품 가운데 없어서는 안될 상품은 명확한 구매목적을 갖고 구매행동을 하고 있지만, 최근 소비자에게 볼 수 있는 가치관의 다양화와 생활영역의 확대 및 다원화는 소매유통업의 상권에 새로운 전략적 사고를 요구하고 있다. 따라서 상권을 지역(area)으로 파악하고 이 에리어를 생활공간의 확대로 규정해서 어떻게 전략적인 마케팅을 전개할 것인가 라는 에리어 마케팅이 주목받는 것이다. 이것은 지역을 매개로 한 생활공간의 확대(area)를 상권으로 강조함으로써 상권을 전략적으로 파악해야 한다는 것을 각 소매업자에게 재인식 시켜주는 것이다.

이와 같이 소비자 생활권의 공간적 확대를 상권이라는 측면에서 정리해 보면,

① 지역적 상권(도시나 거리 전체의 상권)

② 지구의 상권(해당 상점가나 백화점 등 대형상업시설의 상권)

③ 지점의 상권(각 점포의 상권)

으로 분류할 수 있다. 앞에서 설명한 에리어 마케팅은 지역적 상권이라는 측면에서 파악한 것으로 특히 소비자의 생활영역에 폭넓게 대응할 필요가 있는 백화점이나 체인경영을 하는 슈퍼마켓 등은 불가결한 시점이라고 하겠다.

이처럼 소매유통업의 상권은 소비자의 생활행동(구매행동)에 따라 결정되는 구매시설의 공간적 확대라고 할 수 있다. 따라서 특정 상업시설로 상권내 소비자 모두를 고객으로 흡인하려는 것은 도저히 불가능한 것이다.

일반적으로 지점(地點)에서 지구(地區), 지구에서 지역(地域)으로 고객은 유출되며 지역도 보다 번화한 도시로 유출된다. 한편 지역은 지구를, 지구는 지점의 상권을 포함한다. 이것은 대규모 도시일수록 대형 상업시설, 공간이 존립할 가능성을 나타내는 것이다. 예를 들면 자신이 사는 지역의 상점가에서는 만족하지 못하는 소비자가 도시까지 나가는 경우이다. 또는 생활영역확대에 따라 소비자의 생활공간도 여러 지역에 걸쳐지게 되는데 중심 도시에 일을 보러 나갔다가 쇼핑을 하는 경우도 생각할 수 있다. 보다 발달된 도시에서는 보다 대규모 점포나 전문점이 존립하고 업종, 업태의 범

위도 넓다. 그러나 경쟁격화라는 상황이 각 상업시설의 영업 행태를 보다 소비자에게 유리하게 만들어 특정한 구매목적이 없어도 내가자(來街者)에게 쾌적한 공간이 되고 있다. 이것이 원거리 고객을 찾아오게 만드는 이유 가운데 하나이다.

그렇지만 이러한 생활권·상권의 계층구조는 고정적인 것이 아니다. 도시공간 자체의 근대화, 도시계획에 의한 도시의 성격 및 방향성 또는 지역진흥책에 의한 거리활성화 등 지역, 지구, 지점의 변화, 상업시설의 근대화나 업태의 다양화, 정보화에 따른 구매수단의 다양화(홈쇼핑, 전자상거래 등)에 의한 유통구조 자체의 변화, 소비자의 생활의식·행동의 다양화와 생활영역의 확대 등 소비자 및 생활 자체의 변화가 도시·유통·생활이라는 3가지 측면에 변화를 일으켜 생활권·상권의 존재를 변화시키고 있다.

이 같은 3가지 변화를 자신의 점포에 어떠한 업태로 대응할 것인가에 따라 상권은 규정된다. 업태의 생활공간 속에서 포지션, 각 업태의 집적구조, 각 업태의 인스토어 머천다이징 등에 의해 규정된다.

이렇듯 크게 3가지 변화와 더불어 생활의 변화에 대응해야할 업태는 최근 소매유통업의 중요과제가 되고 있지만 변화는 표면적인 것이 아니라 근본적인 구조적 변화라는 것을 인식해야 한다.

그러나 상권이란 소매업이 주체가 되어 조정 불가능한 소비자를 대상으로 각종 마케팅 활동을 펼쳐 파생되는 조정 가능한 생활공간을 의미하는 것이므로 상권규정의 기본원리에 변화는 없다. 소비자의 생활을 안다는 것은 상권은 물론이고 상품개발을 포함해 마케팅 전략입안의 원점이라고 할 수 있다.

소매유통업의 상권이란 자신의 점포를 중심으로 어느 정도에 이르는 지역적 범위의 고객을 흡인할 수 있는가의 가능범위를 말하는 것이 가장 일반적인 견해이다. 애플바움과 코헨(W, Applebaum & S. B. Cohen)은 소매상권이란 어느 주어진 기간 내에 거래를 이룰 수 있는 1개 점포가 갖는 지역을 말한다고 했고, 허프(D. L. Hoff)는 특정 점포가 판매에 제공된 상품 및 서비스를 구입할 확률이 제로보다 큰 잠재적 고객을 포함한 지리적으로 표시할 수 있는 지역을 말한다고 했다.

필자는 이를 종합하여 소매업에 있어서의 상권은 해당 소매점의 지역을 중심으로 한 고객의 흡인범위를 말하는 것이라고 정의하고 싶다. 또한 메이커나 도매업에서 말하는 상권과는 다르다.

입지선정이란 간단하게 말하면 최적 입지를 선정하는 것인데 이러한 최적입지 또는 적정입지의 평가는 각 기업의 경영 및 운영정책이나 업태의 차이에 의해서도 크게 변화한다. 이와 같이 입지선정은 동일 지점의 평가가 각각 달라지는 것이다.

따라서 점포입지선정에는 우선 첫째로 해당 기업의 경영정책, 운영정책 및 머천다이징 정책의 명확화가 필요하다.[3] 이것이 입지선정의 전제조건 또는 제1단계라고 한다. 또한 경영정책, 머천다이징 정책에는 업태의 특성 등 요인이 당연히 반영된다.

이러한 단계를 거쳐 비로서 각 기업에 최적인 입지지점의 선정이 가능해지며 다양한 고려요인(입지선택 기준이나 입지평가기준)의 검토에 의해 입지의 한정화, 특정화라는 구체적인 선정작업에 들어갈 수 있다.

그런데 입지선정은 궁극적으로 실제 입지하는 특별한 장소 내지 지점(specific site)의 선정이라고 할 수 있는데 많은 소매기업 특히 대규모 소매업은 어느 정도의 넓이가 있는 토지를 우선 선정(한정)하고 그 후 특정화된 장소, 지점을 결정한다.

따라서 입지선정 고려요인과 그 검토는 지리적 넓이를 기준으로 2단계 내지는 다단계로 나누는 과정이 중요해 진다. 이러한 넓이를 기준으로 2단계 내지는 다단계로 나누어 입지선정을 하는, 즉 2단계로 나누어 각각 고려요인을 감안해서 선정, 한정화하는 방법은 코틀러(P. kotlor), 맥카시(E. J. MaCarthy)를 비롯해 많은 마케팅 연구자가 채용하고 있다.[4]

---

3) 이것은 입지 전략연구에서 자주 언급되는 Applebaum이 입지선정 16단계의 처음에 지적한 자기의 영업정책의 파악과 명확화라고도 할 수 있다.
W. Applebaum(1966), "Guideline for a store-location Strategy Study", *Journal of Marketing,* vol. 30. No. 4, Oct., pp.42-45.

4) 다음과 같은 학자가 이러한 관점에서의 연구방법을 채용하고 있다.

여기에서는 상기의 내용을 바탕으로 지역(general area)의 선정과 장소 및 지점(site)의 선정으로 나누어 입지선정의 고려요인 또는 평가기준에 대해 설명하고 입지선정의 내용으로 다루고자 한다.

〈그림 8-1〉은 이상의 선정과정에 대한 기본적 접근방법을 정리한 것이다.

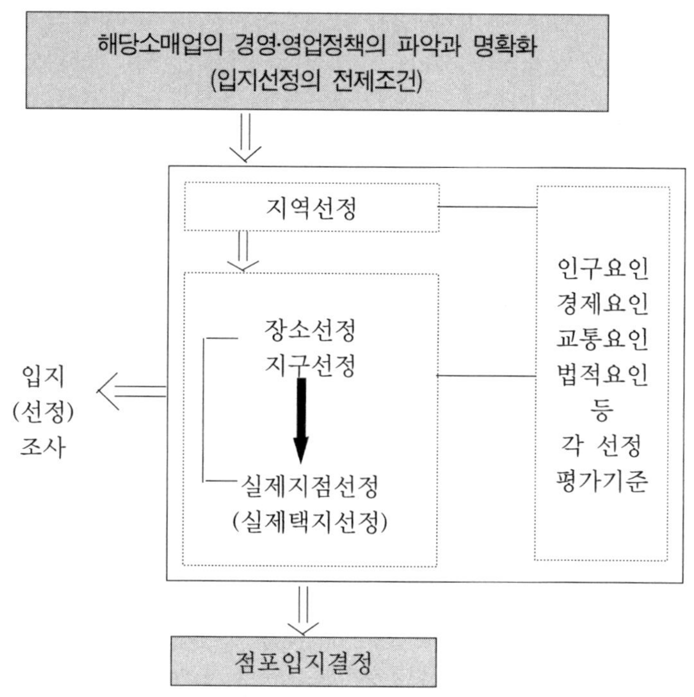

〈그림 8-1〉 점포입지선정 과정

P. Kotler(1967), *Marketing Management Analysis,* Prentice-Hall, p.440.
E. J. MaCarthy(1960), *Basic Marketing,* Irwin Inc., p.426
P. D. Converse, H. W. Huegy(1952), *The Elements of Marketing,* Prentic-Hall, p.426.
D. J. Duncan, S. C. Hollander, *op. cit.,* pp.93-102
R. F. Spohn, R. Y. Allen(1977), *Retailing,* Reston Publising Co., pp.100-106.
C. A. Bearchell(1975), *Retailing,* Harcourt Brace Jovanovich, Inc., pp.77-83.
D. J. James, B. J. Walker, M. J. Etzel(1975), *Retailing Today,* Brace Javanovich, inc., pp.83-89.

2. 입지선정요인

본 항에서는 입지 선정요인, 평가기준에 대해서 거시적인 지역선정과 미시적인 장소선정으로 나누어 설명한다.

(1) 지역선정과 선정고려요인

지역(general area)선정, 즉 간단히 말하면 입지할 도시의 선정에 있어서 검토해야할 고려요인, 평가기준으로 지역 내지는 도시상권내의 소비자 인구, 연령, 직업, 소득·구매력, 구매습관 등의 분석, 또는 지역의 경쟁상황, 교통상황, 발전성, 법규제 등을 중요한 요소로 들 수 있다.

1) 도시상권내의 소비자 인구 및 성격

지역 상권내의 소비자 수, 직업, 연령(연령층), 소득·구매력, 세대구성원, 주택소유율, 차량보유 등 인구통계학적·경제적 분석상황은 지역 선정의 필수적인 평가요소이다. 특히 인구는 고객 수를 좌우하는 대단히 중요한 선정요인이며 지역에 있어서 총인구수나 밀도의 파악 없이는 입지선정이란 있을 수 없다.

또한 앞의 설명과 관련된 도시상권내 소비자의 구매습관, 구매행동특성 역시 중요한 선정요인이다. 그리고 이와 같은 선정사항은 현재 뿐만 아니라 향후 동향도 예측, 검토하는 것이 불가결하며 이러한 향후 예측은 선정의 커다란 포인트가 된다.

2) 도시의 발전성

(1)과 관련되지만 출점 후의 성장, 발전을 생각한다면 인구나 소득이 증가하는 지역, 교통정비가 발전하는 지역 등 향후 해당 지역의 발전성이 도시선정에 중요하다. 따라서 도시계획 내용과 현실성 등 해당 도시의 향후 변모를 검토할 필요가 있다.

이러한 도시의 발전성은 던컨(D. J. Duncan)이 지적한 것 같이 도시 산업의 형태와 성질도 밀접한 관계가[5] 있기 때문에 산업 형태와 성질 및 산업의 장래 발전에 대해 검토하는 것이 바람직하다.

3) 도시의 교통상황

도시의 발전성에 대해 약간 설명이 있었지만 현재의 교통망・정비상황 및 향후의 동향은 도시상권 확대에 연결되는 커다란 선정요인이다. 특히 교외형 대규모 소매점이나 대규모 쇼핑센터 등 광역 상권을 대상으로 한 상업시설은 해당 도시내로부터 근접 이용만이 아니라 근린 지역에서의 접근 편리성이 입지상 중요한 요인이 된다.

4) 도시 상업경쟁 상황

도시선정에 있어서 경쟁상황도 중요한데 여기에는 2가지 분석 시점이 있다. 첫째는 도시간 경쟁, 즉 다른 도시의 상업집적간 경쟁상황의 검토이고 둘째가 해당 도시내 소매점 총수나 업종・업태의 검토이다. 특히 출점할 해당점과 동일한 업태의 수와 그 영업동향 등의 검토는 대단히 중요한 도시선정요인이 된다. 물론 이러한 사항도 현재 뿐만 아니라 향후 동향을 배려해야 한다는 점은 말할 필요도 없다.

5) 도시의 법적규제

매장면적, 영업일, 영업시간 등 영업에 관계된 법규제도 도시선정의 한 요인이다.

6) 기타

기후, 문화성, 토지가격 등도 도시 선정 요인으로 고려해야 한다[6].

---

5) D. J. Duncan, S. C. Hollander, *op. cit.*, pp.93-94.

6) 도시선정요인에 대해서 A. E. Spitz, A. B. Flaschner, *op.cit.*, 표8-1을 참고하기 바

(2) 장소선정과 선정요인

여기에서는 장소선정과 그 요인에 대해 설명하기로 한다.

그런데 장소선정에 있어서 보다 상세히 접근해보면 선정된 도시내의 선정지역을 선정하는 지구 선정과 함께 실제 지점 또는 실제 택지(specific site)선정으로 나누어 검토해야 할 필요가 있다. 그러나 이 두 가지 선정 고려요인은 당연히 중복되는 부분이 많기 때문에 여기에서는 두 가지를 묶어서 장소선정으로서 미크로적인 택지 선정 고려요인에 대해 설명한다.

지구, 택지를 분류하지 않고 장소선정에 관한 일반적인 고려요인에 대해 설명하면 다음과 같다.

1) 지구내 소비자 인구 및 성격

도시선정에서도 설명한 것 같이 해당 점의 상권내 소비자 인구와 그 프로필 및 성격을 검토하는 것은 입지선정에서 가장 중요 사항의 하나이다. 특히 소상권을 대상으로 한 소매점의 경우에는 도시상권 전체가 아니라 입지할 지구의 인구, 세대구성원, 소득, 구매행동, 구매습관 등 해당 지구의 인구통계학적, 경제적 요소의 검토가 입지선정에서 가장 중요하다.

2) 지구의 발전성

출점 후의 성장성, 발전성을 생각하면 그 도시 자체의 발전은 물론이고 지구의 발전도 역시 중요한 요인이 된다. 특히 소상권 대상의 소매점은 지구의 발전은 입지선정의 불가결한 요인이다. 따라서 지구내의 주택, 금융기관, 공공시설 등도 장소선정에서 미리 검토할 필요가 있다.

3) 지구의 교통상황

지구의 교통상황도 입지선정에 중요하다. 구체적으로는 도로망이 정비되

람. 또한 기타 요인으로서는 D. J. Duncan, S. C. Hollander, *ibid.,* p.97.

어있는가, 도로 폭은 어느 정도인가, 대단히 혼잡한 도로가 있는가, 보행자나 자전거를 고려한 도로인가, 그리고 건널목이 있다면 차단기의 간격은 어떠한가 등이 문제로 대두된다.

4) 지구의 상업경쟁상황

지구내 전체 소매점수, 업종·업태별 수, 단독점포별 영업력 평가도 입지선정에 중요하다.

5) 기타

상업지구, 주택지구, 교육지구 등 지구의 성격 외에 토지가격, 법규제 등도 입지선정에 관계하는 중요한 요인이다. 그리고 실제 택지선정(지점선정)의 유의사항이 있는데 택지에 대한 접근가능성, 택지의 특징 및 이용가능성, 택지의 근접·근린소매업, 택지의 매입가능성에 대해 간단히 설명하면 다음과 같다.

① 택지의 접근성

해당 지구에 대한 택지의 편리성에도 불구하고 실제로는 택지에 접근하기 편리한 것이 더욱 중요하다. 입지점이 경사도가 있는 언덕에 있다고 한다면 자전거나 도보로 오는 고객은 대단히 불편하다. 실제 택지에 접근하기 편리하다는 것은 입지선정에 커다란 포인트가 된다. 이러한 택지의 접근에 구체적인 체크포인트로서는 근접한 도로의 형태, 일방통행상황, 도로폭, 신호유무, 횡단보도 유무 등을 들 수 있다.

② 택지의 특징 및 이용가능성

택지의 특징 및 이에 따른 이용가능성은 실제 입지선정에 대단히 중요하다. 구체적이 고려 포인트로는 다음과 같은 상황이 있다.[7] 즉 택지는 평지

---

7) R. L. Nelson(1958), *The Selection of Retail Location.*, McGraw-Hill, p.55.
넬슨의 입지선정 8원칙은 다음과 같다. 1. 현재상권의 잠재능력 : 기대할 수 있는 상권의 잠재 구매력이 충분해야 한다. 2. 접근성의 원칙 : 점포의 형태, 즉 독자적

에 있는가, 택지가 도로에 면하고 있는가, 택지는 도로의 사각인가, 택지는 주위로부터 잘 보이는가, 택지는 정리된 형태인가 등이다.

③ 택지의 근접 · 근린 소매업

택지 주위나 가까운 곳에 입지한 소매업의 실태와 동향도 택지 선정에 커다란 요인이다. 실제 해당 소매점의 업태 또는 경영이념에 따라 다른 경합점과 멀리 떨어져 입지한다든지 의도적으로 상업집적에 근접해서 입지하는 등 여러 가지 형태가 있다.

④ 택지의 매입가능성

현실적으로 택지 선정을 하는데 후보지점을 결정했다고 해도 그대로 실제 입지점이 되지 못하는 경우가 많다. 이러한 주된 원인은 주로 후보지점의 매입가능성과 그 조건을 들 수 있다. 구체적으로는 토지가격을 포함한 매입가격조건, 매입가능한 시기 및 그때까지의 기간 등이 문제가 된다.

3. 상권과 측정 모델

(1) 소매상권의 범위

소매상권(retail trading area)에 대해서는 다양한 정의가 있는데 일반적으로 해당 소매점 또는 해당 상업집적(상점가나 쇼핑센터 등 점포집단)에 내점하는 고객의 지역적 범위를 말한다. 다시 말하면 해당 소매점 또는 해당 상업집적이 고객을 획득하고 흡인하고 있는 지역의 범위를 말한다.

으로 소비자를 유인할 수 있는 점포(수요창조자)에 적합한 입지선택이 이루어져야 한다. 3. 성장 잠재성의 원칙 : 장래 구매력 증가를 기대할 수 있는 입지. 4. 거래 중계의 원칙 : 기존 상업지구와 소비자의 중간 지점에 위치를 선택하는 것은 유효하다. 5. 누적 인력의 원칙 : 동업점포가 근접한 경우에 매출액 증대를 기대할 수 있다. 즉 양립할 수 있는 점포로 소비자 교환이 가능한 입지의 선택. 6. 양립성의 원칙 : 서로 보완이 가능한 점포, 즉 소비자의 왕래를 촉진시키는 입지가 유망하다. 7. 경쟁 극소화의 원칙 : 경쟁이 적고 또한 경쟁이 있다면 우위에 설 수 있는 입지가 좋다. 8. 입지 이익의 원칙 : 입지의 크기, 형태, 지형, 주변환경조건, 구입·차입에 유효성과 비용 등 검토가 이루어져야 한다.

여기에서 주의해야 할 것은 습관적으로 해당점포 또는 해당점포집단에 구매를 목적으로 찾아오는 고객(customer)이 사는 지역적 범위를 말하고 있는 것이다. 따라서 먼 거리에 사는 사람이 친척을 방문하면서 때때로 구매하는 경우와 이 소비자가 사는 지역을 상권으로 간주하지 않는다. 즉 고객이 통상 습관적으로 어느 상품을 어느 특정 소매점포에서 주로 구입을 목적으로 방문하는 공간적, 시간적 범위가 소매상권이라고 할 수 있다.

그런데 소매상권은 고객흡인력 즉 흡인수의 지역적 비율로 일반적으로 1차상권, 2차상권, 3차상권으로 분류한다. 애플바움(W. Applebaum)은 고객의 60~70%가 거주하는 지역을 1차상권, 15~20%가 사는 지역을 2차상권, 3차상권은 그 나머지 고객이 거주하는 지역으로 파악하고 있지만,[8] 학자에 따라서는 이 비율 수치에 약간의 차이가 있다. 그리고 일반적이라고 할 수 없지만 매출액 비율이나 다른 점포와의 시장점유율을 비교해서 1차상권, 2차상권으로 구분하는 학자도 있다.[9]

또한 소매상권은 정의하는 바와 같이 단독점포의 소매상권, 상점가나 쇼핑센터 등 점포집단의 소매상권, 시군구를 중심으로 하는 도시소매상권 등 규모별로 분류해서 사용하기도 한다.

이러한 소매상권은 현재 자동차 사회의 진전과 교통기관의 발달로 단순히 지리적 거리가 아니라 소위 시간적 거리에 따라 그 범위가 규정되는 것에도 주의할 필요가 있다. 따라서 소매상권은 일반적으로 원형이 아니라 아메바형이 된다.

이상의 설명과 같이 소매상권의 개념은 예전에는 그다지 중요시하지 않았었다. 그리고 그 결과로서 상권이나 입지에 관한 연구에 의한 계획적인 출점이나 경영전략이라는 것이 우리나라 소매업자에게서는 찾아보기 어려웠다. 그러나 대규모 소매업의 성장에 따른 소매업 근대화의 진전과 경제

8) W. Applebaum(1966), "Methods for Determining Store Trade Area, Market Presentation, and Potential Sales", *Journal of Marketing Research*. vol. 3, May.

9) B. J. L. Berry(1967), *Geography of Market Centers and Retail Distribution,* Prentice-Hill.

의 발달로 그 인식을 새롭게 하여 오늘날에는 소매 마케팅의 중요한 개념으로서 정착하고 있다고 할 수 있다.

(2) 소매상권의 측정

소매상권의 분석은 소매업에 있어서 중요한 요건이다. 이러한 소매상권의 분석은 우선 그 범위의 측정 내지는 파악을 해야 한다.

그런데 소매상권의 범위를 측정하는데 통상, ① 기존자료에 의한 범위의 측정과 ②실지조사에 의한 범위의 측정 ③ 지리적 모델에 의한 범위의 측정이 있다.

여기에서는 ①과 ②를 간단히 설명한다. ①의 기존자료에 의한 측정이란 국가나 시군구가 발행하는 각종 조사(지식경제부, 통계청, 상공회의소, 자치단체)나 고객명부, 판매기록명부를 주된 참고 자료로 해당상권의 범위를 파악하는 것이다. 고객명부의 축적과 정리 정도에 따라 많은 부분을 파악할 수 있고 일반적으로는 다음에 설명하는 실지조사에 의한 범위의 측정보다 정확하다.

②의 실지조사(實地調査)에 의한 범위의 측정이란 점포조사나 방문조사 또는 드라이브 테스트에 의거한 조사를 의미한다.

점포조사에 의한 측정은 자신의 점두(점포, 점내)에 내점한 고객의 주소를 파악함으로써 자신의 점포에 대한 상권을 파악하는 방법이다.[10] 샘플수가 많으면 대단히 정확한 범위의 측정이 가능하고 1차, 2차, 3차 상권의 구분도 용이하다는 이점이 있다. 유의해야 할 점은 평일이나 토요일, 일요일

---

10) 점두조사에 의한 상권분석으로는 CST(Customer Spotting Technique)기법이 있다. CST상권분석은 특정시설의 이용고객을 조사하여 상권범위와 고객특성을 파악하고 매출실적과 연계하여 지역별 시장점유율도 파악할 수 있는 조사기법으로 국내 유통컨설팅업계에서 많이 이용되고 있다. 예를 들어 어느 백화점에서 상품을 구입한 고객 약 400명을 대상으로 간단한 내용의 설문지를 배포하여 고객주소를 파악한다. 파악된 고객 주소에 따라 지도상에 표시하면 해당 백화점의 상권범위를 알 수 있다. 이때 지도상에 표시된 지역별 고객비율과 해당 백화점의 영업실적을 비교해서 분석하면 각 지역별 시장점유율도 파악할 수 있으며 핵심 상권범위가 몇 개 지역에 한정되는지도 파악이 가능하다.

이라는 식으로 조사일이 한쪽으로 기울지 않아야 하는 것이다. 구체적으로는 평일, 토요일, 시간대별 등 전체를 조사해야 할 필요가 있다.

방문조사는 예상되는 상권보다 넓은 지역의 각 가정을 조사원이 직접방문해서 구매이용상황 등을 묻고 이에 따라 상권의 범위를 파악하는 방법이다. 방문조사 역시 샘플수가 많을수록 대단히 정확한 범위의 측정이 가능하다. 유의해야 할 점은 예상되는 상권을 평균해서 분할하고 샘플링을 해야 한다는 점이다. 어느 특정지역만의 샘플수가 압도적으로 많다면 조사로서 정확성이 떨어지기 때문이다.

또한 드라이브 테스트 측정은 자동차나 경우에 따라서는 도보로 실제 자신의 점포가 상정하는 상권을 돌아보고 상권의 실체를 파악하는 것을 말하는데 사실 이것만으로는 정확한 상권 범위 의 측정은 무리이다. 따라서 어디까지나 점포조사, 방문조사의 보완적 역할로써 어느 정도 상권의 범위가 파악된 후 약간의 수정사항으로 이용하는 것이 바람직하다.

(3) 모델에 의한 소매상권의 측정

1) 라일리의 법칙에 의한 상권측정

이론적 모델식에 의한 소매상권 결정에 최초로 등장한 것이 유명한 라일리의 소매인력법칙(Reilly's law of retail gravitation)이다. 라일리의 법칙이라고도 한다.[11)]

라일리(W. J. Reilly)는 1927년부터 29년까지 3년간 미국 중서부 100여개 도시의 실태조사로 얻은 데이타를 바탕으로 어느 법칙을 발견했다. 즉 이것이 소매판매액은 어느 일정한 법칙에 따라 보다 커다란 도시를 향해 이 도시보다 작은 도시로부터 유출, 흡인된다는 것이다.

11) 이 유명한 법칙은 1929년 발표되었다. 자세한 내용은 W. J. Reilly(1929), Methods for the study of Relationships Research, Monograph No.4, *Bureau of Business Research,* Austin, the University of Texas. W. J. Reilly(1931), *The Law of Retail Gravitation,* William J. Reilly Co. 또한 라일리가 소매인력법칙이라는 말을 사용한 것은 뉴톤의 만유인력의 법칙이라는 말에 영향을 받았다.

이 일정한 법칙이란 구체적으로 말하면 ① 통상의 상태에서는 도시의 인구에 정비례해서 도시권 외의 거래를 보다 많이 흡수하는 법칙과 ② 도시권 외의 거래를 흡인하는 경우는 근접한 도시가 원거리 도시보다 많고 그것도 거리에 비례(정확히는 거리의 길이에 반비례)한다는 법칙을 의미한다.

①과 ②의 법칙을 상권측정의 이론적 모델식으로 공식화한 것이 라일리의 법칙, 또는 소매인력법칙이라고 한다.

이 법칙은 도시 A와 도시 B의 중간에 있는 어떤 지점 C지구에 거주하는 소비자의 구매력이 어떤 비율로 A시와 B시로 흡인되는가를 설명하는 것이다. 이 경우 C지구로부터 A, B 두 도시에 유출되는 소매판매액(판매량)의 비는 "A시와 B시의 인구에 비례하고 A시와 B시에의 거리의 제곱에 반비례한다"는 것이다.

이것을 수식으로 나타내면 C지구로부터 A, B시로 흡인되는 구매지향비율은,

〈표 8-1〉 라일리의 법칙(소매흡인력법칙)

$$\frac{B_a}{B_b} = \left(\frac{P_a}{P_b}\right)\left(\frac{D_b}{D_a}\right)^2$$

B_a C시로부터 A시에 흡인되는 구매력

B_b C시로부터 B시에 흡인되는 구매력

P_a A시의 인구

P_b B시의 인구

D_a C로부터 A시까지의 거리

D_b C로부터 B시까지의 거리

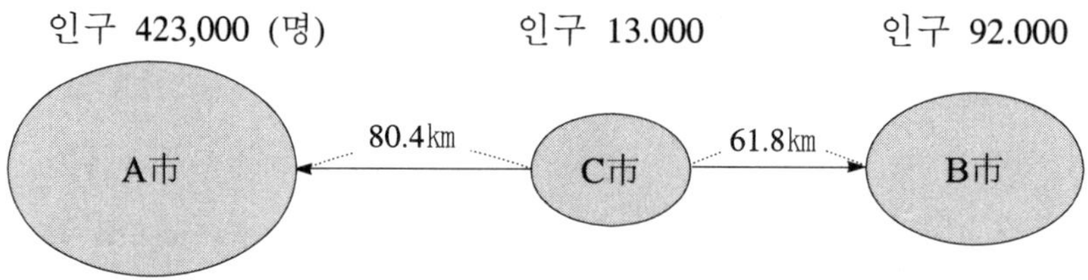

〈그림 8-2〉 라일리의 법칙(소매흡인력법칙)

〈그림 8-2〉를 실례로 하여 계산해 보면,

$$\frac{B_a}{B_b} = \frac{P_a/D_a{}^2}{P_b/D_b{}^2} = \frac{42.3/80.4^2}{9.2/61.8^2} = \frac{6,544}{2,409} = \frac{73.1}{26.9} = \frac{2.7}{1}$$

즉 C시로부터 A시로 흡인되는 구매력은 73.1%, B시로 흡인되는 구매력은 26.9%가 된다. 다시 말하면 A시 2.7에 대해 B시 1의 비율이 된다.

이 라일리의 법칙은 오래전부터 주로 선매품에 대한 소비자의 구매력이 도시사이에 어떤 비율로 흡인되는가를 산출하는데 이용되어왔다. 라일리의 법칙은 그 후 컨버스가 2개 도시의 인구격차가 너무 커서 한쪽 도시인구가 다른쪽 도시인구의 15배, 20배 또는 그 이상인 경우에는 거리의 제곱을 3제곱으로 해야 한다고 제안하였다.

2) 컨버스의 법칙(수정 소매인력법칙)

라일리의 법칙이 발표된 후 이 법칙을 이용해서 컨버스(P. D. Converse)는 A도시와 B도시의 흡인력의 균등분할점을 찾는 공식, 다시 말하면 두 도시간 소매판매액이 나누어지는 분기점(중간지점, breaking-point)을 찾는 공식을 제시했다. 즉 도시 A와 도시 B를 연결하는 직선상에서 양도시의 상권이 갈라지는 분기점을 구하는 것이다. 이 공식이 발표되면서 라일리의 법칙이 더욱 소매상권의 측정에 이용되기에 이르렀다. 이를 컨버스의 공식(법칙), 컨버스의 분기점공식, 또는 소매인력의 제2법칙이라고 한다.[12] 그 공식은 다음과 같다.

〈표 8-2〉 컨버스의 공식

$$D_a = \frac{D_a + D_b}{1 + \sqrt{\frac{P_b}{P_a}}}$$

D_a A시로부터 분기점까지의 거리
D_b B시로부터 분기점까지의 거리
P_a A시의 인구
P_b B시의 인구

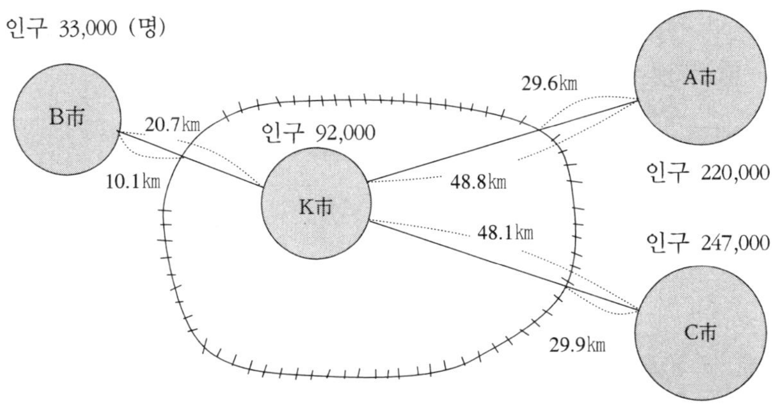

〈그림 8-3〉 컨버스 공식에 의한 상권분기점

〈그림 8-3〉을 실례로 하여 K시를 중심으로 한 A, B, C시와 상권분기점을 구하면,

12) P. D. Converse(1949), "New Laws of Retail Gravitation", *Journal of Marketing*, vol. 14, No. 1, Oct., p. 374, 및 pp.379-384.

$$D_a = \frac{48.8㎞}{1+\sqrt{\frac{92}{220}}} = 29.6㎞$$

$$D_b = \frac{27.0㎞}{1+\sqrt{\frac{92}{33}}} = 10.1㎞$$

$$D_c = \frac{48.1㎞}{1+\sqrt{\frac{92}{247}}} = 29.9㎞$$

또한 컨버스는 라일리의 법칙이 결과로써 두 도시 A와 B가 중간도시로부터 선매품 소매판매액을 전액 흡인한다는 것을 가정하고 있는데 주목하고 실제는 어느 정도 잔류한다는 실증데이터를 바탕으로[13] 중간도시에 있는 소비자의 구매력 가운데 해당 도시에 잔류하는 부분과 외부 도시 A로 유출, 흡인되는 부분에 대한 공식을 발표했다. 이것이 신소매흡인력법칙(공식)또는 소매인력 제3법칙이라고 한다. 공식은 다음과 같다.

〈표 8-3〉 컨버스의 신소매흡인력 법칙

$$\frac{B_a}{B_b} = \left(\frac{P_a}{H_b}\right)\left(\frac{4}{d}\right)^2$$

B_a	외부의 A도시로 유출(흡인)되는 소매판매액의 비율
B_b	해당지역(도시)B에 잔류하는 소매판매액의 비율
P_a	A도시의 인구
H_b	해당지역(도시)B의 인구
d	A도시와 B도시의 거리
4	관성인자(enertia factor)(비편의품(=선매품)을 상정한 관성거리인자)

라일리의 법칙과 컨버스의 법칙은 미국, 캐나다, 유럽, 일본 등 여러 나라에서 상권설정에 많이 이용되어 왔다. 그러나 인구밀도, 도로, 교통조건 및

13) 실제 컨버스는 면밀한 조사의 결과 작은 도시라 하더라도 어느 정도의 선매품 소매액은 해당 도시에 잔류한다는 것을 지적하고 있다.

상업집적지의 크기 등 도시환경조건에 따라 현실과 이 법칙 사이에는 상권이 정확하게 구분된다고 하기 어렵다. 또한 오늘날 상권규정의 척도가 자동차의 급격한 보급으로 지리적 거리에서 시간적 거리로 크게 변화하고 있는 가운데 이러한 법칙을 적용하는 근거로써 대단히 영향력이 약해지고 있는 것은 부정할 수 없다.[14)]

3) 케인의 흡인력 모델

라일리 · 컨버스의 법칙은 앞에서 본 것과 같이 지세나 교통편의를 무시하고 직선거리를 변수로 사용하고 있다는 결점이 있다. 또한 매장면적의 크기와 같은 경쟁요소도 고려하지 않고 있다. 이에 대해 보다 실무적이고 이해하기 쉽게 상권을 측정하고자 한 것이 케인의 흡인력 모델이다.

이 모델은 인구, 중심지까지의 소요시간, 매장면적이라는 3개 요소에 의해 중간지점 C지구의 구매력이 A시와 B시로 흡인되는 비율을 산출하는 것으로 이 모델을 좀더 발전시키면 예상매출액도 추정할 수 있다.

케인의 모델을 표8-4와 그림8-4으로 살펴보자. A시의 인구는 8,000명, B시는 35,000명이므로 그 비율은 1 : 4.4가 된다. C지구로부터의 소요시간은 A시까지가 10분, B시까지가 5분이므로 그 비율은 1 : 2 이다. 또 같은 업태의 매장면적 합계가 A시는 200평, B시는 800평이므로 그 비율은 1 : 4이다. 이 비율을 가산하면 A시 대 B시의 비율은 3 : 10.4가 된다. 이 비율에 의해 C지구의 구매력이 A, B시에 각각 흡인된다.

A시 또는 B시에 자기 점포가 있는 경우에는 매장면적비에 의해 자기 점포가 흡인할 수 있는 구매력을 산출할 수도 있다. 가령 B시에 100평 규모의 점포를 가졌다면 이 점포의 매장면적비는 100 : 800이 된다.

케인의 모델은 매장면적비와 매출액비는 거의 같다는 발상에 근거하고 있다. 라일리 · 컨버스의 법칙은 인구와 거리를 요소로 한 것인데 비해 케인은 여기에 매장면적이라는 요소를 추가한 것이다.

---

14) 會田玲二(1982), 立地調査, 實務教育出版, pp.95-96.

〈표 8-4〉 케인의 모델(C지구에 대한 A, B시의 흡인력)

구 분	A 시	비 율	B 시	비 율
인 구 (명)	8,000	1.0	35,000	4.4
소요시간 (분)	10	1.0	5	2.0
매장면적 (평)	200	1.0	800	4.0
비 율 합 계		3.0		10.4

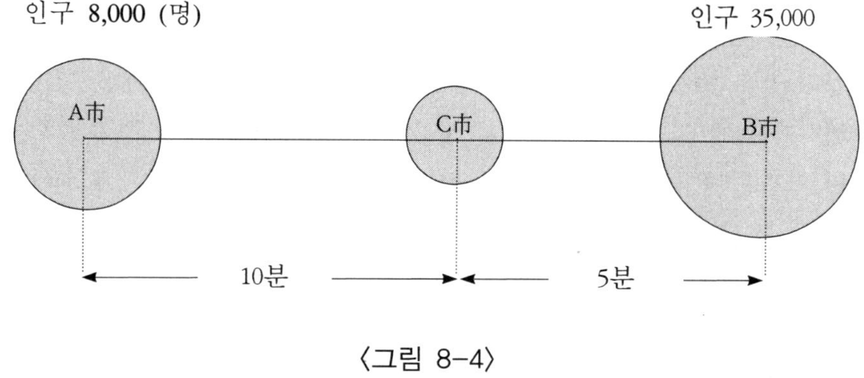

〈그림 8-4〉

(4) 허프모델에 의한 상권조사

1) 복수상업시설의 고객흡인력

라일리와 컨버스의 법칙은 비편의품에 대하여 도시간 상업력을 인구와 거리로 설명함으로써 도시간 상권의 경계를 결정하는 것으로서 이러한 법칙은 단순하고 개개의 소비자가 복수의 상업시설을 상품별로 이용하는 실정 등을 무시한 것이었다.

미국의 경제학자 허프(D. H. Huff)는 라일리와 컨버스의 법칙에 불만을 갖고 그때까지 도시를 중심으로 한 상권법칙을 소매상업시설 내지는 소매상업집적을 중심으로(상가, 시장, 백화점, 쇼핑센터 등)법칙화하고 일반 선매품을 기준으로 한 법칙에서 개개의 상품에 대해서도 상권을 파악할 수 있는 법칙을 만들었다. 허프는 개개의 소비자 구매행동을 설명할 수 있는 하나의 법칙을 1962년 〈표 8-5〉와 같이 설명했다. 이것이 허프모델이라고 하는 확률모델공식(허프의 내가확률모델식)이다.[15]

이 공식은 좀 난해하기 하지만 이 공식의 의미를 확인하면 λ(람다)는 소비자가 살고 있는 곳에서 상업집적지에 이르는 길목에 건널목, 하천, 넓은 횡단도로, 언덕길, 위험지대 등 쇼핑하러 가는데 마이너스가 되는 저항요인을 나타내는 매개변수이다.

이 매개변수는 경험적으로 추계되는 것으로 일률적으로 정할 수 없다. 정밀한 계산을 위해서는 일일이 실험을 통해서 산출할 수 밖에 없다.

가령 a지점에 거주하는 소비자가 b, c, d 3곳의 쇼핑센터로 가는데 소요되는 시간을 각각 15분, 10분, 15분이라고 하고 각 쇼핑센터의 매장면적을 b=5,000㎡이라고 할 때 그 소비자가 3곳의 쇼핑센터에 가는 확률은 다음과 같이 계산된다. 이 계산에서는 λ의 값을 편의상 1로 하였다.

〈표 8-5〉 허프의 확률모델

$$P_{ij} = \frac{\dfrac{S_j}{T_{ij}^{\lambda}}}{\displaystyle\sum_{j=1}^{n} \frac{S_j}{T_{ij}^{\lambda}}}$$

P_{ij} i지점의 소비자가 j쇼핑센터(또는 시장, 상가)로 가는 확률
S_j j쇼핑센터의 규모(매장면적)
T_{ij} i지점의 소비자가 j쇼핑센터로 가는데 걸리는 시간
λ 각종 상품구매에 미치는 구매소요시간의 효과를 경험적으로 표시하기 위해 확립해야 하는 저항요소
Σ 합계의 뜻
n 쇼핑센터(또는 시장, 상가 등)의 수

15) D. H. Huff(1963), "A Probability Analysis of Shopping Center Trade Areas," *Land Economics,* vol. 53, p.81.
D. H. Huff(1964), "Defining and Estimating a Trade Area," *Journal of Marketing,* vol. 28., July, p.35.

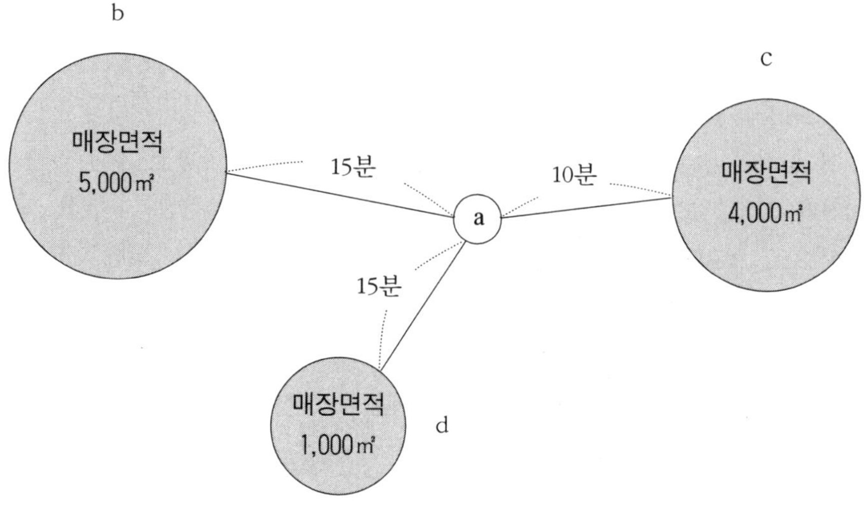

〈그림 8-5〉 허프모델의 예

(b로 갈 확률)

$$P_{ab} = \frac{\frac{S_b}{T_{ab}}}{\frac{S_b}{T_{ab}} + \frac{S_c}{T_{ac}} + \frac{S_d}{T_{ad}}} = \frac{\frac{5}{15}}{\frac{5}{15} + \frac{4}{10} + \frac{1}{15}} = 0.417$$

(c로 갈 확률)

$$P_{ac} = \frac{\frac{S_c}{T_{ac}}}{\frac{S_b}{T_{ab}} + \frac{S_c}{T_{ac}} + \frac{S_d}{T_{ad}}} = \frac{\frac{4}{10}}{\frac{5}{15} + \frac{4}{10} + \frac{1}{15}} = 0.500$$

(d로 갈 확률)

$$P_{ad} = \frac{\frac{S_d}{T_{ad}}}{\frac{S_b}{T_{ad}} + \frac{S_c}{T_{ac}} + \frac{S_d}{T_{ad}}} = \frac{\frac{1}{15}}{\frac{5}{15} + \frac{4}{10} + \frac{1}{15}} = 0.08$$

이와 같이 하여 b로 가는 확률은 42%, c로 가는 확률은 50%, d로 가는 확률은 8%가 되는 것을 알 수 있다.

상권내의 각 지점을 허프모델 공식으로 차례로 계산하면 〈그림 8-6〉과 같은 선을 그릴 수 있다. 이런 그림을 상권고객흡인 등고선이라 하며 소매업에 있어서 경영전략을 어느 지점에 중점을 두고 전개하면 좋은가를 알 수 있다.

지도상에 나타난 확률을 그 지점에 거주하는 인구에 곱하면 해당 쇼핑센터에 올 예상 고객수를 알 수 있다. 가령 어느 지점의 인구가 1,200명이고 고객흡인 확률이 30%라면 그 지점에서 끌 수 있는 고객수는 360명이 된다.

또한 가계소비지출 등을 분석하여 상품별 소비지출액을 파악하면 거기에 예상고객수를 곱하여 월간 또는 연간 매출가능액을 산출 할 수 있다. 가계소비지출을 상품별로 파악하면 상품별 판매계획을 세울 수도 있게 된다.

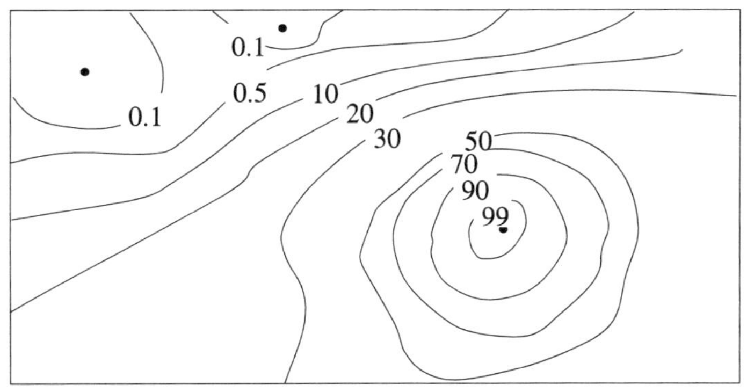

〈그림 8-6〉 고객흡인 등고선

2) 수정 허프모델

허프모델은 복수의 상업시설의 고객흡인률을 계산할 수 있으므로 가장 실용성이 크다. 특히 기존 상가근처에 대규모 상업시설을 계획할 때 고객흡인 가능성을 예측하는데 유용하다. 그러나 허프모델은 매우 어려워 그대로 이용하기 힘들다. 그 중에서도 저항요인 λ는 일일이 시장조사를 하지 않으면 산출되지 않는다. 이를 실용성 있게 고친 것이 수정 허프모델인데 여기서는 T^{λ}대신에 라일리의 법칙의 '거리의 제곱에 반비례한다'를 대입한 것이다.

이 수정 허프모델은 일본의 통산성이 고안하여 대규모점포법(大規模店鋪法)[16]이라는 법률에 따른 상업조정에 실제로 이용하고 있는데 이는 '소비자가 어느 상업지에서 구매하는 확률은 그 상업집적의 매장면적에 비례하고 그곳에 도달하는 거리의 제곱에 반비례한다'는 것을 공식화한 것이다.

〈표 8-6〉

$$P_{ij} = \frac{\frac{S_j}{{D_{ij}}^2}}{\sum_{j=1}^{n} \frac{S_j}{{D_{ij}}^2}}$$

P_{ij} i지점에서 j상업지역에 가는 확률
S_j j상업집적의 매장면적
D_{ij} i지점에서 j까지의 거리

16) 이 대규모 점포법(지금은 폐지되었음)은 대도시에 점포면적 3,000㎡이상을 출점할 경우 도지사의 허가가 필요하며 또한 해당 지역 상점연합회와의 조정이 필요하다. 즉 대규모소매점이 출점함으로써 기존 소매상업에 대한 영향을 측정하는 것을 말한다. 이 이해 당사자간의 조정기간이 너무 길고 지루해 해외에서도 좀처럼 일본에 대규모 소매업을 개설하기가 어렵다. 따라서 동경 시내에 진출하기 보다는 수도권이나 지방에 개설하는 사례가 많다. 미국의 대규모 완구점 토이저러스가 일본에 진출할 때 동경의 지가가 비싼 이유도 있었지만 지방을 택한 이유도 그러한 경우이다.

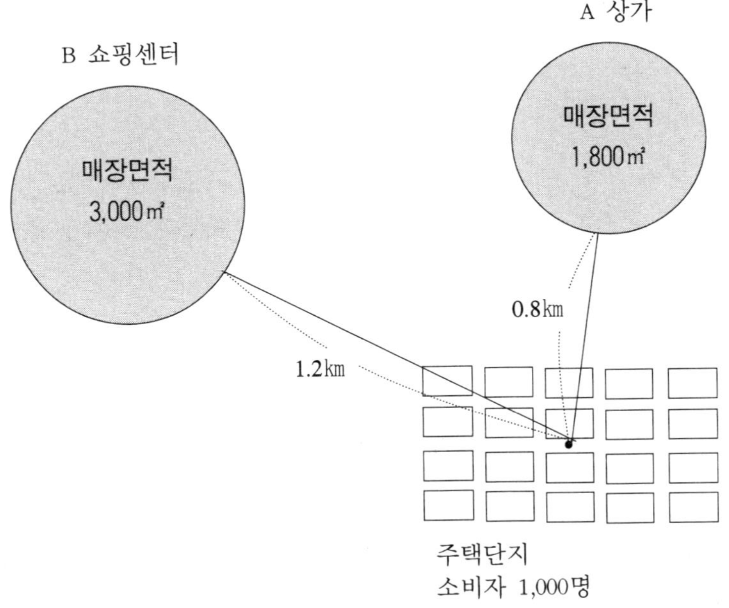

〈그림 8-7〉 수정 허프모델의 예

어느 상가 A부근에 매장면적 3,000㎡의 대규모 소매점이 진출한다고 가정할 때 주택단지의 소비자는 어떤 비율로 A상가 또는 B쇼핑센터로 갈 것인가를 확률 계산을 하면 다음과 같다. A상가와 B쇼핑센터 사이의 직선거리 1.2㎞, B쇼핑센터와 C주택단지 사이의 직선거리 0.8㎞, B쇼핑센터 매장면적 3,000㎡, A상가의 매장면적 1,800㎡, C주택단지 소비자수 1,000명이라고 가정하자.

(C주택단지 소비자가 A상가로 갈 확률)

$$P_{ij} = \frac{\frac{1,800}{0.8^2}}{\frac{1,800}{0.8^2} + \frac{3,000}{1.2^2}} = \frac{2,813}{4,896} = 0.575$$

(C주택단지 소비자가 B쇼핑센터로 갈 확률)

$$P_{ij} = \frac{\frac{3,000}{1.2^2}}{\frac{1,800}{0.8^2} + \frac{3,000}{1.2^2}} = \frac{2,083}{4,896} = 0.425$$

즉 A상가로 가는 확률은 57.5%이고 B쇼핑센터로 가는 확률은 42.5%가 된다.

제2절 스토어 레이아웃

이와 같이 제1절에서 설명한 입지 및 상권설정이 결정되면 다음 번 순서가 점포 및 매장을 만드는 작업이다. 스토어 레이아웃의 결정이라는 작업은 그러한 점포를 만드는 과정에서 매장내 상품, 계기, 통로의 배치 및 구성에 관한 작업을 말한다. 물론 스토어 레이아웃에 관한 작업은 출점할 당시에 이루어지기만 하면 되는 것이 아니라, 실제 소매점을 운영하면서 언제든지 재검토되고 개선되어야 하는 중요한 마케팅 행위로써 다루어야 할 필요가 있다는 것은 말할 필요도 없다.

사실 제2절에서는 스토어 레이아웃에 관한 문제는 대단히 실천적인 문제임과 동시에 실제 마케팅 전략이라는 측면에서 생각하지 않으면 안되기 때문에 많은 지면과 설명이 필요하다. 그러나 여기에서는 스토어 레이아웃의 역할, 스토어 레이아웃과 동선 등에 대한 설명으로 이를 대신한다.

1. 스토어 레이아웃의 역할 및 중요성

스토어 레이아웃(store layout)이란 여러 정의가 있지만[17] 일반적으로는

17) 이러한 용어의 개념에는 실무적 성격의 영향 때문에 학자에 따라 여러 정의가 있다고 볼 수 있다.

매장의 상품, 집기, 통로 등의 배치 및 구성을 의미한다. 보다 상세하게 설명한다면 스토어 레이아웃의 영역은 다음과 같다.[18]

① 상품 및 집기의 배치 및 스페이스의 결정

② 통로의 배치 및 스페이스의 결정

③ 체크아웃 설비(계산대)의 배치 및 스페이스의 결정

④ 매장 스페이스에 관한 ①②③이외의 설비, 시설 등의 배치 및 스페이스 결정

그리고 스토어 레이아웃 정책이란 이러한 ①~④를 명확한 계획이나 방침에 따라 조정, 결정, 개선하는 정책을 말한다.

또한 ①의 상품, 계기에 관해 혼동할 수 있는 것은 집기 내에 어떠한 상품을 어느 정도 배치하는 것이 좋은가에 관한 문제는 머천다이즈 어솔트먼트(merchandise assortment : 상품구성), 인스토어 머천다이징(in-store merchandising)[19]이라는 정책 영역에 속하기 때문에 스토어 레이아웃 영역에는 통상 포함시키지 않는다.

따라서 알기 쉽게 설명하면 일반적인 스토어 레이아웃 계획으로 ①은 어떠한 상품으로 구성할 것인가가 아니라 상품구성이 결정된 상품 및 그것을 수납하는 집기(냉동케이스 등)를 매장의 어느 위치에 배치하는 것이 좋은가라는 물리적 영역의 문제를 의미하는 것이다.

스토어 레이아웃의 설정이나 개선은 말할 필요도 없이 각 소매업의 경영정책으로 결정되기 때문에 다분히 개점적이고 개별적 성격을 지닌다는 것은 당연하다. 따라서 일반적으로는 다음과 같은 사항을 목표로 해서 설정, 개선하는 것도 사실이다.

① 구매 편의 및 구매 환경의 향상

② 매출액, 이익액의 향상

③ 점포 스페이스, 매장 스페이스의 효율 향상(점포 및 매장 스페이스의

18) D. J. Duncan, S. C. Hollander, *op. cit.*, p.127

19) 이 용어도 통일적인 견해는 없지만 평이하게 말하면 점내(점두)에 있어서의 머천다이징이며, 어느 의미에서는 점두기술(店頭技術)적인 성격을 갖는다고 할 수 있다.

효율적 사용)

④ 작업효율의 향상

여기에서 ①과 ④에 대해 약간 보충하자면 우선 ①은 구체적으로 매장 상품의 탐색, 지각, 접촉하기 쉽게 한다(상품의 탐색율, 지각율, 접촉율의 향상), ② 구매를 하는데 피로를 경감시켜준다(걷기 쉬운 매장, 돌아다니기 쉬운 매장의 실현), ③ 앞의 설명과 관련된 쾌적한 구매환경의 실현(구매환경을 향상시키는 설비, 시설, 장소의 적정배치)등 이다.

또한 ④는 작업효율을 고려한 상품배치, 백야드와 진열장소와의 효율을 염두해 놓은 배치 등 이다.

즉 스토어 레이아웃의 설정이나 개선은 판매촉진에 있어서 중요한 의미를 지니기 때문에 실제 그 방법에 따라 소비자의 해당 점포에 대한 평가에 크게 영향을 미칠 뿐 아니라 나아가 매출액 및 이익액을 좌우하는 대단히 중요한 요소이다.[20] 따라서 오늘날 스토어 레이아웃은 판매촉진에 중요한 요소로 인식하고 각 소매점은 연구에 힘을 기울이고 있는 것이며 특히 최근에는 경험적인 지식에 의한 연구 뿐만 아니라 보다 과학적인 견지에서의 연구가 진전되고 있는 것이다.[21]

2. 동선과 스토어 레이아웃

앞에서 스토어 레이아웃은 주로 구매 편의나 구매환경의 향상, 매출액 및 이익액의 향상, 매장 스페이스의 효율향상, 작업능률의 향상 등을 목적으로 설정 개선된다는 점에 대해 설명했다.

---

20) R. W. Hasty(1983), *Retailing,* Harper & Row, pp.154-155.
J. B. Mason, M. L. Mayer, H. F. Ezell(1984), *Foundations of Retailing,* pp.136-137.
또한 마케팅 도구로서 레이아웃의 역할에 대해서는, C. A. Bearchell(1975), *Retailing,* Harcourt Brace Jovanovich, Inc., pp.84-89.

21) T. W. Leed, G. A. German, *Food Merchandising,* Chain Store Publishing Corp., Chapter7.을 참고하기 바람

스토어 레이아웃 정책은 이 목적을 실현하기 위해 여러 가지 구체적인 접근방법을 시도한다. 그 대표적인 것 가운데 하나가 동선(customer traffic pattern, 客動線, 또는 動線)을 고려한 스토어 레이아웃의 설정이다. 관점을 달리하여 생각하면 소비자가 점내에서 이루어질 구매행동에 바탕을 둔 스토어 레이아웃 설정의 한 방법이라고도 할 수 있다.

동선(customer traffic pattern)이란 소비자(고객)가 점내를 걸어가는 길 또는 궤적을 말한다. 이러한 동선은 점포의 판매전략에 반드시 검토가 필요한 중요한 요건이다. 왜냐하면 고객이 상품을 지각하고 접촉하지 않으면 상품은 판매되지 않는다. 다시 말하면 동선이 해당 상품이 있는 곳을 통과하지 않으면 일반적으로 판매는 성립하지 않기 때문이다.

이와 같이 동선은 마케팅 전략에 중요한 고려요건이고 이 동선에 크게 영향을 주는 것이 스토어 레이아웃인 것이다.[22] 예를 들면 넓은 매장면적 가운데 복잡하고 미로와 같은 집기배치를 한다면 동선에 매장의 공백부분이 많이 생겨 결과적으로 여기에 배치되어 있는 상품판매를 저하시킨다. 또한 넓은 면적과 많은 상품을 지닌 매장 등 구매빈도가 높은 상품을 모두 출입구쪽에 배치시켜버리면 동선은 출입구를 중심으로 대단히 짧아져 결과적으로 다른 상품과의 접촉율을 경감시켜 매장은 마치 불량재고 더미가 되어버린다.

이처럼 동선은 스토어 레이아웃으로 크게 영향을 받지만 반대로 여기서부터 스토어 레이아웃의 설정이나 개선은 동선을 고려해서 결정하는 것이다. 즉 일반적으로 동선은 점내 각 통로 전체를 포함해서 가능한 한 길게 스토어 레이아웃을 설정하는 것이다.[23]

이러한 관점에서 가령 슈퍼마켓은 구매빈도가 높은 청과, 육류, 생선 등을 점내를 감싸도록 벽면을 따라 배치하여 동선을 점내 깊숙이 이끌며 이 이외의 상품 구매를 촉진시키는 역할을 하고 있다. 이와 같이 스토어 레이

22) *ibid.*, pp.280-297.

23) B. Berman, J. R. Evans, *Retail Management,* Macmillan Publishing Co. Inc., pp.409-410.

아웃과 동선은 표리일체라고 할 만큼 밀접한 관계를 갖고 있다.

동선의 바람직한 방법은 업태, 매장면적, 경영방침에 따라 다르기 때문에 일률적으로 말할 수 없다. 일반적으로는 많은 고객이 나타낸 궤적이 다음과 같은 경우가 바람직하다고 할 수 있다. 즉 ① 상품탐색이 용이함을 나타내는 동선이 되어 있는가, ② 각 통로에 공백이 없는 동선이 되어있는가, ③ 1인당 평균동선이 가능한 한 길게 되어있는가 등이다.

이러한 ①~③을 실현하기 위해 스토어 레이아웃에 대한 동선기준으로 2가지 형태가 예전부터 있었다. 그 첫째는 동선이 직선적이 되는 그리드 방식(grid style : 격자형 방식, 바둑판 방식)또는 모눈방식(gridiron : 직선적 모눈방식)이 있고, 둘째는 동선이 곡선적이 되는 프리플로우 방식(free-flow style : 자유유희방식)이다. 또한 그리드 방식은 직선적 동선방식(straight traffic pattern), 프리플로우 방식은 곡선적 동선방식(curving traffic pattern)이라고도 한다.[24)]

이러한 방식의 채용을 업태별로 보면 주로 슈퍼마켓(supermarket)에서 그리드 방식을 채용하는 경향에 있고 백화점(department store), GMS(제너럴 머천다이즈 스토어), 전문점(specialty store)에서 프리플로우 방식이 채용되고 있으며,[25)] 양 스타일을 결합한 절충형 방식도 각 업태에서 볼 수 있는 것을 보면 이와 같은 방식을 이 업태에서만 사용한다는 규정을 하기는 어렵다고 할 수 있다.

각 소매업은 통상, 그리드형, 프리플로우형, 절충형의 어느 것인가를 선택해서 이 가운데 목표로 하는 ①~③을 실현하기 위하여 상품배치, 집기배치를 연구하고 있는 것이다.

직선적 동선 스타일은 주로 슈퍼마켓의 레이아웃으로 많이 이용되고 있으며 정돈된 바둑판 형식의 레이아웃이 그 특징이다. 이와 같은 스타일을 슈퍼마켓이 채택한 목적은 스페이스를 효율적으로 이용하고 불필요한 공간

---

24) *ibid.*, pp.409-411.

25) D. L. James, B. J. Walker, M. J. Etzel(1975), *Retailing Today,* Harcourt Brace Jovanovich Inc., p.96.

을 그다지 만들지 않는다는 점, 상품진열 및 청소 등 작업에 효율적이라는 점이 프리플로우 방식보다 우위에 있다고 판단한 것이라 할 수 있다.[26] 그러나 프리플로우 방식은 고객이 자유롭게 걸어다니면서 쇼핑을 할 수 있기 때문에 그리드 방식과는 약간 불편하기는 하지만 즐거운 쇼핑의 구현이라는 측면에서는 적합하다고 하겠다. 백화점이 이 방식을 채택한 것은 바로 이러한 이점을 생각했기 때문이다.

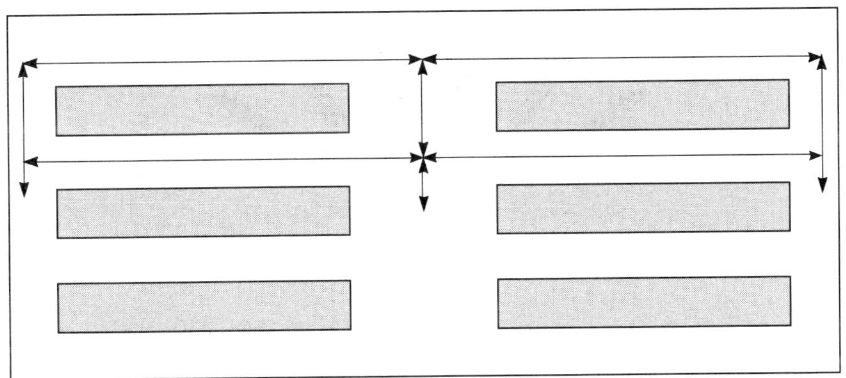

〈그림 8-8〉 직선적 동선방식(그리드 방식)

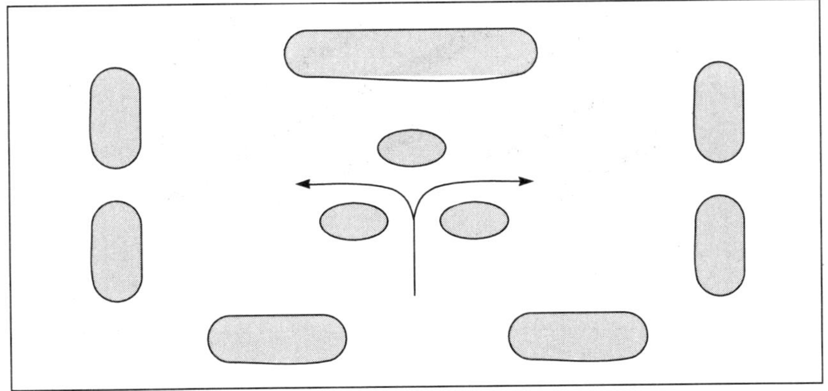

〈그림 8-9〉 곡선적 동선방식(프리플로우 방식)

26) J. B. Mason, M. L. Mayer, H. F. Ezell, *op. cit.*, pp.137-138.

그런데 이 그리드 방식도 택지의 형태나 효율추구라는 문제가 발생하면서 정리된 바둑판 형태가 아니라 변형적인 레이아웃이 등장하기 시작했다. 즉 그리드 방식의 수정형(modifications of gridiron pattern)레이아웃의 개발을 말한다. 실제 슈퍼마켓 뉴스(Supermarket News)도 〈그림 8-9〉 I 의 레이아웃과 〈그림 8-9〉 II 의 레이아웃을 서로 동일한 상품부문을 나타내는 그림①~⑥의 매출이 감소하는 것을 느끼지 못한다고 지적했다.[27]

〈그림 8–9〉 I 그리드 방식의 수정형 스토어 레이아웃

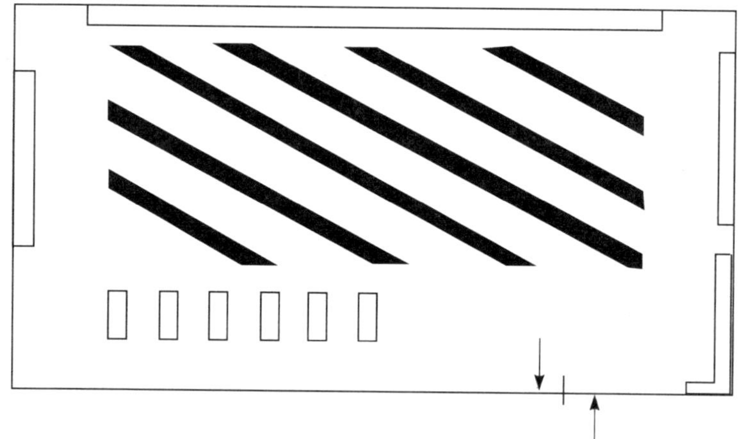

〈그림 8–9〉 II 그리드 방식의 수정형 스토어 레이아웃

27) *Supermarket News*(1986), Monday, July 21, p.28

〈그림 8-9〉의 그리드 방식 레이아웃의 전통적 방식에서 수정형 방식으로 이전

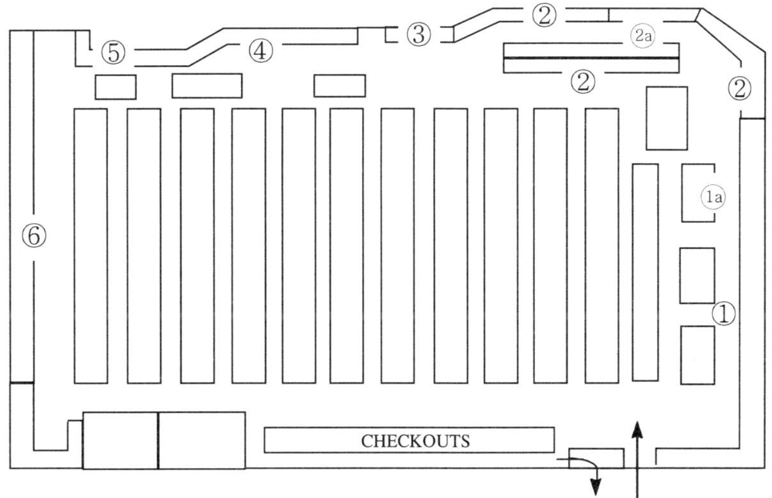

〈그림 8-10〉 I

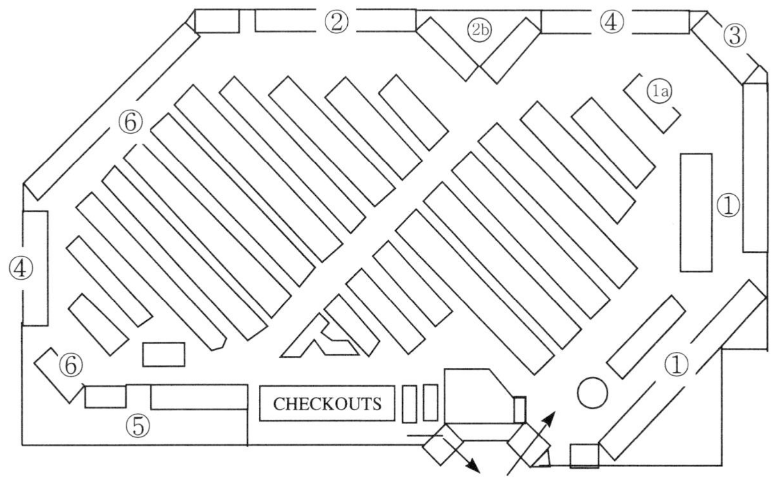

〈그림 8-10〉 Ⅱ

동선은 스토어 레이아웃이 결정된다 하더라도 생각한 것과 현실과는 차이가 나는 것처럼 고객이 느끼는 실제 동선을 바탕으로 스토어 레이아웃을 재검토하고 적정한 배치, 집기배치를 수시로 연구해야 한다. 스토어 레이아웃을 단순히 각 통로를 통과하도록 노력하는 것이 아니라 측면에 배치된 집기를 서로 바운드 할 수 있도록 궤적을 그려보는 노력을 하는 것도 중요하다. 이것은 그 만큼 상품의 접촉율을 높이고 나아가 매출액 증대의 기회가 되기 때문이다. 따라서 슈퍼마켓의 경우 통로 양측에 강력한 흡인력이 있는 상품을 적정하게 배치하는 것이 스토어 레이아웃 정책에 중요하다.

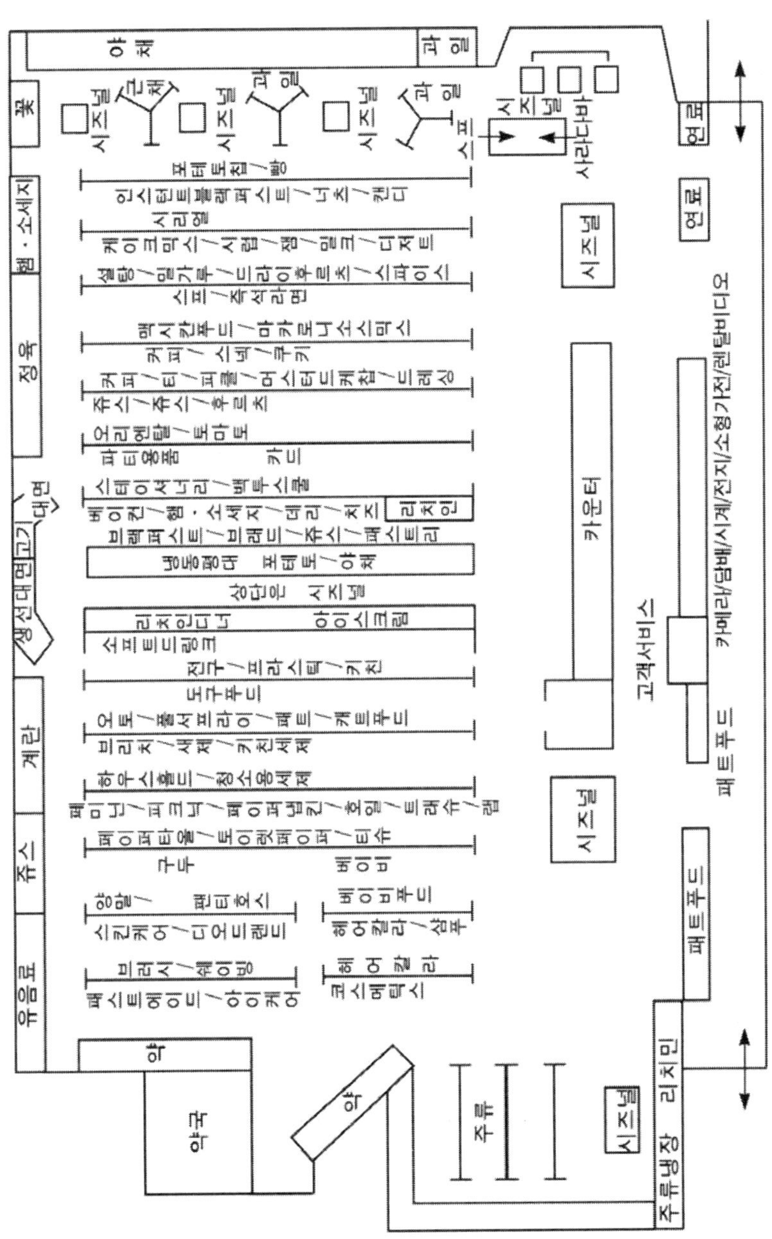

〈그림 8-11〉 I Supermarket 앨버트슨 1,000평형 레이아웃

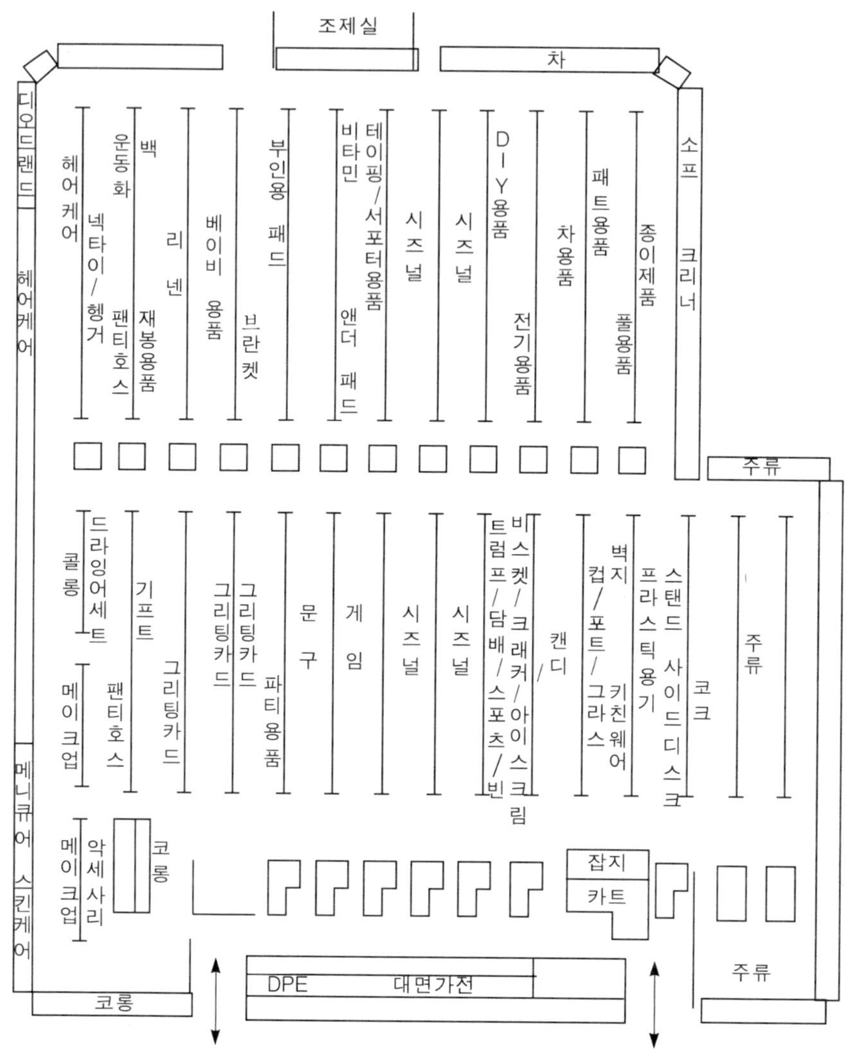

〈그림 8-11〉 Ⅱ 드럭스토어

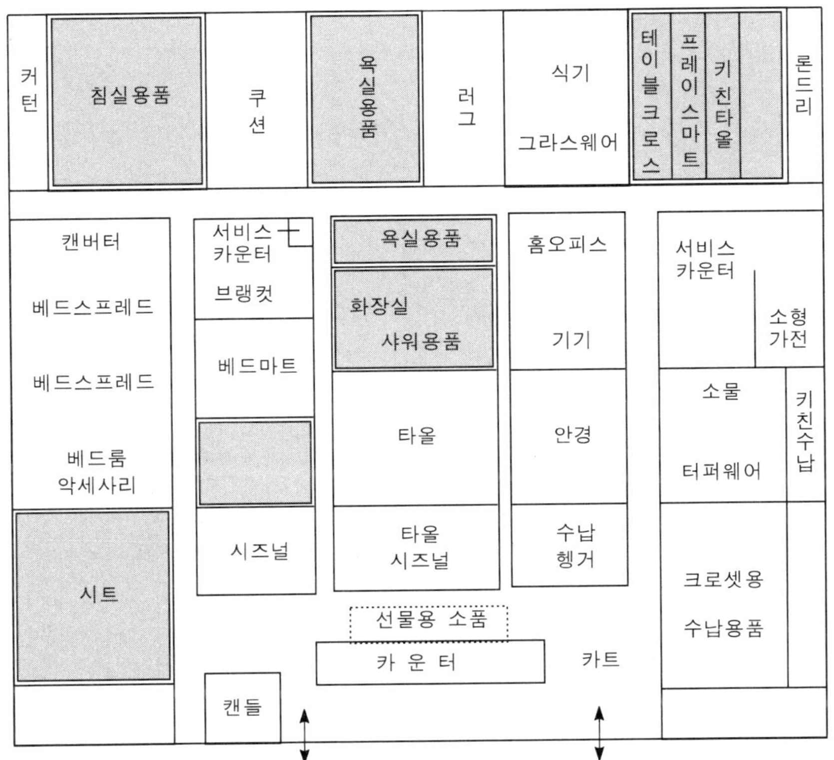

〈그림 8-11〉 Ⅲ 홈 패션 스토어

Ⅰ Toys 'R'us(완구 전문점)

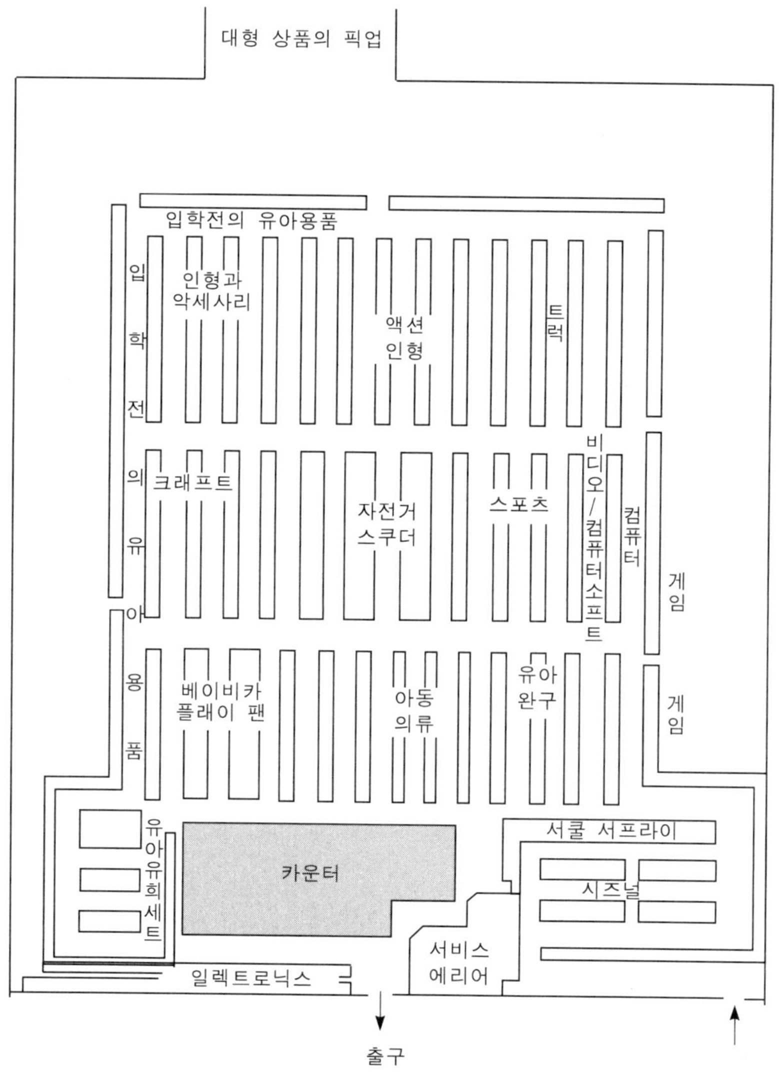

〈그림 8-12〉 스페셜리티 스토어

Ⅱ Comp · LOSA(컴퓨터전문점)

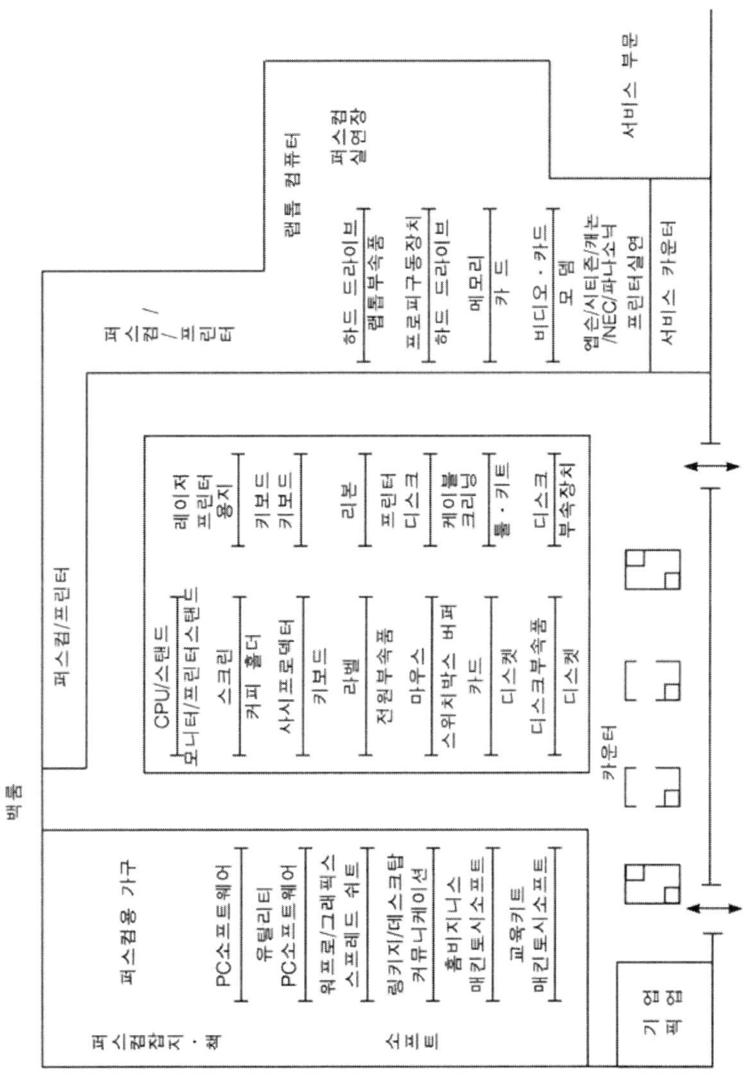

Ⅲ The Limited

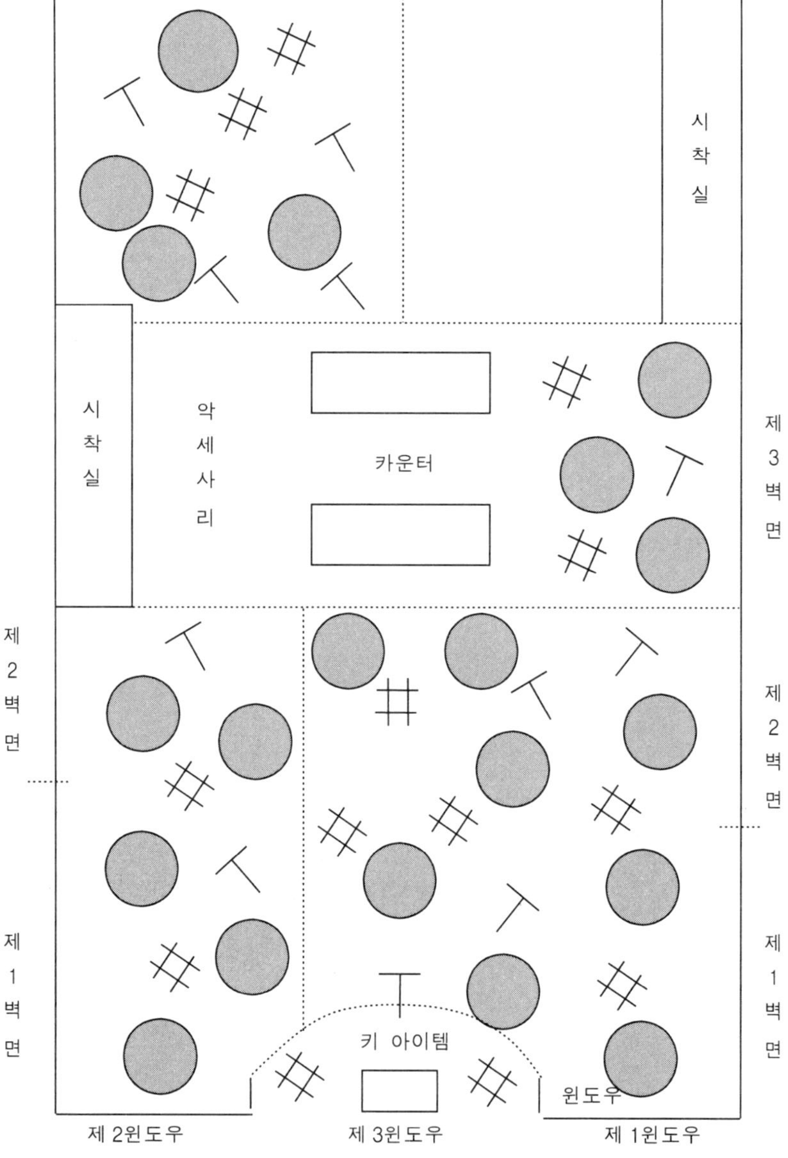

Ⅳ Today's man

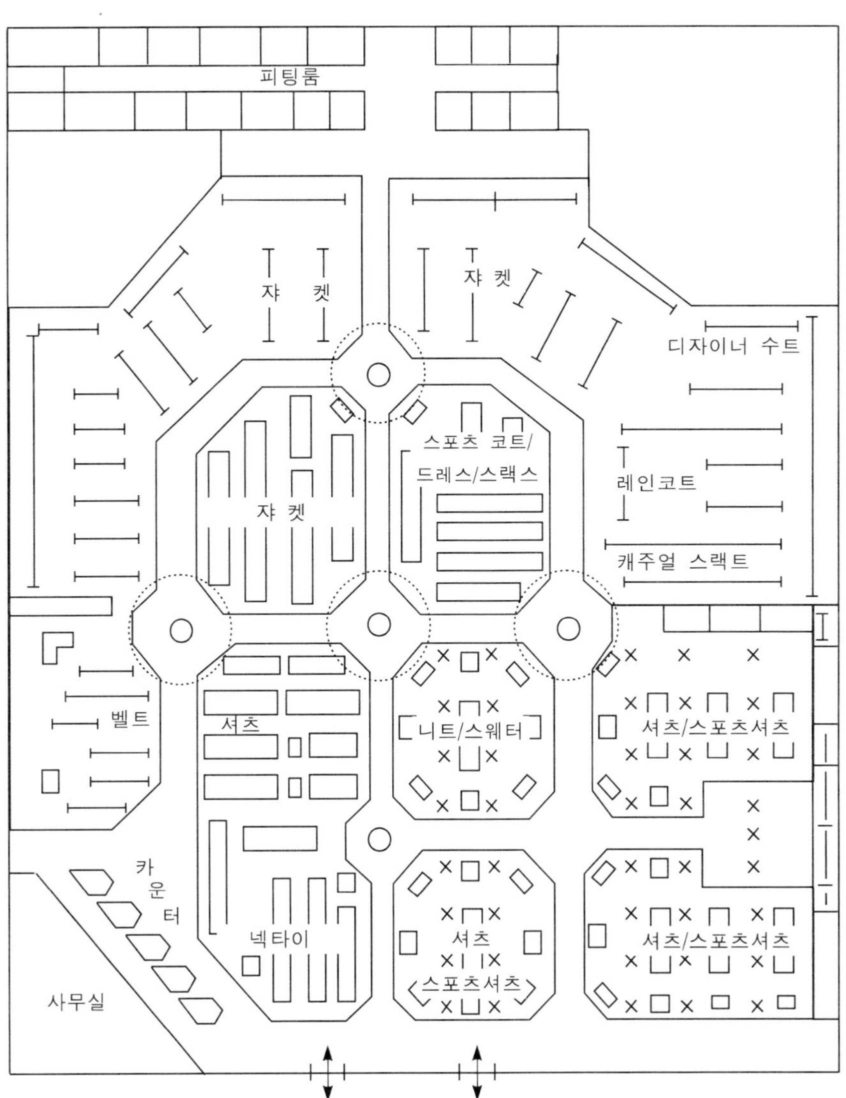
피팅룸
쟈 켓
쟈 켓
디자이너 수트
스포츠 코트/
드레스/스랙스
쟈 켓
레인코트
캐주얼 스랙트
벨트
셔츠
니트/스웨터
셔츠/스포츠셔츠
카
운
터
넥타이
셔츠
스포츠셔츠
셔츠/스포츠셔츠
사무실

제3절 상품의 진열

소매업이 지속적으로 관심을 갖고 대응해야 할 최고의 목표는 매출액의 증대라고 할 수 있다. 매출액 증대에 영향을 미치는 요소는 크게 두 가지로 구분할 수 있다. 첫째는 어떻게 하면 자사 점포를 방문하는 소비자의 수와 방문 횟수를 늘릴 수 있을 것이냐 하는 것이고, 둘째는 어떻게 하면 자사 점포를 방문한 소비자로 하여금 가능한 한 많은 상품을 구매하도록 할 것인가 하는 점이다. 물론 두 요소 중에서 더 중요한 것은 첫 번째 것으로서 가능한 많은 소비자가 자사 점포를 자주 방문하도록 하는 일은 매출액 증대를 위한 선결과제이다. 왜냐하면 일단 소비자가 자사 점포를 많이 방문해야 점포 매출액을 증대시킬 수 있는 길도 열리기 때문이다. 따라서 소매업은 이것을 위하여 전략적인 관점에서 투자를 하고 변화를 시도해야 한다.

일단 점포를 방문한 소비자의 수와 그들의 점포 방문 횟수가 일정하다고 전제할 경우, 점포의 매출액을 증대시키기 위해서는 점포를 방문한 소비자 1인당 상품 구매액을 증가시켜야만 한다. 소비자 1인당 상품 구매액을 증가시키기 위해서는 가격이 비싼 고급품을 구매하도록 유도하는 방법도 있을 수 있으나 이것은 언제나 그리고 누구에게나 적용시킬 수 있는 방법은 아니다.

보다 현실적이고 광범위하게 적용시킬 수 있는 방법은 자사의 점포를 방문한 소비자로 하여금 보다 많은 품목의 상품을 구매하도록 하는 데 있다. 이것은 소비자가 점포에서 구비하고 있는 상품을 가능한 많이 보고 만지고 느낄 수 있도록 만드는 창조적이고 매력적인 상품진열을 통해서 가능하다. 왜냐하면 소득수준이 향상되고 욕구가 다양화된 오늘날의 소비자는 합리적인 구매의사결정보다는 감정적 구매의사결정 혹은 충동구매의 빈도가 많아지고 있기 때문이다.

다시 말해서 점포를 방문하기 위해 사전에 치밀한 구매계획을 세우고, 상품의 구매를 위해 필요한 각종 정보를 탐색하고 평가해서 구매의사결정을 하는 경우는 점차 줄어드는 반면, 비계획적이며 즉흥적인 구매나 여가선용적인 성격의 쇼핑을 즐기는 경향이 늘어나고 있다는 뜻이다. 따라서 소비자의 시선을 사로잡을 수 있는 상품의 진열이 중요하게 된 것이다. 특히, 매력적인 상품진열은 소비자로 하여금 상품에 대한 주의를 집중시킬 뿐만 아니라 더 나아가 소비자의 구매욕구를 자극하여 상품을 구매하도록 유도할 수도 있기 때문에 더욱 중요하다.

실제로 구매계획을 세워서 점포를 방문하는 소비자들도 점포 내에서 계획에 없는 구매결정을 하거나 심지어 변경하는 경우도 많다. 이것은 점포 내에서 얻게 되는 정보가 소비자의 구매의사결정에 매우 중요한 역할을 할 수 있다는 것을 의미하는 것이다. 따라서 소매업은 우선 소비자들이 자사의 점포에 가능한 많이 방문하도록 유인하는 일에 최선의 노력을 다해야 한다. 그리고 이렇게 점포를 방문한 소비자들의 시선을 사로잡을 수 있는 상품진열을 통해서 소비자들에게 가능한 많은 구매정보를 제공할 수 있어야 한다. 그렇게 함으로써 사전에 가지고 있던 구매계획은 충실히 실행하게 하고, 구매계획이 사전에 수립되지 않은 경우라도 점포 내에서 얻은 마케팅 자극을 통해 추가로 구매의사결정이 발생할 수 있도록 유도할 수 있어야 한다.[28]

1. 디스플레이의 의의[29]

디스플레이(display)란 라틴어의 displicare와 displica에서 파생된 것으로 접는다(to fold)라는 의미의 plico 또는 plicare의 반의어로서 보이다(to show), 열다(to unfold), 전개하다(to spread out) 등의 뜻을 내포하고 있다. 이러한 디스플레이의 의미는 표시하다, 설명하다의 의미보다 강한 전시(exhibition)

28) 김효진(2003), 마케팅과 머천다이징, (주)한국매니지먼트시스템, pp.267-269.

29) 김정희, 전태유(2008), 소매마케팅, 도서출판 두남.

또는 명시(manifestation)라는 말로 사용된다.

현대적 의미에서 디스플레이란 보이거나 주의를 끌기 위해 어떤 대상물을 공간에 진열 또는 전개하여 상대방에게 알리는 기술로서 주로 시각을 통해 인간의 심리에 영향을 미치려는 것을 말한다. 이러한 디스플레이는 단지 상품을 진열하는 것뿐만 아니라 소리, 열, 향기 등과 같은 인간의 모든 감각에 작용하는 소재를 이용해 공간에 위치하고 구성, 연출하는 것으로 이해할 수 있다.

이러한 의미의 디스플레이는 1840년 미국의 동북부지역에서 처음 실행되었으며, 1860년에는 영국에서, 1870년에는 프랑스로 전파되어 오늘에 이르고 있다. 상업적 디스플레이는 과거 원시적 형태의 노천시장에서 기상조건에 대처하고 상품을 저장, 보호하기 위해 만들어진 상업공간이 출현함으로써 의식적인 진열이 이루어졌다는데 그 원천을 찾을 수 있다.

따라서 모든 소매업은 디스플레이에 주의를 기울여야 한다. 디스플레이는 고객으로 하여금 상품에 주의하도록 점내의 매력적인 미적환경을 만드는 동시에, 그들로 하여금 점내로 유인하여 상품을 사도록 자극하는 활동이다. 그것은 하이패션 의류점 혹은 백화점에 한정되지 않으며, 식료품점, 할인점, 슈퍼마켓에서도 절대적으로 필요하다. 디스플레이는 단순히 점포의 윈도우를 장식하는 것을 의미하지는 않는다. 귤을 쌓아 올리는 방법, 선반에 과자를 배열하는 방법, 드레스를 걸어 놓는 방법 등에 특별한 주의가 필요하다. 디스플레이는 사업을 정의할 수 있으며, 경쟁자로부터 점포를 차별화할 수 있게 한다. 디스플레이는 기술적이고 예술적인 작업이다.

상품의 가치를 효과적으로 표현하여, 구매의욕을 높이며 판매공간의 정리정돈으로 편리한 구매환경을 만들어 최종적인 판매효율을 높여주는 기술을 의미하는 것으로 전통적인 진열과는 차이가 있다. 진열은 정리정돈과 관리적 의미에서 상품이 고객에게 보이도록 하는 데 중점을 두지만, 디스플레이는 표준화된 상품을 전문적인 구성 및 연출에 의해 상품의 이점을 강조함으로써 고객의 관심을 유도하고 판매를 촉진시키는 적극적인 소구방법이다.

디스플레이는 세심하고 예산에 맞게 계획될 때, 소매업으로 하여금 강력한 커뮤니케이션이 가능하게 한다. 자신의 촉진 전략을 개발하기 위해, 촉진 과정에 소매업은 특정한 인센티브, 광고, 디스플레이 기술의 사용을 어떻게 결합할 것인가에 대한 연구가 필요하다. 소매업은 특정한 목표를 가지고 디스플레이를 설계해야 한다. 점내의 미적 효과도 중요하지만 가장 중요한 목표는 상품을 파는 것이다. 이러한 목표를 달성하기 위해, 소매업은 디스플레이 배열에 디자인의 기본 요인과 원칙을 적용할 수 있어야 한다. 이 과정에 상품, 공간적 특성, 업종, 업태, 계절, 점포의 컨셉 등을 고려하여 상황에 알맞은 디스플레이 연출법을 찾아야 한다.

2. 디자인 요인

소매업이 효과적인 디스플레이를 설계하기 위해서는 기본적인 디자인 요인을 이해하고 있어야 한다. 모든 디자인 요인은 고객의 디스플레이에 반응하도록 영향을 줄 수 있기 때문이다. 긍정적인 반응은 관심과 욕망을 유발하도록 돕는다. 소매업이 관심을 가져야 할 일반적인 디자인 요인에는 선, 형태, 크기, 무게, 짜임, 색채 등을 들 수 있다.

(1) 선

선은 상품의 물리적인 윤곽을 형성하며, 분위기와 이미지를 창출한다. 수직선은 공식적인 분위기를 창출한다. 곡선은 비공식적이며, 자유롭게 흐르는 율동감을 제시한다. 대각선은 행동감을 전달한다. 수직선은 턱시도에 적당하며, 여행용품의 디스플레이를 위해서는 곡선이 적당하고, 대각선은 운송수단이나 스포츠용품을 위한 디스플레이에 사용된다.

(2) 형태

정형적인 디스플레이 형태는 정육면체, 직사각형, 타원형 등을 들 수 있다. 함께 놓인 유사한 형태는 조화로운 느낌을 주고, 안정감을 심어준다. 상이한 형태가 함께 놓이면, 대비의 느낌을 주어 주의를 끄는데 사용된다. 원형은 고전적 이미지를, 사각형은 현대적 이미지를 창조한다.

(3) 크기

작은 상품은 커다란 진열창에서는 주의를 받지 못한다. 전면 유리창에 있는 보석은 행인으로부터 주의를 받지 못하지만, 섀도우 박스에서는 효과적으로 강조될 수 있다.

(4) 무게

상품의 무게는 실제 무게이거나 시각적인 무게일 수 있다. 동일한 크기일지라도 보다 어두운 물체는 밝은 물체보다 무겁게 느껴진다. 고객이 진열해 놓은 특정 상품의 실제 무게를 판단할 때, 함께 사용된 상품의 크기와 색상이 영향을 줄 수 있다. 고객의 주의를 하나의 품목에서 차츰 다음 품목으로 끌어들이도록 진열을 할 때, 시각적인 무게 혹은 실제 무게를 사용할 수 있다.

(5) 짜임

짜임은 제품의 외양 혹은 디스플레이 유니트를 의미한다. 짜임은 빛나는, 우중충한, 매끄러운, 거친 것일 수 있다. 짜임은 디스플레이를 강조하기 위해 대조의 연출에 사용될 수 있다. 울 스웨터는 표면이 거친 바탕과 진열된다면 더욱 주의를 끌 것이다.

(6) 색채

색채는 디스플레이 요소에서 가장 중요한 요소이다. 색채는 실제로 힘과 빛 에너지를 준다. 색채는 인간에게 생체와 감정 변화를 유발하는 것으로 알려졌다. 빨간색은 관찰자를 흥분하게 하여 심장박동수를 증대시키기 때문에, 빨간 조명이 비추는 자리에 있다면 혈압은 올라간다. 반면, 파란색은 냉정하게 하여 심장박동수를 줄여주기 때문에, 파란 조명이 비추는 자리에 있다면 혈압은 내려간다.

업계에서도 사고를 예방하고, 생산성을 향상시키며, 판매를 증가시키는데 색채의 중요성을 더욱 인식하고 있다. 패스트푸드점은 보통 오렌지색, 노랑, 갈색 톤으로 장식을 한다. 오렌지색은 사람들로 하여금 배가 고프도록 한다(생체적인 변화). 노란색과 갈색은 편안한 느낌을 준다(감정적인 변화).

3. 색채의 활용

각각의 색채는 기본적으로 사람들에게 상이한 어떤 느낌과 개념을 제시한다. 이것은 모든 사람이 동일한 방법으로 색채를 보거나 동일한 방법으로 색채에 반응한다는 것을 의미한다는 것은 아니다. 그러나 대부분의 사람들은 색채에 유사한 반응을 하는 경향이 있다. 고객에게 영향을 주기 위해 색채를 사용할 수 있다.

최근의 연구는 따뜻한 색은 '접근 색채'이기 때문에, 소매점은 충동구매를 유도하기 위해 매장뿐만 아니라, 쇼 윈도우나 입구에 따뜻한 색(노랑, 빨강, 오렌지색)를 사용할 것을 주장한다. 즉, 사람들은 따뜻한 색채를 갖는 물체가 그렇지 않은 것보다 더욱 접근하기 쉽다는 것이다. 그러나 그러한 색채는 오래 머무르도록 도와주지는 않는다. 이러한 밝은 색은 디스플레이의 액센트(강조)로 사용되는 것이 적절하며, 주요 특징으로 눈을 끌어들이도록 하는데 사용한다.

- 노란색의 높은 가시성은 상품 판매에서는 가격표의 배경색채로 이용된다. 빨간 글자 또한 판매 가격을 표시하는데 적절하다.
- 차가운 색(파랑, 초록, 보라)은 고객으로 하여금 구매결정이 요구되는 장소에 더욱 적절하다. 이러한 색상은 평온한 환경을 창출하기 때문에, 사람을 더욱 진정시키며 사람들로 하여금 더욱 오래 머무르게 한다.

• 검정색과 흰색은 중성 색상이다. 갈색과 함께, 밝은 색채를 한 디스플레이에 너무 강렬한 효과를 완화시키기 위해 사용된다.

(1) 색채의 연상감정

여러 가지 색들은 관찰자에게 각각 특유한 감정을 불러 일으키며, 이것은 기후, 풍토, 국민성, 문화수준, 그리고 개인의 경험에 의해 그 차이가 있지만, 대체로 다음과 같은 연상감정을 불러 일으킨다.[30)]

• 빨강 : 정열, 피, 힘, 혁명, 위험, 잔인, 야만, 무더위
• 주황 : 원기, 약동, 활력, 만족, 적극, 가을, 식욕
• 노랑 : 희망, 광명, 유쾌, 명랑, 접근, 황금, 천박
• 연두 : 위안, 친애, 신선, 생장, 초여름, 야외, 유아
• 초록 : 안식, 평화, 평정, 중성, 신선함, 여름
• 청록 : 이지, 심미, 바다, 깊숙함, 삼림, 찬바람, 유령, 죄
• 파랑 : 냉정, 심원, 명심, 염원, 바다, 성실
• 남색 : 숭고, 천사, 무한, 유구, 신비, 정화
• 보라 : 창조, 우미, 신비, 우아, 고귀, 예술, 신앙, 신성
• 자주 : 애정, 사랑, 술, 우유, 자만
• 흰색 : 순수, 청결, 소박, 순결, 신성, 정직, 정의, 눈, 고독
• 회색 : 평범, 우울, 음울, 겸손
• 검정 : 허무, 절망, 정지, 침묵, 엄숙, 무정, 죄, 죽음, 암흑, 밤
• 색상차가 작은 배색 : 부드럽고 통일되고 온화한 느낌(예, 노랑과 주황, 파랑과 청록)
• 색상차가 큰 배색 : 화려하고 선명하며 자극적인 느낌(예, 빨강과 청록, 노랑과 파랑)

---

30) 심낙훈(1997), 판매환경 개선을 위한 비주얼 머천다이징 & 디스플레이, (주)영풍문고, p.146.

(2) 색채의 배열

색채의 배열은 일반적으로 다음 순서대로 나열하며, 명도, 채도에 의해서도 단서를 찾을 수 있다.[31)]

- 밝은 색에서 어두운 색 순으로 배열한다.
- 맑은 색에서 탁한 색 순으로 배열한다.
- 옅은 색에서 짙은 색 순으로 배열한다.

1) 명도에 의한 배색

- 명도차가 작은 배색 : 노랑과 연두의 배색은 밝고 경쾌한 느낌을 주며, 검정과 보라와 같이 명도가 낮은 색끼리 배색은 무겁고 음침한 느낌을 준다.
- 명도차가 큰 배색 : 고명도와 저명도는 확실하게 눈에 띄며, 무채색과 유채색(노랑과 검정)의 배색과 유채색끼리(노랑과 보라)의 배색도 그 차이가 선명하다.

2) 채도에 의한 배색

- 채도차가 작은 배색 : 빨강의 순색과 노랑의 순색처럼 고채도끼리의 배색은 강하고 싱싱한 느낌을 주며, 저채도끼리의 배색은 검소하고 차분한 느낌을 준다.
- 채도차가 큰 배색 : 빨강의 순색과 탁색 또는 파랑의 순색과 노랑의 탁색처럼 채도 차가 큰 배색은 독특하고 개성있는 느낌을 준다.

(3) 색채의 고려사항

다음은 디스플레이의 색채를 사용하는데 도움을 줄 수 있다.

- 색채의 균형에 주의한다. 두 가지 이상의 색상을 섞어서 효과가 만족

---

31) 상게서, p.152.

스럽다면, 색채에 조화를 이룬 것이다.

- 색채 선택은 단순성을 유지한다. 가장 흥미있는 디스플레이는 단색 혹은 한 계열내의 색채를 사용하는 것이다. 너무 많은 색채의 사용은 관찰자를 혼동시킬 수 있다.
- 밝은 색과 보색을 사용할 때는 주의한다. 진한 색일수록, 그것으로 덮어 있는 공간은 더욱 작게 보인다. 너무 많은 밝은 색상은 주의를 끌지만, 관찰자를 어지럽게 하여 상품으로부터 멀어지게 한다.
- 상품과 배경간에 대비를 강조한다. 색채에서 대비는 디스플레이에 더욱 흥미를 끌게 한다. 대비는 조명에 의해서도 달성될 수 있다.
- 밝은 명도의 색상은 눈에 쉽게 들어온다. 디스플레이 공간을 깊게 보이게 하며 디스플레이 공간 면적의 크기를 확대 시켜준다.
- 상품, 포장, 용기의 색채에서 단서를 찾는다.
- 특정한 색채 품목 주위에 충분한 공간을 확보한다. 색채의 충동에 주의한다. 공간은 색채 충동을 완충시키는데 기여하며 특정한 모양의 제품을 강조한다.

4. 디자인 원칙

디자인 원칙은 순서와 단위별로 목적을 달성하기 위해 어떻게 디자인 요소들을 함께 배열하느냐 하는 것이다. 훌륭한 디자인은 디자인 요소가 다음과 같은 디자인 원칙하에 배열될 때 이루어진다.

- 통일은 디스플레이가 주요 아이디어에서 고안하는 다른 디자인 요인과 함께, 강조 또는 우월 점을 나타내며, 하나의 주제 또는 아이디어를 가짐으로써 달성된다. 통일은 특히 비주얼 머천다이징에 중요하며, 이것의 목적은 매출액을 증가시키는 것이다. 디스플레이가 관찰자의 눈을 즐겁게 해주지만, 판매 메시지를 강조하는 주요 관심 점이 없다면, 디스플레이 목표로부터 빗나가게 된다.
- 디스플레이에서 순서는 디스플레이의 모든 부분을 쉽게 이해하도록 계

획적으로 배열해서, 통행인들이 즉각적으로 판매 디스플레이의 메시지를 받아들임을 의미한다.

- 강조, 대비, 균형, 조화, 비례, 율동과 같은 모든 디자인 원칙의 적절한 조화는 고객을 멈추게 하고, 보게 하며, 구매하게 하는 디스플레이를 만들어낸다.

(1) 강조

강조는 가장 두드러지게 보이는 디스플레이의 강조점을 말한다. 따라서, 강조점은 고객의 눈을 디스플레이에 맞추게 하는 곳이다. 하나의 강조점만을 갖는 것이 적절하다. 디스플레이에 너무 많은 강조점을 두게 되면, 통일성이 결여되며 관찰자를 혼란스럽게 한다. 그러나 만약 디스플레이가 무엇보다도 하나의 방향(코너 또는 섬형 윈도우)으로 접근된다면, 관찰자로 하여금 두드러진 품목으로 유도될 수 있도록 부차적인 강조점을 가지는 것도 좋다.

(2) 대비

형태, 크기, 색채를 결합함으로써 색다름을 강조하는 것을 대비라 한다. 어울리는 색채와 유사하거나 대비되는 선, 형태, 짜임과 함께 강력한 통일을 이룸으로써 디스플레이를 강조할 수 있다. 통일은 주위의 것보다 더 크고, 더 강하며, 더욱 밝고, 더욱 어두워 보인다. 대비는 강조를 연출하는 방법이며, 우세한 통일이 이루어지면 관찰자의 주의를 끌어들인다.

(3) 균형

균형은 진열된 상품들이 어느 한 쪽으로 치우침이 없이 쭉 고르게 하는 것이다. 중앙축을 중심으로 좌우로 무게가 같아지도록 형태, 크기, 색채 등의 요소를 이용하는 것이 관건이다. 이때 꼭 대칭을 이룰 필요는 없으며,

균형을 잡는데 크기나 형태가 문제되는 것이 아니라, 심리적 균형이 중요하다. 균형은 안정, 고요, 위엄 등의 분위기를 자아낸다. 균형에는 공식적 균형과 비공식적 균형이 있다.

- 공식적 균형은 거울을 이용한다. 하나 혹은 그 이상의 동일한 품목을 디스플레이 공간의 중심축을 중심으로 양방향에 각각 상품을 둔다. 배열이 조화롭다. 공식적 균형은 디스플레이의 대부분 형태에 이용될 수 있으며, 비교적 디자인이 쉽다.
- 비공식적 균형은 크기, 형태, 기타의 요소에서 상이한 품목의 균형을 유지하기 위해 사용된다. 비공식적 균형은 관찰자의 눈에 전체 디스플레이가 균형을 이루는 것처럼 보이게 하기 위해 상이한 요인들을 독창적으로 정리하는 시각적인 균형을 이룬다. 비공식적 균형은 흥미를 유발하는 효과에 이용될 수 있으며, 이것은 공식적 균형보다 더욱 많은 기술이 요구된다.

(4) 조화

진열된 상품간에 서로 잘 어울리게 하여야 한다. 선, 형태, 규모, 무게, 색채, 짜임과 같은 디스플레이 요인을 보기 좋게 배열하여 결합함으로써 조화를 이룰 수 있다. 상품을 품종별, 소재별, 용도별, 대상별, 사이즈 및 디자인별, 색채별, 가격별로 진열하여 조화를 이룰 수 있다.

(5) 비례

비례는 두 개의 상품의 비가 같도록 하는 것이다. 비례원칙은 크기와 관련하여 한 품목과 다른 품목간의 관계를 나타낸다. 디스플레이 공간의 크기는 그 속에 놓여 있는 상품의 크기에 의해서 결정된다. 보석과 향수용기와 같은 작은 품목은 조그마한 공간에 진열될 수 있다. 그러나 냉장고, 남성 셔츠, 스키장비와 같은 큰 품목은 효과적인 진열을 위해 큰 공간이 요구된다. 쇼 케이스는 공간과 상품의 크기에 적절해야 한다.

(6) 율동

율동은 주기적인 운동감을 주기 위해, 일정한 간격으로 변환하여 움직이도록 하는 것이다. 율동은 다양한 디자인 요인들의 배열에 의해 창출된다. 반복은 하나 이상의 디자인 요인을 재현한다. 유사한 디자인 요인들이 디스플레이에 여러 번 이용된다. 예컨대, 인라인스케이트보드의 진열은 동일한 크기의 보드와 가능한 동일한 색채가 사용되어야 한다. 가을에 티셔츠의 진열은 오랜지색, 갈색, 노란색 등의 배경을 사용하여 반복한다.

율동 역시 크기에 따라 품목을 배열하여 진열하는데, 소품은 정면에 큰 품목은 뒤에 둔다. 율동감을 주기 위해서는 그라데이션(gradation)[32]이 필요하다.

만일 동일한 디자인요인으로 구성된 디자인에, 크기, 형태, 색상 등의 요소가 상이한 품목을 끼워놓는다면, 율동이 깨어진다. 예컨대, 인라인스케이트보드의 진열에, 한 켤레의 들어 올려진 인라인스케이트가 형태를 깨트리기 위해 사용되어 소비자의 관심을 끌 수 있다.

5. 디스플레이 유형

비주얼 머천다이징은 제품 배열에 유동적이고 효과적이기 때문에, 여러 개의 기본적인 형태를 결합하여 사용된다. 여러 디자인 원칙을 결합한 이러한 형태는 율동, 조화, 대비를 창출하기 위해 사용될 수 있다. 주로 가장 자주 사용되는 5가지 형태는 방사형, 단계형, 피라미드형, 지그재그형, 반복형이 있다.[33]

배열의 방향은 고객의 시선에서 볼 때, 다음과 같이 나열한다.

---

32) 동일계 색에서 명도나 채도의 순서가 정해질 수 있는 상품을 대상으로 하는 배열로, 자연스러운 단계로 색을 옮겨 나열하는 방법이다.

33) Warren G. Meyer, E. Edward Harris, Donald P. Kohns and James R. Stone Ⅲ (1988), *Retail Marketing for Empolyes, Managers and Entre preneurs*, 8th ed., McGraw-Hill, pp.377-378.

- 왼쪽에서 오른쪽으로
- 앞쪽에서 뒤쪽으로
- 위에서 아래로

(1) 방사형 배열

방사형(radiation) 배열은 디자인 요인들이 중심점으로부터 빛처럼 사방으로 번져나는 것이다. 이러한 디자인 형태는 다양한 디자인 요인들을 사방으로 발산하는 것으로, 하나의 우세한 특성을 갖음으로써 고객의 관심을 끌 수 있다.

(2) 단계형 배열

단계형(step) 배열은 상품 혹은 상품이 가지고 있는 비품들을 상향 혹은 하향을 하는 연속적인 단계로 배열된다. 이것은 움직이는 느낌을 주어 디스플레이의 조화를 이룬다. 고객이 점점 높아지는 연단에 놓인 구두의 진열을 보게 된다면, 고객의 눈은 처음 단계에서 다음 단계로 자연스럽게 이동해 간다.

(3) 피라미드형 배열

피라미드형(pyramid) 배열은 밑은 넓고 끝으로 갈수록 점점 작아지는 삼각형과 같은 형태로 상품을 배열한다. 이런 디스플레이 형태는 쉽게 구성할 수 있고 많은 상품을 밀집시켜주기 때문에, 슈퍼마켓, 서점에서 이용된다. 디스플레이 공간을 절약해주고 많은 상품을 고객에게 보여준다.

(4) 지그재그형 배열

지그재그형(zigzag) 배열은 상품을 연단의 꼭대기에 쌓아올리지 않는 것을 제외하고 피라미드 배열과 유사하다. 바닥이 넓게 시작되지만, 꼭대기까지의 방향이 지그재그 형태로 변화된다. 주로 백화점에서 의류 진열에 사용된다. 개방적 디스플레이에 적용할 경우, 조명이 적절하게 이루어져야 하며, 신발, 스웨터, 셔츠, 스커트와 같은 제품에 제한된다.

(5) 반복형 배열

반복형 배열은 일반적인 특성이 유사한 품목에 이용되어, 무게, 공간, 혹은 각도 등을 정확하게 똑같이 배열한다. 패널을 이용하거나 단을 올림으로써 혹은 단을 기울임으로써 단조로움을 피할 수 있다.

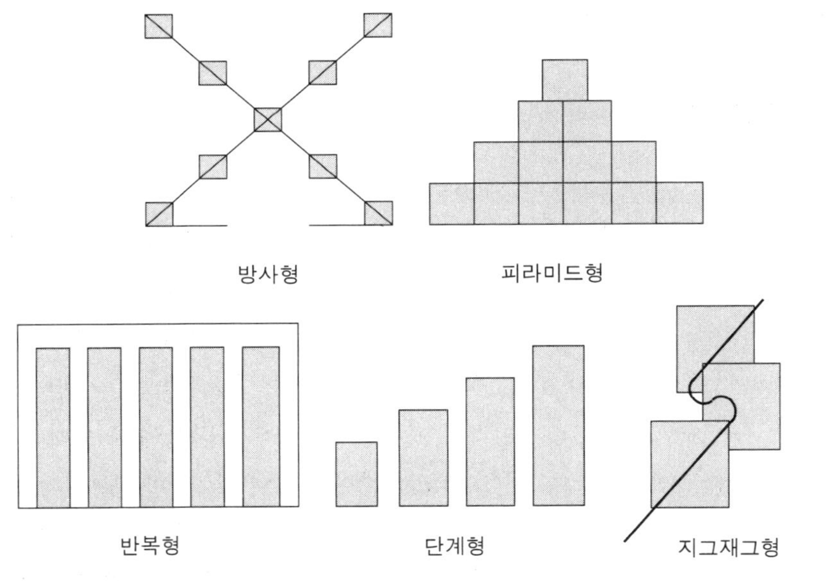

자료 : Meyer, Harris, Kohns and Stone Ⅲ(1988), p.377.

〈그림 8-13〉 배열의 유형

6. 디스플레이의 응용

환상적인 분위기를 연출할 수 있도록 상품 디스플레이는 잘 되어야 한다.

상품을 훌륭하게 프레젠테이션하기 위해서는 디스플레이 기법이 효과적으로 적용되어야한다. 어떤 디스플레이 유형을 할 것인지를 계획할 때, 다음과 같은 사항을 고려해야 한다.

- 어떤 상품을 특징있게 해야 할 것인가?
- 어떤 유형의 분위기 혹은 느낌을 묘사할 것인가?
- 어느 계절인가, 디스플레이의 주제는 무엇인가?
- 어떻게 공간을 효율화할 것인가?
- 어느 정도의 상품을 진열할 것인가?
- 언제 변화를 줄 것인가?
- 어떤 버팀목을 이용할 것인가?

(1) 상품의 특징

가장 빨리 팔리는 품목을 특색있게 할 것인가, 혹은 팔리도록 도움이 필요하기 때문에 더디게 팔리는 품목을 강조할 것인가? 이러한 질문은 소매상들에게는 논쟁거리였다. 두 접근법 모두 상황에 따라 달리 사용할 수 있다.

가장 진귀한 상품을 특징있게 할 것인가, 혹은 매일 팔리는 더욱 기본적인 평범한 제품을 특색있게 할 것인가? 두 접근법 모두, 점포는 어떤 특징을 보일 것인가에 따라 달라진다. 그러나 독특함은 사람들에게 오래 기억되고, 그것에 대해 말하기 때문에, 매일 팔리는 기본적인 상품보다는 진귀한 상품을 특색있게 하는 것이 더욱 효과적일 것이다. 기본적인 상품의 디스플레이보다는 진귀한 상품의 디스플레이는 다른 기본적인 상품을 판매하는데, 더욱 효과적이다. 진귀한 품목은 고객의 눈에 포착되지만, 실천적 측면에서는 기본적 품목이 더 잘 팔린다.

- 디스플레이를 정의하는데, 주제 혹은 판매되는 계절을 고려할 필요가 있다. 물론, 봄, 여름, 가을, 겨울 모두 계절적 판매를 위한 기회를 제공한다. 기념일, 또는 계절을 몇 주 앞당겨 디스플레이 함으로써, 고객으로 하여금 계절맞이를 서두르게 하여 신제품 구매를 자극한다. 훌륭한

고객일수록 일찍 구매하는 경향이 있다. 디스플레이어의 직무는 계절 분위기를 연출하는 것이다.

- 디스플레이에 제목을 부여하는 것은, 상품을 더욱 중요하고 특별하게 보이게 한다. 디스플레이가 더욱 즐겁고 기억에 남을 수 있도록 하기 위해, 명칭을 부여하고 주제를 사용해야 한다. 점포에 항상 즐거운 분위기를 만들도록 한다.

(2) 느낌 혹은 분위기의 연출

고객들이 원하는 감정 혹은 느낌을 불러일으키는 디스플레이를 만들어내야 한다. 고객은 디스플레이로 연출되는 점포의 느낌 혹은 분위기에 민감하다. 모든 디스플레이는 시간을 초월한 고풍스러운 디스플레이에서부터 어린아이용품점들의 유머러스한 만화 캐릭터를 사용한 디스플레이에 이르기까지 느낌이나 분위기를 연출한다. 디스플레이가 실제 삶의 이야기를 반영할수록, 느낌 혹은 분위기는 더욱 좋게 한다. 삶은 분위기와 느낌으로 구성되기 때문에, 소비자들은 그것에 반응한다. 다음에 열거된 느낌 혹은 분위기 목록을 참고할 수 있다.

- 대담한
- 세련된
- 도전적인
- 여유로움
- 반항적인
- 즐거운
- 별난 혹은 엉뚱한
- 전통적인
- 이국적인
- 변덕스러운
- 남성적인 혹은 여성적인
- 매혹적인
- 낭만적인
- 관능적인
- 익살스러운
- 신비스런
- 현대적인

디스플레이가 효과적이라 할지라도, 그것을 변화시켜야 한다. 고객이 디스플레이를 보기를 원하며, "이것은 다르다"라는 매력을 느낄 수 있어야 한다. 이것은 실제로 고객이 좋아하는 것을 제공해야 한다는 것을 의미한다. 디스플레이는 브랜드, 점포이미지, 고객에게 제공하고자 하는 혜택 등과 일치해야 한다. 예컨대, 점포가 고가품을 취급하고 있다면, 싸구려 디스플레이 자재를 이용하지 말아야 한다. 그러나 할인점이라면, 창의적인 방법으로 이용된 비싸지 않는 재료가 고객에게 소구될 수 있다.

(3) 진열의 량

얼마나 많은 상품이 진열 공간에 있어야 하느냐에 대해서는 특정한 규칙은 없다. 하나의 지침으로 가격을 고려할 수 있다. 디자이너에 의해 만들어진 드레스, 귀금속, 고급향수와 같은 값비싼 품목은 단일 품목을 진열한다. 낮은 가격으로 가격인하를 실시하는 점포는 디스플레이 공간에 혼잡할 정도로, 더 많은 품목을 들여놓는 경향이 있다. 셀프서비스점과 할인점은 주로 가격이 싸다는 이미지를 창출하기 위해 윈도우에 수많은 품목을 진열해두기도 한다. 특히 시즌의 초기나 끝 무렵 또는 가격인하 후에 진열된 상품의 품목수가 갑자기 많아지거나 적어지는 것은 점포이미지에 부정적인 영향을 미치므로, 점포의 특성에 따라 적절한 진열수량을 정하여 운영하는 것이 필요하다.

(4) 디스플레이 변화의 시기

고객은 새로운 것을 원한다. 시의적절한 변화를 시도함으로써 고객으로 하여금 디스플레이를 보고 싶어하는 욕구를 불러일으켜야 하다. 디스플레의 변화를 위한 시기는 다음과 같은 요인에 달려 있다. 얼마나 자주 고객들이 쇼핑을 오느냐, 고객이 그 디스플레이로 다가가느냐, 계절은 언제인가 등이 그것이다. 상품은 직접 디스플레이 공간으로부터 팔려 나가기 때문에, 많은 내부 디스플레이는 매일 변화되어야 한다. 외부 윈도우는 주당 2회(쇼핑몰내에 있는 경우)에서 2주에 한 번(교외에 위치해 있는 경우)은 변화를 주어야 한다. 크리스마스에는 분위기가 연말까지 이어지기 때문에, 보통 연말까지 변화시키지 않는다.

(5) 버팀목의 수

버팀목은 판매 메시지를 향상시킨다. 그러나 너무 많은 버팀목은 관찰자의 주의를 중심 주제로부터 빗나가게 한다. 특정 제품은 팔리기 위한 것이란 것을 고객의 마음에 상기시키지 못한다. 디스플레이에 사용될 수 있는 버팀목은 사진, 종이, 소형전구, 바구니, 쇼핑백, 의자, 직물, 영화소품, 민예품, 장신구, 꽃 등이 있으며, 점포의 분위기를 연출하거나 고객의 주의를 끄는데 사용할 수 있지만, 사업유형과 상황을 고려하여 적절히 조화를 이루도록 한다.

(6) 재고가 적은 시기의 연출방법

여름에서 가을로, 겨울에서 봄에 이르는 시기는 상품이 변화하는 시기 또는 가격인하 후에 매장의 재고가 적어지는 시기이다. 그렇다고 해서 집기 내부에 상품을 충분하게 비치하지 않는다거나, 진열량이 적어 선반의 뒤쪽 벽면이 보인다면, 고객의 구매의욕은 한층 감소되어 판매가 부진하게 된다. 따라서 재고량이 적을 경우에는 다음과 같은 시각적인 재고 밀도를 높여 평상시와 같이 볼륨감과 다양성을 갖추도록 한다.[34]

- 진열 더미를 줄인다 : 니트 선반의 경우, 한 단의 선반에 네 더미를 개어 놓았다면, 셋 또는 두 더미로 줄여 진열한다. 이때 주의할 것은 접는 폭을 넓혀서 선반의 빈 부분이 많이 보이지 않도록 한다.
- 선반수를 줄인다 : 5단으로 전개하던 선반의 단수를 4단 또는 3단으로 상품량에 맞게 줄인다. 일반적으로 골든 존(Golden Zone)이라고 불리우는 선반의 높이는 고객의 시선과 손이 자주 가는 곳이므로, 상품배치상의 우선 순위는 변함이 없어야 한다.
- 상품의 거는 방향을 변화시킨다 : 소매가 보이게 옆으로 걸었던 상품을 정면으로 걸도록 한다. 이때 앞쪽에 관련 상품으로 코디네이트한다면, 더욱 다양하고 볼륨감 있는 진열을 할 수가 있다.

---

34) 심낙훈(1997). 전게서, pp.125-126.

이와 같이 선반의 단수를 증감시키거나 걸이의 방향을 변화시키려면, 시스템화된 디자인의 집기기능이 뒤따라야 한다. 그리고 무엇보다 중요한 것은 매장에서 변화 있게 활용하려는 의식과 상황에 맞게 적용시킬 수 있는 안목 혹은 디스플레이 지식이 있어야 한다.

(7) 효과적인 진열[35)]

1) 보기 쉬운 진열

- 진열 유효범위를 활용한다 : 판매효율이 높은 골든 스페이스의 활용 (무릎 위부터 시선의 높이)
- 안정감을 준다 : 작은 것은 위에, 큰 것은 아래에 진열한다.
- 높낮이의 차이를 준다 : 앞에는 낮게, 뒤로 갈수록 높게 진열한다.
- 상품의 정면을 보여준다 : 의류는 칼라 부분을, 캔류는 상품부분을 보여준다.

2) 선택이 쉬운 진열

- 상품을 분류한다 : 같은 품목별로, 같은 스타일별로 진열한다.
- 컬러 배열을 한다 : 그라데이션 효과를 이용한다.
- 잡기 쉽도록 한다 : 후라이팬이라면 손잡이를 오른쪽 방향으로 진열한다.

3) 주목률을 높이는 진열

- 소도구나 소품을 활용한다 : 시즌과 상품 그레이드와의 적합성을 고려한다.
- POP를 활용한다 : 분위기 연출과 장점 설명 등을 할 수 있다.
- 상품별 특성을 살린 진열방법을 택한다 : 가전제품류는 기능감을 강

35) 상게서, pp.126-128.

조하고, 귤, 사과 등은 양감진열을 한다.

4) 가치를 높이는 진열

- 상품의 특징 부분을 부각시켜 표현한다.
- 관련 상품과 코디네이션 한다.
- 고가품일수록 적게 진열한다.
- 동선과 마주치는 곳(유도 포인트)에 배치한다.

5) 신선도를 높이는 진열

- 조명의 광원을 선택할 때 유의한다 : 생선의 경우 붉은 색을 비추면 상한 것처럼 보인다.
- 판매되어 빠진 곳은 바로 보충한다.
- 수시로 먼지를 털고 닦아낸다.

디스플레이를 디자인하기 전에, 유효 공간이 어느 정도 되는지와 그 공간을 어떻게 사용하길 원하는지를 고려해야 한다. 가지고 있는 모든 공간을 사용할 수 없지만, 계획되고 있는 공간은 무엇이든지 확실하게 해야 한다.

7. 디스플레이 주의사항

효과적인 디스플레이를 연출하기 위해서는 다음과 같은 사항들을 주의한다.[36]

1) 윈도우 디스플레이의 거리 조망

윈도우 디스플레이는 보행자뿐만 아니라, 자동차 운전자에게도 보여야 한다. 매우 가까이에서 찾는 것은 멀리서는 보이지 않는다. 일반적인 규칙

36) Rick Segel(2001), *Retail Business Kit for Dummies*, Hungry Minds, pp.270-271.

은, 멀리서 보일수록, 디스플레이는 과감해 진다.

2) 햇빛의 반사

윈도우의 강렬한 햇빛반사는 사람들로 하여금 윈도우 디스플레이를 볼 수 없도록 만들 수 있다. 북/남향 윈도우를 갖는 것이 이 문제를 피하는 가장 현명한 방법이다. 그러나 동향/서향 노출이라면, 윈도우의 유리를 특별히 다룰 필요가 있다. 연한 빛깔의 코팅 유리를 사용할 수 있다. 그렇게 하지 않으면, 이 윈도우에 놓은 것이 빛이 바래어져, 상품에 손상을 주게 된다.

3) 윈도우 조명

완전히 색채가 조화를 이룬 윈도우 디스플레이를 갖추었지만, 조명이 엉망이라면, 그저 보통의 윈도우 디스플레이로 끝난다. 그러나 극적인 조명효과로 보통의 디스플레이를 특별하게 보일 수 있게 만들 수 있다. 어두워짐과 동시에 윈도우 조명을 확실히 켜둬야 한다. 어두워진 후에도 조명을 밝히지 않으면, 점포는 문을 닫은 것처럼 보인다.

4) 내부 디스플레이의 조명

조명은 바닥조명, 투광 조명, 집중광선, 매우 작고 밝은 집중된 텐서 등 다양하다. 이들은 천장에 매달 수 있지만, 바닥에 자유로이 이동시킬 수 있게 설치할 수 있다. 점포의 일반적인 조명과 달리, 돌출된 스탠드식 조명은 도전적인 디스플레이를 연출한다.

5) 인테리어 디스플레이의 위치

내부 디스플레이의 높이는 상품의 파워와 시각성에 영향을 준다. 바닥 가까이에 있는 품목은 잘 팔리지 않는다.

6) 눈높이의 힘

디스플레이를 연출할 때, 고객의 눈이 주로 자연스레 어디를 집중하는지를 고려해야 한다. 디스플레이의 가장 강렬한 요인을 이곳에 둘 필요가 있다. 그렇게 하지 않으면, 고객은 그들에게 보이기를 원하는 것에 주의하지 않는다. 고객은 눈높이의 상품을 가장 많이 구매한다.

7) 각도

대부분 고객이 얼굴을 강조하는 상품 쪽으로 향할 수 있게 디스플레이 위치를 정한다. 대부분 디스플레이는 쇼핑객들이 점포 전역을 동선을 따라 이동하는 동안 고객에게 상품이 노출될 수 있도록 통로로 향하게 한다. 그러나 어떤 고객은 상이한 방향에서 들어오기도 한다. 그래서 항상 몇 개의 디스플레이는 이런 사람들에게도 보이도록 위치를 정한다.

8) 내부 표지판

고객을 점포의 특별한 공간으로 유도하기 위해, 혹은 상품을 설명하기 위해, 표지판을 사용할 수 있다. 모든 표지판은 브랜드를 전문적으로 보이게 하고 브랜드를 반영한다.

9) 깨끗한 유리창

윈도우는 얼룩이 없게 한다. 이것은 모든 디스플레이원칙에서 가장 기본적이 것이다. 윈도우 디스플레이를 변화하기 전에, 우선 유리를 깨끗이 유지해야 한다.

10) 색채

가장 잘 팔리고 있는 제품의 유형에도 불구하고, 가장 뛰어난 디스플레이는 색채를 효과적으로 사용한 것이다.

11) 독특함

독특하게 디스플레이를 함으로써 거리 예술로 만들 수 있게 한다면, 고객의 관심을 끌 수 있다.

12) 조립품의 이용

디스플레이는 상품의 수준과 높이를 다양하게 진열 할 때, 가장 효과적이다. 이러한 구조를 연출하기 위해, 벽돌에서부터 다양한 크기의 상자에 이르기까지 어떤 것도 사용할 수 있다.

13) 빈 공간

넓게 개방된 공간을 걱정할 필요는 없다. 공간을 채우지 않고 그대로 두는 것은 고객의 눈을 끌어들이는데 도움을 준다.

14) 부조화

부조화는 훌륭한 주제가 될 수 있다. 흥미를 끌 수 있다.

15) 고객에게 당부하는 주의사항

이것은 적을수록 좋다. 몇 개에 집중해서 디스플레이에 영향을 주지 않게 한다. 또한 간결하고 창의적인 방법으로 만들어 고객에게 불쾌감을 주지 말아야 한다.

8. 유효진열범위의 활용37)

(1) 유효진열범위

유효진열범위란 고객에게 상품을 효과적으로 팔 수 있는 진열의 높이이

37) 김종신(2001), 현대유통관리, 삼영사, pp.206-207.

다. 즉 보기 쉽고, 사기 쉬운 위치이다. 우선 상품을 보기 쉽고 사기 쉬운 진열을 하려면, 고객의 쇼핑습관과 신체조건을 고려해서 각각의 상품의 진열범위를 결정하는 것이 중요하다. 쇼핑습관과 너무 동떨어진 진열을 전개하면, 그 상품에 대한 고객의 주의력은 약해지고 호소력이 부족해진다.

유효진열범위는 바닥으로부터 60cm에서 150cm까지의 사이이다. 유효진열범위의 최고상한선은 210cm가 된다. 그러나 실제로 손에 닿는 높이는 여성의 경우, 180~190cm이기 때문에, 최상단의 진열대의 높이는 170cm정도가 되는 것이 일반적이다. 그리고 유효진열범위로부터 윗 부분은 무드 스페이스(mood space)로서 컬러 코디네이션(color coordination)에 의한 효과를 주거나, 또는 계절감의 연출이라 해서 공간에 맞는 상품을 진열하는 경우에는 화려한 무드 조성을 위한 데몬스트레이션(demonstration)진열로 처리해준다.

(2) 골든 라인(golden line)

진열의 기준은 우선 보기 쉽고 잘 보이는 좋은 눈높이를 중심으로 해야 한다. 한국인의 눈높이는 남성이 150cm, 여성이 140cm에 기준을 두는 것이 일반적이다. 일반소매점에서는 여성의 키를 중심으로 높이의 범위를 정하는 것이 좋다.

가장 보기 쉬운 높이의 위치는 눈높이에서 20도가 내려간 부분인데, 이 높이는 가장 손에 닿기 쉬운 부분이므로, 이것을 특히 유효진열범위 중에서도 골든 라인(golden line) 혹은 골든 존(golden zone)이라고 한다. 즉, '황금의 위치', '매출을 가장 많이 올릴 수 있는 장소'라는 뜻이다. 이 범위는 눈높이에서 20도 내려간 곳을 중심으로 그 위 10도, 그 아래 20도 사이이며, 또한 그 진열면의 넓이는 상품과의 근접 정도에 따라 달라지게 된다.

스테이지(stage) 진열에서는 고객과 상품과의 거리가 벌어져 있으므로, 눈높이에서 20도 내려간 시선의 높이는 110cm가 되며, 골든 라인의 범위는 바닥 위 60cm에서 125cm사이의 약 65cm의 범위가 된다.

또 케이스(case)진열의 경우는 사람과 상품이 접근하고 있으므로, 눈높이에서 20도 내려간 시선의 높이는 120cm이며, 95cm에서 130cm사이의 약 35cm의 범위가 된다.

(3) 진열대의 폭과 시야의 관계

1) 진열대의 폭과 유효진열범위

진열대의 폭에 의해 손이 닿는 높이의 변화를 설명하면 다음과 같다.

① 사람의 몸이 위에서 아래까지 수직으로 측면에 직접 접하는 형태 : 손이 닿는 상부의 한도는 180～190cm가 되며, 210cm(진열의 상한)까지 유효진열 범위로서 활용할 수 있다.

② 하단에 케이스 등이 있는 형태 : 상부의 진열이 30cm정도 뒤로 물러나 있다. 상한은 165～175cm가 되며, ①의 측면에서 직접 접하는 경우보다 15cm정도 유효진열범위도 낮아진다.

③ 진열대의 폭이 45cm인 경우 : ②의 경우보다 15cm 정도 그 상한이 내려가며, 손이 닿는 높이는 150～160cm가 된다. 유효진열범위의 상한은 180cm정도가 된다.

④ 폭이 60cm인 진열대가 튀어나온 경우 : 상단의 진열이 이처럼 뒤로 물러날 경우, 손이 닿는 높이는 130～140cm 정도로 매우 낮은 위치가 된다. 그 유효진열 범위는 극단적으로 좁아진다. 이와 같은 때에는 상부의 진열면을 앞면으로 나오게 해서, 손이 닿는 범위를 넓히도록 하는 것이 필요하다.

2) 시야의 범위

사람의 양쪽 눈으로 가장 보기 쉬운 좌우의 시야 폭은 60도 범위이다. 진열에 대한 이 시야의 관계는 눈의 위치(입지점)에서 케이스 또는 진열대까지 20cm의 간격을 두고, 이곳에서 60cm 떨어진, 즉 눈에서 80cm 거리에서 90cm 폭의 범위와 95cm거리에서 110cm폭의 범위, 그리고 110cm 떨어지면

130cm 폭의 범위가 된다. 이것은 높이의 골든 라인과 관련된 것으로, 동일 부분·동일 종류의 상품에 있어서 가장 보기 쉽고 손에 닿기 쉬운 위치와 범위를 측정하는 기준이 된다.

9. 셀프서비스 점포의 디스플레이

슈퍼마켓, 할인점 등 셀프서비스 사업은 고객으로 하여금 판매원으로부터 거의 또는 전혀 도움 없이 구매가 가능하게 하기 위해 비주얼 머천다이징을 이용한다. 식료품 사업의 경쟁 때문에, 슈퍼마켓에서 비주얼 머천다이징은 그 어느 곳보다 더욱 개발에 열을 올리고 있다. 정형적인 슈퍼마켓은 고객에게 7,000개 품목 이상을 팔며, 고객은 점포에서 평균 26분을 보낸다. 이것은 하나의 품목에 1초 이내의 고객의 주의를 끈다는 의미이다. 이러한 상황에서 소매상은 자신의 상품의 디스플레이와 비주얼 머천다이징에 더욱 관심을 갖게 된다.

(1) 구매시점 진열

셀프서비스 사업에 가장 효과적인 진열은 구매시점진열이다. 구매시점(point of purchase ; POP)진열은 제조업자에 의해 공급되는 소재로 만들어지며, 충동구매를 자극하기 위해 설계된 진열이다. 구매시점 진열은 제품에 주의를 끌어들이도록 디자인된 포스터, 배경, 가격 카드, 스탠드, 선반, 원통, 기타의 장치 등이 포함된다. 이들은 보통 제조업자의 전국 광고 프로그램과 결합하여 고객이 TV, 잡지 또는 신문에서 보거나, 또는 라디오에서 듣는 메시지를 반복한다.

POP 진열은 최후의 순간에 계산을 위해 기다리는 동안, 충동구매를 자극하기 위해 설계된다. 캔디, 잡지, 껌, 면도날, 건전지, 휴지, 담배 등과 같은 충동 품목들은 특정한 선반, 혹은 계산대 근처에서 진열된다. 이위치는 고객이 계획된 구매를 완료하는 시점이어서, 이러한 품목은 다른 품목에 대한 대체품목으로써 이용되기보다는 고객의 구매를 추가한다.

(2) 곤돌라

곤돌라(gondolas)는 움직이는 선반장치이다. 이는 섬과 같은 효과를 창출하기 위해 식료품점과 할인점에서, 단독으로 사용되거나 혹은 여러 개의 곤돌라를 열을 지어 사용된다. 곤돌라는 대량진열이 가능하고 움직이기 때문에, 점포로 하여금 배치에 빠른 변화를 시도하도록 한다. 고객은 자유로이 상품을 선택할 수 있는 이점이 있다. 이것은 전략적인 배치를 하여 이익이 많이 나는 상품이나 계절상품을 강조하기 위해 사용되는데, 충동구매를 촉진하기 위해 POP광고를 붙여 넣는다.

(3) 덤프 진열

덤프 진열(dump displays)은 상품을 담고 있는 큰 상자에 진열한다. 이러한 진열은 기획상품, 라면, 과자 등 고객이 자주 구매하는 품목, 계절용품 혹은 볼펜과 같은 작고 잘 파손되지 않는 품목에 적용된다. 이러한 유형의 진열은 특가판매 이미지를 제시하여, 고객으로 하여금 이곳으로 발길을 닿게 하고, 진열된 상품을 구매하도록 자극한다.

10. 디스플레이의 평가

디스플레이는 적절한 시기에 효과적인지를 점검하고 평가해야 한다. 디스플레이가 효과적인가에 대한 판단은 쉬운 일만은 아니다. 아름다움은 관찰자의 눈에 따라 다르게 나타난다. 어떤 사람에게는 디스플레이가 영향을 주지만, 다른 사람에겐 영향을 미치지 않을 수 있다. 그러나 디스플레이에 영향을 주는 다음과 같은 요인에 따라 디스플레이가 효과적인지를 판단할 수 있다.

1) 주제와의 조화

진열이 윈도우에 되어 있건, 내부에 되어 있건, 광범위한 사업촉진 주제와 조화를 이루어야 한다. 그래야 디스플레이가 촉진주제에 기여하고 촉진주제를 떨어뜨리지 않게 한다. 관찰자는 부수적인 것에도 디스플레이에 의해 제시되는 아이디어를 이해할 수 있다. 판매 메시지 없이, 혹은 너무 많은 아이디어가 동일한 주제로 제시됨이 없이, 단순히 디스플레이 공간에 상품을 놓는 경우, 이것은 고객으로 하여금 혼란을 주고 비효과적인 디스플레이를 낳는다.

2) 고객 유도

고객의 통행 유도를 위해 시선을 집중하는 감각적 · 양적 진열이 되어 있는가?

3) 주의를 끌 수 있는 힘

사용된 디스플레이 요인들이 잠재 고객에게 소구되는가? 주제 혹은 뚜렷한 아이디어가 있는가?

4) 배열

디스플레이가 사업의 특성을 반영했는가? 쇼 카드는 디스플레이를 향상하거나 지원하는가? 디스플레이 공간에 충분한 상품이 있는가?

5) 판매력

우세한 품목이 분명히 디스플레이의 초점이 되고 있는가? 조명은 적절한 분위기를 자아내는가? 구매자의 혜택이 프레젠테이션 혹은 쇼카드에 의해 분명하게 보이는가?

6) 시의적절성

선택된 품목은 계절과 전체의 촉진 주제에 적절한가?

7) 소재의 품질

디스플레이는 독특한 소재가 이용되었는가? 버팀목 혹은 다른 소재가 비주얼 머천다이징을 향상시켜 주는가?

8) 보조기구와 장식

상품을 돋보이게 하기 위한 역할로써 진열에 이용되는 보조기구와 장식을 잘 활용하고 있는가?

9) 조명

조명은 사용된 색채를 향상시켜주는가? 조명의 짜임은 깨끗한가?

10) 청결

밖으로 드러난 모든 외관이 깨끗하고, 신선하며, 잘 유지되는가? 상품이 깔끔하게 진열되었는가?

11) 상황고려

상품은 상품량이 많은 시기와 적은 시기에 따라 진열방법을 달리하고 있으며, 상품의 구매빈도에 따라 상품이 배분되어 있는가?

사례 입지조사내용

1. 기본적인 검토사항

○ 건축법

향후 면적 증감가능 여부	
업태변경 가능여부	
건축자제 제한여부	
법적 필요시설 및 조건등	
기타 사항	

○ 근로조건

법정 근로 시간	
근로시간외수당 지급비율	
급여수준(동종업계기준)	
급여 외 지불내용(법적제한)	
복리후생 내용	
기타	※관련법 수취

○ 세무관계

법인세, 소득, 송출, 관세 등	
세무 관련 별도 조사	

○ 수혜조건

외국인 투자로 인한 특혜, 지원, 면제, 면세 등 내용	
기타 법적 수혜조건 등	※관련증거 수집

○ 수출 수입 제한품목

수출 제한 품목	
수입 제한 품목	
수출・입 관세내용	

○ 상품 관련 조사

현지상품의 취급비율	
특별히 법적 제약을 받는 상품이 있는가 (주류 등)	
기타	

○ 금리

예금금리	
대출금리	

○ 소매업 관련 인허가 사항

규모, 면적관련 규제, 허가	※도・소매진흥법 내용
소매업에 대한 인허가	※도・소매진흥법 내용
취급품목에 관한 인허가 (위생식품, 전매품, 기타)	※식품위생법, 전매품관리법, 주세법등
기타 (개인면허 등)	※ 보건증, 자격증 등

○ 각종 공과금 납부 기준

수도세・전기세	
유류가(휘발유,등경유)	
통신료(전화, fax, 기타)	
자동차세, 기타사용료	

○ 외국인 투자에 대한 각종 제도
※ 별도조사(해당부분만)

○ 외환 관리법 내용조사
※ 별도조사(환전절차방법, 송금절차방법, 관련세금등)

○ 정치, 경제, 사회적인 동향분석

정치적 동향 분석 (해당사업부분에 미치는 영향 부분만 조사)	
경제적 동향 분석 (현재의 동향과 발전적 가능성 부분에 조사)	
사회적 동향 분석 (사업부분에 미칠 수 있는 부분만 조사)	

2. 사업지 조사

○ 부지 및 건물조사

허가된 사업 면적	부지: 건축면적:

○ 주변교통로 상황

접근 도로의 넓이	※주 접근 도로 ※보조 접근 도로 ※이면 도로
통행 차량 조사	※통행 차량 수 ※통행 차량의 종류 ※통행 목적
횡단 보도 상황	
정거장 상황	
차량 접근 방법 상황	※회전, U턴, 정지선 등
대중 교통수단	※사업지 접근 위주로 조사
기타조사	※기차역, 항만, 공항, 기타 교통수단조사

○ 도시 개발계획 조사

도로계획	※사업지 위주로 조사
상업시설	※사업지 위주로 조사
공단 개발	
주거지역 개발	

○ 시설물 조사
(1차 상권내)

<table>
<tr><td rowspan="3">학교</td><td colspan="3">학교수</td><td colspan="3">학생수</td></tr>
<tr><td>초·중</td><td>고</td><td>대학</td><td>초·중</td><td>고</td><td>대학</td></tr>
<tr><td></td><td></td><td></td><td></td><td></td><td></td></tr>
<tr><td>공단</td><td>기업체수</td><td>종업원수</td><td>내국기업체</td><td>외국기업체</td></tr>
<tr><td></td><td></td><td></td><td></td><td></td></tr>
<tr><td>관공서</td><td colspan="6">※금융기관포함</td></tr>
<tr><td>기타시설물</td><td colspan="6"></td></tr>
</table>

(2차 및 광역 상권내)

학교	학교수			학생수		
	초・중	고	대학	초・중	고	대학

공단	기업체수	종업원수	내국기업체	외국기업체
관공서	※금융기관포함			
기타시설물				

○ 주거 및 인구 조사

해당지역 전체

주택조사	단독형	아파트	연립형	계

1차상권내

주택조사	단독형	아파트	연립형	계

2차상권내

주택조사	단독형	아파트	연립형	계

광역 상권내

주택조사	단독형	아파트	연립형	계

해당시 전체

인구 조사	인구수			합계	인구밀도		세대당 인구수
	남	여	외국인		면적	밀도	

1차 상권내

인구조사	인구수			합계	인구밀도		세대당인구수
	남	여	외국인		면적	밀도	

2차 상권내

인구조사	인구수			합계	인구밀도		세대당인구수
	남	여	외국인		면적	밀도	

광역 상권내

인구조사	인구수			합계	인구밀도		세대당인구수
	남	여	외국인		면적	밀도	

행정구역

행정구역	다낭전체		1차상권내		2차 광역상권내		비고

○ 복지 수준 및 스포츠시설

복지수준 (일반적 조사)	

스포츠 시설	시설내용	이용지수 및 생활수준
	※ 시설명, 종목별로 조사	※회원제, 비회원제, 남,여

3. 소비자 조사

해당지역 전체

소비자 조사	소득수준			교육수준			문화수준		
	상	중	하	상	중	하	상	중	하
	%	%	%	%	%	%	%	%	%

상권내

소비자 조사	소득수준			교육수준			문화수준		
	상	중	하	상	중	하	상	중	하
	%	%	%	%	%	%	%	%	%

○ 가구당 내구소비재 보유 현황

해당시 전체	자동차	T.V	냉장고	에어컨	가스렌지	오토바이	자전거	총가구수
	%	%	%	%	%	%	%	

상권내	자동차	T.V	냉장고	에어컨	가스렌지	오토바이	자전거	총가구수
	%	%	%	%	%	%	%	

○ 월평균 가계수지(소득과 지출)

가구당 (세대당) 인원수	가구당 (세대당) 취업인구	가구당 (세대당) 평균연령	가구당 (세대당) 평균소득	가구당 (세대당) 가계지출

가구당 (세대당) 소비지출	식료품	주거비	수도·광열	가구집기 가사용품	의류	보건·의료	교육·교양·오락	교통·통신	기타 소비

※해당국가 또는 해당지역 평균으로 조사

○ 소비지출 성향 및 저축성향

소비지출 성향	저축성향
※서술적 조사 ※공식대비 조사	※서술적 조사 ※공식대비 조사

○ 사업지 거리별 가구수(세대수)조사

※ 상권 지도에 거리표시(지도활용)

※ 행정구역별 인구수 대비

※ 아메바 상권내 행정구역 인구수 적용

○ 라이프 스타일, 구매욕구, 구매지식 등 조사

라이프 스타일	
구매 욕구	※브랜드 선호도등
구매 지식	

4. 경쟁 업체 조사

상권내조사(1.2.광역)

경쟁 업체명	컨셉	면적 (부지)	면적 (매장)	취급품목			
				식품품목수	비식품목수	잡화품목수	의류품목수

월 평균매출	종업원수	월 고객수	개폐점 시간	가격대	주차 현황	상권 거리	광고 방법	수익 상태

경쟁업체명	기타조사내역

5. 넬슨의 8원칙 분석

서술적분석

상권의 잠재력	
접근 가능성	
성장가능성	
중간저지성	
누적적 흡입력	
양립성	
경쟁의 회피성	
입지의 경제성	

도표분석

	상권의 잠재력	접근성	상권의 성장성	중간 저지성	누적적 흡입력	양립성	경쟁 회피성	입지의 경제성
A								
B								
C								
D								

6. 기타조사

※ 지역 상권의 특징
※ 타도시 연계기능 조사
※ 주변의 건축물의 형태 조사
※ 기타조사

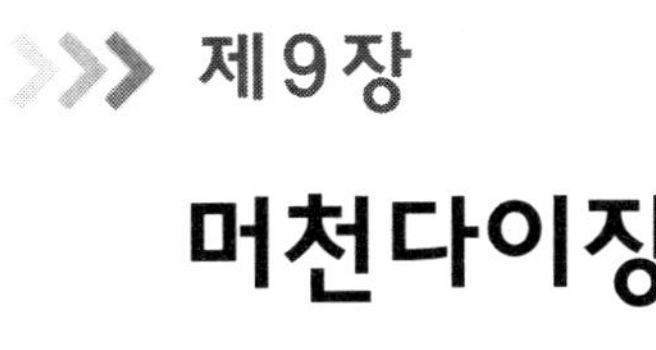

제9장 머천다이징

제1절 머천다이징의 기초 개념

1. 소매업 마케팅의 역동성

최종소비자에게 상품 및 서비스를 판매하는 소매업은 취급 상품 라인을 기준으로 분류하는 것을 업종, 판매방법이나 경영방법에 따른 분류를 업태라고 한다. 상품은 소비자의 구매행동에 따라 편의품, 선매품, 전문품으로 분류한다고 앞장에서 이미 설명했다. 또한 상품은 시장도입에서 쇠퇴에 이르기까지 생애궤적이라고 할 수 있는 라이프 사이클이 있고 시장도입기, 성장기, 성숙기, 쇠퇴기로 구분한다. 매출액과 이익은 당연한 것이지만 라이프 사이클과 함께 변화한다.

또한 소매업태 역시 앞장에서 설명한 것 같이 라이프 사이클이 있다. 이것도 도입기, 성장기, 성숙기, 쇠퇴기로 분류했었다. 소매업자는 각각 적시에 적합한 경영활동을 해야 하는데 일반적으로 다음과 같은 패턴이다. 도입기(혁신기)에는 자사의 컨셉을 정리하고 신중한 투자행동을 하면서 기업가적 정신을 발휘한다. 성장기에는 성장을 유지하고 촉진하기 위해 목적한 성과를 얻으려고 과감한 투자를 한다. 성숙기는 경쟁 대항수단을 강구하면서 가능한 한 성장의 유지에 노력한다. 쇠퇴기에는 지출을 최소화하면서 철수 활동을 한다.[1)] 그리고 이상과 같은 업태의 변화를 소매수레바퀴가설로 설명할 수 있는 것이다.

이러한 상품 및 소매업태의 역동성과 더불어 유행(fashion)이라는 라이프 사이클에도 주목할 필요가 있다. 이것은 소비자의 신상품에 대한 반응을 나타내는 모델이며 독자성 단계, 경쟁 단계, 대중경쟁 단계로 구성된다. 독자성 단계는 극소수의 혁신적인 소비자가 신제품을 받아들이는 단계를 말

---

1) W. R. Davidson, A. D. Bates, and S. J. Bass(1976), "The retail life cycle," *Harvard Business Review,* November-December, pp.80-96.

하는데 가령 참신한 스타일의 숙녀복의 도입기가 여기에 해당된다. 경쟁단계는 유행상품이 명성있는 점포에서 판매되기 시작하는 단계로서 유행에 민감하고 비교적 경제력이 있는 부유층 소비자가 경쟁하듯이 구입하는 현상이 나타난다. 대중경쟁 단계는 유행상품이 백화점이나 전문점 이외의 업태, 즉 할인점 등을 통해 저가격으로 판매되는 단계로서 상품의 독자성을 거의 상실한다. 그러나 유행이라는 라이프 사이클은 최근 대량광고나 소비자 이동성의 증대에 따라 유행의 전파가 단계적이라기보다 동시 진행이 되어 유행 라이프 사이클의 단축화가 현저하다. 또한 청바지(면바지=진)나 T셔츠와 같이 유행의 속도가 전통적 모델과는 반대 방향을 지향하는 상품이 증가하고 있다.

2. 머천다이징의 역할

이상과 같이 소매업자는 다종다양한 상품을 취급하고 상품, 업태 및 유행의 동태적 변화 속에서 대상이 되는 고객의 니즈를 만족시켜주기 위해 경영활동을 전개하는 것이다. 이를 위해서 고객의 시장반응을 분석하고 주력상품의 상품특성을 인식하여 경쟁상대를 제압하는 효율적인 마케팅 활동의 실천이 필요하다. 상품의 매입시기와 판매시기는 일정한 시간적인 격차가 있는 것이 보통이다. 즉 의류와 같은 패션상품은 수개월 후의 유행을 예견한 상품발주와 매입활동이 필요하기 때문에 적절한 타이밍 전략의 중요성을 인식할 필요가 있다. 즉, 어떠한 상품을 매입하고 이것을 어떻게 관리하며 어떻게 판매하는 것이 최적의 이익을 얻을 수 있는 것인가에 대한 계획을 세우는 마케팅 활동이 필요한데 이것이 머천다이징(merchandising, 상품화계획, MD)이다. 다시 말하면 매입과 판매를 연결하는 시장성 있는 상품을 창출하는 테크놀로지로서 특정한 상품이나 서비스를 기업의 마케팅 목적에 따라 가장 잘 실현할 수 있는 장소, 시기, 가격 및 수량으로 제공(마케팅)하는 것에 관한 계획과 관리라 하겠다.

이와 같이 머천다이징은 소매업 상품정책의 중심적인 활동이며 상품의 적절한 매입, 진열을 위한 계획활동이라고 할 수 있다. 맥카시(E. J. McCarthy)

의 마케팅 4P(product, price, place, promotion)에 따르면,[2] 머천다이징은 상품에 관한 활동이지만 일반적으로 머천다이징은 도매업자나 소매업자 등 판매업자의 활동을 의미하는 상품선정과 관리를 말하며 제조업자의 경우에는 제품계획(product planning)그 자체라고 할 수 있다.

머천다이징의 내용을 구체적으로 설명한다면 다음과 같다. 상품선정이란 머천다이징 목표 및 방침 하에서 있어야 할 상품구성을 설정하는 것과 그 상품매입(선정)을 내용으로 하는 것이며 상품관리는 상품매입 예산 및 매입상품의 합리적인 관리를 주된 내용으로 한다〈그림 9-1〉.

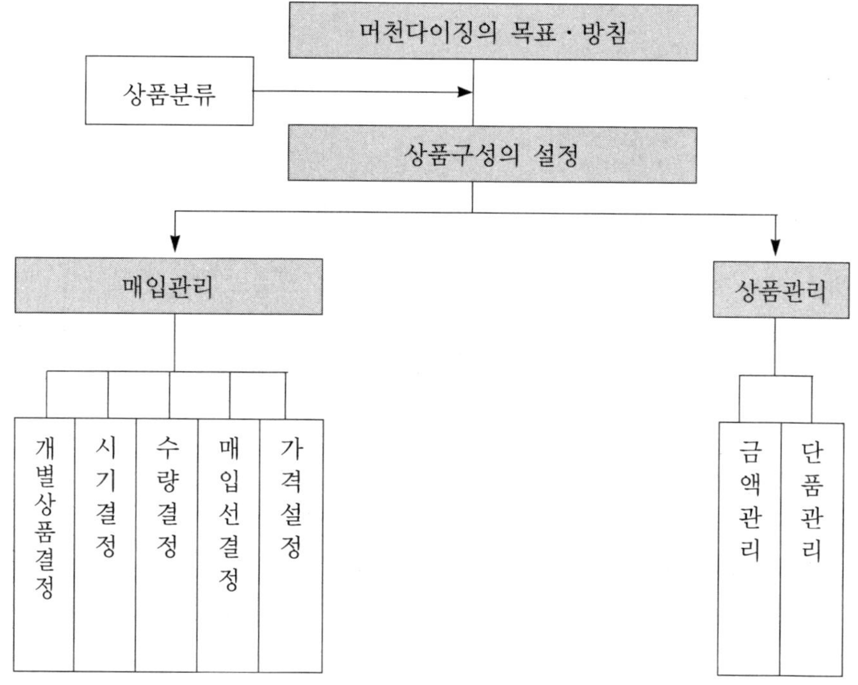

〈그림 9-1〉 머천다이징 영역

2) E. J. McCarthy(1981), *Basic Marketing,* Richard D. Irwin, Inc.

제2절 상품구성의 설정

1. 상품분류의 적용범위

머천다이징을 실천하는데 상품분류는 그 기초가 되는 것이다. 상품분류를 체계적으로 함으로서 상품구성이 체계적으로 이루어지며 매장의 조직관리, 상품의 수요파악 등도 효과적으로 이룩할 수 있다.

상품분류의 역할을 정리하면 기본적으로 다음과 같이 요약할 수 있다.

① 상품구성을 위한 기초자료의 역할

② 매장의 조직상 관리단위로 역할

③ 고객의 수요 및 변화를 파악하는 척도의 역할

상품구성의 기초자료라는 관점에서 보면 상품분류는 취급상품의 선택, 비중, 신규취급의 검토 등을 가능하게 하는 것이어야 한다. 그리고 조직상의 관리단위는 인사관리단위로서의 측면과 매출, 매입, 재고 등의 예산 및 실적관리의 단위로서 유효해야 할 필요가 있다. 고객의 수요동향 파악이라는 관점에서 본다면 단품 관리대상 상품의 선택 가능한 상세함이 필요하다.

또한 이와 같은 관점에서 결정된 상품분류는 동시에 매장의 상품배치 구분과 일체화하는 것이 바람직하다. 그와 같은 의미에서 상품분류는 대상고객에 대한 대응측면에서 고객의 상품구매 행동에 합치되는 것이 가장 바람직하다.

상품분류 방법은 앞장에서 설명한 바 있으나 여기에서는 소매업체를 중심으로 한 접근방법으로 다시 한번 검토하고자 한다. 상품분류에는 업종, 취급상품, 분류목적에 따라 다르지만 실무적인 방법으로는 다음과 같은 것이 있다고 할 수 있다.

① **대상고객 기준 분류** : 대상 고객 층을 성별, 연령별, 소득 등으로 분류

하여 그 분류에 대응하는 상품구분을 하는 것

② **소비동향 기준 분류** : 상비상품, 유행상품, 계절상품 등 소비동향의 특징에 따라 분류하는 방법

③ **상품용도 기준 분류** : 상품의 기능, 사용장소 등을 기준으로 한 분류 방법이다. 상품기능(양복, 바지, Y셔츠 등)에 따른 분류는 많이 볼 수 있다.

④ **관심도 기준 분류** : 가격, 사이즈, 컬러, 소재, 브랜드 등을 기준으로 한 분류로 상품군, 품목 단위로서의 분류기준으로 많이 이용된다.

상품분류의 기준으로서 몇 가지를 소개했지만 실제 상품분류는 이러한 기준을 품종(品種), 상품군(商品群 또는 品群), 품목(品目)별로 변화시켜 사용한다. 예를 들면 품종, 상품군 레벨은 용도별 기준으로 하고 품목레벨에서는 관심도별 기준으로 한다.

〈표 9-1〉 완구의 상품분류

부 문	품 종	상 품 군	품 목
완구	유아완구	비닐완구, 블록, 레고 등	가격, 소재 디자인, 사이즈 등을 기준으로 구성
	여아완구	인형, 피아노, 악세서리, 종이동물 등	
	남아완구	금속완구, 모형물, 게임용품 등	
	타는종류	자전거, 목마, 시소, 미끄럼틀, 철봉 등	

2. 상품구성의 설정

상품구성은 상품의 선정, 상품관리라는 구체적 활동에 앞서 취급해야 할 상품의 범위, 성격을 명확히 하려는 것이다. 다시 말하면 고객시장 표적에 대한 최적 상품구성의 범위를 만들어 이 범위 하에서 개별상품의 선정활동,

상품관리를 하기 위한 것이다. 상품구성의 개념, 영역, 설정수순, 설정내용의 포인트는 다음과 같다.

(1) 상품구성의 개요

상품구성(商品構成=상품구색)이라는 용어를 소매업에서 빈번하게 사용하고 있는데 이 개념은 반드시 통일적인 것이 아니다. 그러나 일반적으로 상품구성이란 소매점 또는 도매점의 상품구성(상품구색 갖추기)을 말한다. 상품구성은 깊이, 폭, 일관성이라는 측면이 있는데 깊이란 상품라인 내의 아이템 즉, 형(型), 사이즈, 스타일 등의 수로 나타내며, 폭은 각 점포가 취급하는 상품라인의 수, 가격라인으로 나타낸다. 또한 일관성은 점포에서 취급하는 각 상품라인의 관련도를 나타낸다. 이 설명은 상품구성과 상품구색을 동의어로 해석하고 있는 것이다.[3] 따라서 여기에서는 상품구성을 머천다이징 목표를 달성하기 위해 최적의 상품구성 폭, 깊이, 일관성을 실현하기 위한 의사결정이며 이를 위해 의사결정 영역으로 품종구성, 상품군구성, 상품등급(grade)구성, 품목구성을 포괄하는 것으로 한다.

① **폭** : 어느 점포(또는 매장)가 갖는 서로 다른 상품의 품종, 상품군 수의 폭을 지칭하며 품종, 상품군 수가 많은 경우를 넓은 폭을 갖는다고 할 수 있다.

② **깊이** : 특정 품종, 상품군 내에서 브랜드, 디자인, 컬러, 사이즈 등 종류가 많은 정도를 지칭한다.

③ **일관성** : 상품구성을 하고 있는 서로 다른 타입의 상품에 대한 관련도를 나타내는 것으로 그레이드(grade)레벨의 일관성, 상품기능(아동의류, 아동용품, 아동가구)의 일관성 등이 있다.

또한 품종, 상품군, 품목의 개념을 나타내면 다음과 같다.

① **품종** : 업종(백화점, 슈퍼마켓 등 대형점은 부문이라는 말을 한다)을

3) 宇野政雄·金子泰雄·西村林(1992), 商業·流通辭典, 中央經濟社, pp.122-123.

구성하고 있는 상품분류의 대분류에 해당하는 것으로 부인복·숙녀복 소매업(또는 부문)의 경우 스커트, 브라우스, 스웨터, 원피스 등을 품종이라고 부를 수 있다.

② **상품군** : 품종을 구성하고 있는 개개의 상품을 유사 상품특성으로 그룹(group)을 형성시킨 일군을 상품군(商品群 또는 品群)이라고 한다. 스커트를 예로 든다면 플리트 스커트(pleats skirt),[4] 퀼로트 스커트[5] (culotte skirt), 롱 스커트(long skirt), 점퍼 스커트(jumper skirt), 랩 스커트(wrap skirt)등을 상품군이라 할 수 있다.

③ **품목** : 고객의 눈으로 보아 분류 가능한 최소단위의 상품을 말한다. 가격, 브랜드, 컬러·무늬, 사이즈 등을 결합시킨 단위로 이용된다. 예를 들면 ××메이커의 사이즈 L, 색은 옐로우, 가격××××원의 스커트 등이다.

④ **상품 그레이드** : 개별상품의 특성을 품질, 가격, 참신성 등을 기준으로 구분한 것으로 유행도 기준에서 분류한다면 하이패션(high fashion), 패션(fashion), 매스패션(mass fashion), 매스(mass) 등의 단계로 구분할 수 있다. 가격, 품질을 기준으로 한 경우 고급품, 중급품, 중저가품, 봉사품 등으로 구분이 가능하다.

(2) 상품구성의 결정영역

상품구성의 의사결정 영역으로서는 다음 4가지가 있다.

① 품종 구성에 관한 의사결정

② 상품군 구성에 관한 의사결정

③ 상품 그레이드에 관한 의사결정

④ 품목 구성에 관한 의사결정

---

4) 주름치마

5) 승마바지, divided skirt라고도 한다.

이러한 4가지 의사결정의 결합으로 상품구성의 설정이 이루어진다.

① 품종구성의 설정은 한정된 매장 공간 안에서 어느 정도의 품종을 선택할 것인가가 중심과제가 되는데 이 선택기준은 시장표적에 대한 적응도에 따라 이루어진다.

② 상품군 구성의 설정은 품종을 구성하는 상품군의 선택이며 이때 상품 그레이드의 설정 여하에 따라 그 선택 상품군은 변한다. 예를 들면 유행도에서 패션 그레이드에 중점을 놓는다면 스커트의 상품군으로써 롱 스커트, 가우초[6](gaucho)등의 구성이 필연적으로 이루어지고 매스패션 그레이드에 중점을 놓는다면 가우초는 제외된다.

③ 품목구성의 설정은 상품군에 포괄되는 개개의 상품의 선택에 관한 것이며 이것도 상품의 참신성, 가격, 품질 등에 의해 상품 그레이드의 설정을 받아 이루어진다.

이와 같이 상품구성의 설정은 표적시장에 대한 최적 대응이라는 관점에서 품종, 상품 그레이드, 상품군, 품목과 체계적으로 상품구성이 이루어져야 한다. 품목 레벨로 상품을 모으고 결과로써 전체의 상품구성이 이루어지는 것을 볼 수 있는데 이와 같은 경우 전체적인 정합성을 실현하지 못한다. 상품구성의 설정이 머천다이징에서 가장 중요한 기능인 것이다.

(3) 상품구성의 기본 패턴

상품구성은 품종, 상품군, 품목을 구성하는 방법에 따라 4가지 형태로 분류할 수 있다.

① **좁고 깊은 상품구성**(D&N) : 이 상품구성은 품종은 적지만 상품군, 품목구성을 깊이 있게 갖춘 형태이다. 전문점 지향의 상품구성이다.

② **좁고 얕은 상품구성**(S&N) : 대단히 좁은 공간에서 편의적으로 최소한의 상품구성을 한 형태이다. 품종, 상품군, 품목 측면에서도 불충분한

---

6) 남미 카우보이가 입는 바지

상품구성이다.

③ **넓고 깊은 상품구성**(D&W) : 품종, 상품군도 넓게 구성하고 또한 품목도 깊이 있는 상품구성을 하는 이상적인 상품구성이다. 그러나 이를 위해서는 매장 공간의 충분한 확보가 전제조건이다. 백화점, 대형할인점이 이 경우에 해당된다.

④ **넓고 얕은 상품구성**(S&W) : 품종은 넓게 갖추고 있으나 상품군, 품목레벨에서 얕은 상품구성이다. 소규모 종합점의 형태이다.

〈표 9-2〉 상품구성의 기본 패턴

	패턴	품종	상품군·품목	적용
Ⅰ	좁고 깊은 상품구성 Deep and Narrow	품종 A 품종 B	ⓐⓑⓒ ①②③④	전문점
Ⅱ	좁고 얕은 상품구성 Shallow and Narrow	품종 A 품종 B	ⓐⓑ ①	일반 소매점
Ⅲ	넓고 깊은 상품구성 Deep and Wide	품종 A 품종 B 품종 C 품종 D	ⓐⓑⓒⓓⓔⓕ ①②③④⑤⑥ ㉠㉡㉢㉣㉤ ㉮㉯㉰㉱㉲	백화점 대형 할인점
Ⅳ	넓고 얕은 상품구성 Shallow and Wide	품종 A 품종 B 품종 C 품종 D	ⓐⓑ ①②③ ㉠㉡ ㉮	소규모종합점

3. 상품구성의 설정

상품구성의 설정은 품목레벨에서 단품을 모으는 것으로 이루어지는 것이 아니고 한정된 매장면적으로 어떻게 표적시장에 적합한 상품구성을 할 것인가를 종합적으로 계획하고 실천해야 한다.

설정은 기본적으로 다음에 설명한 단계를 취하는 것이 바람직하다.

(1) 품종구성의 설정

품종구성은 점포(또는 부문)의 성격부여, 특징부여를 결정하는 것이며 또한 판매, 매입 등 예산·실적 등과 같이 금액에 의한 관리의 기초가 되는 것이기 때문에 충분한 검토가 이루어져 결정되어야 한다.

품종구성에서 결정되어야 할 사항으로 다음과 같은 점을 고려해야 한다.

① 취급해야 할 품종의 결정

② 품종단위의 결정

③ 품종별 비중 부여

1) 취급 품종의 결정(종합화인가 전문화인가)

취급 품종의 결정에서 검토되어야 할 과제는 품종의 폭에 관한 것이다. 품종의 폭을 넓게 할 것인가, 좁게 할 것인가는 점포의 성격부여를 결정하는 포인트가 된다.

즉 품종을 넓히는(많게 한다)것은 매장 공간이 일정하다면 총체적으로 얕은 상품구성이 되고 품종 폭을 좁게 하면 필연적으로 깊이 있는 상품구성이 된다. 전자는 점포의 성격이 종합점 지향이라고 할 수 있으며 후자는 전문점 지향이라고 할 수 있다. 품종의 결정이 기본적인 점포의 성격을 부여하는 것이다.

2) 품종 단위의 결정

다음으로 검토되어야 할 과제는 품종으로서의 구분단위이다. 품종이 점포(또는 부문)에 있어서 관리단위로써 기능할 때 품종간 관리단위가 동일한 정도의 크기가 바람직하다. 매출액으로 예를 든다면 어느 품종은 매출이 15%를 차지하고 다른 품종은 5%의 매출과 같은 케이스는 바람직하지 않다. 매출, 관리공간, 담당인원 등으로 검토하는 것이 좋다. 통상 총매출의 15% 이상이 되는 품종이나, 반대로 5%에 미치지 못하는 품종은 재검토 할 필요가 있다. 그러나 5%미만이라고 하더라도 다음과 같은 의미를 갖는 경우는 품종으로서 인정받는다.

① 앞으로 신장할 것으로 예상되는 잠재 상태의 품종

② 다른 점포와 비교해서 동품종을 독립시키고 싶은 경우

③ 시즌성이 강한 품종(예를 들면 수영복)

또한 품종은 업종, 업태, 취급상품의 특성 등을 충분히 고려해서 실태에 적합하게 설정해도 좋다. 상품분류의 사례에서 소개한 부인복・숙녀복 전문점과 같이 일반적으로 각각 품종단위가 되는 스카프, 벨트, 핸드백, 양산 등을 모아 품종을 설정하는 것 같은 방법이다. 그 점포의 실태에 적합하게 전체 안에서 어떠한 위치에 있는지 그 비중을 부여해 결정해도 좋은 것이다.

3) 품종별 비중 부여

품종구성에서 결정해야 할 다른 하나는 품종간의 비중(weight)이다. 비중부여를 함으로써 품종별 판매체제를 명확하게 할 수 있다.

비중부여 기준은 기대매출액, 장래 성장성, 경합점(경쟁점포)에 대한 차별화 등을 들 수 있다. 비중 평가 결과는 매장(사용면적)구성비 및 기대매출액 구성비로 표현한다. 일반적으로 품종의 비중부여는 매출액 구성비만으로 하는 경우가 많은데, 실무적으로 상품구성을 설정하는 과정에서는 사용 가능한 매장면적과 합해서 상품군 구성, 품목구성이 검토된다. 그와 같은 현실적인 측면에서 보면 품종의 비중부여는 매장(사용면적)구성비로 나타내는 것이 중요하다고 하겠다.

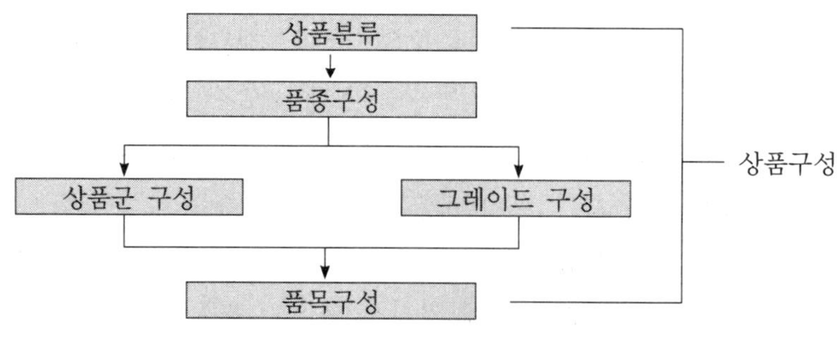

〈그림 9-2〉 상품구성의 설정

(2) 상품군 구성의 설정

1) 상품군 구성과 그레이드 구성

상품군 구성과 그레이드(grade : 등급)구성은 대단히 밀접한 관계에 있다. 일반적으로 신제품 출현은 품종 단계 보다 상품군(商品群) 단계에서 많이 볼 수 있다. 가전 전문점의 테이프 레코더를 예로 든다면 품종, 상품군의 관계는 다음과 같다.

(품종)	(상품군)
테이프 레코더	- 릴식 테이프 레코더 - 라디오 겸용 카세트 - 충전식 카세트 - 마이크로 카세트 - ⋮ -

만약 이 점포가 비교적 고가격 그레이드(유행도 · 품질 · 가격 측면에서)를 지향하고 있다면 마이크로 카세트를 비교적 조기에 상품군으로 포함시킬 것이며 그렇지 않은 경우라면 아마 상품군에 포함시키지 않을 것이다. 이와 같은 그레이드와 상품군의 관계는 패션의류를 취급하는 점포의 경우에 더욱 현저하고, 그레이드 구성에 대한 대응으로 상품군 구성이 이루어진다.

2) 상품군 구성의 설정 포인트

상품군(품군)구성이란 품종을 구성하고 있는 개개의 상품을 유사한 상품 특성에 따라 그룹핑(grouping)한 1군(상품군 또는 품군)의 결합, 비중을 부여하는 것을 내용으로 한다. 이를 위한 결정사항은 품종구성에서 검토된 사항을 상품군으로 만드는 것으로,

① 취급해야 할 상품군의 결정
② 상품군 단위의 결정
③ 상품군의 비중부여가 기본이다.

(3) 상품 그레이드 구성

상품 그레이드는 개별 상품의 특성을 품질, 가격, 참신성 등에 관한 기준으로 분류한 경우에 등급(순위)을 중심으로 한 호칭이지만 명확한 개념 규정은 없다. 그러나 일반적인 분류는 다음과 같다.

상품 그레이드
- 베스트 그레이드 상품(최고급품)
- 베터 그레이드 상품(고급품)
- 모더레이트 그레이드 상품(일반품)
- 퍼퓰러 그레이드 상품(대중품)
- 이코노미 그레이드 상품(경제품)

① 베스트 그레이드 상품(best grade goods)은 품질, 가격면에서 최고급 수준이며 또한 유행성도 탑 레벨(top level)의 상품. 고객의 구매의식은 자신만의 것, 브랜드 이미지의 자기 전환적 요소를 포함한다.
② 베터 그레이드 상품(better grade goods)은 수준 이상의 품질, 가격, 참신성을 구비한 상품이다. 고객의 구매의식으로는 개성이나 참신성은 일반 레벨이지만 품질, 소재면에서 한단계 위의 것을 갖고 싶어하는 상품을 말한다.
③ 모더레이트 그레이드 상품(moderate grade goods)은 가장 일반적인 상품 레벨로서 보통사람과 같은 정도의 의식, 동질적인 것을 지칭한다.
④ 퍼퓰러 그레이드 상품(popular grade goods)은 상품 그 자체는 모드레이트 그레이드와 거의 동일하지만 소재, 가격면에서 저렴하다.
⑤ 이코노미 그레이드 상품(economy grade goods)은 이미 유행 측면에서 성숙기 상품으로서 저렴한 가격으로 고객의 구매를 환기시킨다.

이러한 그레이드 분류를 상품특성 요인별로 정리한다면 다음 표와 같다.

〈표 9-3〉 상품 그레이드의 특성 분류

그레이드	가격	품질	참신성	기타
베스트	고	최고급	도입기~성장기	유명 브랜드
베터	중상	고급	도입기~성장기	내쇼널 브랜드
모더레이트	중	보통	성장기~성숙기	NB, PB, 무명브랜드
퍼퓰러	중하	보통	성숙기	NB, 무명브랜드
이코노미	하	보통	성숙기~쇠퇴기	〃

(4) 품목구성의 설정

고객의 눈으로 보아 분류 가능한 최소단위의 상품을 품목이라고 하며 이 품목구성을 어떻게 하는가가 여기에서의 중점과제이다.

통상 고객이 내점해서 상품구성에 대해 만족하는지의 여부는 이 품목레벨인 경우가 많다. 사실 고객이 점포의 상품구성에 불만을 갖는 원인은 복잡 다기하기 때문에 한마디로 말할 수는 없지만 하나의 사례로서 어느 숙녀복 전문점을 통해 이를 검토해 보도록 하자.

① 스커트 사이즈가 갖추어져 있지 않다.
② 전체적으로 유사한 디자인이 많다.
③ 정해진 상품 중심이어서 보여줄 상품이 없다.
④ 스웨터에 어울릴 스커트가 없다.
⑤ 가격이 대부분 고가격이다.
⑥ 스웨터, 스커트, 브라우스가 약하다.
⑦ 관련상품(악세서리, 스카프 등)이 없다.
⑧ 수영복이 없다.
⑨ 가디건(cardigan)의 종류가 적다.

이러한 사례로 보면 ①②④⑤⑥은 주로 품목구성에 관한 불만이고 ③⑤는 상품 그레이드 구성에 관한 문제이며 ④⑨는 상품군 구성에 관한 문제, ⑥⑦⑧은 품종구성에 관한 문제라고 지적할 수 있다.

특히 고객의 상품구매 결정 요소로서 들고있는 상품구색의 풍부함이라는 의미가 품목레벨에 있는 경우가 대부분이라는 것을 생각한다면, 품목구성을 충실하게 하는 것이 상품경쟁력 강화의 포인트라고 할 수 있다.

따라서 품목구성의 의사결정 영역은 다음과 같은 점이라고 하겠다.

① 프라이스 존과 프라이스 라인의 설정

② 디자인, 사이즈, 컬러 등의 설정

③ 프라이스 라인과 디자인, 상품 그레이드의 설정

1) 프라이스 존과 프라이스 라인의 설정

품목구성에서 결정해야 할 중요한 사항으로 우선 검토해야 할 것은 프라이스 존(price zone)과 프라이스 라인(price line)의 설정이다. 고객이 구매할 때 가장 강력하게 영향을 받는 요소가 가격이기 때문이다.

① 프라이스 존이란 취급 가격의 범위를 말한다. 다시 말하면 최저가격부터 최고가격까지 폭이 넓다는 것을 말한다. 넓은 폭을 갖는 만큼 광범위한 고객층을 대상으로 한다.

② 프라이스 라인은 중점을 두는 가격의 봉우리를 지칭하는데 고급품의 가격대, 중급품의 가격대 등 프라이스 존 가운데 몇 가지를 설정하는 것이다.

프라이스 존을 어떻게 설정하고 그 안에 몇 가지 프라이스 라인을 설정할 것인가는 품목구성의 중심과제이다.

2) 프라이스 존의 설정

프라이스 존의 설정방법은 여태까지 확립된 것은 없다. 실무적인 설정방법을 몇 가지 정리하면,

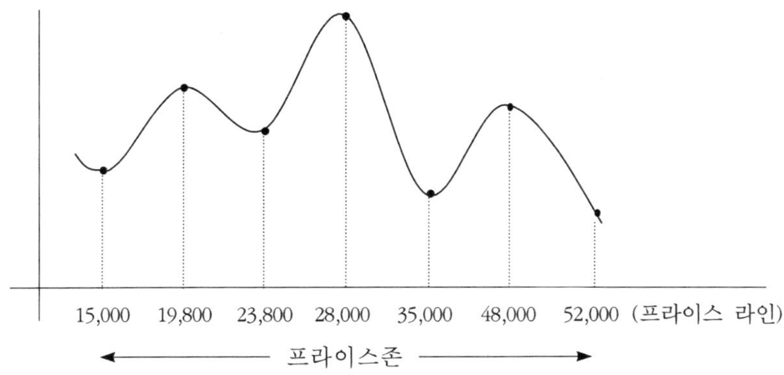

〈그림 9-3〉 프라이스 존과 프라이스 라인

① **대상고객으로부터의 설정** : 대상이 되는 고객층의 구입 존을 중심으로 결정하는 것이 기본이 되지만 어느 고객층을 대상으로 하든지 너무 좁은 존을 압축하는 것은 좋지 않다. 존은 넓게 만들고, 중점이라고 여기는 존을 선택(volume zone)함으로서 중점 대상 고객층에게 어프로치 한다.

② **경합점과의 비교에 의한 설정** : 경합점의 프라이스 존과 비교해서 설정한다. 즉 경합점의 최저가격, 최고가격을 조사해서 그것을 아우르는 프라이스 존을 설정하는 방법이다. 고객에 대한 충분한 상품구성을 제공하는 것은 경합점과 비교에서 낫다는 것이 기본조건에 해당한다.

③ **과거의 실적에 의한 설정** : 지금까지의 판매실적을 바탕으로 설정하는 방법이다. 무난한 방법이지만 잘 팔리는 상품 중심의 프라이스 라인에 집중되기 때문에 좁은 존이 되는 경향이 강하므로 유의할 필요가 있다.

3) 프라이스 라인의 설정

프라이스 라인 설정 목표는 극히 적은 액수밖에 차이가 없는 여러 가격대의 상품을 하나의 가격으로 묶음으로써 특히 중요하지 않은 적은 가격차로 고객이 부담없이 상품 선택을 할 수 있게 만드는 것으로 고객의 판별도, 품질격차 등에 따라 복수의 라인이 설정된다. 이렇게 함으로써 점포입장에서는 가격 라인 별 판매경향을 용이하게 파악할 수 있고 가격 라인 별 품목구성을 효과적으로 이룰 수 있는 것이다. 가격 라인 설정을 사례로 설명하면 다음과 같다.

가령, 고객 그룹 A, B, C가 있고 Y셔츠 구입하는데 고객 그룹의 구매태도가 A그룹은 통상 35,000원 정도의 것을 구입하고 절약이 필요할 시에는 28,000원이 되고 경우에 따라 48,000원에 해당하는 상품을 구입한다고 하자. 또한 B고객 그룹은 일반적으로 28,000원 정도를 구입하지만 절약할 경우에는 23,800원, 경우에 따라서는 35,000원의 상품을 구입한다. 이러한 방식으로 C그룹의 고객은 통상 23,800원, 절약할 때 19,800원, 경우에 따라 28,000원이라고 한다면 이와 같은 고객 그룹과 구매태도에 대한 관계를 나타내면 〈표 9-4〉와 같다.

〈표 9-4〉 프라이스 라인의 설정 (Y셔츠의 사례)

객층	절약할 때	통상	경우에 따라
A	28,000(원)	35,000	48,000
B	23,800	28,000	35,000
C	19,800	23,800	28,000

즉 프라이스 라인 28,000원의 Y셔츠는 모든 고객의 대상이 될 수 있는 상품이며 프라이스 라인 35,000원은 A, B고객층을 위한 것이 될 수 있고 프라이스 라인 23,800원은 B, C고객층을 위한 것이라고 할 수 있다. 프라이스 라인 48,000원, 19,800원은 각각 A고객층, B고객층의 특정 구매태도에 의존한다고 하겠다. 따라서 여기에서의 중심 프라이스 라인은 당연히 28,000원이며 품목구성도 여기에 중점을 두어야 한다.

따라서 여기에서의 중심 프라이스 라인은 당연히 28,000원이며 품목구성도 여기에 중점을 두어야 한다.

〈그림 9-4〉에서 알 수 있는 것과 같이 중심 프라이스 라인인 28,000원대에 가장 품목레벨 종류를 많게 하고, 이어서 35,000원, 28,000원대의 프라이스 라인을 설정하는 것이 고객의 요구에 따른 품목구성이 될 것이다.

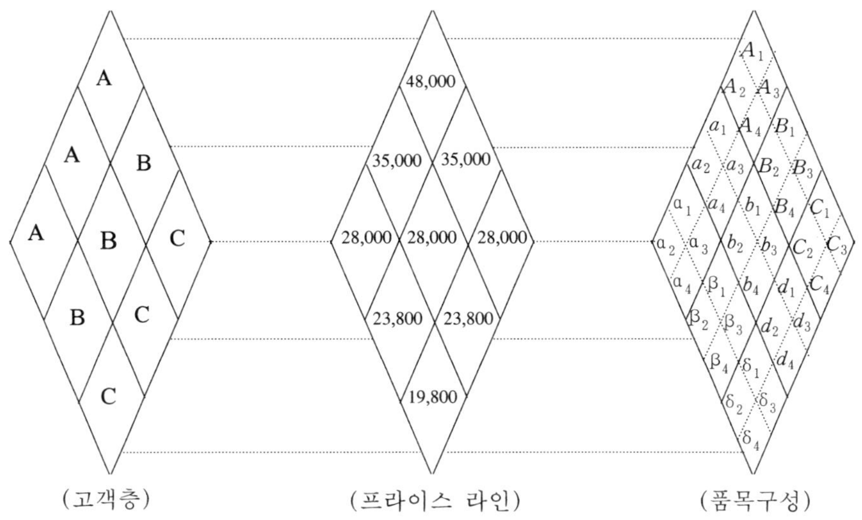

〈그림 9-4〉 프라이스 라인과 품목구성(1)

또한 여기에서는 단순한 프라이스 라인 패턴을 제시했지만 실제 다음과 같은 프라이스 라인의 설정을 볼 수 있다.

앞의 사례인 Y셔츠는 고객의 구매행동에 따른 프라이스 라인 설정이지만 그 설정된 프라이스 라인 상품이 그 기대대로 팔리는 것이 바람직하다. 여기에서 설정된 각각의 프라이스 라인 상품을 중점적으로 구입할 수 있도록 전체 프라이스 라인 설정을 검토하는 것이 필요하다.

〈그림 9-5〉는 고객의 구매태도에 따른 프라이스 라인 설정과 이를 바탕으로 품목구성의 형태를 제시한 것이며 〈그림 9-6〉은 한정된 프라이스 라인 상품을 보다 많이 판매할 수 있도록 비교 프라이스 라인, 또는 보완 프라이스 라인으로 25,800원, 32,000원을 더한 것이다. 이 경우 25,800원, 32,000원

은 주로 프라이스 라인이 아니기 때문에 이 라인의 종류, 양은 그 역할에 맞추는 정도로 한다.

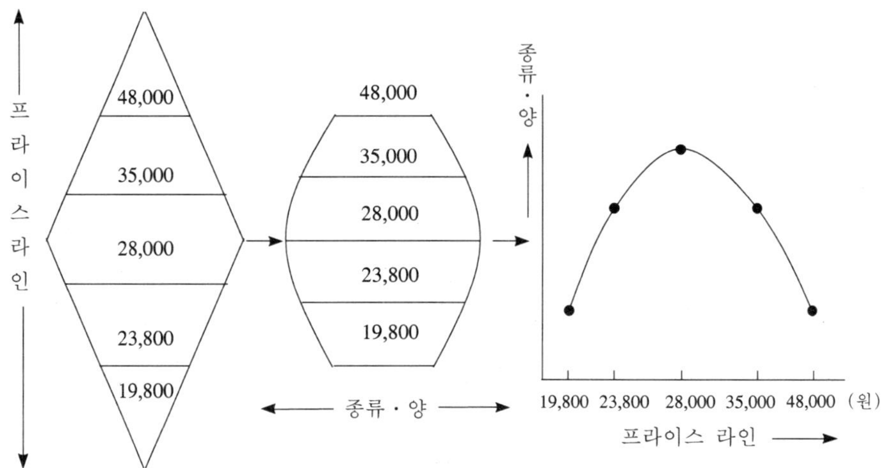

〈그림 9-5〉 프라이스 라인과 품목구성(2)

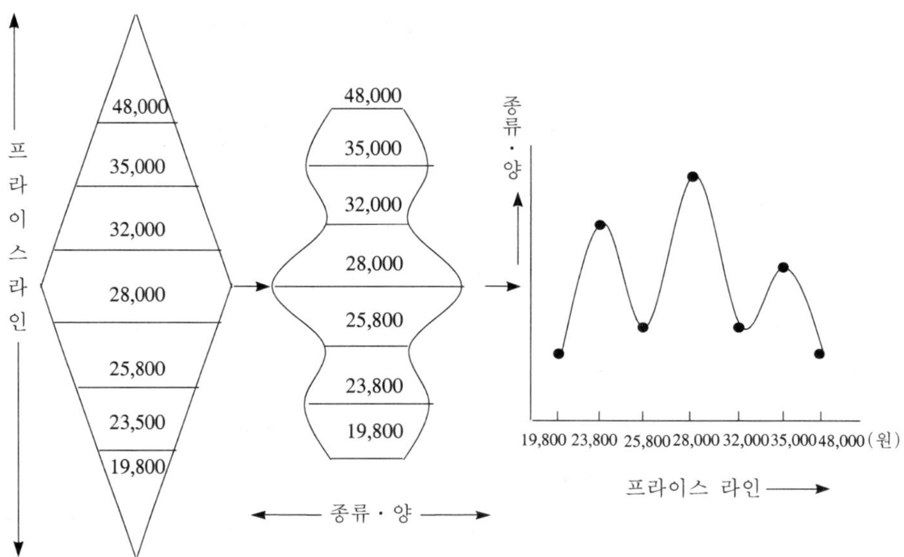

〈그림 9-6〉 프라이스 라인과 품목구성(3)

4) 스타일, 사이즈, 컬러, 브랜드 종류 및 양의 조절

프라이스 라인 설정이 이루어진 후 프라이스 라인 별로 품목구성이 검토되는데 이 경우 다음과 같은 점이 고려되어야 한다.

① 가장 중심 프라이스 라인은 스타일(또는 형, 디자인), 사이즈, 컬러 등에 관해 가장 충실한 단품 상품구성을 한다.

② 고객의 눈으로 보아 충분한 상품구성인가에 대한 여부는 경합점과 비교해서 평가한다.

여기에서 스타일 수, 사이즈, 컬러에 관해서는 경합점 대책이라는 관점으로 검토하는 것이 중요하다.

〈그림 9-7〉의 품목구성은 프라이스 존에서 경합점보다 넓게 만들고 또한 프라이스 라인 별 종류 및 양에서 경합점을 아우르는 상태를 나타내고 있다. 즉 경합점에 있는 상품은 전부 취급하고 또한 더우기 경합점에 없는 상품(스타일, 컬러, 사이즈 등)을 갖추고 있는 것을 나타내고 있다.

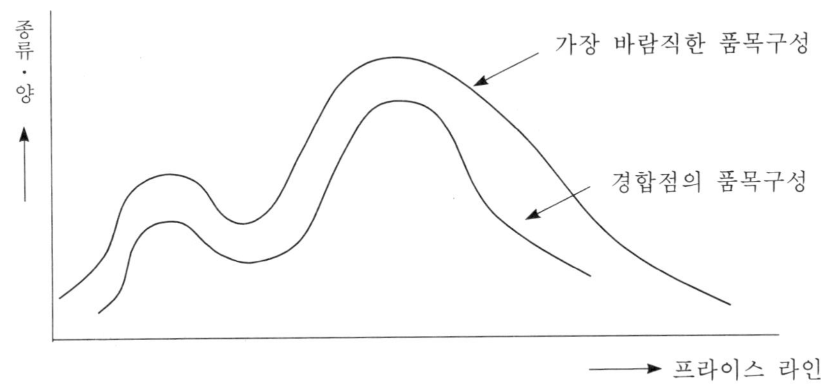

〈그림 9-7〉 경합점과의 품목구성 비교

또한 〈그림 9-7〉과 같은 품목구성이 가능한 조건으로써 매장 스페이스가 경합점 보다 넓어야 한다는 점을 들 수 있다. 즉 매장규모가 가장 넓다고 할 때 선택할 수 있는 품목구성이다. 경합점보다 매장 면적이 적을 때 또는 전문화를 지향할 때는 〈그림 9-8〉, 〈그림 9-9〉와 같은 품목구성이 검토되어야 하는 것이다.

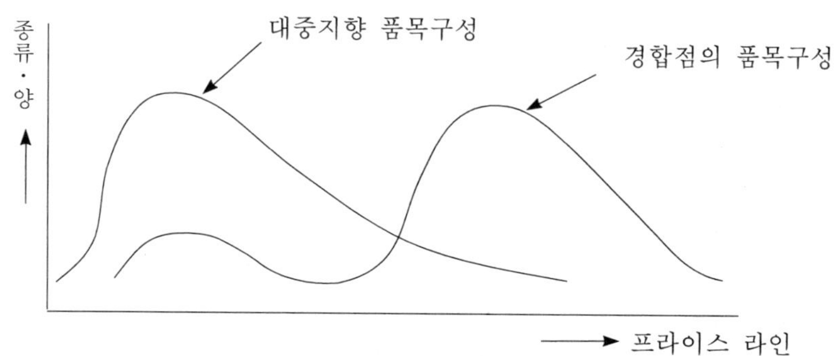

〈그림 9-8〉 대중지향 품목구성으로 경합점에 대항

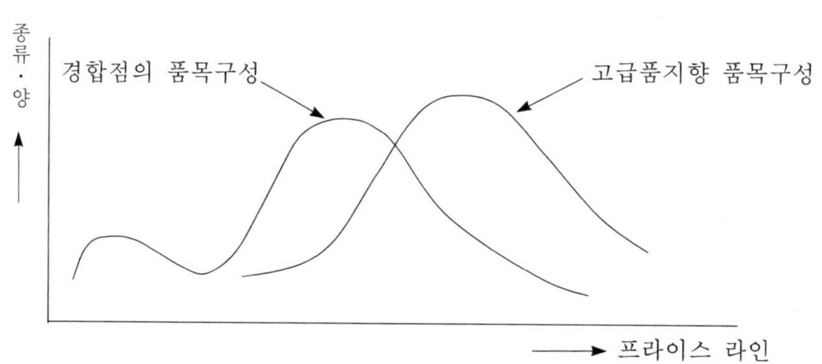

〈그림 9-9〉 고급품 지향의 품목구성

제3절 상품의 매입관리

상품구성의 설정에서 '있어야 할 상품구성'의 청사진을 그렸는데 이 청사진에 따라 개별상품의 매입활동이 이루어진다.

이 매입활동을 보다 효과적으로 달성하기 위해서는 다음 각 항에 대한 충분한 연구와 적절한 결정이 이루어져야 한다.

① 상품구성 계획을 구현할 수 있는 적절한 상품 선정
② 적절한 매입시기 및 방법
③ 적절한 매입수량
④ 적절한 가격설정
⑤ 적절한 매입선 선정

1. 매입상품의 선정

상품구성 계획의 품목구성 단계에서 취급해야 할 개개의 상품 위치가 결정된다. 즉 가격 존, 가격 라인, 가격 라인 별 품목수 등이 이루어진다.

매입상품 선정은 이 품목구성에서 설정된 개별상품의 위치에 적합한 상품을 선정하는 것을 의미한다.

(1) 상품선정의 현황

상품선정은 소매업이 지닌 업무활동 가운데 상당한 비중을 점하고 있는데 그 현황을 보면 다음과 같은 몇 가지 문제점이 있다.

① 담당자 개인적인 기호에 의한 상품선정
② 매입선 주도의 상품선정
③ 현재의 고객층과 차이가 있는 상품선정

④ 경쟁점포에 대한 대항 의식으로 상품선정
⑤ 근거 없는 자만심에 의한 상품선정
⑥ 매입조건의 유리함에 의한 투기적 상품선정
등이 그 사례이다.

상품선정은 예외적인 방법에 의한 것도 당연히 있을 수 있지만 일반적인 경우에는 기본원칙을 따라야 한다.

(2) 상품구성 계획에 따른 상품선정

상품선정의 문제에 대한 몇 가지 예시를 했지만 이와 같은 문제가 일어나는 원인은 주로 명확한 상품구성 계획이 설정되지 못한 경우가 대부분이다.

상품구성에서 개별상품이 선정되어야 하는 의미가 명확하다면 구체적인 상품선정 작업에서는 여기에 적합한 조건을 갖춘 상품을 선정하기만 하면 되는 것이며, 개인의 기호나 매입선의 추천도 그 조건 범위에 들어간다.

특히 품목구성 단계에 가격 존, 가격 라인의 설정 및 가격 라인 별 품목수까지 설정되기 때문에 선정해야 할 상품의 윤곽은 거의 명확해 진다. 이후는 많은 상품 가운데 가장 여기에 적합한 것을 선정하면 되는 것이다.

이 선정은 일반적으로 다음과 같은 점을 검토하면서 이루어진다.

① 전년에 취급했던 것으로 금년에도 계속 취급하는 상품
② 전년에 취급했던 상품으로 소재, 디자인, 가격 등을 개량 한 상품
③ 시장에는 나와 있지만 자신의 점포에서 취급하지 않았던 상품
④ 신규 발매된 상품
⑤ 수입품으로 처음 우리나라에 소개된 상품

이러한 5가지 상품은 상품 별로 계속상품, 개량상품, 발굴상품, 신규상품, 수입상품이라고 할 수 있다.

(3) 상품선정을 위한 필요정보

상품선정의 검토 포인트는 앞에서 설명한 것 처럼 이를 위한 의사결정

자료로써 고객동향, 상품동향 등에 관한 정보가 필요하다.

1) 접객정보

상품선정에서 가장 중요한 것은 타깃 고객의 요망에 적합한 상품을 선정하는 것인데 이 고객의 요망은 매장에서 가장 정확한 파악을 할 수 있다.

접객정보는 다음 방법이 가장 유효하다고 할 수 있다.

① 직접 접객에 의해 필요정보를 파악

매입담당자가 직접 고객을 접객함으로써 고객의 요망을 파악하고 여기에 적합한 상품선정을 하는 것을 말한다. 이 방법은 가장 빠르고 구체적이며 그리고 상세한 고객 욕구를 파악할 수 있다. 그러나 접객 회수가 적은 경우 특정 고객의 욕구만으로 전체의 니즈라고 판단할 우려가 있다. 판매와 매입이 별개로 되어 있는 점포의 매입담당자는 매장에 나가 직접 판매를 통한 정보를 수집하는 것이 중요하다.

② 고객의 요망 카드를 통한 정보수집

판매원은 접객을 통해 고객의 상품에 대한 여러 가지 요망을 파악할 수 있다. 즉 점포에서 취급하고 있지 않은 상품에 대한 요망, 컬러의 차이, 사이즈에 대한 요망 등이 그 사례이다. 고객 요망 카드는 고객이 요망하는 상품이 없는 경우 판매원이 기입해서 매입 담당자에게 제시하는 것이 좋다. 그 양식은 엽서 크기의 메모장으로 충분하다.

2) 판매기록

과거의 상품별 판매기록을 활용하는 것도 상품선정에는 유효하다. 통상 단품 관리대장은 브랜드별, 가격별, 컬러별, 사이즈별 등 상세하게 기록되어 있으므로 그 실적을 참고하여 상품선정을 할 수 있다.

3) 소비자 조사

소비자 조사에 의한 상품정보수집 방법으로 비교적 손쉽게 파악할 수 있는 워크아웃조사(빈손 고객조사)가 있다.

이 방법은 귀가 길에 방문한 고객 가운데 그다지 물건을 사지 않은 것 처럼 보이는 고객(구경하는 사람처럼 보이는 고객)에게 구매 앙케이트를 해서 구매하지 않은 이유를 상품에 비견하여 파악하는 것이다. 이 조사는 단품 상품에 관한 정보에 국한되는 것이 아니라 매장 별로 상품구성에 대한 문제점을 파악하는데 이용하기도 한다.

4) 타 점포 조사

타 점포 조사는 모범 점포와 라이벌 점포 등 쌍방을 조사할 필요가 있다. 모범 점포는 자신의 점포보다 매출, 점포면적, 상품구성, 관리수준 등의 측면에서 우수한 점포를 대상으로 실시한다. 자신의 점포에서 취급하고 있지 않은 상품 가운데 잘 팔리는 상품, 앞으로 취급해야 할 신상품 등 상품구성 전반에 관한 정보를 수집한다.

라이벌 점포 조사는 자신의 점포와 비교해서 상품구성 측면에서 강점 및 약점을 중심으로 잘 팔리는 상품, 가격 존, 가격 라인, 브랜드, 품목 수 등 상품경쟁 요인을 파악한다. 이를 바탕으로 자신의 점포에 대한 약점을 보완한다. 고객의 상품구매 결정은 타 점포와 비교를 통해서 이루어지기 때문에 타 점포 조사는 가능한 한 빈번하게 지속적으로 실시하는 것이 중요하다.

타 점포 조사의 조사 포인트는 다음과 같다.

① 조사매장의 레이아웃 평면도(1/100)를 작성한다.

② 매장 레이아웃 평면도에 품종, 상품군을 기입하고 품종, 상품군 별 사용 스페이스를 파악한다(쇼케이스, 행거 등을 색으로 구분한다).

③ 가격 존, 가격 라인, 품목수, 주력 브랜드 등을 파악한다.

이러한 조사를 함으로서 경합점의 상품구성과 품종, 상품군, 품목에 대한 중점 사항을 알 수 있다.

5) 매입선 정보

매입선 정보는 세일즈맨에 의한 것과 매입선의 상품기획이라는 2가지가 있다. 특히 세일즈맨의 정보는 타 점포를 많이 순회해서 얻은 잘 팔리는 상품에 관한 것이 유효하다. 이 경우 주의해야 할 점은 과장된 정보, 또는 선전용으로 변질된 정보이다. 세일즈맨의 인격을 믿고 정보평가를 해야 한다.

매입선의 상품기획은 상품구성 설정 과정에서 대단한 활용이 가능하다. 상품기획의 기초가 되는 정보를 아는 것도 유효하다.

6) 신문과 잡지

업계지, 일간 경제신문, 해외잡지, 국내잡지 등도 현재의 상품동향, 향후 상품경향 등에 관한 정보원으로서 활용 할 수 있다. 가능한 한 넓은 눈으로 바라보는 것이 필요하다고 할 수 있다.

2. 매입시기의 결정

상품의 매입시기는 머천다이징에서 대단히 중요하다. 최적의 상품을 선정한다고 해도 타이밍을 놓치면 그 가치는 반감되어 버린다. 특히 계절상품, 패션상품은 충분한 연구로 매입시기를 결정할 필요가 있다.

(1) 상품전개에 필요한 3가지 시기

계절상품, 패션상품은 일반적으로 그 상품이 매장에 진열되어 정리될 때까지 다음 3가지 시기를 경과한다. 이 시기를 고려해서 매입이 이루어져야 한다.

1) 소개기(紹介期)

본격 시즌에 앞서서 상품을 소개하는 의미의 전시(진열)를 하는 것으로 이 시기의 상품은 보여주는 상품, 시즌의 주류가 될 경향의 상품 등 넓고 얕은 전개가 좋다. 또한 매출과 직결되는 시기가 아니기 때문에 고객의 주목, 흥미를 끌어 본격 시즌으로의 연결과 잘 팔리는 상품의 파악 등이 그 목적이다.

2) 최성기(最盛期)

가장 판매량이 많은 시기이며 일반 고객의 대부분이 이 시기에 상품구입을 한다. 잘 팔리는 상품이 명확하고 잘 팔리는 상품의 확보가 매출 확보와 직결되는 시기이다. 소개기 후기에 판매동향을 파악해서 그 상품을 충분하게 수배해 놓는 것이 최성기에 기대한 대로 성과를 올리는 것이다.

3) 정리기(整理期)

이 시기의 매입이 가장 어렵다. 전개구분에서는 정리기가 되지만 사용시기로서 최성기에 해당하는 경우가 많다. 예를 들면 여름 의류품, 수영복 등은 8월에 가장 이용이 많은 시기이고 상품전개로서는 정리기이다. 또한 이 시기는 메이커, 도매상 등에서 서서히 가격을 내리기 시작하고 소매점도 가격 할인세일을 단행한다. 보통 가격으로 매입하는 시기, 할인가격으로 매입하는 시기의 판단에 충분히 유의해야 한다.

이와 같이 상품전개에 적합한 매입상품과 그 매입시기를 적절하게 결합하는 것이 중요하다.

(2) 판매 스케줄 표에 의한 매입시기의 결정

상품특성에 따라 소개기, 최성기, 정리기는 달라진다. 그러나 같은 상품이라면 전년 대비 동향을 파악하는 것이 보통이다. 따라서 품종별로 소개기, 최성기, 정리기를 명시하고 또한 매입선의 전시회예정, 연중행사 등 매입시기에 관계 있는 사항을 기재한 판매 스케줄 표를 작성해 놓으면 매입시기 결정에 유효하다. 판매 스케줄 표는 매입시기를 결정하기 위한 것만이 아니라 인원계획, 매장이동계획, 사내행사계획 등 다면적인 활용이 가능하다.

3. 매입수량의 결정

매입수량의 의사결정은 크게 나누어 2가지 영역이 있다. 하나는 매입예산으로 설정된 재고예산의 실천에 관한 것이며, 다른 하나는 개별상품의 매입수량에 관한 것이다.

(1) 상품회전과 수량확보

매입수량은 개별상품의 수량결정 전에 품종 또는 상품군 단위로 현재 보유재고 예산, 매입예산이 결정되어 있으므로 그 범위 내에서 수량결정을 한다.

그런데 일반적으로 보유재고액이 예산을 초과하고 있기 때문에 매입범위가 없고 원하는 상품도 필요수량 만큼 확보하지 못하는 경우를 볼 수 있다. 이 원인은 주로 다음과 같다.

① 매입은 예산대로 실시했지만 매출이 오르지 않는다. .

② 매입한 상품가운데 매출 부진 상품의 처분이 마무리되지 않았는데 신상품이 들어와 매출 부진 상품이 점점 쌓인다.

③ 신품목 추가에 의한 과잉재고

기본적으로는 개개의 상품레벨에서 매출액과 재고량의 밸런스가 잡히지 않은 것이다. 이 상태가 〈그림 9-10〉이다. 본래 대로 라면 판매수가 많은 품목의 재고가 매출에 대응하여 많은 것이 바람직한데 현실은 반대인 경우가 많다. 즉 잘 팔리는 것 만큼 재고가 적고 판매부진인 상품이 많은 재고를 갖고 있다.

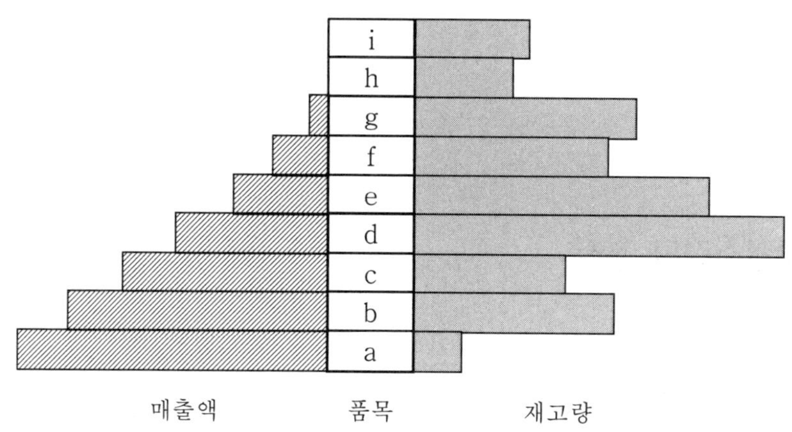

〈그림 9-10〉 매출 · 재고의 불균형

그리고 이와 같은 상태를 초래한 요인을 찾아보면 처음에 매입한 수량이 거의 그대로 남아있다. 조금 잘 팔린다고 추가하면 그것이 그대로 남아버리는 사례를 자주 볼 수 있다.

그래서 이와 같은 매출과 재고의 불균형을 없애고 매출이 많은 것은 많게 하고 적은 것을 적게 재고하는 매입수량의 결정이 이루어져야 한다. 이를 위해서는 처음 매입할 상품의 신중한 선정과 상품특성에 적합한 매입수량의 결정이 필요하며, 납입상품에 대해서는 단품관리로 잘 팔리는 상품과 판매부진 상품을 신속히 파악하여 적절한 추가 매입수량과 판매부진상품의 처분책을 강구할 필요가 있다.

가능한 한 판매수에 맞는 재고를 갖는 것이 중요하다. 이 관계를 표현한 것이 〈그림 9-11〉이다.

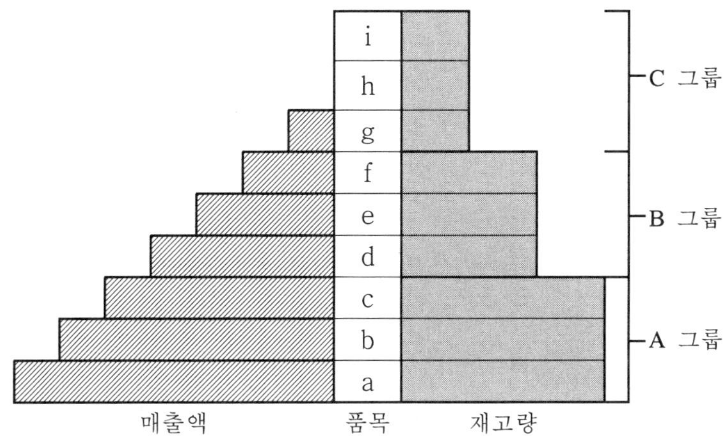

〈그림 9-11〉 매출 · 재고의 균형

A그룹 상품은 잘 팔리는 상품이기 때문에 중점적으로 재고수량을 갖게 하고, C그룹 상품은 보여주는 상품, 또는 A, B그룹으로 이행과정에 있는 상품으로 최저 필요 재고수량을 갖게 한다.

(2) 신품목 추가와 매입수량

판매, 매입 양 측면에서 끊임없이 신품목 취급에 관한 의사결정을 해야 한다. 그러나 단순히 신품목을 추가하면 재고액은 곧 예산을 넘어버린다. 따라서 신품목 추가는 전체 재고액과 밸런스를 고려할 필요가 있다.

(3) 개별 상품의 매입수량

보유재고액으로 매입수량을 컨트롤 하는 것도 중요하지만 매입수량의 결정에서 가장 중요한 것은 개별 상품 레벨의 수량 결정이다.

개별상품의 매입수량 결정에서 일반적인 어려운 점으로 다음과 같은 것을 들 수 있다.

① 동일 디자인 상품에 대한 컬러 별, 사이즈 별로 매입수량결정

② 전시회 주문 상품과 같이 추가주문이 불가능한 상품의 매입수량
③ 계절상품과 같은 단기 대량 판매 상품의 매입수량

이러한 매입수량결정은 매입담당자가 가장 고생하는 점인데 기본적으로 상품선정 단계에서 잘 판매되는 상품으로 선정되어있든지 또한 보여주는 상품으로 선정되어 있는가에 따라 자연히 매입수량은 결정된다. 특히 유의해야 할 점은 상품선정 단계에서 명확한 상품선정에 관한 의도 없이 선정된 상품이다.

판매의 중심이 되는 컬러, 사이즈는 대개 정해져 있다. 컬러라면 그 당시의 유행색과 매년 어느 정도 판매되는 베이직 컬러이며 사이즈는 M사이즈이다. 중심컬러, 사이즈를 기준으로 기타 사항을 1 : 0.5 : 0.3과 같은 비율로 정하면 무난하다. 막연히 모두 같은 컬러의 수량을 매입하고 있다면 고쳐야 할 것이다.

4. 매입선의 선정

상품구성에 따라 상품선정, 매입시기, 매입수량의 결정이 이루어지면 그 상품을 어디에서 매입할 것인가가 가장 중요해진다. 상품구성의 변경에 따라 매입선 구성도 변한다.

(1) 매입선 선정방침

매입선 선정은 그 방침을 명확하게 하는 것이 중요하다. 매입선 선정 방침으로 검토해야 할 점은 다음과 같다.

① 메이커와 직접 거래에 관한 방침
② 중점 매입선의 선정과 거래에 관한 방침
③ 지역 도매상의 활용에 관한 방침
④ 신규거래, 기존거래의 중지 등에 관한 방침

구체적인 매입선 선정에 앞서서 선정 방향을 밝힐 필요가 있다.

(2) 매입선 선정기준

수많은 매입선 후보 가운데 자사의 방침, 규모, 체질에 적합한 매입선을 선정하기 위해서는 그 기준을 명확히 밝히는 것이 중요하다.

1) 공급하는 상품의 수준

① 적절함
② 특색(차별성)
③ 시기적인 타이밍
④ 브랜드의 지명도
⑤ 상품 자체의 사양

2) (매입선 기업의) 판매정책

① 거래선 정책
② 가격유지 정책
③ 재고처리 정책

3) 납품상황

① 판매 및 출하 단위의 양
② 배송력
③ 연락수단
④ 상품구성 상황
⑤ 전체로서의 신뢰성

4) 판매원조

① 광고정책
② 판매점 지원

5) 가격 및 거래조건

① 지불기한

② 할인율

③ 운임부담

이러한 것은 매입선 선정을 하는데 고려해야 할 기본사항을 나열한 것이며 여기에,

① 경영자의 경영이념, 자세

② 경영풍토

등도 더불어 고려하면 좋을 것이다.

동시에 이러한 선정기준은 기존 매입선의 재검토 체크 리스트로서도 도움이 된다.

(3) 매입선의 평가

매입선 평가는,

① 매입선의 질적인 측면

② 매입활동의 정량적 측면으로 나누어 실시할 필요가 있다.

1) 매입선의 질적인 측면에 대한 평가

매입선의 선정기준에서 설명했던 바와 같이 매입선 선정의 체크 포인트를 평가항목으로 질적인 평가를 실시할 수 있다. 이 평가는 시즌 별, 사업년도 별로 시계열로 실시하고 그 결과는 매입선 카드를 작성하여 기록해 놓는다.

2) 매입활동의 정량적 측면에 대한 평가

정량적 측면의 평가는 매입선과 거래 상황을 계량적으로 파악하고 분석함으로써 매입선을 평가하는 것이다.

① ABC관리에 의한 매입선 평가 : 매입선을 각각 매입액 별로 분류하고 ABC분석이라고 할 수 있는 팔렛트(pallet)를 작성하여 매입선을 A, B, C로 구분한다. C급에 해당하는 매입선은 향후 거래에 대하여 재평가를 한다.

② 매입선 공헌도 조사표에 의한 평가 : 매입선 별, 상품 별로 그 공헌도가 어느 정도인가를 매입액, 매출액, 이익액, 상품회전율 등을 다면적으로 분석해서 평가하는 방법이다.

5. 가격의 설정

(1) 가격의 의의[7)]

소매 마케팅 믹스에서 가격은 가장 쉽게 변화시킬 수 있는 분야이다. 가격을 결정하는 것은 광고 또는 위치의 변경과 같이 시간과 투자를 요하는 것은 아니다. 결국, 점포에서 가장 빠르고 효율적으로 이익극대화를 실현하기 위한 방법은 가격을 올바르게 책정하는 것이다.

가격 역시 소비자 수요에 영향을 준다. 가격 탄력성 또는 가격의 변화에 대한 민감성은 광고의 탄력성보다 10배나 더 높다.[8)] 즉, 특정 제품에 대한 일정비율의 가격의 변화는 동일한 비율의 광고 지출로 인한 변화보다 매출액에 10～20배 더 강한 영향을 미칠 수 있음을 의미한다.

가격은 구매자가 제품 및 서비스의 구매를 위해 판매자에게 지불한 돈의 총량이다. 가격은 또한 구매자가 어떤 것을 획득하기 위해 대가를 치뤄야 하는 경제적 희생이다. 즉, 판매자와 구매자간의 교환에서, 판매자가 판매하려는 제품의 가치와 소비자가 지불하려는 화폐의 가치가 동일하다고 상

---

7) 김정희 · 전태유(2008), 소매마케팅, 도서출판 두남.

8) Hermann Simon(1992), "Pricing Opportunities and How to Exploit Therm," Sloan Management Review, Winter, p.56; and Gerard J. Tellis(1988), "The Price Elasticity of Selective Demand: A Meta-Analysis of Econometrics Models of Sales," Journal of Marketing Research, November, pp.331-341.

호간의 의견이 일치되는 교환비율로, 제품의 가치를 화폐로 나타낸 것이다. 따라서 소매점의 가격책정은 다음과 같은 원칙하에 책정되어야 한다.

① 고객의 값 깎기에 응하지 않을 자신이 있는 가격이어야 한다. 쉽사리 값을 깎아주는 것은 정가라고 할 수 없고, 그런 점포는 얼마 안 가서 점포의 신용까지 잃게 되고 만다. 고객이 신뢰할 수 있는 정찰에 의해서 판매되고 고객이 구매하기 쉽도록 가격을 책정해야 한다.

② 경쟁조건을 고려한 가격이어야 한다. 항상 다른 점포의 가격을 조사하고 경쟁력을 가질 수 있는 가격을 설정하는 것이 바람직하다. 단, 채산성을 무시하고 싸게 판매하는 일은 주의해야 한다.

③ 적절한 이윤이 확보될 수 있는 마진이 붙은 가격이어야 한다. 저 가격 수준에서 비용을 커버하여 투자 회수액을 상회해야 한다. 일반적으로 변동비와 고정비를 커버하고 적정한 수준의 투자 회수 또는 이익을 창출하여 성장할 수 있어야 한다.

④ 고객이 납득할 수 있는 가격이어야 한다. 가격은 점포의 노력의 대가로써 부가가치를 반영하여야 하며, 고객이 그만한 가치를 인정해주어야 한다.

(2) 가격 결정요인

다음과 같은 요인들은 가격 결정에 중요한 영향을 준다.

1) 비용

제품 또는 서비스의 구매, 판매 그리고 촉진 비용은 가격 결정을 위한 최저 가격 또는 최저한도를 정하는 기준이다. 가격은 최소한 장기간의 투자와 제품 판매를 위한 판매비용을 상회해야 할 뿐만 아니라, 점포에 충분한 수익과 이익을 제공해야 한다. 비용은 가격 경쟁에 대응할 수 있도록 절감되어야 한다.

2) 고객

고객의 기대와 지불 의지는 가격 결정에 중요한 영향 요인이다. 어떤 경우에, 고객은 더 많은 혜택과 향상된 제품 특성을 얻기 위해 높은 가격으로 교환하려 한다.

한편, 최근의 경제환경은 고객으로 하여금 가치에 대한 관심을 갖게 한다. 따라서 저가격에 고품질의 제품을 제공함으로써 가치를 강조할 수 있어야 한다.

3) 경쟁

경쟁점에 의해 책정된 가격과 가격 변화에 대한 경쟁점의 반응 역시 가격 결정에 영향을 준다. 경쟁 시장에서 성공적으로 가격을 책정한 점포는 바로 매출액 달성만이 목표가 아니라는 것을 안다. 그들은 미래에도 이러한 매출액을 유지하기를 원한다.

제품 및 서비스 경쟁이 매우 단순할 때, 고가격을 책정한다. 경쟁구조가 복잡할 때, 가격조정능력에는 한계가 있다. 고가격은 한정된 수요만 유인하고 소비자들로 하여금 다른 점포로 전환하도록 하는 반면, 저가격은 치열한 가격 경쟁 또는 무익한 가격 전쟁을 불러일으킨다.

4) 양립성

제품의 가격은 점포의 전반 목적과 양립되어야 한다. 또한, 점포의 장기적인 이미지를 고려하여야 한다. 호의적인 점포이미지는 더 높은 가격을 부가할 수 있게 한다.

제품의 가격을 책정함에 있어서, 점포는 역시 자사의 제품 계열내에 있는 다른 제품의 가격을 고려해야 한다. 한 제품 또는 브랜드의 가격은 다른 제품 또는 브랜드의 매출액을 잠식(cannibalization)하지 말아야 하는데, 이는 매출액이 동일한 제품 계열내에 있는 다른 브랜드로의 구매가 이전되는 것을 의미한다.

(3) 고객의 가격 평가

구매자는 가격을 어떻게 판단하는가? 가격이 구매 결정에 어떻게 영향을 주는지를 학습하기 위해서는 구매자들이 어떻게 가격을 지각하는지를 이해하여야 한다.

소비자는 지각된 화폐 가격에 대해, 높으냐 또는 낮으냐, 공정하냐 또는 불공정하냐에 대한 반응을 보인다. 또한 고객은 항상 점포내에 있는 가격을 기억하는 것은 아니며, 가끔 가격을 개인적으로 의미있는 방법으로 부호화하거나 처리한다.

1) 가격 판단의 기준

소비자들은 가격이 너무 낮다, 너무 높다, 또는 적절하다를 어떻게 판단할까? 소비자들은 제품 가격을 내적 준거 가격, 혹은 외적 준거 가격과 비교하여 평가한다.

① 외적 준거 가격(external reference prices)

이에는 다른 소매상에 의해 부과된 가격과 소매상이 정찰가격에 대한 지각을 향상하기 위해 제공하는 비교 가격(comparison price) 등이 있다.

② 내적 준거 가격(internal reference price)

이는 소비자들이 자신들의 판단을 위해 기억하여 이용하는 비교 기준이다. 다양한 내적 준거 가격들이 존재한다. 이에는 다음과 같은 가격이 있다.

- 기대 가격(expected price) : 이는 구매자가 가격을 공정하고 바람직하다고 지각하는 가격이다.
- 유보 가격(reservation price) : 소비자들이 가장 높은 가격에 기꺼이 지불하려고 하는 경제적 한계 가격이다.
- 미래 가격 : 인플레이션 상황에서 미래에 가격상승이 예상되는 가격이다. 소비자는 지금 사게될 때와 미래 일정 시점에서 사게 될 때의 비용과 혜택을 평가하기 때문에, 기대되는 미래 가격 역시 중요한 내적 준

거가격이다.

• 이외에도 과거에 지불했던 가격, 평균 소매 가격, 소비자가 지불하기를 원하는 가격 등이 있다.

가격에 대한 소비자 평가 모델은 〈그림 9-12〉에 제시되었다.[9] 이는 소비자들은 동일한 제품 또는 유사한 제품의 구매와 함께 과거 경험을 통해 가격 정보를 갖는다고 가정한다. 대부분 소비자들은 특정 가격에 대해서는 불확실해하지만, 시장 가격과 수용가능한 가격의 범위에 대해 어떤 기대를 한다. 그들은 제품 가격이 얼마나 이 기대와 부합하는지를 평가한다. 너무 낮다고 판단되는 가격은 조악한 제품품질을 의미한다고 해석하고, 너무 높다고 판단되는 가격은 상이한 제품 범주로 연상하거나 의심을 함으로써 잘못 이해한다.

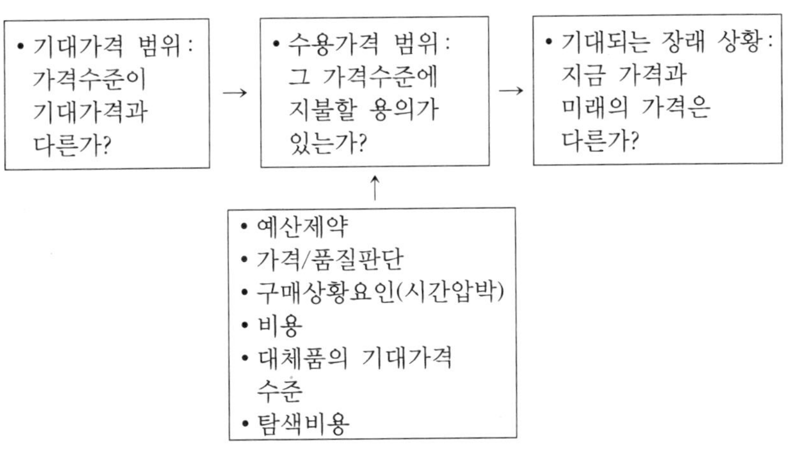

자료 : Joel E. Urbany and Peter R. Dickson(1990), Consumer Knowledge of Consumer Prices: An Exploratory Study and Framework, Report No, 90-112(Cambridge, MA: Marketing Science Institute), p.18.

〈그림 9-12〉 고객의 가격 평가 모델

9) Joel E. Urbany and Peter R. Dickson(1990), Consumer Knowledge of Consumer Prices: An Exploratory Study and Framework, Report No,.90~112(Cambridge, MA: Marketing Science Institute), p.18.

개별 가격에 대한 평가는 예산 제약, 시간 압박, 예기치 못한 사용 상황, 또는 더 낮은 가격 품목에 대한 장래의 탐색 비용과 같은 외적 요인에 의해 영향을 받는다. 소비자들은 일반적으로 종종 가격 촉진을 한다고 지각하는 브랜드에 대해 더 높은 가격을 지불하려고 하지 않는다.

2) 가격과 품질과의 관계

가격과 품질과의 관계는 소비자가 고가격의 제품을 고품질로 연상하는 정도를 나타낸다. 소비자 마다 품질 판단을 하는데 가격을 상이하게 사용한다. 어떤 소비자가 어떤 상황에 어떤 제품을 구매하느냐에 따라서, 가격이 품질을 평가하는 단서는 상이하게 된다. 한 연구는 실제로 가격과 품질과의 관계에 관한 흥미있는 결과를 보여준다. 9개의 제품 범주 내에 있는 브랜드간 조사에서, 가격과 객관적인 품질과의 관계에 대한 평가는 조사된 제품에 따라 긍정적으로 관련된 것, 부정적으로 관련된 것, 그리고 관련이 없는 것이 있음을 밝혔다. 예컨대, 가격과 품질간 긍정적 관계가 있는 제품은 자전거, 세탁기, 그리고 냉동 피자 등인 것으로 나타났다. 부정적 관계는 스테레오 스피커, 믹서, 그리고 스프레이식 세척제에서 나타나는 것으로 관찰되었다.[10] 따라서 고가격은 고품질을 의미한다는 가정은 제품, 상황, 개인적 특성에 따라 달라질 수 있다.

3) 가격 정보 이용

소비자에게 가격 효과는 사람과 상황에 따라 다양하다. 소비자의 가격평가는 품질의 중요도와 자신의 사전 경험에 의해 이루어진다. 이론적으로, 소비자들은 자신의 결정기준에 따라 가격정보를 상이하게 적용한다. 이에는 가치최대전략, 가격탐색전략, 가격혐오전략이 있다.

① 가치 최대 전략(best-value strategy) : 소비자들은 자신의 기대하는 품질

---

10) David A. Chambers(1991), "Data Technology Boosts Popularity of Lifestage Marketing," Marketing News, October 28, p.61.

수준을 가지고 있어서, 가장 낮은 비용의 브랜드를 선택한다.

② 가격 탐색 전략(price-seeking strategy) : 고가격은 고품질일 것이라는 가정하에, 기대하는 품질을 최대화하기 위해 가격이 가장 높은 브랜드를 선택한다.

③ 가격 혐오 전략 (price-aversion strategy) : 단순히 필요 이상의 지출로부터 초래하는 위험을 최소화하기 위해, 가격이 가장 낮은 브랜드를 구매한다.

이처럼 소비자들은 상이한 구매 접근법을 이용하므로, 이에 따라 소매상의 가격전략도 달라져야 한다. 소매상은 다음과 같은 가격전략을 구사할 수 있다.[11)]

① 만일 제품 품질이 소비자에게 분명하지 않지만 매우 중요한 것이라면, 점포는 고품질을 암시하기 위해 가격을 보다 높게 책정하는 가격 상징 전략을 이용한다.

② 품질 정보가 더 쉽게 이용할 수 있고 품질의 중요성이 높은 경우에, 점포는 가끔 가치 최대 전략을 추구하여 정보의 장점을 이용한다. 이 경우에 점포는 가격 경쟁을 고수하고 마케팅 커뮤니케이션을 제품의 혜택과 품질에 중점을 둔다. 할인점들은 무표품으로 가격민감소비자들을 겨냥하여 저가격으로 경쟁을 하기도 한다.

4) 지각된 가치

지각된 가치(perceived value)는 점포로부터 무엇을 제공받았고 그 대가로 무엇을 희생하였는지에 기초하여, 제품의 혜택에 대한 구매자의 전반적인 주관적 평가를 나타낸다. 가치는 단순한 제품의 획득에 의해서가 아니라, '완전한 쇼핑경험'에 의하여 제공되는 것이다. 이는 상품 및 서비스의 교환과정에서, 소비자가 점포에 제공한 요인과 점포로부터 제공받은 요인간 상쇄(trade-off)를 나타내며, 구매 결정에 중요한 역할을 한다. 점점 소비자들은

11) William O. Bearden, Thomas N. Ingram, Raymond W. Laforge(1997), Marketing Principles & Perspectives, McGraw-Hill, p.297.

구매 결정에 '합리적인 가격'의 관점에 기초를 두어 일반적으로 가격을 비교한다. 서비스 및 제품 품질을 얻기 위해서 포기하고 희생하는 것은 비단 화폐적 비용만 있는 것이 아니다. 이 때 치뤄지는 비용은 보다 더 포괄적이어서 시간, 정신적 노력, 육체적 노력, 그리고 특정 구매와 관련된 위험 등이 포함되어져야 한다.

지각된 가치는 지각된 혜택 또는 제공된 품질, 그리고 금전적 희생에 대한 비교에 의해 결정된다. 보다 높은 혜택은 가치를 향상하며, 보다 높은 금전적 희생은 가치를 떨어뜨린다.

5) 가격민감도

고객을 주체로 가격을 결정하는 기법으로 가격민감도 측정(price sensitivity measurement ; PSM)이 있다. 잠재구매자 표본이 제품 명세서를 읽고 제품의 지각된 가치를 반영하기에 충분히 높다고 평가되는 가격과 상품 판매에 타격을 피할 수 있도록 충분히 낮은 가격이라 여겨지는 가격을 산출한다. 일반적으로 소매업체들은 고객들이 가격에 덜 민감한 상품에 대해서 상대적으로 높은 가격을 책정하며, 다음과 같은 요인들이 고객의 가격민감도에 영향을 준다.

① 대체 인식 효과 : 대체 인식 효과는 소비자가 상품이나 소매상에 대해 다양한 대체품이 존재하고 있음을 인식하면서 상품가격에 한층 더 민감해질 때를 말한다. 예를 들어, 인터넷상에는 전자제품에 대해 다양한 대용품이 올라와 있고, 소비자는 각 상품을 비교적 쉽고 빠르게 비교해 낼 수 있다. 그래서 결과적으로 가격경쟁은 치열해질 수밖에 없다.

② 총지출 효과 : 고객은 실제 소득에 비해 지출이 크면, 가격에 민감해질 수밖에 없다. 그래서 중요한 제품에 대해서는 가격 경쟁력을 염두에 두지만, 소량으로 사게되는 제품에 대해서는 그렇지 않다.

③ 비교 효과 : 고객은 다른 경쟁점포와 비교해 보면서 가격에 민감하게 된다. 수많은 소매업체들이 안고 있는 문제는 독특한 상품 구색을 갖

추는 일이다. 라면, 우유, 요구르트와 같은 제조업자 브랜드는 그 지명도가 높아서 어디에나 구비되어 있으며, 고객들은 어느 곳에서나 상대적으로 쉽게 구매하고 있다. 소비자들은 유사 상품이나 동일 상품에 대해서는 그 가격을 쉽게 비교하게 되므로, 소매업체의 가격결정에 제약을 가한다. 이러한 문제를 해결해 나가면서 상품비교를 어렵게 하기 위해, 일부 소매업체는 그들만의 고유한 상표를 개발하고 있다.

④ 편익/가격 효과 : 편익/가격 효과란 특정 상품으로부터 얻게 되는 편익에 대한 인식과 그 상품의 가격과의 관계를 의미한다. 일부 이미지 상품 또는 독점적 상품에 대해 소비자들은 가격에 둔감하기 마련이다. 고객은 이러한 상품의 가격이 높게 책정되어 있으므로, 여기서 더 많은 편익이 제공되고 있다는 생각에 빠지게 된다. 예를 들어, 유명한 전국상표제품은 품질이 같지만 로고가 없는 다른 일반제품에 비해 가격이 거의 2배 가까이 높게 책정되는 경우를 종종 볼 수 있다. 전국상표제품을 구매하는 소비자는 이미지를 구매했다는 사실 하나에 가격은 고려하지도 않고, 자기만족에 빠져 버리게 된다. 상품에 대해 별로 아는 바가 없을 때, 가격을 상품의 가치를 결정하는 척도로 이용한다. 소비자는 낮은 가격의 상품은 품질이 떨어진다는 인식을 저버릴 수 없다.

⑤ 상황효과 : 소비자들은 세심한 서비스에 근사한 분위기까지 감도는 곳에서는 돈을 더 지불하기 마련이다. 이와 대조적으로 할인점이나 회원제창고형도소매점에서는 상대적으로 경제적인 환경을 조성하여 낮은 가격을 원하는 소비자들의 취향에 맞춰 저가 공세를 펼친다. 그래서 가격에 대한 소비자들의 인식에 영향을 미치는 상황을 조정해 나가는 방법을 이해하는 것도 점포의 전반적 전략과 수익성에 영향을 줄 수 있다.

(4) 오픈 프라이스와 권장소비자가격

소매상은 특정의 가격전략을 실시하기에 앞서, 가격표시를 제조업자에 의해 혹은 자체적으로 할 것인지를 결정해야 한다. 가격표시를 누가 하느냐에 따라, 오픈 프라이스와 권장소비자가격으로 분류된다. 정부는 1998년 공장도가격표시제를 폐지하여 소매가격표시제로 일원화하도록 하는 가격정책으로 전환했다.

〈표 9-5〉 오픈 프라이즈와 권장소비자 가격

구 분	권장소비자가격	오픈 프라이스
개 념	• 제조업자가 원가 등을 고려하여 유통업자에게 판매가격을 권장하는 소비가격을 결정한다.	• 제조회사는 공장 출하 가격만 결정하고, 유통업자가 자율적으로 판매가격을 결정한다.
가격결정자	• 제조회사	• 유통업자
실제 판매가격	• 권장소비자가격보다 다소 할인	• 수요와 공급에 따라 유동적으로 가격 결정
도입 배경	• 제조회사가 유통을 지배	• 유통업자가 유통을 지배
특 징	• 권장가와 실제 판매가의 차이로 인해 소비자의 가격혼란초래 • 하나의 품목에 하나의 가격이 책정됨	• 가격인하 주도 • 하나의 제품에 다양한 가격이 책정됨

자료 : 안광호, 조재은(2000), 유통관리원론, 학현사, p.371에서 수정.

1) 오픈 프라이스

오픈 프라이스(open price)는 제조업자가 아닌 유통업자가 판매가격을 표시하는, 소매가격표시제도이다. 변화하는 시장상황을 판매가에 반영할 수 있도록 매일 매일의 매출 상황을 파악하는 소매점에게 가격결정권을 부여하는 제도이다.

2) 권장소비자가격

권장소비자가격은 정상이윤 이상을 보장하기 위해 제조업자에 의해 가격을 표시하는 공장도가격표시제도이다.

오픈 프라이스제도와 권장소비자가격제도를 비교하면, 〈표 10-1〉과 다음과 같다.

(5) 상시저가 전략과 고저가격 전략

소매상은 누가 가격표시의 주체가 될 것인가와 함께, 가격책정에 대한 기본전략을 결정해야 한다. 일반적으로 소매업체가 사용하는 가격책정의 기본전략은 상시저가 전략과 고저가격 전략이 가장 대표적이다.

1) 상시저가 전략

상시저가(EDLP ; every day low price)전략은 연중 가격을 항상 저렴하게 유지하는 가격파괴전략이다. 상시저가가 되기 위해서는 다음과 같은 조건이 요구된다.

① 매일 저가로 판매를 한다. 그러므로 바겐세일이나 점포 정리세일, 특별가격할인과 같은 비정규적인 저가격 판매는 상시저가라 할 수 없다.

② 유명 브랜드의 표준 상품의 품질 기준을 적용한다. 특히, 제품구색 측면에서는 유행민감 상품과 일상생활용품을 취급하는데, 제품넓이의 측면에서는 여러 다양한 제품군의 종합성을 띄는 반면, 제품군 내에서 제품깊이의 측면에서는 적은 수의 브랜드만을 취급함으로써 깊이가 얕다는 특징을 가진다.

상시저가 전략은 다음과 같은 장점이 있다.[12)]

12) 오세조, 박진용, 권순기 역(2002), Michael Levy, Barton A. Weitz 저, 소매경영, 한

① 가격전쟁의 감소 : 성공적인 가격파괴전략은 경쟁자와의 지나친 가격전쟁의 압박을 덜어주게 된다. 일단 가격이 공정하다고 느끼는 고객은 지속적으로 구매하게 되고, 보다 자주 방문하게 된다.
② 촉진비의 절감 : 소매업체는 비효과적인 광고 대신에 이미지 향상에 보다 초점을 맞출 수 있다. 가격이 자주 변화하지 않기 때문에 카탈로그의 변경주기도 길어지는 등 촉진비용을 절약할 수 있다.
③ 고객서비스의 개선 : 가격인하에 자극을 받은 대중을 상대하는 대신, 일정한 통행량의 유지로 소요인력을 정확하게 예측함으로써 판매원은 보다 많은 시간을 고객서비스에 전념할 수 있게 된다.
④ 품절의 감소 및 재고관리의 개선 : 일정한 가격의 유지로 일정량의 수요를 유지하여 품절이 적어지고 재고관리가 쉽다. 품절이 적어지면, 고객만족이 향상되어, 매출이 증가된다. 안정적인 수요의 예측은 평균재고의 감소를 통해 회전율을 향상시킨다.
⑤ 이익의 증가 : 항상 일정한 낮은 가격의 실시로, 가격변경 비용이 감소되고, 세일 가격을 적용하는 실수가 발생하지 않기 때문에, 이익이 증가한다.

2) 고저가격 전략

고저가격 전략(HILO ; Hi-Low pricing)은 촉진용 상품을 대량 구매하여 일부는 가격인하 용으로 판매하여 저가격 이미지를 구축하고, 일부는 정상가격으로 판매하여 높은 이윤을 달성하고자 하는 가격정책이다. 그러나 고저가격 정책의 효과는 상시저가 정책처럼 안정적이고 지속적이지 못하다.

고저가격 정책은 다음과 같은 장점을 가지고 있다.[13]

① 동일한 상품으로 다양한 시장에 소구할 수 있다 : 신제품에 대해서는 일단 최고 수준에서 가격을 정하고, 본격적인 판매 계절이 진행될수

올출판사, p.439.

13) 상게서, p.400.

록 가격을 점차 인하함으로써 다양한 고객들에게 상이한 가격전략으로 접근할 수 있다.

② 고객을 흥분하게 한다 : 고객이 기대하지 않았던 가격인하는 고객을 유인하고 가격민감 고객에게 흥분을 자아내게 한다.

③ 상품을 팔리게 한다 : 재고 상품을 가격인하 함으로써 가격민감 고객에게 제품이 팔리도록 한다.

④ 품질이나 서비스를 강조한다 : 초기의 고가격은 고객들에게 높은 품질과 서비스를 전달하게 한다.

⑤ 상시저가전략의 유지가 어렵다 : 상시저가전략을 채택하는 소매업체는 고객이 비교하는 경쟁점보다 낮은 가격을 유지할 수 있어야 한다. 따라서 현실적으로 유행상품을 취급하거나 소규모 소매업체일 경우, 상시저가 전략을 사용하기가 쉽지 않다.

⑥ 환경변화에 유연하게 대처할 수 있다 : 자점에서 통제할 수 있는 가격변경의 폭이 큼으로 환경변화에 따라 가격전략을 탄력적으로 변경할 수 있다.

(6) 가격 전략

점포의 목적을 달성하기 위한 가격 책정은 특정한 가격 전략을 선택하거나 혹은 다양한 전략들의 결합이 요구된다. 특정한 가격 전략의 사용은 여러 가지 상황에 달려 있다. 수요의 다양성(상이한 시장 세분의 존재), 경쟁상황, 시장에 있는 소비자의 특성, 그리고 소비자의 기대 또는 지각 등이 그것이다. 이때 유의해야 할 것은 다음과 같은 구매자들의 성향을 이해해야 한다는 것이다.

① 어떤 구매자들은 어느 점포가 어떤 제품을 어떤 가격으로 판매하는가에 관한 정보를 확보하기 위해 시간, 노력, 비용을 투자하면서 정보를 탐색한다.

② 모든 구매자들은 화폐로써 측정할 수 있는 비용뿐만 아니라, 거래 비

용, 심리적 비용, 시간적 비용, 사회적 비용 등도 고려한다.

소매상은 다음과 같은 가격 전략을 실시할 수 있다.

1) 차별 가격

차별 가격은 동일한 제품을 다양한 가격으로 상이한 구매자에게 판매하는 것이다. 차별 가격은 시장이 이질적이거나 단순히, 시장에서의 개별소비자 또는 소비자 세분들간에 가격에 대한 반응 차이가 있기 때문에 적용된다. 예컨대, 특정 제품에 대해 학생과 노인들을 우대하여 저가격을 책정하는 것도 이에 해당된다. 가격차별이 성공적이기 위해서, 다음과 같은 조건이 충족되어야 한다.

① 시장은 특정 가격에 차별적으로 반응하는 세분시장을 가지고 있어야 한다.
② 저가격에 지불하는 시장의 구성원들이 보다 높은 가격에 지불하는 사람에게 그 제품을 팔 수 없어야 한다.
③ 경쟁자들이 보다 고가격 세분에 부여된 가격을 인하할 수 없어야 한다.
④ 시장세분화 비용과 시장 정책 수립 비용은 고가격을 부과한 소비자들로부터 발생하는 비경상수익을 초과하지 말아야 한다.
⑤ 그 방안은 소비자의 분노를 불러 일으키지 말아야 한다.
⑤ 사용되는 가격차별 유형은 합법적이어야 한다.

2) 경쟁 가격

경쟁과 관련하여 점포의 지위에 기초를 둔 경쟁 가격 전략으로 침투 가격, 한계 가격, 그리고 가격 상징 전략 등이 있다.

① 침투 가격은 새로 개점한 점포가 고객을 유인하여 매출액을 창출하고 규모의 경제[14]의 이점을 얻기 위해 개점초기에 낮은 가격을 책정한

---

14) 매출액이 많아질수록 제품의 단위당 고정비분의 감소로 제품의 단위당 원가가 낮아지는 효과를 의미한다.

다. 이는 매출액 성장 또는 시장 점유율을 최대화하기를 원할 때, 시장에 가격 민감 소비자가 많이 존재하거나(수요가 탄력적일 때), 점포의 가격과 마진을 높게 책정하여 마진이 매력적으로 보인다면 일찌감치 경쟁자의 진입을 하게 될 것이라 예상될 때, 특히 유익하다.

② 한계 가격은 새로운 경쟁의 진입을 저지하기 위해 원가 수준 또는 원가 이내의 낮은 가격을 책정한다.

③ 가격상징전략(프리미엄 가격)은 낮은 품질 제품에 대해 오히려 높은 가격을 부과하는 것이다. 소매상은 특정 제품 라인 내에서, 비싼 모델에서 가장 많은 이익을 창출하고 보다 가격이 낮은 모델에서는 이익을 덜 창출한다. 프리미엄 가격은 맥주, 의류, 가전제품, 그리고 자동차에서 자주 나타난다. 이 전략은 구매자에게는 혜택을 제공하지 않지만, 다음과 같은 여러 조건이 충족된다면 성공적으로 추구될 수 있다.

④ 경험을 통해 가격은 품질과 일치한다고 믿는 구매자 세분, 점포는 고품질을 제공하기 위해 더 많은 지출을 한다고 믿는 구매자 세분, 또는 시장을 신뢰하고 가격과 품질간에 긍정적 관계가 존재한다고 가정하는 구매자 세분이 존재해야 한다.

⑤ 품질 수준에 관한 정보를 구매자들이 획득하기가 어려워야 한다.

3) 묶음 가격

묶음가격은 두 개 이상의 제품을 하나의 팩키지로 묶어서 단일 가격으로 책정하는 것이다. 스키 팩키지, 관광 팩키지, 호텔 서비스, 레스토랑의 식사, 그리고 스테레오 셋트와 컴퓨터 시스템 등과 같은 제품에서 찾아 볼 수 있다. 이러한 경우에, 묶음 가격은 팩키지내에 속한 각 품목들을 분리하여 구매하는 경우보다, 지출금액을 낮게 책정한다.

수요를 자극하여 수요 수준을 정상화하고 잘 팔리지 않은 상품을 잘 팔리는 상품과 함께 끼워 파는데 목적이 있으며, 다음과 같은 유형이 있다.

① **동일한 제품묶음** : 한 가지 제품에 대한 판매량을 증대시키기 위해,

낱개가 아닌 여러 개의 묶음으로 판매하는 방법이다.

② **상이한 제품묶음** : 여러 가지 제품(특히, 보완재)을 묶어서 판매하는 방식이다. 개별 품목별로 구입할 때보다 전체 가격을 싸게 책정함으로써, 전체 매출액도 증가시키고 잘 팔리지 않는 품목의 판매를 자극한다.

③ **제품과 서비스의 묶음** : 특히, 소비자가 유지하기 힘든 내구재 판매가격에 배달, 설치, 수리 등의 제반 서비스 가격을 미리 포함시켜 판매하는 방식이다.

④ **서비스와 제품의 묶음** : 서비스 업체에서 서비스 차원으로 제품을 제공하기도 하는데, 피자를 구매할 경우 덤으로 제공되는 콜라가 이에 해당된다.

⑤ **상이한 서비스 묶음** : 서로 다른 서비스를 묶어서 판매하는 경우이다. 여행상품의 경우, 숙박・교통・레저・식사・관람 등 관련서비스를 일괄판매하는 방식이 이에 속한다.

4) 단수 가격

단수 가격(odd-even pricing)은 가격의 끝자리 수에 홀수(7 또는 9)를 이용하여 끝자리를 남기고 거스름돈을 줌으로써, 상대적으로 저렴하게 느끼도록 하는 방법이다. 예컨대, 햄버거의 가격을 1,000원으로 책정하는 대신에, 990원에 책정한다. 홀수 가격결정은 고관여 제품의 경우 성공적으로 적용하기 어렵다. 홀수가격은 저가소매업체나 할인 상품에 대한 충동구매에 매우 효과적이다.

5) 선도 가격

선도가격은 흔히 미끼 상품이라 불리는 일부 품목에 대해 고객들의 내점을 증가시키거나, 보완 제품의 판매를 활성화하기 위해, 정상 가격보다 낮게 혹은 원가이하로 가격이 책정된다. 이 미끼 상품을 적절히 활용함으로써 소매점에서 전체의 20%의 품목이 전체 매출액의 80%를 좌우하게 된다. 선도 가격에 가장 적절한 품목은 다음과 같은 조건을 갖추고 있어야 한다.

- 가격에 민감한 쇼핑객들이 자주 구매하는 저관여제품(빵, 계란, 우유 등)이어야 한다.
- 타점포와의 가격비교가 쉽게 이루어 질 수 있는 제품이어야 한다.
- 미끼상품의 판매로 인한 손실을 보전해 줄 수 있는 다른 대체품목을 가지고 있어야 한다.

6) 구속 가격

구속가격은 커피와 설탕, 핸드백과 지갑 등 서로 보완재의 경우, 주품목의 가격은 저렴하게, 부품목의 가격은 비싸게 책정하여 판매하는 방식이다. 완전 보완재의 경우, 부품목은 주품목이 없으면 필요가 없으므로, 부품목의 수요가 창출되려면 주품목에 대한 구매가 먼저 있어야 한다. 또한 소비자들은 가격을 평가할 때 주품목에 기준을 둔다. 일단 주품목을 구입하더라도 부품목이 없으면 무용지물이므로, 부품목의 가격은 좀 비싸더라도 소비자들은 구입하게 된다.

7) 단위 가격

단위 가격은 상품의 길이, 부피, 무게 등에 대한 단위를 기준으로 가격을 책정하는 방법이다. 이것은 구입하는 상품의 길이, 부피, 무게 등이 소비자의 구매의사결정에 중요한 변수로 작용하는 경우, 이러한 측정단위별로 원가를 제공함으로써 고객들이 합리적으로 제품을 구입할 수 있게 한다. 주로 전선, 육류, 어류, 과일, 야채 등의 판매에 적용된다.

(7) 가격의 변경

가격 전략을 결정하고 가격을 책정하는 것은 단지 시작에 불과하다. 경쟁 발생, 그리고 마케팅 및 생산 전문 기술의 향상 등 대외시장 여건의 변화 때문에, 가격 역시 변화되어야 한다. 경쟁적 가격 변화에 반응해야 할 뿐만 아니라, 얼마나 자주 그리고 얼마만큼 가격을 변화할 것인지를 계속해서 고려해야 한다.

1) 가격 인하와 인상

소매상은 계속적인 매출액을 창출하기 위해 가격을 인하해야 한다. 경우에 따라 가격을 인하함으로써 매출액과 이익이 향상된다. 시장 점유율이 쇠퇴하고 있거나, 매장내 재고가 초과하거나, 현금부족이 생길 때, 가격을 인하해야 한다. 이것은 새로운 수요를 자극하여 더욱 많이 구매하도록 한다. 경제 불황 조건 역시 가격 인하를 필요로 한다.

그러나 가격 인하는 위험하다. 가격 인하에 대한 경쟁적 보복이 특히 중요하다. 소매상은 가격 인하에 있어서 다음과 같은 3가지 함정(trap)에 말려들지 않도록 주의해야 한다.[15)]

① 저 품질 함정 : 구매자들은 저가격 제품의 품질을 의심한다.

② 약한 시장 점유율 함정 : 가격 민감 구매자들은 다른 점포의 저가격 제품이나 저가격의 대체제품으로 변경할 가능성이 있다.

③ 얄팍한 포켓 함정 : 자점이 가격을 인하하는 품목에 가격을 높게 부과한 경쟁자들은 높은 마진으로 인해 오히려 이익이 증가하여 오랫동안 힘을 유지한다.

가격 인하는 원래의 가격으로부터 직접 인하하는 가장 일반적인 방법 외에도, 여러 가지 방법이 있다. 예컨대, 수량할인을 함으로써 가격을 인하한다. 기본 제품에 추가적인 제품 또는 서비스를 한데 묶는 것은 현행 가격을

15) Philip Kotler(1994), Marketing Management: Analysis, Planning, Implementation, and Control, 8th ed., Prentice Hall, p.514.

유지하는 것이지만, 또 다른 가격 인하전략이다.

가격 인상 역시 일반적인 것이다. 소매상은 인플레이션에 대한 압력을 받는데, 구매비 및 판매비의 증가는 가격 인상을 강요한다. 역시, 수요가 포화상태일 때, 소매상은 종종 가격을 인상한다. 또한, 수량 할인, 현금 지불에 대한 현금 할인, 그리고 거래 할인을 축소하거나 제거함으로써 간접적으로 인상한다. 일단 제품에 포함된 서비스가 분리되면, 구매자는 실제로 동일한 가격으로 더 적은 서비스를 제공받게 된다. 사실상, 이러한 전술은 점포로 하여금 명목 가격을 인상함이 없이, 실제 가격을 상향조정할 수 있게 한다.

가격 인상과 인하는 구매 결정에 영향을 주기 때문에 주의해야 한다. 예컨대, 10,000원에서 9,800원으로의 인하는 수요에 영향을 주지 않으나, 9,000원으로의 인하는 의미있는 방안이다. 구매자들은 제품에 대해 가격식역(price thresholds)을 가지고 있고, 그들은 가격이 이러한 한계 이하나 이상일 때 주의를 한다. 식역은 평균 제품 가격에 달려 있다.

수용 가능한 가격 범위 역시 존재한다. 수용 가능한 가격 범위는 구매자가 기꺼이 지불하려하는 가격이다. 구매자들은 가격이 수용 가능한 범위를 벗어나, 그 이상이 되거나 그 이하가 될 때는 부정적으로 반응한다. 가격 인상폭이 너무 높다면, 구매 예산을 초과하게 되어 불공정한 것으로 판단한다. 수용 가능한 범위이하로 인하된 가격 역시 의심을 받게 된다.

2) 경쟁 가격 변화에 대한 반응

경쟁 압력은 동일한 업계의 소매상의 가격 결정에 영향을 준다. 소매상들간의 가격 경쟁은 특히 할인점, 대형 식료품점, 그리고 회원제도소매업의 출현으로 격렬해지고 있다.

소매상은 개별 품목별로 경쟁 가격에 반응해야 한다. 경쟁자간에 가격 인하가 전체 시장 수요를 증가하지 못한다면, 가격 경쟁은 모든 경쟁점에 타격을 줄 수 있다. 소매상은 경쟁 가격 변화의 목적, 바람직한 경쟁가격의 지속 기간, 그리고 시장에서의 다른 경쟁점의 반응을 결정하기 위해 노력해야 한다.

구매자가 비가격 속성에서 구매결정이 이루어진다면, 경쟁에 부합하기 위해 반드시 가격 인하로 반응할 필요는 어렵다. 그 대신 서비스, 품질, 그리고 점포이미지의 차별화에 의해 경쟁하도록 노력해야 한다.

(8) 가격인하의 의의

점포의 선반에 신선하지 못하고 낡은 상품을 유지하는 것은 점포이미지에 손상을 준다. 구식 상품을 제공하는 것은 점차 사업의 생명을 악화시키며, 고객을 묵묵히 잃게 한다. 이러한 문제는 판매 이벤트를 제공함으로써 제거할 수 있다. 이것은 상품을 신선하고, 깨끗하며, 매력적이고, 최신의 것으로 유지할 수 있도록 도와준다. 가격인하로 인한 비용은 투자의 개념으로 인식할 필요가 있다.

대부분 가격에 기초하여 경쟁이 이루어진다면, 경쟁점 또한 가격 인하를 단행한다. 경쟁적 가격인하는 다음과 같은 과정을 거치면서 자점이나 소비자에게 손실을 줄 수 있다.16)

① 다른 경쟁업자들이 뒤따라 인하정책을 구사하기 시작한다.
② 고객유치를 위해 더욱 더 큰 폭의 가격인하를 자행하는 경쟁업자가 출현한다.
③ 지나친 가격하락으로 더 큰 하락을 기대한 고객들이 구매시기를 연기하는 경우가 생긴다.
④ 자점만의 할인 독주를 강행함으로써 불필요한 희생과 위험을 초래한다.
⑤ 이성을 잃어 감정적 가격경쟁을 자초할 때는 도산 위험이 야기될 수도 있다.
⑥ 경쟁결과로 자본력이 큰 대기업만이 생존할 수밖에 없는 결과를 초래한다.

16) 옥선종, 김웅진(1997), 유통론, 형설출판사, p.330.

⑦ 과당경쟁이 급기야 상품 전체의 품질 및 서비스 저하를 초래하여 소비자에게 부정적 효과를 가져올 수 있다.

가격인하는 판매의 부진 혹은 경쟁점이 하고 있기 때문에 어쩔 수 없이 하지 않으면 안 된다는 식의 소극적이고 수동적인 자세를 취해서는 안 되며, 보다 장기적인 관점에서 전략적 대응을 함으로써 효과적으로 실행되어야 한다. 가격인하를 실시함으로써 상품이 판매되도록 하고, 가능한 어떻게 그것을 효과적이고 이익을 가져올 수 있게 할 수 있는지를 모색하여야 한다. 따라서 가격의 결정 단계부터 계획적으로 가격인하의 시기, 방법, 목적, 주체, 장소 등을 고려해야 한다.

(9) 가격인하의 목적

가격인하야말로 모든 문제해결의 근원이며, 가격인하 이벤트가 거창할수록, 이벤트 후에 매출액은 더 커질 것이라고 생각하기 쉽다. 그러나 가격인하 이벤트를 실시하기 전에, 뚜렷한 목적과 합리적인 계획없이 임기응변식으로 이루어진다면 사업을 악화시킬 가능성이 있다. 효과적인 가격인하를 위해서는, 분명한 목적을 가져야 하고, 가격인하를 위한 이름을 선택하며, 주의 깊게 계획해야 한다. 소매상은 다음과 같은 이유로 가격인하 이벤트를 실시할 수 있다.[17)]

1) 새 점포를 개점한다

우선 점포를 개점할 때, 가능한 많은 사람들에게 그것을 알리길 원한다. 근본적으로 사람들이 그 점포에 대해서 말할수록, 고객 혹은 최소한 잠재고객의 토대는 커진다. 새로 개점한 점포의 가격인하 이벤트는 아직 개점사실을 모르는 사람들에게 가격인하로 인해 이야기 거리를 제공하며, 새로운 점포로 발길을 돌리게 한다.

---

17) Rick Segel(2001), Retail Business Kit for Dummies, Hungry Minds, pp.239-242.

가격인하와 함께 실시되는 대대적인 개점은 광고, 추가적인 임금, 심지어 건축비용과 같은 개점 비용을 지불하도록 도와준다. 그러나 대대적인 개점 가격인하를 실시하는 보다 근본적인 이유는 현금을 확보하고, 고객의 주의를 끌어들이기 위함이다.

2) 현금 유입을 원한다

아마 현금에 대한 욕구야말로 가격인하를 하게 되는 가장 일반적인 이유일 것이다. 너무 많은 상품을 구매했기 때문에 현금이 필요할 경우, 훌륭한 상품임에도 불구하고 팔리지 않는 경우, 가격인하는 바람직하다. 이러한 목적의 가격인하는 빨리 그리고 깊게 정찰가격 이하로 할인 판매하도록 하고, 가능한 짧은 기간에 실시한다.

3) 새로운 위치로 이전한다

만약 점포를 다른 위치로 이전한다면, 기존고객을 잃지 않도록 해야 한다. 물론 새로운 고객을 추가적으로 확보해야 한다. 그러나 많은 소매상들은 옛 고객을 당연한 것으로 생각하고 새로운 고객에만 초점을 두는 경향이 있다. 새로운 고객을 끌어들이는 동안, 기존 고객 기반에 특히 주의를 하는 것도 중요하다.

물론, 점포이전에 따른 비용을 회수하기 위해, 가격인하를 실시하려고 한다. 그러나 이러한 가격인하의 실제 목적은 기존고객에게 "우리는 여기에 있습니다"라고 말하기보다는, 새로운 고객에게 주의를 끌기 위함이다. 역시 고객에게 우리 점포는 그들을 위해서 무엇을 할 수 있는지를 알려야 한다는 것을 의미한다. 고객의 쇼핑습관을 변화시켜야 하며, 그렇게 하는 것은 쉽지 않다. 그들에게 새로운 위치로 쇼핑여행을 해야 할 이유를 충분히 알려 주어야 한다.

4) 재고정리를 한다

재고품은 팔다 남은 상품으로, 한 때 고객으로부터 사랑을 받았지만, 상품가치가 있음에도 불구하고 아무도 그것을 거들떠보지 않는 상품이다. 이러한 품목을 너무 많이 비축하고 있을 때, 보통 한 해 한 번 이상 상품을 아주 헐값(경우에 따라서 원가이하)으로 재고정리 판매를 실시할 수 있다. 고객은 입구를 나서면서 최종적으로 그것을 봄으로써, 단지 싸다는 이유로 충동구매의 유혹을 느낄 수 있을 것이다. 이러한 상품을 정리하고 줄이기 위해 바로 가격인하를 할 수 있어야 하지만, 그다지 많은 이익을 창출할 수 없거나 경우에 따라서는 손실을 가져오기도 한다. 또한, 이러한 유형의 가격인하를 실시하는 동안, 팔다 남은 상품 주위에 주요 정상 가격 상품을 진열하고, 그것을 팔 수 있도록 상품 진열에 주의한다.

5) 사업을 자극한다

기대했던 것만큼 사업성과를 얻지 못한다면, 목표로 하는 매출액을 향상하기 위해 조그만 이벤트 활동으로 자극할 필요가 있다. 이 때 필요한 것은 창의적인 비가격 촉진 전략이다.

6) 관심을 유도한다

몇 달 동안 어떠한 가격인하 이벤트를 실시하지 않고 있을 때, 고객이 어떤 것을 기대하고 있다는 것을 감지할 수 있다. 이때는 흥미있는 일로 자극시켜야 할 필요가 있는데, 가격인하로 변화를 추구할 수 있다.

7) 새로운 상품을 위한 여유 공간을 확보한다

모든 소매상은 불충분한 공간 때문에 고전을 치른다. 만약 그렇지 않다면, 너무 많은 공간을 확보한 것이다. 이 때 가격인하로 재미를 보지만, 그것은 짧고 깊게 한다.

8) 새로운 고객을 확보한다

점포의 성장은 기존고객의 유지와 더불어 새로운 고객의 확보가 전제되어야 한다. 새로운 고객명단은 사업의 활력소가 된다. 새로운 고객을 확보하기 위해 가격인하를 실시할 수 있다. 이 경우, 많은 이익을 주지는 않지만, 미래에 그들을 우리 점포의 계속고객으로 끌어들일 수 있다. 특히, 시장이 여러 고객들이 유사한 특성을 지닌 집단으로 구성되어 있다면, 그 집단을 위한 촉진을 할 필요가 있다. 그 날을 '○○○의 날'이라고 선언하고, 그 특성을 지닌 집단에게 특별 인하를 실시할 수 있다. 이러한 이벤트를 실시한다면, 그 집단에 속한 고객들은 점포에 관하여 좋은 점을 주위 사람들에게 말하게 될 것이다(어버이날, 어린이날, 성년의 날, 입학생 혹은 졸업생의 날, 스승의 날).

9) 변화를 알린다

점포의 리모델링 혹은 새로운 품목의 추가적인 확보, 점주의 변화 등 사업장내에 어떤 변화가 있을 때에 가격인하를 경축하기에는 적기의 시기이다. 소매에서, 변화는 좋은 것이고, 변화는 건전하며, 고객은 변화를 좋아한다. 변화는 호기심을 낳고, 호기심은 고객의 통행량을 증가시켜 준다.

10) 경쟁자에 대항한다

경쟁자가 저가격으로 자신의 점포에 도전해 올 경우, 그냥 방치해 둘 수 없다. 이때의 가격인하는 경쟁의 한 방법이다. 이러한 전략은 유사한 규모의 점포와 경쟁할 때만 사용하며 주의 깊은 결정이 요구된다. 자칫 가격전쟁의 폐해를 낳을 우려가 있다.

11) 폐업한다

폐업은 더 이상 사업을 전개하지 못함을 의미한다. 폐업으로 인한 가격인하는 모든 가격인하 중에서 가장 강력한 것이다. 고객들이 "폐업한다"는 표지판을 볼 때, 어떤 절박감으로 인한 매력이 그들로 하여금 그 사업장으로 끌어들이게 한다.

이외에도 새로운 지역으로 사업영역을 확장하는 경우에도 가격인하를 실시할 수 있다. 이 경우, 가격인하는 새로운 지역의 고객에게 주의를 불러일으키게 함으로써, 자점으로 고객을 유인할 수 있다. 이 경우는 현금확보가 목적이 아니라, 미래고객을 확보하는 것이므로, 장기적인 관점에서 투자의 개념으로 실시해야 한다.

(10) 가격인하의 실시

가격인하의 실시는 기술적이고 과학적이어야 성공할 수 있다. 우선 잠재고객의 이미지를 포착해야 하고, 가격인하를 완벽하게 실행해야 한다. 성공적인 가격인하를 실시하는 데는 다양한 요인들이 영향을 준다. 가장 기본적인 사항은 다음과 같다.

1) 특별한 목적

가격인하가 고객에게 감지될 수 없다면, 그것은 효과적일 수 없다. 가격인하를 실시하는 특정한 목적이 있어야 하고, 그것을 고객에게 커뮤니케이션하는 것이 중요하다. 모든 가격인하의 성공은 고객이 정문을 들어설 때, 그들의 기대한 것보다 초과한 정도에 달려 있다고 해도 과언은 아니다.

2) 촉진 품목

모든 가격인하는 고객에 의해 잘 알려지고, 고객에게 지각된 가치가 높은 한 두 개의 품목이 필요하다. 도매상, 제조업자로부터 그러한 품목을 할인된 가격으로 구매할 수 있어야 한다.

3) 가격인하 시기

가격인하는 앞서 실시한 가격인하 이벤트와 너무 가까운 시기에 실시할 수 없다. 그 점포에서 계속해서 실시하는 가격인하를 보와 왔기 때문에, 가격인하에 대한 호기심을 갖지 않으며, 극단적인 경우, 가격을 의심하게 된다. 고객이 앞서 실시한 가격인하와의 차이점을 찾을 수 없을 때, 가격인하는 효과적이지 못하다.

4) 강력하고 정확한 고객 명단

가격인하를 직접적으로 고객에게 촉진할 수 있기 때문에, 강력한 고객 명단을 확보할수록 가격인하의 효과는 크다. 가격인하시, 가격에 민감한 정도에 따라 고객 명단을 세분해야 한다. 가격인하 기간에 방문한 고객에게 명단을 확보하도록 한다.

5) 철저한 계획

가격인하를 원만하게 실시하기 위해, 점검사항을 문서로 만들고 그것을 실천한다. 모든 가격인하 이벤트 마다 점검사항을 문서화한다.

6) 가격인하 촉진

가격인하의 실시에 앞서, 가격인하를 어떻게 광고하고 촉진할 것인지에 대한 계획을 해야 한다. 다가올 가격인하를 알릴 전단을 만들고, 직접우편, 텔레마케팅, 종업원들의 이야기를 통해서 가격인하의 실시를 알려야 한다. 100번째 손님을 위해 가방, 우산, 쿠폰 등과 같은 쇼핑 인센티브를 제공해야 한다. 유명인을 초빙하기도 한다. 문서에 이러한 모든 사항을 기입하고 서치라이트, 애드벌룬, 기타 주의를 끌 수 있는 흥미진진한 것과 같은 가격인하에 사용할 물건에 대해서도 상세하게 기술하도록 한다.

(11) 가격인하의 명칭

명칭 없는 가격인하는 실시하지 말아야 한다. 모든 가격인하는 상이한 이유에서 실시되기 때문에, 모든 가격인하는 그 자체의 실체가 있고 독자성을 가지고 있다. 가격인하는 고객에게 앞으로도 계속해서 기대하는 어떤 것을 주기 위해서 실시하기 때문에, 심지어 브랜드명보다 더 좋은 이름을 가져야 한다. 가격인하 명칭을 설계하려고 할 때, 다음과 같은 사항에 주의한다.

1) 가격인하의 표적 고객

가격인하 고객만을 원하는가? 특별한 집단이나, 지역으로부터 사람을 끌어들이길 원하는가? 가격인하에 쇼핑을 오도록 원하는 고객에 대해 생각한다면 명칭을 고안하는데 도움이 될 것이다(어버이날, 어린이날, 입학기념, 졸업기념, 스승의 날, 성년의 날).

2) 가격인하 이유

가격인하의 이유에 따라 운영방법은 달라지게 된다.

3) 가격인하의 주제

얼마나 많은 코트를 가격인하할 것인가, 얼마나 많은 김치냉장고를 가격인하할 것인가 등 무수히 많다. 가격인하의 주제로 삼을 상품의 유형 뒤에 가격인하의 명칭을 사용하는 것은 고객으로 하여금 가격인하 이벤트가 무엇에 관한 것인지를 이해하기 쉽게 한다(냉방용품전, 난방용품전, 바다축제, 김장축제).

4) 가격인하의 시기

월별 혹은 계절별로 가격인하 명칭을 사용하는 것이 일반적이다(새해, 정월대보름, 입춘, 입하, 입추, 추석맞이, 추수감사절, 입동, 성탄절, 송년).

5) 가격인하의 충격

판매촉진명칭에 동정심을 불러일으킬 수 있도록 한다. 자포자기하는 것과 같은 생각을 들게 가격인하촉진을 하길 원하는가, 혹은 친구와 같은 느낌을 주기 위해 가격인하를 실시하는가(원가 처분)?

6) 고객유인 정책

고객에게 무엇을 제공할 것인가, 무엇이 고객을 점포로 끌어들이는가? 고객에게 제공하고자 하는 것을 가격인하 명칭에 포함시킬 수 있다(각종 경연대회, 경품권 추첨).

7) 가격인하의 장소

모든 가격인하는 한정된 점포 내에서만 실시하는 것은 아니다. 명칭에 위치를 암시할 수 있다. 그리고 그 위치는 가격이 싸다는 것을 암시할 수 있어야 한다. 주차장 판매, 텐트 판매, 창고판매 등을 실시할 수 있다.

8) 절박감의 이용

고객에게 가능한 빨리 구매하도록 자극하기 위해서는 어떤 절박감을 제공한다. 위기감이 가격인하 명칭을 나타낼 수 있다. 위기감을 고조시킬 또 다른 방법은 가격인하의 마지막날을 광고하는 것이다. “긴급 가격인하”, “선착순 10개 할인판매”는 재고가 바닥나기 전에 빨리 구매하도록 자극한다.

제4절 금액관리

1. 금액관리

금액관리는 금액을 기준으로 상품의 재고액, 매입액 및 매출액을 합리적으로 컨트롤하는 것을 말하며, 이 관리제도는 취급하고 있는 상품 전체를 대상으로 총체적인 상품을 관리하는 것이라 하겠다.

이 경우 관리단위가 중요해지는데 어느 정도의 상세한 관리가 되는가는 기업의 관리수준, 업종특성 등에 따라 다르다.

(1) 금액관리의 내용

금액관리의 내용은 매출액, 재고액, 매입액의 계획과 관리이다. 특히 이 가운데 중심이 되는 것은 매입액의 관리이며 매출액, 재고액의 추이에 적응해 가는 것이다. 관리 사이클은 최저 월단위이고 필요에 따라 보름단위, 주단위로 이루어진다.

(2) 금액관리의 방법

금액관리의 구체적인 방법은 다음과 같다. 월별재고액, 매입액의 설정에 관한 몇 가지 사례를 제시한다.

2. 월별재고액 및 매입액 설정법

재고, 매입목표는 월별로 관리하지 않으면 실효가 적다. 취급상품에 따라 월별로 관리하는 것 보다 시즌별로 관리하는 것이 실무적인 경우도 있다. 이와 같은 경우에는 월별목표와 함께 시즌목표를 설정하는 것이 좋다.

(1) 백분율 변경법에 의한 설정

이 방법은 월초계획재고액을 산정하기 위한 방법으로 고안된 것인데 다음 공식을 이용한다.

$$\text{월초계획재고액} = \frac{\text{연간매출예산}}{\text{예정상품회전율}} \times \frac{1}{2}\left(1 + \frac{\text{월매출예산}}{\text{연간매출예산}}\right)$$

이 공식을 사용하기 위해서는 연간매출예산, 예정상품회전율, 월매출예산이 설정되어 있어야 한다. 매입, 재고는 매출과의 관련으로 결정되는 것이기 때문에 이것은 당연한 것이다.

월초계획재고액이 정해지고 월매출예산이 결정되었다면 매입예산은 바로 계산된다.

사례

A지점의 금년 매출예산은 360,000천원, 예정상품회전율이 연 9회라고 하자. 월별매출예산은 다음과 같다.

〈표 9-5〉 월별 매출예산표

월	매출예산	월	매출예산
1	27,000(천원)	7	30,300(천원)
2	24,000	8	28,200
3	31,500	9	31,500
4	31,800	10	30,600
5	31,200	11	30,900
6	29,400	12	33,600
		합 계	360,000천원

1월의 월초재고는 당연히 전년말 재고액이 그것에 상당하기 때문에 계산할 필요가 없다. 2월의 경우를 계산하면 다음과 같다.

$$월초재고 = \frac{360,000}{9} \times \frac{1}{2}\left(1 + \frac{24,000}{\frac{360,000}{12}}\right)$$

$$= 40,000 \times 0.9$$

$$= 36,000천원$$

2월의 월초재고는 36,000천원 이면 된다. 그러나 이것만으로 매입예산의 설정이 불가능하다. 월말재고가 아직 나오지 않았기 때문이다. 2월말 재고는 3월 월초재고와 같기 때문에 다음 3월 월초재고를 계산한다.

2월의 경우와 같은 계산으로 41,000천원이 된다.

2월의 매입예산 = (24,000천원 + 41,000천원) − 36,000천원 = 29,000천원

이와 같이 이하 각월을 계산해서 연간 예산을 설정한다.

그러나 이 계산은 전부 매가본위(賣價本位)이므로 원가가 필요 할 때에는 여기에 원가율을 곱해서 원가환원을 할 필요가 있다.

(2) 기준재고액법에 의한 방법

기준재고액법은 각월의 매출액목표에 기간평균재고액을 더해 앞으로의 월평균매출액을 빼서 월별로 월초재고액을 산출하는 방법이다.

다음 공식을 계산할 수 있다.

$$월초재고액 = 특정월의매출액목표 + \frac{연간매출액목표}{상품회전율} - \frac{연간매출액목표}{12}$$

이 계산결과는 매가(賣價)이기 때문에 원가로 나타낼 때는 원가율을 곱하면 된다.

상기의 식을 분해하면 다음과 같다.

$$\frac{연간매출목표}{상품회전율목표} = 연간평균재고목표$$

$$\frac{연간매출액목표}{12} = 연간평균매출목표$$

즉 평균재고목표에서 평균매출목표를 뺀 것을 기준재고로 하고 거기에 그 달의 매출목표를 더한 것을 월초계획재고액으로 하는 방법이다.

(3) 교차주의비율에 의한 적정재고를 구하는 방법

상품은 그 특성에 따라 상품회전율은 높지만 조이익율(즉 경비를 계상하지 않고 매출액에서 매입액만을 뺀 겉보기만의 이익)은 낮은 것, 조이익율은 크지만 상품회전율이 낮은 것이 있다.

이때 조이익율과 상품회전율을 곱해서 그 비율을 보고 상품의 공헌도를 판단한다. 이것이 교차주의 비율이다. 따라서 교차주의(交叉主義)비율로 적정재고를 구할 때는,

① 우선 교차주의 비율 목표를 정한다.
② 다음으로 조이익율 목표를 정한다.
③ 상품회전율을 결정한다.
④ 상품회전율에서 재고액을 산출한다.

교차주의비율 ＝조이익율×상품회전율
상품회전율 ＝교체주의비율 ÷조이익율
재고액 ＝매출목표 ÷상품회전율

3. 재고관리 방법

금액관리 부분에서 설명했던 재고·매입관리는 소위 기간 계획적으로 파악한 것으로 품종, 상품군 레벨에서의 관리이다. 이에 비해 품목 레벨에서 일상의 상품동향에 대응한 필요재고를 보유하기 위한 재고·매입관리가 필요하다. 상품 보충과 발주 방식에 대해 소개한다.

(1) 경제적 발주량

소량 상품을 빈번하게 발주하기 위해서는 상품조달 코스트 측면에서 경제적이지 못하고 또한 대량일괄 매입은 상품의 파손, 진부화, 재고비용이라는 측면에서 문제가 있다. 따라서 가장 경제적인 발주량을 파악할 필요가 있는 것이다. 상품조달과 비용과의 관계는 〈그림 9-12〉로 알 수 있다. 최소비용점을 이용한 발주량, 즉 경제적발주량은 다음 식으로 구할 수 있다.

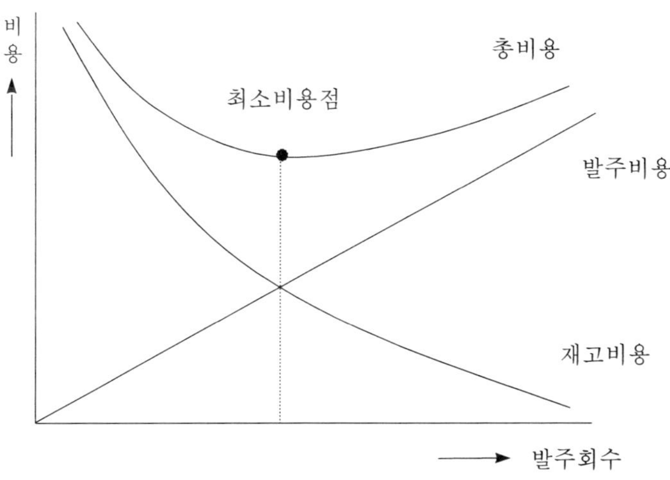

〈그림 9-12〉 발주비용과 재고비용의 관계

$$Q_u = \sqrt{\frac{2 \times B \times Y}{a \times I}}$$

Qu = 경제적 발주량
a = 단가(원)
I = 평균재고금액에 대한 연간재고 비용율
B = 1회당 발주비용(원)
Y = 연간 추정판매량

이와 같이 경제적 발주량은 발주비용과 재고비용으로 경제성을 추구하는 것이다. 상품의 특성에 맞추어 활용하는 것이 중요하다. 연간 다량이고 평균적으로 팔리는 것, 상품 파손이 적은 것, 유행변화가 적은 것 등이 적용된다.

(2) 발주점법

이 방법은 보유하고 있는 상품 재고가 일정수준(발주점)을 밑돌면 미리 결정해 놓은 일정량을 보충하는 방법이다.

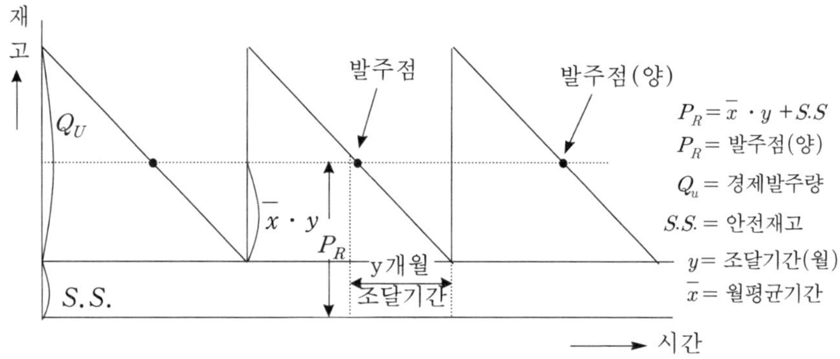

〈그림 9-13〉 발주점방식

이 방법은 비교적 단가가 저렴하고 많은 양을 취급하는 표준적인 상품으로 계절변동이 적은 것의 발주에 적합하다. 일정량을 부정기적으로 발주하기 때문에 정량 부정기 발주라고도 한다.

(3) 정기발주법

일정한 간격으로 발주일을 정해놓고 정기적으로 재고액을 조사해서 발주하는 방법이다. 정기정량발주와 정기부정량발주가 있다. 정기정량발주법은 발주점을 정기로 해놓고 그 날이 오면 일정량을 발주하는 방법이다. 정기부정량발주법은 발주기간은 일정하지만 발주량이 다르다. 발주량은 그 때 그 때 계산한다.

발주량은 발주사이클이 M개월 별로 다음 식으로 계산한다.

발주량 = (F + S.S.) − (O + S)

단, F = [(발주사이클M) + (조달기간)]가운데 추정수요량

S.S. = 안전재고량

O = 남은주문(남은발주)

S = 재고수

또한 발주사이클 M(월) = $\frac{Q_u}{X}$

단, Q_u = 경제발주량

= 월평균수량

또한 필요재고액(기준재고)을 결정해 놓고 정기발주시점에서 기준재고에 부족한 양만큼을 보충하는 경우도 많다.

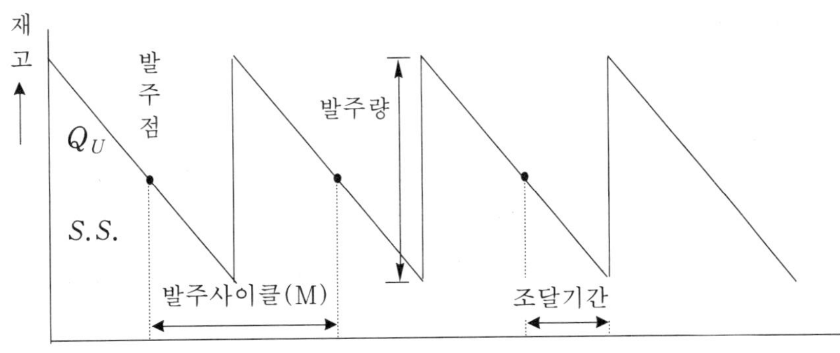

〈그림 9-14〉 정기정량 발주법

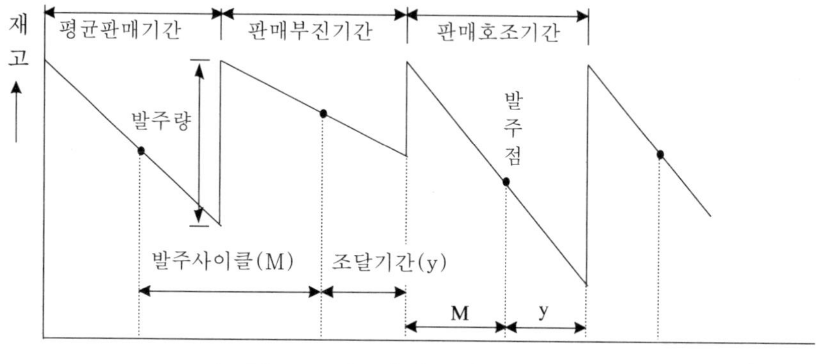

〈그림 9-15〉 정기부정량 발주법

(4) 정량 유지법

부속품이라든가 보수부품과 같이 간혹 팔리는 것으로 이러한 상품은 항상 재고로 확보해 놓을 필요가 있는 것에 이용하면 좋다.

발주점법과 같은 방법으로 발주점을 계산해서 팔린 양 만큼 그 때 그 때 발주하는 방법이다. 간단한 방법이지만 활용효과는 높다.

4. 단품관리

단품관리는 상품의 움직임을 단위 별 수량으로 파악해 기록하고 관리하는 것이다. 이 경우 단위 취급 방법이 문제가 된다. 이상적인 것은 개별상품으로 관리하는 것이지만 가격, 라인별, 컬러, 사이즈별, 디자인별, 메이커별 등을 단위로 하는 것도 가능하다. 투입파워와 기대효과와의 균형으로 선택할 필요가 있다.

단품관리의 구체적인 방법으로는 다음과 같은 것이 있다.

① 눈에 보이는 관리법

② 가격표 집계법

③ 매장기록법

④ 재고역산법

(1) 눈에 보이는 관리법

이 방법은 가장 간단하게 할 수 있는 방법이고 특별하게 관리를 하지 않고 있는 점포에서는 이 방법으로 상품동향을 파악하고 있다고 할 수 있다. 매장에 진열되어 있는 상품을 눈으로 보고 팔린 상태 및 재고량을 파악하고 발주하는 방법이다.

(2) 가격표 집계법

이 방법은 판매시점에서 팔린 상품의 가격표(보통 2단식 가격표)를 절취해 이것을 집계함에 넣어두고 폐점 후 분류・집계하는 방법이다.

팔린 상품의 동향을 다기에 걸쳐 분석할 수 있지만, 결점으로는 판매 수량이 많은 상품, 예를 들면 속옷, 식료품 등은 가격표를 떼는 작업이 부담이 되고 또한 분석시간도 걸린다는 점이다. 최근에는 온라인 레지스터로 가격표를 직접 읽는 방식의 도입이 활발하다.

(3) 매장기록법

매장기록법의 가장 일반적인 방법은 노트를 이용해서 파악하고 싶은 사항, 예를 들면 컬러별, 사이즈별 등을 기록하는 방법이다. 또한 매출전표를 사용하고 있는 매장은 매출전표에 단품관리 필요요소를 기입해 놓고 후에 집계・분석하는 방법을 이용하기도 한다.

(4) 재고역산법

재고역산법은 가장 정확하고 기대성과가 높은 방법이다.

이 방법은 재고를 파악함으로써 매출수를 추계하는 방법으로 다음식으로 계산한다.

매출수 = 전월최종발주일재고수 + 당월발주수량 − 당월최종발주일재고수량

재고조사는 보통 주단위로 실시하고 매출수의 계산은 월단위로 실시하는 경우가 많다.

사례1 로스관리의 체크 포인트

항 목	CHECH POINT	비 고
발 주	1. 적정 판매량의 발주인가? 2. 적정 가격대의 상품인가? 3. 불량거래선의 안이한 발주인가?	- 발주량 CHECK - 전일잔여 상품량의 CHECK - 거래선 요일별 발주제 도입
검수 / 검품	1. 매입전표와 상품수량(중량)은 일치 하는가? 2. 미송 또는 오송 상품은 없는가? 3. 전표상 매가는 전확한가? 4. 입고시 상품(선도)가치는 유지하고 있는가?	- 오송 상품의 처리 - 검수, 검품 담당선정 운영
전표관리	1. 정표의 이중발생이 되지 않았는가? 2. 인하전표는 정확히 발생하고 있는가? 3. 반품전표는 회수 하였는가?	- 전표관리 번호운용 - 당일한 인하전표의 발생
인하 / 폐기	1. 인하의 시기는 적정한가? 2. 판매시 상품의 자연감량은 감안 하였는가?	- 점포별 1차-3차 인하시점 운영 - 판매잔여량 감량 확인
시설관리	1. S/C의 온도는 적정온도를 유지하는가? 2. 정전시 대책은 수립하고 있는가? 3. 비영업 시간에도 냉 S/C, S/T는 정상적으로 가동하는가? 4. 누수 및 침수 등의 우려는 없는가? 5. 저울에 "0"점 CHECK는 하고 있는가? 6. 쥐, 고양이 등에 의한 상품 손실은 없는가?	- 일병 S/C CHECK TIME운영 - 비상시 관리방안 수립 - 정기적 시설점검
배달관리 외상매출	1. 배달상품은 계산이 완료 되었는가? 2. 배달매출은 정확히 입금되는가? 3. 장기 외상매출은 없는가? 4. 영업외(마감후 납품)판매 대금은 정확히 입금되는가?	- 배달대장 비치 및 입금확인 - CASHIER일지 작성 - 외상매출 정기관리
상품관리 매장관리	1. 과적, 오적에 의한 상품손실은 없는가? 2. 상품별, 보관, 진열방법은 적절한가? 3. 통로사이에 방치되어 파손될 우려는 없는가? 4. 포장이 파손되어 상품의 손실은 없는가? 5. 매가의 환산은 정확히 하고 있는가? 6. 지키고 있는 매장을 유지 하는가? 7. 시식행사 등에 정상상품을 소비하지 않는가? 8. P-BOX공병은 정확히 관리되고 있는가? 9. 직원의 임의 취식은 없는가? 10. 정확한 가격표시가 부착되어 있는가?	- 정기매장 순회점검 - 시식용 상품의 확인 - 영수증 첨부 점장확인 - 행사시 변경 LABEL부착

항 목	CHECH POINT	비 고
REG관리	1. 금액오타 CODE간 오타 등은 없는가? 2. 매출누락후 금액을 유용치 않는가? 3. 임의가격으로 계산하지 않는가? 4. 정상상품을 인하상품으로 계산하지 않는가? 5. 점내 소비상품(ICE-CREAM, 과자 등)은 선계상 할 수 있는가? 6. X, Z-KEY는 점장 또는 서무에 의하여만 관리되는가? 7. 수표에 대한 적정처리 절차를 거치고 있는가?	- 중요상품 가격암기 - 계산가격 암송 - 수표관리 지침 준수
배달관리 외상매출	1. 배달상품은 계산이 완료되었는가? 2. 배달매출은 정확히 입금되었는가? 3. 장기 외상매출은 없는가? 4. 영업외(마감후 납품) 판매대금은 정확히 입금되었는가?	- 배달대장 비치 미치 입금확인 - CASHIER 일지 작성 - 외상매출 정기관리

사례2 단품관리

다음 내용은 T점의 단품관리 사례이고 수순과 방법은 다음과 같다.

A. 상품을 분류·정리한다

상품이 여기 저기 진열되어 있으면 단품관리가 불가능하다. 정확하게 분류하고 정리해서 판매하기 쉽고 사기 쉽게 진열하는 것이 단품관리의 첫걸음이다.

B. 재고 조사 일을 구분해서 정한다

매장내 모든 상품을 특정 일에 일제히 조사하는 것은 무리가 있으므로 몇 개 그룹으로 나누어 요일 구분을 하는 것이 편리하다.

(ex) A그룹 : 월요일 조사→화요일 발주→금요일 납품
B그룹 : 화요일 조사→수요일 발주→토요일 납품
C그룹 : 수요일 조사→금요일 발주→월요일 납품

이와 같이 요일 구분을 해서 순번으로 재고조사를 한다면 대부분 인원은 판매에 전념할 수 있다.

C. 팔린 수 만큼 매입한다

팔린 상품 수 만큼 보충하는 것이 매입의 원칙이다. 담당자의 예측이라든지 기호가 반영되는 매입은 위험하다. 반드시 팔린 수 만큼 매입한다. 방법은 발주기준수량에서 그 때의 재고수를 뺀 수가 1주간의 매출이고 그 수를 매입하면 된다. 로트가 큰 것에 대해서는 매입 수에 가까운 로트로 발주한다.(로트의 크기는 용지좌측의 ⑫⑥⑩과 같이 기입하면 편리하다)

또한 발주한 수 만큼 납품이 되지 못한 경우는 납품 부족 수를 빈칸에 마이너스라고 기입하고, 반품의 경우에는 그 수를 빈칸에 적색으로 기입한다. 또한 특별히 주문한 경우 매입하여 곧 매출이 될 것 같은 것은 그 수를 ○로 체크하고 우측 상단 빈칸에 기입하고 일반적인 것과 구별해 놓는다. 그러나 동일한 단품으로 1개월간 몇 회에 걸쳐 특별주문이 있는 것은 일반적인 취급으로도 무방하다.

D. 월간매출 수를 파악한다

월간매출 수는 편의상 4주 또는 5주간을 단위로 해서 파악한다.

방법은 전월마지막 주의 남은 수에 전월 마지막주의 발주수와 당월발주수(당월 마지막 주의 발주는 제외)를 더해 당월마지막 주의 나머지 수를 빼서 계산한다. 납품부족이나 반품은 매출 수에서 빼고 특별주문에 의한 매출은 빈칸에 ○를 그려서 구별한다. 계산된 월간매출 수는 단품별로 잘 파악해서 잘 팔리는 상품, 팔리지 않은 상품을 명확하게 파악하는 것이 중요하다. 예를 들면 평균 매일 1개 이상 팔리는 것, 주에 2~3개 팔리는 것, 월에 1~2개 밖에 팔리지 않는 것, 전혀 팔리지 않는 것 등 매월 팔리는 상황을 체크할 필요가 있다.

A~D가 완전하게 실행되기 시작하면 팔리는 상품을 증가시킬 수 있다. 물론 발주기준수량의 검토 및 수정이 올바르게 실행되었다면 적어도 현재 취급하고 있는 상품에 대해서는 팔리는 상품이 많다는 것이 되지만 사실 그것만으로는 불충분하다. 예를 들면 현재 가장 잘 팔리고 있는 상품을 발주기준수량도 진열 수량도 의식적으로 증가시켜 고객에게 소구하는 방법이나 팔리는 상품의 경향을 잘 파악해서 그 경향에 적합한 상품을 늘려 진열하는 방법 등이 있지만 수량이든 종류든 중요한 것은 어디까지나 팔리는 상품에 한해서 늘려가는 것이다. 반대로 매출이 전혀 오르지 않는 상품은 과감하게 정리하는 것이 좋다. 그리고 모든 매장이 단순한 경험이나 감, 또는 예측이 아니라 팔린다는 사실에 철저하게 따른 상품구성으로 매출을 올리고 회전율을 높이며 나아가 이익율 향상에 연결시켜야 한다.

이상이 잡화방식의 상품관리 방법이다.

E. 발주기준수량을 검토·수정한다

(A) 발주기준수량은 발주를 할 때 하나의 기준이지 결코 고정된 기준은 아니다. 그 상품의 판매에 따라 항상 검토하고 수정해야 하는 것이다. 결정하는 법은 전월 매출수의 1/2(단수절상)이 적량이다. 즉 약 2주간 분의 재고를 상한으로 하는 방법이다. 물론 9는 10에, 22는 20이라는 식으로 다소 단락을 지어 좋은 수량으로 해 놓아도 그다지 지장이 없다.

잘 팔리는 상품 및 매일 매출이 일정하지 않다고 해도 이 수량으로 충분할 것이다. 그러나 전월매출 수가 극단적으로 적은 상품은 그 상품의 필요성이나 단가를 고려해서 무리가 따르지않는 적은 수를 발주기준수량으로 할 필요가 있다.

(B) 전월과 당월 매출 수가 대폭적으로 변할 것 같은 경우 발주기준수량을 결정할 때 가미해 놓는다. 예를 들면 어느 그룹의 상품은 전월 대비 당월은 약 1.5배의 매출이 될 것으로 예상 될 때 발주기준수량은 전월매출수의 1/2이 아니라 3/4정도가 적량이 되는 것이다.

또한 발주기준수량이 전월매출수의 1/2이라는 원칙 가운데는 다소의 여유가 있기 때문에 그 그룹의 상품 움직임이 전월과 그다지 변하지 않는 경우 1/2의 원칙을 지켜도 좋다.

(C) 발주기준수량은 반드시 1개월 동안이라고 고정시켜 놓을 필요는 없다. 매월 중간에라도 매출이 증가할 경우가 있는 경우가 있으므로 팔리는 상품이 2주간 연속 품절에 가까운 상태가 될 것 같은 경우는 월중에라도 발주기준수량을 늘려 빈칸에 새로운 기준수량과 날짜를 기입한다. 또한 팔리는 상품이 품절 될 것 같은 경우에는 곧 임시 발주를 함과 동시에 발주기준수량을 증가시켜 놓을 필요가 있다. 반대로 판매가 극단적으로 떨어지는 상품에 대해서는 월중에 발주기준수량을 삭감하는 것도 필요하다.

(D) 추석이나 구정 등 기프트(gift)상품 또는 특정 시기에 많은 매출을 올리는 상품은 미리 다량 준비하며 이 경우 발주기준수량의 이용을 일시 중지하여도 좋다. 그러나 단품별로 준비한 상품의 움직임을 매출과 재고 두 가지 측면으로 파악해서 상황에 적합한 대책을 세우는 것이 필요하다.

(E) 발주기준수량 결정은 매니저의 판단으로 한다. 수정수량의 산출은 담당자에게 일임해도 좋지만 매니저는 전월매출수의 1/2이 되었는지, 매출 증가에 적합한가 등을 확인해서 결정을 내려야 한다. 특히 매출이 적은 상품의 발주기준수량이나 월중 발주기준수량의 수정 등도 반드시 눈으로 확인하고 결정을 한다.

사례3 상품정리의 20가지 포인트

- 상품은 재고가 너무 많지 않도록 해야 하고 품절도 없게 하는 것이 중요하다. 어떤 목표를 실현하기 위해서는 우선 매일의 실무 가운데서 상품정리를 확실히 해야 한다. 또 발주에 신중을 기하고 재고를 고객의 수요와 정확하게 일치시켜야 한다. 그렇게 함으로써 재고조사를 통하여 적절한 재고액, 매출이익, 매출이익율이 확보되어 있는가를 수준이상으로 유지하는 것이 중요하다.

1) 날짜가 오래된 상품은 매장에서 없앨 것

유효기간(자점에서 설정한 것)이 지난 것 등은 항상 매장과 선반에서 치우고 폐기처분(폐기처분 전표에 의한 처리)을 하도록 할 것. 거기에서는 우선 자점에서 정하는 독자적인 품목별 상품 유효기간을 설정하는 것이 중요하다.

2) 계절에 늦거나 유행에 뒤떨어져 팔리지 않게 된 것은 빨리 처분하도록 마음 쓸 것

전표에 의한 처리, 상품 폐기 또는 규칙에 따른 반품(반품전표에 의한 처리) 따위를 신속하게 하도록 한다. 달력에 의한 계절감, 체감온도에 따른 계절감, 아이들이나 젊은 이들 유행 따위를 항상 의식해 두는 것이 중요하다.

3) 파손품은 매장에서 치울 것

폐기처분 등의 처리를 한다. 왜 파손품이 나오는가? 어떤 상품에서 많이 나오는가?를 파악해야 한다.

4) 품질이 나쁜 상품은 매장에서 치울 것

폐기처분 등의 처리를 한다. 신선식품 등으 구별법을 잘 알고 파악할 수 있도록 먹어보고 사용해 보는 훈련을 해둔다.

5) 통로는 상품진열공간이 아니므로 매장 맨 바닥에 놓인 상품은 매장에서 치울 것

6) 팔리지 않는 상품으로 선반을 채워서는 안되므로 매출부진의 이유로 교체 확정된 상품은 매장의 제자리에서 치울 것

7) Facing표 대로 진열이 되어 있는지 진열위치를 다시 확인한다.

8) 진열면의 수가 규정과 같은가 확인한다.

9) 가격표는 설정된 판매가격과 같은가 확인한다. 매입액, 매입비율을 파악하고 있어도 실제의 구입가와 설정된 가격이 다르면 의미가 없다.

10) 먼저 들어온 것은 먼저 판매하는 선입선출을 할 것.

11) 전진입체 진열을 할 것.

전진입체 진열은 단순히 앞으로 나오기가 아니다. 상품의 얼굴은 반드시 앞을 향하고 있어야 한다.

12) 상품을 정리할 수 있는 여분의 공간도 매장과 같이 생각해야 한다.

여분의 공간도 정리정돈 해두지 않으면 상품을 보충하기 어렵고 발주를 위한 상품품목의 재고확인 및 수량확인도 하기 어렵다.

13) 폐기처분 상품, 반품상품은 다른 상품과 분류시켜 보관해야 한다.

14) 검품, 검수, 거래명세표, 대출입전표 등의 처리는 회사의 정해진 규칙에 따른다.

15) 점포간, 각 부문간 상품이동도 전표에 의한 처리를 한다.

16) 전표정리에 늘 관심을 쏟는다(분실방지, 입력누락).

17) 전표는 누구도 읽을 수 있도록 숫자를 기입한다.

18) 매입완료 SYSTEM을 준수한다.

19) 가인수를 하지 않는다.

20) 발주시간, 반품기일을 준수한다.

이상 20항목은 언제라도 어느 누구도 행할 수 있도록 해두는 것이 중요하다.

사례4 머천다이징 양식일람표

I. 머천다이징 분석 그래프

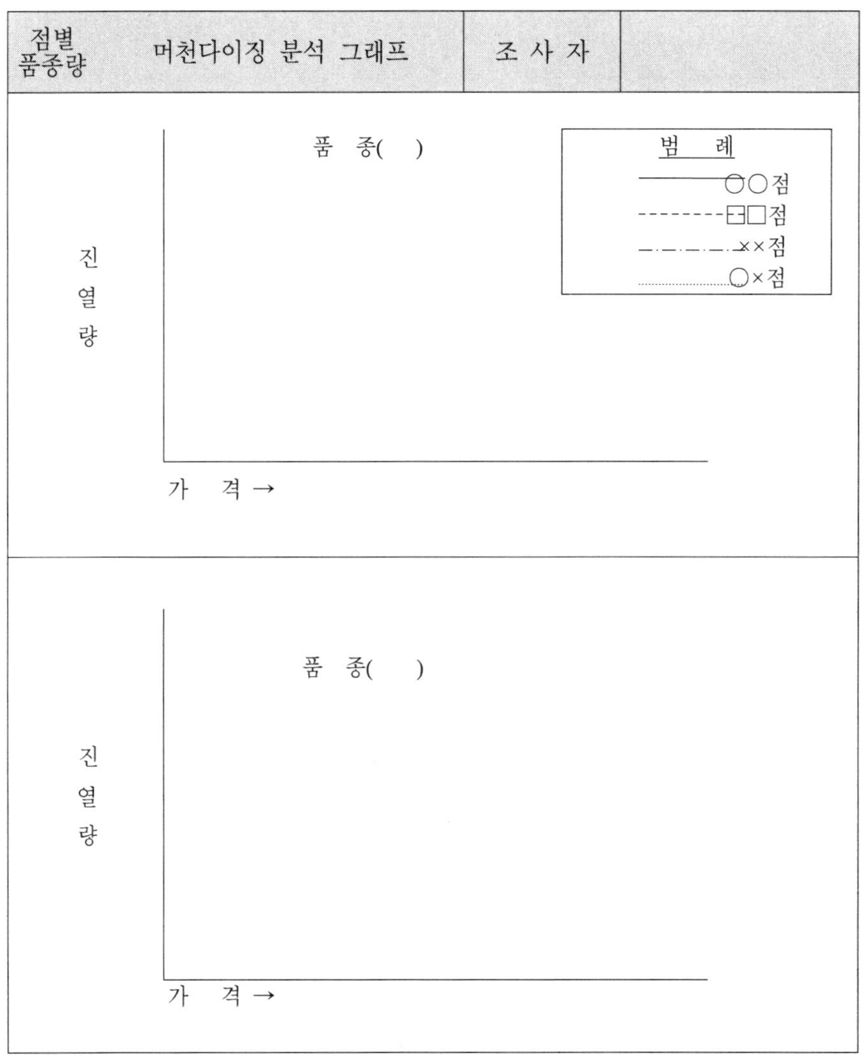

자료원 : (주)코아디자인 편. 점포개발핸드북, CM비즈니스, 1994

〈그림 9-16〉 머천다이징 분석 양식

Ⅱ. 머천다이징 분석용지

<table>
<tr><td colspan="5">머천다이징형태분석용지</td><td rowspan="2">조사자
제출일</td><td colspan="2" rowspan="2"></td></tr>
<tr><td colspan="2">점 명</td><td colspan="3"></td></tr>
<tr><td>품종그룹</td><td>품 종</td><td>품 명</td><td>규 격</td><td>진열량</td><td>가 격</td><td>가격존</td><td>가 격</td></tr>
<tr><td></td><td></td><td></td><td></td><td></td><td></td><td></td><td></td></tr>
<tr><td></td><td></td><td></td><td></td><td></td><td></td><td></td><td></td></tr>
<tr><td></td><td></td><td></td><td></td><td></td><td></td><td></td><td></td></tr>
<tr><td></td><td></td><td></td><td></td><td></td><td></td><td></td><td></td></tr>
</table>

Ⅰ. 상품부문 및 계열구성계획

구 분		부 문	상품계열 및 상품업종 구성	운영형태	비 고
8F	식당가·행사장	식당가			
7F	가정용품	행사장			
		식기			
		가구			
		홈인테리어			
		명점가			
6F	가전·문화	문구·사무용품			
		서적			
		가정전기			
5F	스포츠	스포츠의류			
		스포츠용품			
	아동	아동의류			
		신생아			
4F	남성의류	정장			
		캐쥬얼			
		셔츠			
3F	여성정장	디자이너부티크			
		내셔널브랜드타운			
		란제리·네의			
2F	여성 캐쥬얼	캐릭터캐주얼			
		영·스포츠캐주얼			
1F	잡화	섬유잡화			
		피혁잡화			
		일용잡화			
B1F	식료품	수퍼마켓			
		대면코너			
		스넥가			

〈그림 9-17〉 상품구성계획

Ⅱ. 부문별 상품전략

층	상품군	세 부 내 용					
		기본전략	취급상품군	가격전략	판촉전략	물류전략	특화전략
	섬유잡화						
	피혁잡화						
	일용잡화						

Ⅲ. 상품구성 및 코너운영계획

존	블 럭	코너	운영형태	면 적						대상브랜드 및 업체	비 고
				전용면적		공유면적		영업면적			
					구성비		구성비		구성비		
섬유	스카프										
	양 말										
	스타킹										
	⋮										
	행사										

Ⅳ. 타깃고객

ZONE	연 령		마 인 드		라이프스타일		그레이드		비고
	항 목	구성비	항 목	구성비	항 목	구성비	항 목	구성비	
섬유	14세 이하 15~24세 25~34세 35~44세 45~54세 55세 이상		틴 스 영 영 어덜트 미 시 어덜트		라이프 지향형 충 동 형 보 수 형 절 약 형		베스트 베터 모더레트 포퓰러 칩		

Ⅴ. 가격범위(Price Range)

ZONE별 / PRICE RANCE별	섬 유 잡 화	피 혁 잡 화	일 용 잡 화	비 고
BEST				
BETTER				
MODERATE				
POPULAR				
CHEAP				

Ⅵ. 가격라인(Price Line)

존	가격범위	구성비	가 격 LINE				비 고
			중점상품	구성비	보완상품	구성비	
	BEST						
	BETTER						
	MODERATE						
	POPULAR						
	CHEAP						
	계						

Ⅰ. 층별 면적현황

단위 : 평

층별	부문	총면적	영업면적												공유비(%)	후방시설면적			비고
			합계				전용면적				공유면적								
			소계	직영/특정	임대을	임대갑	소계	직영/특정	임대을	임대갑	소계	직영/특정	임대을	임대갑		계	공용	시설	

〈그림 9-18〉 매장구성계획

Ⅱ. 영업관리단위별 면적현황

단위 : 평

구분		영업관리면적												비고
		계				전용면적				공유면적				
		소계	직영/특정	임대을	임대갑	소계	직영/특정	임대을	임대갑	소계	직영/특정	임대을	임대갑	
잡화	소계													
	섬유잡화													
	피혁잡화													
	일용잡화													

Ⅲ. 세부 부문별 면적현황 내역

단위 : 평

<table>
<tr><th rowspan="3">층별</th><th rowspan="3">부문</th><th rowspan="3">총면적</th><th colspan="6">영 업 관 리 면 적</th><th colspan="5">시 설 관 리 면 적</th><th rowspan="3">비고</th></tr>
<tr><th rowspan="2">영업계</th><th colspan="2">전용면적</th><th colspan="2">공유면적</th><th rowspan="2">공유비 (%)</th><th rowspan="2">시설계</th><th colspan="2">공유면적</th><th colspan="2">시설면적</th></tr>
<tr><th>항목</th><th>계</th><th>항목</th><th>계</th><th>항목</th><th>계</th><th>항목</th><th>계</th></tr>
<tr><td>1F</td><td>잡 화</td><td></td><td></td><td></td><td></td><td></td><td></td><td></td><td></td><td></td><td></td><td></td><td></td><td></td></tr>
<tr><td>2F</td><td>여성
캐주얼</td><td></td><td></td><td></td><td></td><td></td><td></td><td></td><td></td><td></td><td></td><td></td><td></td><td></td></tr>
<tr><td>3F</td><td>여성
정장</td><td></td><td></td><td></td><td></td><td></td><td></td><td></td><td></td><td></td><td></td><td></td><td></td><td></td></tr>
</table>

제10장

소매업의 프로모션

제1절 소매업의 프로모션과 마케팅 커뮤니케이션
제2절 대규모 소매점의 광고전략
제3절 소매업 세일즈 프로모션 전략

제1절 소매업의 프로모션과 마케팅 커뮤니케이션

1. 프로모션의 정의와 소매업의 프로모션

소매업의 프로모션에 대해 설명하기 전에 우선 일반론으로 프로모션의 정의를 보도록 하자. 미국 마케팅 협회(AMA)는 광의—인적판매, 광고활동, 퍼블리시티(publicity) 등을 포함해 고객의 구매를 자극하는 모든 방법이라고 했고, 협의—인적판매, 광고활동, 퍼블리시티를 제외한 마케팅 활동으로서 소비자의 구매나 판매업자의 효율성을 자극하는 진열, 전시, 전람회, 실연, 기타 반복적으로 이루어지는 것이 아닌 것을 말한다고 했다. 또한 일본상업학회는 제품 또는 서비스에 대해 그 존재나 특징을 최종소비자와 판매업자에게 전달하여 자극, 설득을 지원함으로써 수요를 환기시키는 일련의 활동이라고 정의하면서 다음과 같이 부연하고 있다. 프로모션은 그 대상에 따라 중간업자(도매상, 소매점)에게 자극을 주는 딜러 프로모션과 소비자에게 자극을 주는 커머셜 프로모션이 있다. 이에 대한 목적은 중간업자에게 자사의 상품을 취급하는데 열의를 부여함과 동시에 그 판매를 자극하여 원조함으로서 판매효율을 높이고 매출증대를 얻기 위한 것이며, 소비자에게는 수요를 환기시키고 자극을 주어 자사 상품에 관심을 갖게하여 이 상품이 필요하다고 하는 기분을 느끼게 함으로써 구매를 결정하게 만드는 것이라고 했다.

일본상업학회는 또한 판매촉진이라는 용어에 대해 광의로는 광고, 인적판매, 협의로는 판매촉진은 광고 및 인적판매를 촉진시키고 이와 같은 활동을 더욱 효과적으로 만드는 활동이라고 했다. 이 정의에서 알 수 있는 것 같이 판매촉진은 협의와 광의가 있으며 광의의 경우에는 프로모션이라고 하고 협의는 세일즈 프로모션이라고 한다. 따라서 프로모션 믹스 요인에는 인적판매촉진, 비인적 판매촉진, 협의의 판매촉진이 있다는 것이 정설이다.

소매업의 프로모션에 대해 잠시 언급하도록 하자. 한마디로 소매업의 프로모션이라고 하면 백화점은 물론이고 구멍가게에 이르기까지 다양하며 일반적으로 광고 등 프로모션 활동은 제조업자의 그것과 비해 소규모이고 기술적으로도 소매업 독자적인 것은 거의 없으며 제조업자의 기법을 차용해 사용하고 있는 상황이라고 하겠다. 왜냐하면 제조업자의 경우는 national advertiser라고 하는 것처럼 프로모션 활동 범위가 전국에 걸쳐있기 때문에 광고비의 투입액도 많고 그만큼 효율화를 지향하는 경향이 강하기 때문에 프로모션 전략기법이 보다 발달했다고 할 수 있다. 그러나 소매업은 제조업에 비해 소비자에게 보다 가까운 곳에 위치하고 있으므로 광고비 등 비인적 제시의 비중이 상대적으로 낮다는 점과 상품은 소매업만이 판매하는 것이 아니라 제조업자도 프리 세일링을 하고 있다. 개별 브랜드는 소매업이 일일이 광고를 하지 않아도 이미 메이커가 충분한 광고가 이루어지고 있기 때문에 소비자가 소매점을 방문할 때 이미 특정 브랜드가 인지되어 이해된 상태인 것이다. 따라서 소매업은 그 브랜드가 입하되어 있고 타점보다 저렴하게 판매하고 즐거운 분위기에서 쇼핑을 할 수 있는 점을 어필하면 그것으로 족한 것이다.

이와 같은 이유에서 보면 프로모션 기술은 오히려 메이커에 대부분 집중되어 있고 우리는 일반적으로 마케팅이나 프로모션에 대해 논할 때 아무래도 메이커 측에 편중되어 버리는 경향이 있는 것이다. 따라서 반대로 소매업의 프로모션은 소매업 독자적인 도구 이외는 메이커의 그것과 그다지 크게 다른 점이 없다고 해도 무리가 없다. 이런 이유로 이 장에서는 메이커, 소매업 공통의 일반이론과 소매업만의 기법 등을 혼합해서 설명하고자 한다.

2. 프로모션과 마케팅 커뮤니케이션의 범주

이 프로모션이라는 용어는 광고, 인적판매를 포함한 마케팅의 중요한 도구로 현재 마케터나 연구자들 사이에서 강하게 정착되었다. 그러나 대량생산, 대량판매 시대에는 이러한 프로모션이 중요했지만, 오늘날과 같은 다원화 사회에 접어들면 당연히 프로모션이라는 용어가 현실과 어울리지 않는다고 생각한다. 그 이유의 하나는 프로모션이라는 의미에서 오는 문제이다. "pro · motion"은 라틴어의 "pro · moveo"(앞으로 나아간다)라는 말로 그 의미는 구매자에게 어떻게 해서든 판매한다는 의미의 강력한 방향성이 느껴진다. 오늘날과 같은 성숙사회는 국가와 국가, 기업과 소비자, 메이커와 유통업자, 코디네이트 상품군을 구성하는 각각의 메이커끼리 서로 협조하고 공생하는 관계가 필요하다. 특정 사람만이 유한한 자원을 낭비한다든지 어느 국가만이 이익을 독점하는 것은 허용되지 않는다. 따라서 상품의 절약을 강조하는 기업 메시지가 있을 수 있고 상대국가에 대해 판매를 주저하는 한 국가의 메시지도 필요하다. 이로 인해 신뢰성을 얻어 결과적으로 매출을 증대시킬 수 있다는 의미에서 간접적으로 promotion이라고 하기는 어렵지만 엄밀하게 보면 이 같은 메시지는 오히려 demotion이라고 해야 할 것이다. 두 번째 이유는 프로모션이 갖는 카테고리이다. 최근 새로운 기업이미지의 통일을 기하기 위해 코포레이트 아이덴티티(CI)의 도입이 활발한데 프로모션의 카테고리에서는 이 같은 전사적인 커뮤니케이션 활동을 포함하는 것은 불가능하다. 또한 기업내 커뮤니케이션에 대해서도 프로모션의 범주에서 말하는 것은 무리가 있다.

이러한 문제를 해결하기 위해 마케팅 커뮤니케이션이라는 용어가 사용되고 있다. 다시 말하면 'com · munication'은 라틴어의 'com · munico' 의미를 공유한다는 의미로써 여기에는 한쪽에서 다른 한쪽으로 강한 방향성은 존재하지 않는다. 따라서 마케팅 커뮤니케이션은 팔기 위한 프로모션은 물론이고 절약을 촉진하는 디모션도 기업의 토탈 커뮤니케이션인 CI도 모두 포함할 수 있는 것이다.

일본 도카이대학(東海大學)의 시미즈시게루(清水慈)교수는 프로모션과 커뮤니케이션의 관계에 대해 자신의 저서에 "이 책에서 말하는 커뮤니케이션은 지금까지 사용되었던 프로모션과 다른 변화가 있는 것이 아닌가 하는 의문을 느낄지도 모른다. 그러나 이 두 가지는 개념이 다르다. 프로모션(판매촉진)은 제품을 움직이고 판매를 움직이며 판매를 촉진한다는 매출달성을 위한 수단의 의미를 지니며 이 영역을 벗어나지 않는다. 커뮤니케이션은 그 자체 속에서 목적성을 찾는다. 물론 효과적인 대(對)시장 커뮤니케이션의 결과 제품수요가 적극적으로 개발되고 기업매출이 증대한다는 측면을 무시하는 것은 아니라 하더라도 우리는 광고나 진열, 인적판매를 통해 공급측(상품만이 아니라)이 그 배경에 있는 이념(ideas), 사상(concepts)이라는 것까지 수요측에 알려 그 측면으로부터 무형의 사회적 가치를 파생시킨다는 측면을 무시하는 것이다"[1] 라고 설명한다.

이미 윌리암 레이저(W. Lazer)는 마케팅 믹스의 요소로 커뮤니케이션을 사용하고 있다. 레이저는 커뮤니케이션 믹스로서 설득, 광고, 인적판매, 디스플레이, 퍼블리시티, 머천다이징, 판매촉진, 카탈로그 등을 들고 있다.[2] 웹스타(F. E. Webster)도 마케팅 커뮤니케이션의 요소로써 광고, 인적판매, 패키지 및 브랜딩, 판매촉진 및 디스플레이, PR 및 퍼블리시티, 소매점의 커뮤니케이션 활동을 들고 있다.[3] 이 두 정의 모두 용어로서는 마케팅 커뮤니케이션을 사용하고 있지만 이 카테고리에 대해서는 프로모션과 그다지 다를 것이 없다고 하겠다. 또한 에드가 크레인(E. Crane)은 커뮤니케이션의 원과 마케팅의 원을 일부 중복시켜 이 두 가지가 중복된 부분을 프로모션 범주라고 했다.[4] 이 경우 커뮤니케이션은 일반적인 의미를 말하며 여기에 마케팅이 중복된 범위를 마케팅 커뮤니케이션이라고 한다는 점에서 이것도 프로모션의 범주와 동일하다고 하겠다.

그런데 여기에서 프로모션과 마케팅 커뮤니케이션과의 범위의 차이를 명

---

1) 淸水滋(1972), コミュニケイション·マネジメント ` 同文館, pp.15-16.

2) W. Lazer(1971), *Marketing Management* —A System, Perspective, John Wiley and Sons, Inc, p.17

3) F. E. Webster, Jr(1971)., *Marketing Communication : Modern Promotional Strategy,* The Ronald Press Company, pp.16-34.

4) E. Crane(1972), *Marketing Communication — Making as a Process of Interaction Between Buyer and Seller and Seller,* second edition, John Wiley & Sons, Inc., pp. 21-22.

확하게 하는 설득적인 설명이 있다. 그 하나가 윈 디로지어(M. W. DeLozier)의 이론이다. 디로지어는 기업에서 마케팅 관리의 믹스 요인을 4P(Product, Price, Place, Promotion)라고 하면서 기업의 마케팅 관리와 소비자 사이에 마케팅 커뮤니케이션을 놓고 이 가운데 포함되는 것으로 광고 등 프로모션 커뮤니케이션은 물론 매장은 훌륭한 플레이스 커뮤니케이션이고, 패키지 디자인 등은 프로덕트 커뮤니케이션이며 상품이나 쇼케이스에 표시된 가격표는 프라이스 커뮤니케이션이라고 했다.[5] 두 번째는 니클스(W. G. Nickels)의 설명이다. 니클스는 마케팅 커뮤니케이션 카테고리에는 소비자의 원츠(wants)와 니즈(needs)를 알기 위한 마케팅 인텔리젼스, 사내에서는 마케팅 계획을 수행하기 위해 인터널 커뮤니케이션 그리고 소비자에게 정보를 제공하고 설득하는 프로모셔널 커뮤니케이션이 포함된다고 했다.[6] 니클스에게 있어서 프로모션은 모든 마케팅 커뮤니케이션 시스템 요소 가운데 하나에 불과한 것이다.

이 니클스의 견해는 많은 지지를 받았다. 예를 들면 다이렉트 마케팅의 한 수법인 카탈로그 판매나 통신판매, 방문판매 등은 직접 소비자와 커뮤니케이션을 함으로써 상품과 서비스를 판매하는 것인데 마케팅 커뮤니케이션 활동 그 자체가 하나의 판매방법이다. 따라서 이 경우 카탈로그나 다이렉트 리스펀스, 세일즈맨 방문 등 마케팅 커뮤니케이션 활동이 없다면 판매 그 자체가 성립하지 못한다. 이것은 점내에 진열해 놓으면 어느 정도는 판매되겠지만 판매를 보다 촉진시키기 위한 점포판매의 프로모션활동(촉진활동)과는 다르다. 즉 마케팅 커뮤니케이션의 카테고리는 프로모션 카테고리보다 넓고 또한 앞에서 설명한 것 같이 이 두 가지는 컨셉도 다르다. 이상과 같은 이유 때문에 이후 마케팅 커뮤니케이션이라는 용어를 사용하려고 한다.

---

5) M. W. DeLozier(1976), *The Marketing Communications Process,* McGraw-Hill Book Company, pp.166-169

6) W. G. Nickels(1976), *Marketing Communications and Promotion,* Grid, Inc., p.5.

제2절 대규모 소매점의 광고전략

1. 광고의 정의와 소매광고의 종류

소매업 마케팅의 광고전략을 설명하기 전에 우선 광고의 정의부터 검토하자. 미국 마케팅 협회(AMA)에 따르면 광고란 명시된 광고주에 의해 아이디어, 상품, 서비스 등 유료형태를 취하는 비인적 제시 및 촉진활동[7]이라고 규정하고 있다. 광고의 정의는 다른 프로모션 도구와 구별하기 위해 광고로서 3조건이 키워드가 된다. 첫째는 광고주가 명시되어야 한다. 이 경우 광고주를 대신해 브랜드만으로 그 메이커를 알 수 있는 경우라면 브랜드만으로 족하다. 두 번째 키워드는 유료형태라는 점이다. 즉 광고라는 것은 광고매체비를 지불해야 한다. 이것은 광고매체비에 관해 무료인 퍼블리시티와 구별되는 것이다. 그리고 세 번째 키워드는 비인적형태이다. 이것은 비인적매체를 사용하는 것을 말하는데 판매원이 직접 설득하는 판매 메시지는 여기에 포함되지 않는다.

소매광고가 전국광고와 다른 점은 소비자의 구매의사결정 프로세스의 최종단계, 또는 구입단계에 가장 근접한 곳에서 효과를 발휘하는 것이다. 따라서 소매광고는 신제품을 알린다든지 그 내용을 이해하게 만드는 사명은 그다지 존재하지 않는다. 이와 같은 것은 이미 제조업자(national advertiser)가 하고 있기 때문에 소매광고는 충분하게 알려진 상품을 입하해서 다른 점포보다 저렴하고 애프터 서비스의 충실함을 소구하면 되는 것이다.

소매광고의 종류는 광고 전반의 종류에 비해 대단히 한정된 영역이다. 우선 기능별 분류가 가능한데 여기에는 직접행동광고와 간접행동광고가 있다. 직접행동광고는 상품이나 서비스의 구입과 카탈로그 청구 등 행동을

7) J. S. Wright, W. L. Winter, Jr., and S. K. Zeigler(1982), *Advertising,* fifth edition, McGraw-Hill Book Company, p.9.

직접 유인하는 광고이며 간접행동광고는 이미지 창출을 위한 광고이며 소매점의 이미지를 제고시킴으로써 간접적으로 소비자의 구매행동을 촉진하는 것이다.

그리고 광고소구내용별 분류가 가능한데 여기에는 상품광고(product advertising)와 기업광고(institutional advertising)가 있다. 상품광고는 소매점이 판매하는 상품이나 서비스를 광고하는 것으로 대부분 광고는 여기에 속한다. 상품이나 서비스라고 해도 소매광고의 경우는 앞에서 설명한 것 같이 신제품을 알린다든지 상품 설명을 하는 것이 아니라 상품이나 서비스의 가격을 소구해서 직접 고객의 구매행동을 유인해서 직접행동광고에 대응하는 것이다. 기업광고는 제도적 광고라고도 하는데 소매점의 이미지 창출을 위한 광고로서 간접행동광고에 대응한다.

또한 실제 상품과 기업의 절충형 광고도 있다. 이것은 상품이나 서비스에 대한 소구를 하면서 소매점의 이미지에 대해서도 소구를 동시에 하는 것이다.

2. 소매광고 계획 —마케팅 프로파일의 파악—

광고계획을 입안할 때 마케팅 프로파일을 충분하게 파악하는 것이 중요하다. 소매광고에서 마케팅 프로파일은 우선 코포레이트 프로파일을 들 수 있다.

코포레이트 프로파일(corporate profile)은 소매업에 대한 기업정보이다. 여기에는 회사연혁 및 업계에서의 위치, 경합회사의 정보, 코포레이트 아이덴티티 정보, 소매업 마케팅 목표 등을 파악할 필요가 있다. 그리고 코모디티 프로파일(commodity profile) 즉 상품정보가 있는데 이것을 종래 프로덕트 프로파일(product profile)이라고 했었다. 소매업이 상품이나 서비스를 취급할 경우 이 같은 프로파일을 매장 연출을 위한 소재(commodity)로서 간주하는 코디네이트 마케팅(coordinate marketing)[8]이라는 측면에서 생각하면 코모디티 프로파일라는 표현이 적합할 지도 모른다. 어쨌든 상품정보로써 상품의 특성과 성능, 개량, 패키지, 브랜드, 지명도, 상품이미지, 상품이용상황, 상품의 시장점유율 등을 염두해 놓을 필요가 있다.

또한 커뮤니케이션 프로파일(communication profile)도 파악해야 한다. 이것은 자사가 지금까지 행했던 광고활동이나 판매촉진활동, 인적판매활동, PR활동, 퍼블리시티 활동, 사내 커뮤니케이션 활동, 경합 회사의 커뮤니케이션 활동 정보 등이다.

그리고 채널 프로파일(channel profile)도 필요하다. 전국 광고의 경우에는 도소매업 정보가 필요하지만 소매광고는 메이커나 도매상의 정보를 파악할 필요가 있다. 특히 메이커의 상품정보, 커뮤니케이션 정보, 코스트 정보를 취득해야 한다.

소매업 광고는 마케팅 코스트 정보가 중요하다. 즉 마케팅 프로파일(marketing profile)의 파악이다. 상품이나 서비스 원가나 매입가격, 소매가격, 마케팅 커뮤니케이션, 기타 마케팅 제비용을 파악해야 하는 것이다.

소비자 정보 및 시장정보는 다음과 같은 것이 필요하다. 지리적·인구통계적 정보, 라이프 스타일, 광고에 대한 반응정보, 브랜드 인지도, 상품이나 서비스에 대한 태도, 구입동기, 구입빈도, 사용상황, 브랜드 점유율, 소비자 행정 등이다. 또한 콤파스의 4방위, N, E, W, S로 시작하는 N = Needs(필요성), E = Education(소비자교육), W = Want(욕구), S = Security(안정성)도 고려할 필요가 있다.

외부환경정보도 소매업 광고계획을 입안하는데 중요하다. 이것도 콤파스의 4방위 N, E, W, S로 시작하는 용어로 설명할 수 있다. N은 국가의 정치, 법률적 환경 및 국제환경(National and International), E는 경제환경(Economic), W는 기후, 자연조건(Weather), S는 사회, 복지 및 문화적 환경(Social and Cultural)이다.

이 같이 마케팅 프로파일은 Corporation, Commodity, Communication, Channel, Cost, Consumer, Circumstance의 7C와 앞에서 설명한 2가지 콤파스

8) 宇野政雄 編著(1984), コーディネートマーケティング戰略, ビジネス社, pp.181-198.

모델(compass model)의 각 요소를 파악하면 충분할 것이다.

3. 광고의 기본계획 —목표 및 예산설정—

이상과 같은 마케팅 프로파일이 파악되면 광고의 기본계획으로 진입한다. 먼저 광고목표를 설정 한다. 목표는 예를 들면 매출액 20%증가 등과 같이 구체적으로 설정해야 한다. 다음으로 광고예산 편성을 한다. 광고예산 편성법은 여러 가지가 있다. 전년도 총매출액 또는 과거 수년간 평균매출액, 다음 분기의 매출예상액에 일정한 비율을 곱해서 산출하는 매출액 비율법이 있는데 이는 일반적으로 많은 국가에서 이용하는 방법이다. 산출방법으로서는 비율이 단순하고 시장이 안정되어 있는 경우가 유효하지만 시장환경이 급격하게 변화할 때는 적당한 방법이 아니다. 또한 과거의 이익 또는 장래의 예상이익에 특정 비율을 곱하는 방법을 이익비율법이라고 한다. 매출액 비율법에 비해 이익과 연결되는 변수가 복잡하고 산출도 번잡해 진다. 이 방법은 영국에서 주로 볼 수 있다.

자동차 등 대형 내구소비재는 상품 1단위당 광고비에 매출수량을 곱해서 광고예산을 산정하는 경우가 있다. 이것을 판매단위법이라고 한다. 그리고 과거의 광고비나 매출예상액, 경합회사의 광고비를 고려해서 전분기광고비를 임으로 증감해서 결정하는 방법이 임의법이다. 이것은 그다지 과학적 방법은 아니지만 시장환경의 변동이 급격하고 최고경영자의 판단에 맡기는 것이 바람직한 결과를 얻는 경우라면 유효하다. 이상의 설명과 같은 방법으로 광고비를 산출해도 점포에 따라 그 액수를 모두 투입하지 못하는 경우도 있을 수 있다. 이 같은 경우에는 산정액 가운데 가능한 만큼 액수를 투입하는 방법이 있는데 이를 경쟁회사 대항법이라고 한다. 이것은 시장점유율을 유지해야 하는 경우에 사용된다.

이상의 방법은 처음에 예산총액을 결정하고 그 후 매체비, 제작비 등 세부항목으로 배분해 간다. 이와 같은 방법이 브레이크 다운법(break-down method)이다. 이에 비해 정확한 광고계획에 의거해 이를 수행하기 위한 매체전략이나 표현전략 등을 고려해서 총예산을 책정하는 방법을 빌드 업법(build-up method)이라고 하며 가장 과학적인 방법이라 하겠다.

4. 광고매체전략과 광고매체전술

광고매체는 크게 매스컴 4매체와 기타 매체가 있으며 매스컴 4매체는 인쇄매체와 전파매체가 있다. 기타 매체는 장소매체, 직접매체, POP매체, 특수매체, 기타 매체가 있다. 그리고 매스컴 4매체 가운데 인쇄매체는 신문과 잡지를 말하며 전파매체는 라디오와 TV이다. 기타 매체 가운데 장소매체는 옥외광고, 교통광고, 영화 및 슬라이드가 있고 직접매체는 다이렉트 메일(DM), 신문전단광고, 기타 직접광고가 있다. POP매체는 POP광고, 특수매체는 노벨티가 있다.

광고매체 가운데 소매업이 가장 많이 이용하는 것은 신문전단광고, 신문광고를 들 수 있다. 또한 소매업의 경우 POP광고와 다일렉트 리스폰스 에드버러타이징도 중요하다.

광고매체의 전략과 전술에 대해 리차드 존스(R. P. Jones)가 지적한 프로세스[9]에 따라 검토해 보기로 하자. 처음에는 매체목표를 설정하는데 목표는 개략으로 정하는 것부터 구체적인 부분까지 설정할 필요가 있다. 개략적인 목표는 매출 증진과 같은 마케팅 목표에 필적하는 것이다. 구체적인 목표는 우선 타깃을 명확히 해서 잠재고객을 보다 효율적으로 조준할 수 있는 것이어야 한다. 여기에는 인구통계적 구분(전국, 지역, 직업별, 소득별, 가족구성비, 학력별, 가타), 지리적 구분(전국, 지역), 라이프 스타일에 의한 구분(생활구조, 생활의식)등 파악이 필요하다. 구체적 목표의 두 번째는 광고의 실시 시기와 기간을 명확히 하고 세 번째는 카피 어프로치(copy approach)까지 미리 고려해 두어야 매체전략을 세우기 쉽다.

매체전략은 이상과 같은 매체목표에 따라 세운다. 이것은 주어진 광고비

---

9) R. P. Jones(1970), “Media Planning,” R. Barton, “Handbook of Advertising Management,” pp.48-51.

를 효율적으로 배분하기 위해 기본원칙을 명확히 하는 것이다. 우선 매체계획에 적용할 광고비운용의 일반원칙을 결정한다. 첫째는 광고비 비중을 지금까지 했던 대로 할 것인가, 또는 타사보다 더 많은 광고비를 지출할 것인가를 결정하고, 둘째는 광고비 투입에 있어서 도달과 빈도 가운데 어느 것을 중시할 것인가를 결정하고, 셋째는 매출액에 대한 광고비 비율을 지역적으로 할당하는 것이다. 여기에서 도달(reach)이란 잠재 오디언스 가운데 적어도 1회 이상 광고에 접촉한 세대나 개인의 비율을 말하며 광고의 확산을 측정하는 지표로서 이용된다. 이것은 업계에서 리치라고 하며 일반적으로 누적도달률(cumulation)이 사용된다. 또한 빈도(frequency)란 세대 또는 개인이 광고에 접촉한 평균회수를 말하는데 광고의 침투깊이를 측정하는 지표로서 이용된다. 통상 전파매체의 경우는 평균시청회수(average frequency)로써 사용된다. 광고비 운용의 일반 원칙의 다음 문제는 주요 매체를 선택하고 그 근거를 명확히 하는 것과 보조매체를 선정해서 그 이유를 명확히 하는 것이다. 그리고 다음과 같은 매체이용에 관한 기본원칙을 결정한다. ① 커버리지 에리어를 전국과 지방 어느 쪽인가를 정한다. ② 광고 스페이스나 CM타임에 관한 개략적인 플랜을 세운다. ③ 잠재고객이라도 어느 타깃 오디언스의 밀도를 고려해서 매체 비중 조건을 기입한다. ④ CPM 등 효율성 기준을 설정한다. CPM이란 Cost Per Mille (thousand)의 약어로 도달 1,000세대(명)당 비용을 말한다. 매체 전략의 마지막은 지금까지의 순서로 마련된 대체안을 검토하고 취사선택의 이유를 설명한다.

이상과 같은 매체에 관한 기본적인 플랜이 매체전략이며 이에 대한 보다 구체적인 것이 매체전술이다. 매체전술은 우선 광고예산의 개요표를 작성하는 것이다. 개요표에는 총광고비, 매체별 광고비비율, 광고비의 전년대비 등이 포함된다. 다음으로 매체계획의 개요를 쓴다. 여기에는 각 매체별로 다음과 같은 요소를 기입한다. ① 아이덴티티피션, 예를 들면 네트워크명, 키국명, 프로그램명, 프로그램 방송순서, 신문명, 잡지명 등 ② 국(局), 신문, 지역의 수, 기타 ③ 스페이스나 타임 등 구입할 광고단위, 기타. 매체계획의 개요에는 또한 계획내의 각 요소가 계획목표와의 관련도에 어떻게 작용하고 있는가를 기술하고 이것을 개요표로 정리한다. 개요표에는 다음과 같은 항목을 기술한다. ① 타깃 그룹별 도달과 빈도나 그로스 인프레이션 등 양적정보 ② 매체환경이나 매체가 갖는 정동적 임팩트, 매체의 권위 등 비계량적인 질적정보 ③ 현재의 경쟁활동이 매체 플랜에 미치는 영향과 경쟁환경의 변화에 대한 조정 등 경쟁조건 ④ 예산조정에 대한 대처 등 유연한 대책, 매체 계획의 개요에 대해서는 기술이 정리되었다면 이 매체전술이 다른 대체안 보다 우수하다는 이유를 적어놓을 필요가 있다.

매체계획의 개요표가 마련되면 다음은 광고매체비와 매출액과의 관계표를 작성한다. 우선 시장 잠재력 지표를 이용해서 계획된 광고매체비와 매출액과의 관계표를 작성한다. 이 경우 분기별 관계표를 연간광고비에 차지하는 비율의 데이터를 포함해서 작성한다.

광고예산의 편성이 마련되면 이를 바탕으로 매체 커버리지, 빈도, 기타 통계데이터를 작성한다. 인쇄매체에 관해서는 다음 항목에 대한 정보와 매체 전체의 정보를 기입한다. ① 발행부수, 오디언스 총수(비중복오디언스) ② 광고출고수, 광고사이즈 ③ 그로스 메시지(총광고메시지) ④ 광고단위별 코스트, 스케쥴 전체의 비용 ⑤ 잡지, 신문 등에 관한 타깃별 세대 커버리지, 인구통계적 기준에 의한 세대 커버리지. 커버리지(coverage)란 광고가 도달하는 범위, 또는 특정시장에서 광고가 도달 할 수 있는 비율을 말한다. 또 전파매체에 관해서는 다음 각 항목에 대한 네트워크 프로그램별, 스포트 캠페인별 정보와 전파매체에 따른 광고활동 전반의 정보를 기입해 놓는다. CM 1회당 정보로서는 ① 전세대 및 TV소유세대의 커버리지 ② 평균시청율 데이터 ③ 도달세대수 ④ CM본수, CM초수 ⑤ 그로스 메시지 ⑥ CM1분당 비용, CM단위당 비용 ⑦ CM1분당 CMP, 또는 인프렛션 당 CPM, 도달세대총수당 CPM, 여성 오디언스당 CPM ⑧ 전세대 노출빈도, 타깃 오디언스의 평균노출빈도 ⑨ 이상의 지역별 데이터를 정리한다.

매체전략 · 전술의 마지막은 지금까지 작성한 대체안을 검토하는 것이다. 해당 플랜과 다른 대체안을 통계데이터를 바탕으로 비교 검토해서 취사 선택한 이유를 기술할 필요가 있다.

5. POP광고

소매점은 메이커와 소비자의 상품이나 서비스의 구매를 통한 접점의 장소이기 때문에 여기에서의 마케팅 커뮤니케이션 도구 가운데 가장 빈번하게 이용하는 것이 POP광고이다.

POP광고를 정의하면 볼렌(W. H. Bolen)은 POP광고는 판매시점이나 그 부근에 제출되는 다양한 형태의 광고를 포함한다고 했다. 또한 라이트(J. S. Wright, W. L. Winter, Jr., S. K. Zeigler)는 POP광고는 딜러 디스플레이(dealer displays)또는 판매시점광고(point of sale advertising)라고 하는데 소매시점의 내부나 외벽, 근접한 곳에 위치한 촉진적 마티리얼로 구성되며 그 기능은 점내의 트래픽을 증대시키고 광고의 인상을 깊게 하며 상품 판매를 원조하는 것이라고 했다. 일본 POP광고협회(POPAI)는 POP광고는 상품에 관한 디스플레이, 사인 등으로 광고상품이 판매되는 소매점의 내부 또는 그 건물에 부속되어 이용되는 모든 광고물이다 라고 규정했다. 이러한 정의를 필자가 정리해보면 POP광고는 소비자 또는 유통업자의 구매시점인 점포 및 그 부속시설에 설치되는 모든 광고물이라고 할 수 있다.

여기에서 소비자의 구매시점인 점포는 소매업의 판매시점이 아니라 어디까지나 소비자 측에서 본 구매의 장소라는 컨셉을 강조하고 있는 것이다. 또한 소비자 뿐만 아니라 유통업자를 포함시킨 것은 도매업자나 메이커의 거래 장소에 있는 광고물도 포함되는 것이기 때문이다. 또한 구매시점의 범위는 점내는 물론이고 점포의 외벽이나 점포 앞, 근접한 주차장도 포함된다.

(1) POP광고의 종류

POP광고의 설치장소 또는 설치장소에는 실링, 벽, 카운터, 플로어, 쇼윈도우, 쇼케이스가 있다. 이 같은 설치장소에 따라 POP광고를 분류하면 ① 천장에서 내린 실링 디스플레이 ② 벽면을 이용하여 설치하는 벽면 디스플레이 ③ 진열상자에 설치하는 쉘프 디스플레이 ④ 쇼케이스 기타 카운터에 설치하는 카운터 디스플레이 ⑤ 마루에 설치하는 플로어 디스플레이 ⑥ 쇼윈도에 설치하는 쇼윈도 디스플레이 ⑦ 쇼케이스내에 설치하는 쇼케이스 디스플레이가 있다.

(2) POP광고의 설치장소

설치장소가 한정되어 있지 않은 것으로는 다음과 같은 것이 있다.

1) 아이티너렌트 디스플레이(itinerant display)

트러베링 디스플레이라고도 하며 판매점을 순회해서 사용하도록 조립식으로 되어있는 디스플레이 기구

2) 어태치 투 머천다이즈 디스플레이(attach to merchandise display)

상품에 붙이는 광고 메시지

3) 캠페인 키트(campaign kit)

시기와 테마를 결정해서 실시하는 일련의 프로모션 활동에 사용하는 프로모션 마티리얼

4) 스프링 폴 디스플레이(spring pole display)

안에 스프링이 들어있는 폴로 천장과 플로어 사이를 지탱하고 그 폴에 광고 메시지를 만드는 것

5) 테스터스(testers)

고객에게 상품을 사용해 보도록 디자인된 디스플레이

6) 데몬스트레이션 디스플레이(demonstration display)

상품의 사용 상황을 그대로 볼 수 있도록 디자인 된 것

7) 연

연과 같은 형식으로 만들어진 POP

8) 프레미엄 샘플 디스플레이(premium sample display)

프레미엄 견본과 함께 프레미엄 프레젠트 캠페인 광고 메시지를 가미해서 디자인한 디스플레이

9) 프로덕트 스포터스(product spotters)

상품에 눈이 가도록 실선이나 방향표시 형식으로 커트된 디스플레이

10) 유니트 디스플레이(unit display)

수직수평을 합쳐서 연속사용이 가능하도록 디자인된 디스플레이

6. 광고표현전술과 광고표현전략

광고표현 전략은 광고매체 전략과 같이 광고전략에서 가장 중요하다. 광고표현 전략은 광고상품과 관련된 주변 정보를 파악함과 동시에 광고상품의 특징을 부각시키는 프로세스이다.

우선 기업광고를 파악해보도록 하자. 기업광고에는 광고주의 ① 사명, ② 마크, ③ 로고타입, ④ 간단한 회사연혁, ⑤ 트레이드 컬러, ⑥ 사용금지 색, 예를 들면 경합회사를 연상시키는 색, ⑦ 슬로건 및 컨셉, 그러나 슬로건과 캐치플레이즈는 용도가 다르다. 캐치플레이즈는 광고의 헤드라인에 사용되는 것으로 보는 사람의 시선을 끌기 위한 짧은 글이지만 슬로건은 광고에

서 독립해서도 존재할 수 있는 기업의 사상이나 이미지를 표현하는 짧은 말이다. ⑧ 금구(禁句), 이것은 CI를 실시함으로써 창출된 기업이미지를 파괴시키는 말이나 경합회사를 상기시키는 말은 사용해서는 안되기 때문에 미리 정리해 놓을 필요가 있다. ⑨ 기업이미지 ⑩ 상품라인 및 모든 종류의 서비스를 기입해 놓는다.

다음으로 상품과 서비스 정보(commodity profile)인데 여기에는 브랜드명, 패키지 사진, 상품이미지를 기재한 후 상품의 특징과 편리성을 밸런스 시트와 같은 형태로 기입한다. 이 부분은 사실 협의의 카피 플랫폼이 되는 것이므로 광고표현 전략의 모든 과정에서 기입하게 된다면 광의의 카피 플랫폼이 된다.

그리고 커뮤니케이션 정보(communication profile)도 중요하다. 이 과정에서는 지금까지 실시했던 광고물을 그 전략 플랜과 함께 정리한다. 또한 이와 같은 효과측정 데이터를 정리해 놓으면 언제라도 참고가 된다. 이 과정이 끝나면 유통경로정보(channel profile)를 파악한다. 또한 비용, 가격정보(cost profile)로서 상품가격, 토탈 마케팅 코스트, 광고매체비, 광고제작비 등을 기입할 필요가 있다.

소비자 정보(consumer profile)로서는 우선 시장분석으로 시작한다. 구입자층, 판매지역, 구입시기, 계절, 시장점유율, 잠재고객의 양을 기입해 놓는다. 다음 단계의 소비자 분석에서는 광고상품의 지명율, 이해율, 태도, 구입동기, 구입이유, 소비자의 상품과의 관련성에 대해 파악한다. 나아가 소비자에 대한 고려요건으로 앞에서 설명한 콤파스 모델에 있는 필요성(needs), 욕구(wants), 안정성(security), 소비자 교육(education)에 대해 체크한다.

마케팅 외부환경정보(circumstances profile)도 광고제작에 필요하다. 이 가운데 하나가 국가의 정치적 법률적 환경 및 국제환경(national and international)이며, 다른 하나는 자연환경(weather) 그리고 사회 및 문화환경(social and cultural), 경제환경(economic)이다. 이상의 것들은 기업이 통제할 수 없는 즉 관리가 불가능한 요인이기 때문에 체크할 필요가 있는 것이다.

이와 같은 데이터를 바탕을 광고표현의 구체적 전략에 들어간다. 우선 광고목표를 설정한다. 목표는 가령 인지율을 몇 %높인다든지, 매출액의 몇%를 증가시킨다는 등 구체적으로 기입한다. 그리고 매체별 계획표를 작성한다.

이 단계에 들어서면 광고상품의 특징을 부각 시켜야 한다. 이것을 상품의 포지셔닝이라고 한다. 여기에는 첫째 생활의 장소라는 의미의 포지셔닝을 고려해야 한다. 예를 들면 전화는 지금까지는 용건을 전달하는 도구에 불과했지만 이것을 마음과 마음을 이어주는 커뮤니케이션 미디어로 재구축하는 것이다. 둘째는 시장에서의 포지셔닝이다. 세 번째는 사회에서의 포지셔닝의 필요성이다. 예를 들면 수질오염이나 대기오염과 관계된 것은 일체 없다는 점을 체크해 놓을 필요가 있다.

그렇다면 어디까지가 광고표현 전략이고 어디까지가 광고표현 전술인가를 구분하는 것은 사실 대단히 어렵지만 상품의 포지셔닝이 완료된 상태까지를 전략, 광고카피 어프로치 단계부터가 전술이라고 하는 것이 타당하다고 하겠다.

넓은 의미에서 카피 어프로치의 첫 단계는 카피 컨셉을 결정하는 것이다. 카피 컨셉이란 광고에서 소구할 때 광고주의 생각을 말한다. 카피 컨셉이 결정되면 이것을 보다 구체화하기 위한 카피 어프로치를 해야 한다. 카피 어프로치는 카피 컨셉을 실제 카피와 근접하게 하는 것이지만 돌연 아이디어가 떠올라 그대로 사용하는 경우도 있다. 카피 어프로치가 떠오르게 되면 이 다음 단계가 카피 포맷의 검토이다. 카피 포맷이란 표현형식이라고도 하며 이 형식에는 스트레이트로 소구하는 단도직입형, 2명 이상이 대화를 하는 대화형, 대사가 들어있는 연극형, 탤런트의 개성을 활용한 캐스트형, CM송을 이용한 CM형, 실험이나 실연을 그대로 전달하는 실연형(實演型), 효과음을 이용한 효과음형, 오디언스의 마음을 자극하는 시형(詩型), 듣기만 해도 지식을 얻을 수 있는 지식형, 일반인을 인터뷰하는 인터뷰형, 주락을 이용한 주락형(洒落型) 등이 있다. 그러나 실제는 이 같은 형태를 혼합한 경우가 많다.

제3절 소매업 세일즈 프로모션 전략

1. 세일

소매업 세일즈 프로모션 가운데 가장 빈번한 것이 세일이다. 세일은 일반적으로 바겐세일을 말한다. 이 방법은 우리나라에서 오래전부터 사용된 것이며 그것도 기술 도입의 형태로 이루어진 견고한 것이 아니라 극히 자연스럽게 받아들여 진 것이라고 생각된다. 왜냐하면 우리나라는 4계절이 뚜렷하고 이 같은 환경에서 자란 우리나라 사람들은 계절별로 기분을 일신하려는 감각이 있다. 특히 연말이 되면 서민은 1년을 정리하고 청산하는데 바쁘며, 경영주나 점포주는 연내에 재고를 일제히 내놓고 정리에 들어간다. 이런 과정 속에서 정리기가 수차례씩 증가하게 되어 1년중 실시되고 있다. 그렇지만 세일은 소비자에 대한 서비스라는 차원을 전달하지 않으면 안되기 때문에 이유도 없이 일상적으로 세일을 해서는 곤란하다. 세일에는 결산기, 계절초 또는 계절말, 연중행사의 의미가 있는 경우, 창업기념일, 국경일에 준한 세일 등이 있다.

2. 이벤트

소매업 판매촉진전략의 하나로써 중요한 도구가 이벤트이다. 소매업이 실시하는 이벤트는 전람회, 전시판매회, 페스티벌 등이 있다. 전람회는 내외의 귀중한 미술품이나 예술작품 등을 전시해서 일반에게 공개하는 것부터 지역 초등학생의 미술대회 등 소규모행사 까지 다양하다. 전시판매회는 미술공예품이나 지역 산물을 전시해서 그 장소에서 판매하는 것을 의미하며 페스티벌은 축제 형식으로 내점객의 참가를 유도해서 함께 즐기는 것이다. 다양한 콘테스트가 이 범주에 포함된다.

3. 점포에서 할 수 있는 세일즈 프로모션

점포에서 할 수 있는 기타 세일즈 프로모션 수단에는 견본(sample)제공, 소비자 프레미엄, 소비자 콘테스트, 트레이딩 스탬프, 실연, 쇼룸, 팜프렛, 리플렛, 상담서비스 등이 있다. 이 가운데 몇 가지만 설명하면, 프레미엄(premium)은 상품과 별개의 상품을 제공하는 직접 프레미엄이 있는데 이것은 패키지 안에 봉인된 인팩(in-pack), 패키지 외부에 첨부된 온팩(on-pack), 제품 가까운 곳에 놓는 니어팩(near-pack), 또는 오프팩(off-pack) 프레미엄이 있다. 그리고 쿠폰(coupon)을 모아오면 교환할 수 있는 쿠폰법, 구입액이 소정의 액수에 달하면 시가 보다 저렴하게 구입할 권리를 주는 자기정산법(self-liquidating premium), 상품에 프레미엄을 세트해서 판매하는 콤비네이션 판매, 지속구입을 약속할 때 프레미엄을 건네주는 선프레미엄 등이 있다. 그리고 콘테스트는 일정한 조건을 만족시키면 반드시 주는 프레미엄과는 달리 각종 콘테스트를 통해 입상한 사람에게만 부여하는 방법이다. 콘테스트에는 추첨이나 간단한 퀴즈부터 능력이나 기술을 경쟁하게 만드는 것 까지 다양하다. 실연은 백화점이나 대형점 점내에서 신제품 등의 실연판매를 하거나 식품매장에서 시식(시용, 시음 등, free trial)을 시키는 방법이다. 카탈로그와 팜프렛의 차이점을 설명하면 카탈로그는 인쇄 내용의 한 종류이며 팜프렛은 인쇄물의 한 형태이다. 인쇄 내용을 보면, 편지형식, 카탈로그(상품목록), 하우스오건, 프로그램, 시간표, 연차보고서 등이며 인쇄물 형태는 리프렛, 폴더, 브로드사이드, 팜프렛, 북렛, 브로슈어 등이 있다.

사례 Coupon Sales Promotion

쿠폰을 사용한 판촉방법이 최근 들어 국내에서 새롭게 각광 받고 있다. 하지만 쿠폰을 이용한 판촉전략은 기존의 판촉전략과는 다른 관저에서 검토가 필요하다. 불황이라는 말을 빼 놓고서는 이제 일상생활의 대화를 이어 나가지 못할 정도로 불황의 영향은 우리 생활의 곳곳을 바꿔 놓고 있다. 거품제거니 감원이니 하는 말도 이제는 익숙한 말이 되어 버렸다. 이러한 경경 환경의 변화와 더불어 불황기의 소비자 형태도 변하고 있다.

과거의 과시성 소비는 사라지고 알뜰소비가 늘어나고 있다. 공짜로 주는 경품을 받기 위해 백화점 앞에서 밤을 새운다든지, 영화도 시사회 아니면 안 본다든지, 조금이라도 더 싼 곳을 찾기 위해 여러 군데를 돌아다녀 본 후 제품을 구입한다든지 하는 일은 이제 흔히 볼 수 있는 일이 되어 가고 있다. 더불어 기업도 살기 위해 온갖 노력을 기울이고 있다. "우리 제품은 우수하니까", "우리 브랜드는 유명한 브랜드니까 알아서 잘 팔리겠지" 하던 생각은 과거의 유물이 되었다. 본격적인 마케팅 전쟁의 시대가 온 것이다.

이런 상황의 변화에 따라 과거와는 판이한 경쟁 상황이 전개되고 있다. 잘 팔리던 제품이 갑자기 안 팔리고 어떤 제품은 오히려 과거보다 잘 팔리는 등 제품군간의 판매 부침이 심해지고 있다. 또한 같은 제품군 간에도 한 브랜드는 잘 팔리고 다른 브랜드는 안 팔리는 현상도 심심치 않게 목격할 수 있다. 이에 따라 판촉의 양상도 많이 변해 가고 있다. 과거에는 선진사가 쓰던 판촉방식을 그대로 모방하거나 업계에서 흔히 통용되는 판촉방식을 답습하기만 하면 무난하게 견딜 수 있었던 회사도 이제는 자기 제품에 맞는 판촉 방식이 무엇인가를 고민하지 않으면 생존할 수 없는 지경에 이른 것이다. 최근 국내에서는 이러한 현상을 반영하듯이 새로운 판촉수단이 우후죽순처럼 생겨나고 있다. 이중 최근에 주목 받는 판촉수단이 바로 쿠폰이다.

쿠폰을 이용한 판촉은 사실 구미에서는 이미 많이 사용되는 방법임에도 불구하고 국내에서는 거의 사용되지 않았던 방법이다. 이러한 점 때문에 많은 기업이 쿠폰 사용을 주저하거나 또는 이를 잘못 사용하는 경우가 많다. 이러한 측면에서 보면 쿠폰을 사용한 판촉 전략을 올바로 이해하고 이의 장단점을 파악하는 것은 지금 이 시점에서 국내 기업에게 매우 의미 있는 일이 될 것이다.

1. 판촉수단의 유형

우선 쿠폰을 사용한 판촉의 특징을 살펴보기 전에 다른 판촉수단에는 무엇이 있는지 알아보자. 대표적인 기타 판촉방법으로는 가격할인 이외에도 샘플링(무료 샘플의 제공), 프리미엄 제공(예: 과자봉지 안에 장난감 삽입, 5개 이상 구입 시 모자 제공), 가격 환불, 보너스 팩의 제공(예: 하나사면 하나 더 제공), 콘테스트 개최(예: 특정 필름을 사용한 사진대회 개최)등이 있다. 이중 쿠폰과 샘플링이 다른 판촉 수단과 가장 크게 차별되는 점은 바로 그 주된 목적이 잠재 고객의 시용률(trial ratio)을 높이는데 있다는 것이다.

흔히 판매량은 고객수(얼마나 고객을 모으는가)와 고객당 매출(한 고객이 얼마나 많이 제품을 구입하는가)의 곱으로 이루어져 있다고 말한다. 쿠폰과 샘플링의 주된 효과는 고객수 제고, 그 중에서도 주로 잠재 고객의 공략을 통한 고객수의 제고에 있다. 또한 쿠폰은 그 효과를 즉시 제공할 수 있고 유보시킬 수도 있어 목적에 따라 활용할 수 있다는 장점이 있다. 쿠폰을 얻는 현장에서 즉시 할인을 받는 방식도 있고 다음에 그 제품을 살 때 할인을 받는 방식도 있는 것이다. 이에 반해 가격할인 등의 다른 판촉수단은 주로 현재 고객을 대상으로 혜택을 제시하거나 재구매, 대량구매를 유도하여 현재 고객을 유지하는데 그 주된 관심사가 있다. 즉 고객수 보다는 고객당 매출 증대를 꾀하는 판촉전략인 셈이다. 또 다른 쿠폰의 특징으로는 그 가시성이 매우 크다는 점을 들 수 있다.

다른 판촉수단은 "우리 회사에서 이러 이러한 판촉을 한다"는 사실을 고객에게 알려는 주지만 시간이 지나면 고객의 인식 강도는 떨어지기는 마련이다. 하지만 쿠폰은 일단 고객이 관심을 가지면 지속적으로 휴대를 하는 경향이 있기 때문에 특별히 유효기간을 명기하지 않는 한 판촉의 강도가 오래 가고 비교적 크다는 장점이 있다. 다음의 도표에는 판촉의 주된 목적과, 고객이 입는 혜택의 유형에 따라 판촉 수단을 분류한 것이다. 여기서 주의할 점은 이러한 분류가 반드시 정확한 것은 아니라는 것이다.

실제로는 특정 판촉전략이 다양한 판촉 목적을 충족시키는 역할을 수행하기도 한다. 하지만 여기 제시된 표를 통해 우리는 어떠한 경우에 어떠한 판촉방법이 가장 잘 어울리는가에 대한 전략적인 관점을 얻을 수 있을 것이다.

한 종류의 마케팅 프로그램을 실시하기 위해서는 그 효과가 어느 정도인가를 사저에 추정하는 것이 필요하다. 이러한 효과 추정의 전게가 되는 것이 바로 비용의 측정이다. 정확한 비용을 측정할 때 비로소 그 효과를 정화하게 추정할 수 있는 것이다.

쿠폰의 사용에 드는 비용을 추정하기 위해 고려해야 할 것에는 무엇이 있을까? 크게 쿠폰의 액면가, 쿠폰 발행비, 쿠폰의 추정 회수율 및 회수에 드는 비용, 제품의 판매액, 쿠폰의 잘못된 사용으로 인한 손실 등이 있다.

2. 쿠폰판촉의 비용

미국에서 실행된 한 연구에 의하면 이러한 조건을 고려할 때 쿠폰을 이용한 판촉을 실행할 경우 회수된 쿠폰 한매에 실제로 기업이 부담하는 비용은 그 액면의 약 두배 정도라고 한다. 기업의 입장에서는 이처럼 쿠폰의 사용에 의해 발생되는 비용을 사전에 예측하고 이를 바탕으로 목표 수익을 설정해 그 효과를 극대화하여야 할 것이다.

3. 미국의 쿠폰판촉 실태

그렇다면 쿠폰의 본고장이라고 할 수 있는 미국에서는 실제로 쿠폰이 어느 정도로 사용되고 있을까? 미국의 쿠폰 사용량은 그 규모가 매년 폭발적으로 늘어나고 있다. 1970년에 170억장이 발행된 쿠폰은 그 후 대폭적으로 증가하여 1990년에는 그 발행량이 무려 3,000억장에 이르고 있다.

이는 미국인 1인당 1,200장에 해당하는 엄청난 양이다. 쿠폰의 평균 액면 금액은 50센트 정도이며 미국인의 95% 정도가 어떤 유형이든 쿠폰을 사용한다고 한다. 또한 마케팅을 담당하는 사람의 95%정도가 쿠폰 전략을 사용하고 있다. 쿠폰의 사용범위도 매우 다양하여 소비재뿐만 아니라 산업재 등에도 널리 쓰이고 있다.

심지어 미국의 UA 항공사에서는 자사의 파업기간 중 고객에게 50% 할인쿠폰을 제공하여, 파업 후 시장점유율을 회복하는데 7개월이 걸릴 것이라는 전문가들의 예상을 뒤엎고 파업종료 후 11일 만에 시장 점유율을 회복하기도 하였다.

또한 쿠폰의 배포비용을 줄이기 위해 자사의 다양한 제품별 쿠폰을 동시에 배포한다든지 여러 회사의 다양한 제품의 쿠폰을 동시에 배포하는 방법도 널리 시용되고 있다.

4. 쿠폰판촉의 유형

쿠폰은 실로 그 유형이 다양하다. 유형이 다양한 만큼 분류하기도 쉽지 않은데 일반적으로 쿠폰이 소비자에게 제시되는 방법에 따라 다음의 세 가지로 분류가 가능하다.

(1) 구매시점 쿠폰

이는 구매가 일어나는 바로 그 시점에 쿠폰을 제공하는 방법이다. 대다수 제품의 경우 상표의 선택은 그 제품을 사는 시점에서야 비로소 이루어진다. 구매시점 쿠폰은 상표의 결정이 이뤄지는 시점에서 판촉수단을 제공한다는 측면에서 볼 때 유용성이 있는 방법이다.

이를 다시 두 가지로 구분해 보면

① Instant Coupon

제품에 부착된 쿠폰 포장을 벗겨내어 즉석에서 그 금액만큼 할인을 받는 즉석쿠폰(Instant Coupon)이다. 비교적 우리에게는 생소한 개념이지만 이의 변형인 특별 할인 포장은 국내에서도 많이 쓰이고 있다. 예를 들어 청량음료의 월드컵 유치기념 특별 할인 포장의 제품을 출시하는 경우를 보자. 생산자의 입장에서는 기존제품의 가격인하 없이 일정 기간 동안 실질적인 가격할인을 할 수 있으며 유통점의 입장에서도 일률적인 가격할인의 경우 흔히 발생하는 기존 재고로 인한 손해를 보지 않을 수 있다.

② Scanner-delivered Coupon

스캐너를 활용하는 방법(Scanner-delivered Coupon)이다. 이의 대표적인 방법으로는 고객이 계산할 때 스캐너로 구입제품을 판독하여 고객이 쿠폰 제공자의 경쟁사 제품을 산 경우에만 자사의 쿠폰을 제공하는 방법이 있다. 쿠폰제공의 본래 목적이 제품 시용률(試用率)을 높이기 위한 것이라는 점에 비춰보면 이는 경쟁사의 고객을 대상으로 자사의 제품사용을 판촉 시킨다는 측면에서 매우 효과적인 방법이다. 또 다른 방법으로는 계산 시 사전에 입력된 고객의 인적사항을 점검하여 고객의 인적사항이 자사의 요건에 충족되는 경우에만 쿠폰을 제공하는 방법이 있다.

(2) 미디어를 통한 쿠폰의 제공

① Mail-delivered Coupon

우편으로 쿠폰을 제공하는 방법(Mail-delivered Coupon)은 그 대상자를 직접 지정할 수 있다는 데 유용성이 있다. 이 방법은 주로 신제품의 출시나 기존 제품의 개선 시 이를 목표 고객에게 널리 알리는 방법으로 활용되고 있다. 음식점 체인의 경우, 새로운 가맹점을 개설하여 초기에 고객수를 높여야 할 필요성이 클 때 쿠폰을 사용하는 방식이 대표적인 예라고 할 수 있다.

최근 들어 국내에도 많이 사용되고 있는 쿠폰 북(Coupon Book)도 이러한 유형에 포함될 수 있다. 이는 주로 다른 회사의 여러 제품을 동시에 받는다는 면에서는 구미에서 자주 볼 수 있는 쿠폰 북과 비슷하지만 국내의 경우 그 차이점은 대부분의 경우 수신자가 회사원비 등의 형태로 일정 비용을 부담하고 쿠폰 북을 받는다는 것이다.

이 방법의 장점은 고객에게 자신이 특별히 선택되었다는 느낌을 줄 수 있으며 또한 가장 확실하게 고객에게 쿠폰이 전달될 수 있다는데 있다. 또한 다양한 쿠폰 제공 방식 중에서 상대적으로 우편을 통한 방식의 회수율이 높은 점도 빼놓을 수 없는 매력이다. 하지만 우편비 등으로 인해 판촉비가 많이 들며 목표 고객의 리스트를 구하기 어려운 경우 본연의 장점이 많이 바랜다는 점을 유념할 필요가 있다.

② Media-delivered Coupon

한편 이와는 달리 신문이나 잡지 등을 통해 고객에게 쿠폰을 제공하는 방법(Media-delivered Coupon)이 있다. 특히 이 방법은 미국에서 그 비중이 전체 쿠폰 사용 비중의 80%를 상회할 정도로 널리 쓰이고 있는 방법이다. 신문은 불특정 다수의 고객을 대상으로 쿠폰 및 상표의 노출도를 극대화시킬 수 있다는 매력이 있으며 잡지의 경우에는 해당 잡지별로 상이한 구독층을 고려하여 목표 고객에게 집중적으로 쿠폰을 제공할 수 있다는 매력이 있다. 하지만 비교적 회수율이 낮다는 것이 단점이며 경쟁사도 동일한 잡지에 쿠폰을 제공할 수 있으므로 자사의 쿠폰만을 제시하는 경우보다 그 효과가 반감된다는 측면이 있다.

③ Internet-delivered Coupon

최근 가장 많은 각광을 받고 있는 방식이 바로 인터넷(Internet-delivered Coupon)을 사용한 쿠폰의 제공이다. 기존의 미디어를 통한 쿠폰제공은 그 노출도가 매우 높으며 다양한 목표고객을 대상으로 실행될 수 있다는 장점에도 불구하고 쿠폰의 유통비가 상대적으로 많이 든다는 점이 장애요인이 되곤 하였다.

하지만 인터넷을 사용한 쿠폰의 등장은 이러한 문제를 상당 부분 해결해 주고 있다. 과거보다 적은 비용을 가지고 훨씬 더 넓은 지역을 대상으로 쿠폰전략을 사용할 수 있게 된 것이다. 또한 사전에 조사된 각각의 사이트별 주된 이용자층에 맞는 쿠폰제공을 통해 쿠폰의 사용률을 극대화할 수 있다는 것 또한 장점이다. 하지만 인터넷을 사용하는 계층이 어느 정도 제한되어 있다는 점 때문에 아직까지는 광범위하게 사용되지 못하고 있다. 인터넷을 사용한 쿠폰의 제공은 또한 Database 마케팅의 한 수단으로도 각광받고 있다.

회원제로 운영이 되거나 기업에서 특별히 제공하는 사이트의 경우 대다수가 고객의 인적 사항을 기록하도록 하고 있는데 각 개인이 어느 종류의 쿠폰을 얼마나 인쇄하여 가고 회수율은 어느 정도인가에 관한 정보를 실시간으로 얻을 수 있다. 그리고 고객이 특정한 질문에 대한 답을 기입하여야 쿠폰을 클릭할 수 있게 사이트를 디자인하는 경우 기업의 활동에 대한 간단한 시장조사를 할 수 있다는 점도 매력이다.

(3) In-and On-pack Coupon

이는 제품의 안이나 포장에 쿠폰을 넣어 제공하는 방법(In-and On-pack Coupon)이다. 이는 구매시점 시 쿠폰은 현장에서 바로 사용이 가능하지만 제품 포장에 의한 쿠폰은 현장에서 사용이 불가능하고 다음 구매 시 사용이 가능하다는 차이점이 잇다. 이는 주로 자사의 다른 제품의 쿠폰을 제공하여 자매 제품의 시용률을 높이거나 해당 제품의 쿠폰을 제공하여 재 사용률을 높이는데 그 목적이 있다.

이 방법의 대표적인 장점은 쿠폰의 유통비가 전혀 안 든다는 것이다. 단지 포장에 인쇄해 놓기만 하면 도는 것이다. 회수율 또한 높은데 대부분의 경우 재구매가 많이 이루어지기 때문이다. 하지만 포장에 따라 나가는 쿠폰인지라 필연적인 단점도 발생한다. 이 제품을 사지 않는 한 쿠폰 사용이 불가능하다는 것이 그것이다. 또한 고객에 대한 보상이 다음 기호로 지연된다는 점도 단점이 될 수 있다.

5. 쿠폰 판촉 시 고려점

쿠폰을 사용한 판촉을 고려한다면 다음과 같은 관점에서 그 실효성을 검토할 필요성이 있다.

(1) 목적을 명확히

점포 내의 진열율을 높이거나, 경쟁사가 자사의 추종제품을 출시할 것으로 예상되어 잠재수요를 잠식해야 할 필요가 있을 때는 아마도 가격할인이 더 유용한 판촉수단이 될 수 있을 것이다. 경쟁사의 제품을 쓰는 고객이나 우리 제품에 대한 인지도가 낮은 고객을 대상으로 하는 판촉수단을 고려한다면 쿠폰을 이용한 판촉 전략이 유용한 수단이 될 수 있을 것이다.

(2) 목적에 대한 공유의식을 확산

흔히 저지르기 쉬운 실수가 기업 내의 각 부서에서 서로 다른 판촉의 목적을 가지고 활동을 하는 것이다. 영업 부서에서는 잠재 고객의 수요 판촉을 목적으로 쿠폰 사용을 고려하고 있는데 마케팅 부서에서는 자사의 이미지 제고를 목적으로 콘테스트를 계획하고 있다면 이는 소비자의 혼란을 불러일으킴은 물론 기업의 마케팅 자원을 낭비하는 결과를 초래할 것이다.

(3) 실행의 세부사항을 점검

주로 검토하여야 할 사항은 목표고객에게 소구할 수 있는 방식인가, 목표고객이 자사의 의도를 쉽게 파악할 수 있는 명확한 메시지를 담고 있는가, 경쟁사와는 차별화되는가, 비용 효율성은 어떠한가 등이 있다.

6. 쿠폰을 통한 판매촉진의 새로운 가능성

목표고객을 명확히 하고 체계적인 세부 전략을 실행한다면 쿠폰 사용은 매우 강력한 판촉수단이 될 수 있다. 다시 한 번 강조를 하자면 쿠폰의 참된 매력은 쿠폰을 사용하지 않았다면 우리 제품을 사지 않거나 가끔 사는 고객을 대상으로 효과적인 판촉 효과를 얻을 수 있다는 데 있다.

사격도 한 번 안 해본 사람에게 총의 성능이 얼만 좋은가를 광고하는 것은 아무런 소용이 없다. 한 번이라도 방아쇠를 당겨 사격을 해보도록 하는 것, 그리고나서 그 재미를 느끼도록 만드는 것이 정말로 중요한 것이다. 쿠폰을 활용하여 고객이 방아쇠를 당기도록 유도할 수 있다면 이는 기업의 입장에서 마케팅 활동의 새로운 가능성을 개발하게 되는 계기가 될 것이다.

7. 쿠폰의 신조류

(1) Larry Tucker 가 개발한 새로운 쿠폰

쿠폰에 대한 한 연구에 의하면 미국에서 회수된 전단 형태의 쿠폰의 70%가 원래부터 그 브랜드를 구입한 사람들에 의해 사용된 것이라고 한다. 전단 형태의 쿠폰이 전체 쿠폰의 형태에서 차지하는 비중이 80%인 점을 감안할 때 전체의 약 56%의 쿠폰이 원래(쿠폰이 없이도) 그 브랜드를 구입하는 사람들에 의해 사용된 것이다. 물론 이는 로열티가 높은 고객에게 보상을 해 준다는 차원에서 의미가 있기는 하지만 만약 쿠폰의 사용이 현재 자사의 브랜드를 사용하지 않는 사람을 주된 타겟으로 했을 때는 문제가 생길 수 있다.

미국의 마케팅 전문업체인 Larry Tucker社에서는 이러한 문제를 다음과 같이 해결했다. 즉, 특수제작 되어 그 안에 서로 다른 두 개의 액면가의 쿠폰이 들어 있는 2중 쿠폰을 고객에게 보내고 쿠폰 겉에는 평상시 자신이 주로 쓰는 상표가 무엇인지 물어보는 질문을 하였다. A사와 경쟁사인 B사의 상표가 써진 손잡이 중 평소 자신이 주로 쓰는 제품의 손잡이를 잡아당기게 된다. 이때 자동적으로 2개의 쿠폰중 하나가 인출되며 나머지는 파기된다.

물론 경쟁사의 손잡이를 당겼을 때 인출되는 쿠폰이 더 액면가가 높아 미거래 고객(경쟁사의 고객)의 구매전환을 유도하게 되어있다. 실제로 Lawry's Food이라는 한 회사가 1991년 이를 처음으로 사용하였다. 쿠폰 제공자를 표기하지 않은 상태에서 同社의 손잡이를 잡아당긴 고객은 25센트의 쿠폰을, 경쟁사의 손잡이를 잡아당긴 고객은 75센트의 쿠폰을 받게 된다.

(2) 인터넷을 활용한 쿠폰

최근에는 인터넷을 통해 소비자들에게 쿠폰을 배포하는 사이버 쿠폰이 각광을 받고 있다. 소비자가 이 쿠폰을 프린트해 오면 제품 값이나 서비스 요금을 할인해 주는 이 방식은 현재 미국에서 Toys' R' Us, J. C. Penny 등 대형 유통업체들부터 동네의 간단한 슈퍼마켓까지 적극적으로 활용하고 있다.

또한 인터넷을 통한 쿠폰 유통 관련 전문 업체까지 등장하고 있다. 쿠폰네트워크社라는 업체는 일정액의 광고료를 받은 후 유통업체의 할인 쿠폰을 홈페이지에 게재해 준다. 同社의 홈페이지는 서비스, 상품, 음식 등 3가지 품목으로 구성되어 있는데 미장원, 치과, 세탁소, 청소대행 등 생활 서비스부터 가전 양판점, 대형 쇼핑몰에 이르기까지 1백여 업체의 광고문이 게재되어 있다. 개별 광고문의 아이콘을 마우스로 누르면 해당 기업의 홈페이지와 이들 업체의 할인 쿠폰이 나타난다. 소비자는 이 쿠폰을 프린트해 해당 업체에 가져가기만 하면 요금할인 혜택을 받을 수 있다.

국내에도 이미 많은 업체가 인터넷을 이용한 쿠폰 발행을 시행하고 있다. 음식점의 쿠폰만을 전문적으로 처리하는 사이트, 특정 지역에 위치한 상점의 쿠폰만을 전문적으로 취급하는 사이트, 레저 활동에 필요한 쿠폰만을 모아 놓은 사이트 등 그 종류는 매우 다양하다. 최근에는 제조, 서비스 업체 자체적으로 자사의 제품이나 서비스 구입에 사용할 수 있는 쿠폰을 제공하는 기업이 늘어가고 있다.

자료 : Maxpert, 2002

제11장

소매업과 서비스

제1절 서비스 개념과 분류법
제2절 소매업의 서비스 카테고리
제3절 소매업의 고객 서비스
제4절 소매업의 서비스 상품 정책

제1절 서비스 개념과 분류법

서비스 경제화가 우리나라에 본격적으로 등장한 것은 비교적 최근의 일이다. 벨(D. Bell)의 탈공업화 사회(脫工業化 社會)의 정의[1]를 비롯한 각종 척도[2]가 현실적으로 서비스 이코노미에 도달한 것은 1980년 이후가 아닌가 한다. 또한 이것은 제3차 산업의 명목GNP에 차지하는 비중이 착실히 증가하면서 취업구조의 변화 움직임이 이를 뒷받침한다.

서비스 산업(service industry)은 말할 필요도 없이 재화산업(goods industry)에 대한 산업개념이지만 콜린 클럭(Colin Clark)이후 산업의 3분류는 제1차 산업(primary industry)과 제2차 산업(secondary industry)을 물적산업, 제3차 산업(tertiary industry)을 서비스 산업과 동의어로 다루는 경우가 많다. 따라서 소매업을 서비스 산업의 범주로 다루는 것이다.

경제활동으로 형태적 효용(form utility), 소유적 효용(possession utility), 시간적 효용(time utility), 장소적 효용(place utility)의 4가지 효용이 창출되는데 유통은 주로 소유적 효용, 시간적 효용, 장소적 효용을 창출한다. 환언하면 생산에 종사하는 제조업은 물적 가치를 창조하지만 재화의 사회적 경제적 이전을 담당하는 유통업은 비물적 가치를 부가하는 것이다. 따라서 소매업은 물적 재화를 취급하고는 있지만 무형의 가치를 창출하고 있기 때문에 서비스업의 일종으로 간주한다. 또한 최근 무형재(=서비스)도 매매의 대상이 되고 있고 그 비중도 점차 높아지고 있기 때문에 소매업을 서비스업으로써 위치를 부여하는 것도 타당할 것이다.

---

1) 제3차 산업의 취업자가 경제전체 취업자의 절반이상을 점하게 되었을 때 서비스 경제화의 시작이라고 하는 것.

2) 예를 들면 제2차 산업 취업자 구성비가 감소하는 것과 동시에 제3차 산업 취업자의 구성비가 상승할 때가 서비스 경제화의 시작이라고 하는 것.

1. 제품개념에서 토탈 프로덕트 개념으로

경제학에서는 재를 재화(goods)와 서비스(service) 2종류로 나누고 각각 유형재, 무형재라고 한다. 마케팅에서는 일반적으로 제품(products)과 서비스로 분류하는데 이것은 물론 경제학상의 구분에 의존하고 있다. 그러나 화장품이나 여행, 컴퓨터는 마케팅 이론상으로 편의상 모두 제품이라는 개념으로 집약되고 서비스는 그 일부를 구성한다는 어프로치가 주류를 이룬다.

코틀러(P. Kotler)는 제품을 다음과 같이 정의하고 있다.[3] 제품은 구매자가 주목하고 입수해서 사용하고 소비하기 위해 시장에 내보내 구매자의 욕구나 필요를 채워주는 것이라고 할 수 있는 모든 것을 말한다고 했다. 제품은 유형물, 서비스, 사람, 장소, 조직, 아이디어가 포함된다.

즉 제품은 결코 유형의 재화만을 지칭하는 것이 아닌 것이다. 코틀러의 제품 개념은 〈그림 11-1〉과 같다. 제품을 3단계(three levels)로 나누고 우선 가장 기본적인 레벨을 중핵제품(core product)이라고 했으며 이를 구매자가 실제 찾고 있는 것을 나타내고 있다. 예전에 레브론사의 찰스 리벤슨(C. Revson)은 립스틱을 구입하는 여성은 단순히 립스틱의 색을 사는 것이 아니라고 하면서 "우리는 공장에서 화장품을 만들지만 점포에서는 희망을 팔고 있다"는 명언을 했다. 레비트(T. Levitt)가 말한 "구매자는 1/4인치 드릴을 사는 것이 아니라 1/4인치 구멍을 사는 것"이라는 지적도 이를 나타내는 것이다. 따라서 마케팅 목표는 잠재적 필요를 불러일으켜 제품의 외형적 특징(features)이 아니라 편익(benefits)을 파는 것이다. 2번째 레벨은 립스틱, 컴퓨터 등 유형제품(tangible product)이며 3번째 레벨은 확연제품(擴延製品, augmented product) 즉 부가적 서비스(additional services)이다. IBM은 고객이 하드웨어가 아니라 문제 해결에 관심이 있는 것을 파악하고 학습, 소프트웨어 프로그래밍 서비스, 신속한 수리, 보증 등을 하나의 시스템으로 판매해서 성공을 이루었다고 한다.

---

3) P. Kotler(1984), *Marketing Management,* Prentice-Hall, Inc., p.463.

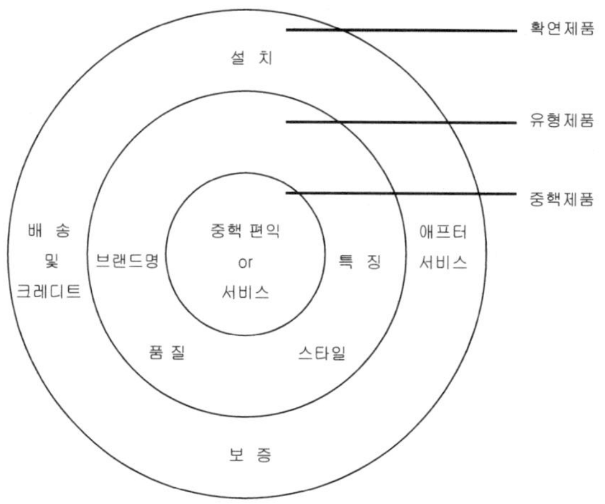

〈그림 11-1〉 3단계 제품

코틀러에 따르면 제품이란 문제해결을 위한 서비스가 패키지(the packaging of problem-solving service)로 구성된 것으로 위에 설명한 3단계 제품은 토탈 프로덕트(total product)라는 포괄적인 개념을 명시적으로 표현한 것이다. 표현을 달리하면 product가 유형물에 한정되기 쉽기 때문에 total product라는 개념을 형성함으로써 무형의 특성도 포함한다는 것을 의미한다.

맨델과 로젠버그(M. I. Mandell & L. J. Rosenberg)도 토탈 프로덕트를 다음과 같이 3가지로 분류하고 있다.[4)]

① **중핵제품** : 제품(또는 서비스)은 다른 제품 또는 서비스와 다른 독자적(indentifiable)인 특색이나 기능이 있다.

② **제품관련 특성** : 브랜드 네임, 용기의 종류, 안전성에 관한 요소가 포함된다.

③ **제품관련 서비스** : 많은 제품의 특정 서비스는 판매계약의 일부분이며 제품의 일부로 취급되고 있거나 양해 사항으로 다루어지고 있다. 이와 같은 서비스는 배송, 설치, 보수, 보증이 포함된다.

---

4) M. I. Mandell & L. J. Rosenberg(1981), *Marketing,* Prentice-Hall, Inc., pp.249-250

제품은 만족이라는 묶음(a bundle of satisfaction)이라고 정의하는 학자도 있지만 이것은 고객지향(customer orientation)이라는 마케팅 컨셉과 부합된다.[5] 이 정의는 제품으로 구매자가 얻는 이익을 판매자가 팔고있는 것(what the seller is selling)이 아니라, 구매자가 구입하는 것(what the buyer gets)을 강조하고 있는데 이는 다음 설명에서 명확하게 인식할 수 있다.[6]

젊은 신혼부부는 주택을 구입할 때 집은 물론 그 이상의 것을 구입한다. 예를 들면 집주인으로서의 감각, 가정생활을 시작하는 장소, 친절한 이웃, 좋은 교육여건 등 만족감을 동시에 얻는다. 각종 소매점포나 직장이 가까운 곳에 있다면 교통편익(convenience)도 획득하게 된다. 말하자면 주택 이외의 것을 많이 얻는 것이다.

토탈 프로덕트는 유형물(tangibles)과 무형물(intangibles)의 넓은 폭의 연속체라는 것을 의미한다. 즉 토탈 프로덕트 개념은 제품과 서비스 모든 것이 포함되는 것이며, 순수한 서비스라고 해도 이 서비스 역시 제품이다 라는 수식어가 탄생하는 것이다.[7]

그러나 최근 서비스에 관한 연구가 많아지면서 제품 마케팅과 서비스 마케팅을 변별하는 경향이 대두되면서 서비스 정책(전략) 자체의 기초이론도 강조되고 있다.

2. 서비스의 개념과 특성

서비스는 다음과 같이 정의할 수 있다.[8] 서비스는 일방의 당사자로부터 다른 당사자에게 제공되는 본질적으로 무형이며 어떠한 소유권도 수반되지 않는 모든 활동 또는 편익이다. 서비스는 제품의 임대, 소유하고 있는 제품의 개선, 수리, 개인에게 제공되는 서비스 등이다. 예를 들면 자동차 렌탈,

5) W. Zikmund & M. D'amico91984), *Marketing,* John Wiley and Sons, Inc., pp.232-235

6) W. Zikumund & M. D'amico, *ibid.,* p.233.

7) W. Zikumund & M. D'amico, *ibid.,* p.234.

8) P. Kotler, *op. cit.,* p.497.

맥켄토시 컴퓨터 리스, 양복수리, 가전용품 수리, 호텔 숙박, 비행기 여행 등은 모두 서비스 구입에 관계된다.

이와 같은 서비스는 제품과 다른 4가지 특징이 있다. 즉 무형성(intangibility), 소멸성(perishability), 불가분성(inseparablity), 그리고 부정성(다양성, variability) 이다.[9)]

① **무형성** : 서비스는 구입 전에 진열, 수송, 보관, 포장, 검사할 수 없다. 서비스 제공자는 단지 서비스라는 경험을 통해서 얻을 수 있는 편익에 대해 설명할 수 있을 뿐이다.

② **소멸성** : 서비스는 몇 개월이 지난 후에도 판매가 가능한 제품과 같이 저장이 불가능하다. 또한 사용되지 않은 능력(unused capacity)을 시간적으로 이동시킬 수 없다. 따라서 서비스 수요를 어느 시간(시기)이나 안정되게 사용하기 위해서는 소비자의 이용을 컨트롤할 필요가 있다.

③ **불가분성** : 서비스는 통상 제공자와 분리할 수 없다. 예를 들면 자동차 정비공장의 수준은 정비사의 기술에 의존하며 법률서비스 수준은 변호사의 기량(技量)에 달려있다.

④ **부정성(다양성)** : 서비스가 가령 동일한 제공자에 의해 이루어져도 서비스 질은 일률적이지 않다. 이것은 문제점이 명확하게 규명되지 않았다든지 고객이 서비스라는 욕구를 잘 표현하지 못했다든가, 서비스의 대부분은 표준화나 대량생산이 불가능하다는 점에 기인한다. 지금까지 설명한 서비스 특성을 제품특성과 비교하면 더욱 명확해진다.

---

9) J. R. Evans & B. Berman(1984), *Essentials of Marketing,* Macmillan Publishing Company, pp.453-454. 이 서비스 특성에 관한 동일한 설명은 W. Zikumund & M. D'amico, *ibid.,* pp. 234-235, P. Kotler, *ibid.,* pp. 497-498에서도 볼수있지만, V. A. Zeithaml, A. Parasuraman & L. L. Berry, "Problems and Strategies in Services Marketing," *Journal of Marketing,* Vol. 49에 따르면 Intangiility, Inseparability, Heterogeneity, Perishability 등 4가지로 집약된다고 했다.

3. 서비스의 분류

서비스 특성으로부터 서비스 종류에 대해 일반화하는 것은 어렵다. 그러나 어느 일정한 기준을 설정함으로서 서비스를 분류하는 것은 가능하다. 〈표 11-1〉은 시장, 유형성의 특징, 서비스 제공자의 기술, 서비스 제공자의 목적, 법규제의 정도, 노동집약도, 고객접근의 정도 등 7가지 기준에 의거한 2분법을 제시하고 있다.

이 분류시스템은 서비스 마케팅에 대해 많은 시사를 하고 있다.[10] 시장은 소비자 시장과 산업시장으로 분류할 수 있는데 이 두 시장의 주된 차이점은 서비스를 필요로 하는 이유, 서비스의 필요량, 서비스의 복잡성 등이다. 서비스 마케팅은 유형성 정도가 약하면 약할수록 제품 마케팅과는 달라진다. 예를 들면 렌탈은 유형제품이기 때문에 제품 마케팅과 동일한 방법이 채용되지만 무형재 서비스(nongoods service)는 제품과는 다른 어프로치가 필요하다.

서비스는 고도의 전문적인 기술의 필요성 여부에 따라 2가지로 분류한다. 서비스는 이윤지향(profit orientation)이거나 비이윤지향(nonprofit orientation)이다. 전자는 민간조직의 경우이며 정부기관의 경우가 후자에 해당된다.

서비스 마케팅은 법규제의 정도에 따라 달라진다. 말할 필요도 없이 전력회사나 병원과 같은 조직의 경우 법률로 엄격하게 규제된다. 또한 서비스는 동일 서비스라도 노동집약도가 다르다. 예를 들면 자동세차와 손세차, 은행송금과 현금자동지급기 서비스가 바로 이것이다. 노동집약도는 고도한 기술이 필요한 경우나 서비스가 고객의 가정이나 직장에서 제공될 때 높아진다.

서비스는 고객과의 접객도(degree of customer contact)에 따라 분류할 수도 있다. 고객과의 접촉이 높은 경우 기술자는 판매원 역할도 하며 고객불만 처리를 담당하기도 한다. 특히 기업내에서는 대인관계의 교육훈련(inter-personal training)이 불가결해진다.

---

10) J. R. Evans & B. Berman, *ibid.*, pp.454-456

〈표 11-1〉 서비스와 제품의 기본적 차이점

서 비 스	제 품
1. 서비스는 무형이다. 서비스는 행위, 행동, 실행, 노력이다. 서비스의 대부분은 물리적으로 소유할 수 없다. 서비스의 가치는 경험에 의거한다. 즉 소유권 이전은 없다. 2. 서비스는 통상 소멸하기 쉽다. 사용하지 않은 능력은 보관하거나 시간을 이전시킬 수 없다. 3. 서비스는 분리하지 못하는 것이 많다. 대부분의 서비스 질은 서비스 제공자와 분리할 수 없다. 4. 서비스는 시간의 경과에 따라 질이 변하기도 한다. 서비스 가운데 서비스의 필요를 판단할 때 그 이용자가 관련되거나 서비스 노동집약성 때문에 표준화하기 어렵다.	1. 제품은 유형이다. 제품은 물체, 재화, 물재이다. 제품의 가치는 소유권에 의존한다. 즉 소유권 이전이 발생한다. 2. 제품은 보관할 수 있다. 어느 시기의 과잉재고는 다른 시기에 제품이 부족할 때 충당할 수 있다. 3. 제품은 사양서에 따라 등급을 정해서 제조된다. 제품의 품질과 유통경로 구성원(channel member)의 질은 다르다. 4. 제품은 표준화할 수 있다. 대량생산과 품질관리를 수행한다.

자료 : J. R. Evans & B. Berman(1984), Essentials of Marketing, Macmillan Publishing Company, p.453.

제2절 소매업의 서비스 카테고리

1. 소매업의 기본적 제공물

소매업의 기본적 제공물은 무엇일까. 소매업은 제품이라는 유형재를 매입해서 판매한다. 그러나 유형재를 창출하는 것은 제조업이며 소매업은 유형재를 취급하면서 유형재에 다양한 무형의 가치를 부가해서 판매하는 것이다. 즉 소매업의 기본적 제공물은 무형재이며 이것이야말로 소매업이 제

3차 산업, 소위 서비스업으로 분류되는 이유이다.[11)]

다시 말하면 소매업은 스스로 생산을 하지 않고 제3자로부터 재화를 조달해서 조달한 재화에 원칙적으로 어떠한 물적, 유형적인 부가가치를 부여하지 않고 대신 그 자체는 고객에게 이전되지 않는 일련의 무형가치를 더한 총체적 가치를 확대하는 것이다.

재화에 부가되는 무형의 가치는 다음 8가지 가치로 세분화할 수 있다.

(1) 상품의 선별가치

상품을 둘러싼 상세한 지식, 정보 또는 해당 상품의 사용 경험이 적은 일반소비자를 대신해서 생산부문에서 공급된 각종 상품을 엄밀하게 검토하여 소비생활에 공헌하는 우량가치의 상품을 선별함으로써 부가가치를 형성한다.

(2) 상품의 구성가치

선별된 각종 상품으로 소비자의 요망에 적합한 특정 상품을 선택할 수 있도록 균형있는 구성(상품구색)으로 부가가치를 형성한다.

(3) 상품의 보유가치

각 품목에서 개개 수요량에 따른 적절한 재고를 항시 보유하고 소비자의 구매시점에서 욕구에 확실하게 답할 수 있는 체제를 구축함으로써 얻는 부가가치형성을 말한다.

(4) 구매를 위한 장소적 가치

특정지역에 거주 또는 출퇴근하는 소비자에게 접근하기 쉽고 매력적인 장소에 점포를 갖추어 소비구매에 편리성을 제공함으로써 부가가치를 형성

11) 清水滋(1980), マーケティング機能論, 税務經理協會, pp.229-254.

한다.

(5) 구매를 위한 환경적 가치

점포설비, 내부장식, 상품진열, 조명, 공조 등을 소비자의 구매심리에 적합한 정서성과 점포내외를 구매욕구에 적합하도록 만들고, 매장에 배치된 판매원의 접객 서비스를 향상시켜 인적인 측면에서도 충실한 분위기를 조성해 부가가치를 형성한다.

(6) 구매를 지원하는 정보적 가치

매장배치, 상품진열, 가격표시에 의한 상품설명 등을 소비자가 구매정보로 활용하면서 상품선택을 할 수 있는 체제를 갖추어야 하며 판매원이 상품의 하드웨어 측면과 소프트웨어 측면에 관한 정확하고 윤택한 지식, 정보로 무장해 소비자에게 유리한 구매가 가능한 조건을 갖추어 부가가치를 형성한다.

(7) 구매를 지원하는 편의적 가치

고객의 요망에 따른 상품이나 기프트 상품의 배달, 할부 또는 비할부판매에 의한 신용공여, 고객의 신체에 적합하도록 해주는 수선, 애프터 서비스와 전화주문, 주차시설, 심야영업 등 소비자의 구매활동을 보다 원활하고 용이하게 해주는 각 편익을 제공함으로서 부가가치를 형성한다.

(8) 구매를 보다 심리적으로 만족시키는 점포 브랜드 가치

상품을 ×××에서 샀다는 식으로 고객에게 만족을 제공함으로써 부가가치를 형성한다.

이와 같이 인풋된 수단은 유형이지만 아웃풋되는 가치는 무형이다. 따라서 소매업의 기본적인 제공물은 이 같은 8가지 가치를 시스템적으로 통합한 무형재=서비스라고 할 수 있다.

2. 광의의 소매업 서비스

소매업 서비스를 넓게 해석하면 재화에 무형의 가치를 더하는 활동, 즉 소매업의 마케팅 활동 전체라고 해도 과언이 아니다. 앞에서 설명한 무형의 가치군에서 소매업 서비스 활동은 다음과 같이 유형화할 수 있다.

(1) 구매위치, 구매환경 제공 서비스

소매업은 입지산업이라고 할 만큼 점포가 갖는 장소는 대단히 중요하다. 구매장소라는 무형의 가치를 소비자 시점에서 고려하여 구매위치 제공서비스를 전략적으로 전개하는 것이 소매업 마케팅의 출발점이다. 그리고 고객을 유인하기 위해서는 점포설비, 진열, 판매원의 접객태도 등에 따라 쇼핑의 즐거움, 무드, 분위기를 창출하는 구매환경 제공서비스를 제공할 필요가 있다.

(2) 상품의 선별, 구성, 보관 및 가격조정 서비스

점포의 위치가 정해지고 점포내외의 환경이 형성되면 상품을 매입해야 한다.

① 우량가치의 상품발견, 선별, 조달
② 각 상품군(품종)별 적절한 상품구성
③ 각 품목별로 적정한 재고(상품보관) 및 재발주(상품보충)
④ 상품수급이나 유행변화 등에 따른 기민한 가격변경 수정(마크다운)

이러한 일련의 상품조작 활동은 일반적으로 소매 머천다이징이라고 하는데 여기에 추가적으로 다음 항목이 부가되기도 한다.

⑤ 소비수요에 즉시 대응하는 새로운 상품의 기획 및 개발

이 머천다이징 프로세스는 수요조사, 예측→상품계획수립과 상품예산편성→매입선 선별과 상품매입→입하상품의 검수, 분류, 가격설정→재고의 관리통제와 판매부문에 상품충당이라는 흐름으로 전개된다.

(3) 구매정보제공 서비스

소매업은 소비자 자신이 유리한 구매를 하도록 전문적인 지식과 정보를 제공하는데 이 서비스 제공은 주로 다음 3가지 계통으로 이루어진다.

① 판매원의 접객행위(상품설명, 질문응답, 구매상담 등)

② 진열, 장식(상호비교를 가능하게 하는 분류별 진열, 용도에 적합한 방법을 제공하는 장식적인 진열 등)

③ 소매업 광고(신문광고, TV광고, DM, 신문전단 등)

이와 같이 판매원, 진열, 광고에 의한 지식, 정보의 전달을 커뮤니케이션 믹스로써 통합하는 것이 소매업의 구매정보제공 서비스 전략의 중핵이다.

(4) 구매 편익 제공 서비스

상품배달, 제품교환수용, 선물포장, 할부판매, 상품수리 등 부분수정, 구입품의 사후 점검, 보수, 고객 짐 보관소, 베이비 케어 제도, 베이비 카트, 주차장 등은 구매편익제공 서비스라고 볼 수 있다. 이러한 소비자 구매활동을 원활하게 지원하는 편익의 제공에 대해서는 코스트 퍼포먼스를 고려해서 일부를 유료화하는 특정제공 활동으로 압축하는 것이 중요한 과제가 될 것이다.

3. 소매업 고유의 서비스(협의의 소매업 서비스)

소매업 서비스는 앞에서 지적한 것 같이 무형의 가치와 제공수단이라는

관점에서 고찰하는 한 소매업 마케팅 믹스를 망라하고 있다고 해석할 수 있지만 맥카시(E. J. McCarthy)의 4P에 대응시켜보면 소매업 고유의 서비스가 명확해 진다. 예를 들면 구매위치·구매환경 서비스는 place, 상품선별·구성·보관 및 가격조정 서비스는 product와 price, 구매정보서비스는 promotion에 해당된다. 따라서 구매편익제공 서비스가 4P의 범주에 포함되지 않는 상품 또는 점포에 관련된 부가서비스(additional service)가 된다.

이 서비스는 좁은 의미로 한정할 때 소매업 서비스이며 앞의 설명(4)에서 예로 들었던 각종 서비스, 즉 크레디트 서비스, 배달 서비스, 제품교환 수용서비스, 주차장 서비스, 각종 애프터 서비스, 기프트 상품 포장서비스 등으로 구성되며 소매업에서는 가장 중요한 활동의 하나이다. 그러나 가격정책, 머천다이징, 프로모션 등 소매업 마케팅 각 활동이 이 협의의 서비스와 밀접한 관계에 있다는 것은 말할 필요도 없다. 어쨌든 소매업 고유의 서비스는 고객에게 편익을 제공한다는 관점에서 고객 서비스라고 부를 수 있다.

제3절 소매업의 고객 서비스

1. 고객 서비스의 목적과 종류

소매업의 고객 서비스(customer service)에는 2가지 목적이 있다.[12] 첫째는 고객이 상품을 구입하는 유일한 장소로써 자신의 점포를 선택하도록 다른 점포와 차별적 유리성을 높이 유지하는 것이며 둘째는 상품의 판매를 촉진하기 위해 상품에 관련된 각종 편익을 제공하는 것이다.

첫째 목적에서 점포에 관련되어 제공되는 서비스를 둘째 목적에서 유형

12) C. A. Bearchell(1975), Retailing : *A Professional Approach,* Harcourt Brace Jovanovich, Inc, pp.163-166.

재(상품)에 부가되는 서비스를 확인할 수 있다.

전자는 점포관련 서비스 또는 구매편익 서비스(store-related or shopping convenience services)로서 다음과 같이 구성된다.

① 주차시설(parking facilities)

② 쇼핑카트(shopping carts)

③ 전화주문 수주(telephone order-taking)

④ 세면대, 식수대, 휴게실(restrooms, drinking fountains, lounges)

⑤ 자동차까지 운반/가정까지 배달 서비스(delivery services to car and/or home)

후자는 상품관련 서비스(item-related service)로서 구체적으로 다음과 같다.

① 만족의 보증(satisfaction guarantees)

② 교환의 특전(exchange privileges)

③ 상품조정과 수정(product adjustments and/or alterations)

④ 설치와 배송(installation and delivery)

⑤ 판매서비스, 조언, 상품상담(sales service, advice, product consultation)

⑥ 선물포장(gift wrapping)

⑦ 수리서비스(repair service)

2. 기능적 서비스로서의 고객 서비스

소매업의 서비스는 주로 다음 4가지를 포함한다.[13)]

① 태도, 행동을 나타내는 서비스 : 동태적 서비스

② 이념, 정신으로서 구비하는 서비스 : 정신적 서비스

③ 경제 가치제공을 내용으로 하는 업무로서의 서비스 : 기능적 서비스(업무적 서비스)

④ 할인, 무료, 경품 서비스 : 협의의 서비스

---

13) 清水滋(1982), 最新小賣業マーケティング, ビジネス社, pp.224-225.

정신적 서비스는 기업(점포)경영의 철학, 이념을 의미하며 태도적 서비스의 기조를 이루는 것이라 할 수 있으며, 희생적 서비스는 거래조건의 결정에 속하기 때문에 고객 서비스로부터 제외할 것인가, 아니면 기능적 서비스의 일부로 볼 것인가에 달려있다. 또한 태도적 서비스는 고객 서비스의 중요한 요소이기는 하지만 경제가치로는 해당되지 못하고 오히려 기능적 서비스에 포함되는 것이 적절하다. 따라서 기능적 서비스가 고객 서비스의 골격을 형성한다고 하겠다.

(1) 인적기능적 서비스

판매원이 주체가 되어 제공하는 기능적 서비스로서 2가지 종류가 있다.

① **노동·기술의 제공** : 접객판매, 통신판매, 방문판매, 점내판매, 수선, 수리, 배송 등의 서비스

② **지식·정보의 제공** : 상품설명, 컨설팅 서비스, 점내안내, 클레임 처리 등 서비스

노동·기술의 제공과 지식·정보의 제공은 동일 판매원에 의해 동시에 이루어지는 경우가 많다. 이 같은 서비스의 질을 향상시키기 위해서는 판매원 교육을 강화해야 한다.

(2) 물적기능적 서비스

매매의 대상이 되는 상품에 부가되어 제공되는 서비스는 다음 2가지이다.

① **상품부속물품의 제공** : 포장지, 쇼핑백, 선물용 케이스나 상자, 리본 등의 서비스

② **점포 내외의 설비 이용** : 에스컬레이터, 엘리베이터, 주차장, 수하물 일시 보관소, 휴게실, 배달설비 등의 이용

상품부속물품은 상품가치를 높이는 것으로써 점포 내외의 각종 설비는 구매에 편익을 제공하는 것이다.

(3) 기계 · 시스템에 의한 기능적 서비스

고객에 대한 판매방법을 제도화한 것으로 다음 3가지가 있다.

① 셀프 서비스

② 통신판매 · 전화판매

③ 회원조직

셀프 서비스는 판매의 합리화를 실현하는 시스템이지만 다른 한편으로는 고객에게 필수품을 자유롭게 선택할 수 있도록 구매의 편익을 준다. 홈쇼핑, 전자상거래, 전화판매, 메일 오더, 카탈로그 쇼핑 등은 수요의 개척 · 유지에 일익을 담당하며 회원조직은 고정고객 확보에 도움이 된다.

(4) 정보제공에 의한 기능적 서비스

이것은 전단지, 카탈로그, DM 등 인쇄물의 배포와 매스미디어 4매체(TV, 라디오, 신문, 잡지)에 의한 광고선전이 중심이다. 판매원에 의한 상품설명, 컨설팅 세일, 점내안내 등도 이 안에 포함된다.

(5) 금융에 의한 기능적 서비스

고객에게 신용을 공여하는 것으로 종래에는 외상이었던 것이 현재는 크레디트 카드에 의한 판매와 계약서에 의한 판매(할부판매 및 비할부판매가 있다)로 나눌 수 있다.

(6) 행사에 의한 기능적 서비스

대규모 소매업, 특히 백화점이나 할인점에서 제공되는 서비스로 판매행사와 문화행사로 구별된다.

① 판매행사 : 저가격 특매, 신상품 행사, 희소성 상품행사(산지 특산품)

② 문화행사 : 미술전, 국제문화 페스티벌 등

이외에도 이를 혼합한 형태의 행사도 있을 수 있고 이러한 행사는 판촉

효과나 PR효과를 목표로 할 뿐만 아니라 생활제안과 소비자 계몽도 동시에 도모하는 경우가 많다.

3. 고객 서비스의 정책상 유의점

고객 서비스는 다른 마케팅 정책과 중복되는 부분도 많고 여기에서 모든 항목을 상세하게 검토하기가 불가능하므로 주요한 고객 서비스에 한정해서 설명한다.

(1) 수선 · 점검 · 조정 · 수리 등 애프터 서비스

수선 및 점검·조정·수리 서비스는 몇 가지 유사점이 있다. 첫째는 머천다이징과 연결된 기본적 서비스 기능이라는 점과 둘째는 어느 정도의 설비, 기계 및 부품, 재료를 충당하기 위해 때로는 상당한 투자를 필요로 한다는 점이다. 셋째는 인재 즉 기술자의 확보, 양성이 전제가 된다. 따라서 이러한 서비스는 다음과 같은 신중한 준비가 필요하다.

① 서비스의 채용 정도(폭과 깊이)에 대한 정책 수립
② 설비, 재료, 인재에 대한 구체적인 계획설정과 코스트 산출
③ 서비스 코스트의 회수를 고려한 상품 판매가격의 검토
④ 인재, 설비, 재료 등의 매입
⑤ 서비스 관리운영

(2) 포장 서비스

소매단계의 포장활동은 고객에게 다음과 같은 편익을 제공한다.

① (자택에 이르기까지)운반의 용이함
② (상품의)내용물 보호
③ (상품의)매력의 증대
④ 용기 · 포장재(기타)의 용도 제공

내용물을 보호하기 위한 용기나 패키지는 상품원가에 가산되어야 하지만 운반을 용이하게 한다든지 매력 증대를 목적으로 한 포장지, 쇼핑백은 상품의 종류, 가격, 업종, 업태에 따라 요금을 설정할 수 있다. 선물용 포장의 경우 미국 백화점이나 전문점과 같이 고객에게 선택의 기회를 주는 것도 하나의 방법이다. 또한 용기, 패키지는 포장공해를 방치하는 의미에 재활용이 가능한 설계가 바람직하다.

(3) 배송 서비스

배송 서비스는 특히 다음과 같은 상품이나 구매상황에서 중요하다.

① 대형상품・중량상품(가구, 대형가전제품, 대형악기)

② 가정 내 설치 후 조정, 테스트 등을 필요로 하는 상품(가전제품, 가스기기, 대형악기 등)

③ 다수 상품의 동시구입

④ 배송의뢰 희망의 선물이나 증답품의 구입

배송을 합리화하여 코스트를 삭감하기 위해서는 유료 존을 확대한다든지 다른 점포와의 공동 배송시스템 도입, 각 지역에 배송센터의 설치, 각지 업자와의 제휴에 의한 방책이 필요하다.

(4) 크레디트 서비스

신용공여(크레디트 서비스)는 일반적으로 금융기관에 의한 것과 신용카드 회사에 의한 것, 은행계 크레디트 회사에 의한 것 등 여러 가지가 있지만. 이들은 할부방식과 비할부방식으로 크게 나눌 수 있다. 어느 신용공여를 포인트로 둘 것인가는 업태, 고객층, 경쟁환경, 상품특성 등에 의존한다. 소매업에 의한 신용공여도 할부방식과 비할부방식이 있고 계약서 체결 방식과 크레디트 카드 방식의 형태가 있다. 백화점이나 할인점에서 발행하는 카드 가운데 외부 가맹점에서도 사용할 수 있는 범용성이 높은 카드로 활용하려는 움직임이 이미 활발하다. 또한 현금서비스나 목적별 론을 취급하는 서비스도 광범위해지고 있으며 지불방법과 리볼빙방식을 채용하고 있는 카드도 증가하고 있다. 따라서 크레디트 카드를 중심으로 한 크레디트 서비스 정책을 수립하는 것이 중요하다.

(5) 클레임 처리 서비스

고객의 클레임 내용은 다음과 같은 2가지 계통이다.

① 판매원이나 수납, 안내 등 접객(태도적 서비스)에 관한 것

② 구입한 상품의 결격이나 불비, 배달과 대금청구 등의 착오에 의한 것.

소매업은 판매한 상품과 고객 서비스에 대해 책임이 있기 때문에 클레임 처리 시스템을 전사적으로 제도화할 필요가 있다. 즉 클레임 처리 부문은 고객 서비스 정책상 중시되어야 하는 것이다.

제4절 소매업의 서비스 상품 정책

1. 서비스 상품

소매업은 유형재인 상품을 매입해서 각종 서비스를 부가하여 판매하고 있지만 동시에 무형재인 상품도 매매의 대상이 된다. 그렇다면 서비스는 무엇인가.

코틀러는 기업이 시장에 제공하는 제공물을 다음과 같이 4가지 카테고리로 나누고 있다.[14)]

① 순유형재 : 비누나 치약 등 서비스를 필요로 하지 않는 제품

② 서비스를 필요로 하는 유형재 : 하나 또는 그 이상의 서비스를 필요로

---

14) P. Kotler, *op. cit.*, pp.492-493.

하는 자동차나 컴퓨터

③ 부차적인 재화나 서비스를 필요로 하는 주요 서비스 : 비행기에 의한 수송서비스와 같이 몇가지 부가적 서비스나 보조적인 유형물을 필요로 하는 것.

④ 순서비스 : 정신치료라든지 맛사지와 같이 주로 하나의 서비스만을 지칭하는 것

이 분류에 따라 소매업의 무형재로써 상품, 즉 서비스 상품은 ③과 ④가 해당되며 소위 상품은 ①과 ②이다.

소매업의 상품은 유형재 중심이었지만 무형재(서비스)의 비중은 명확히 증가하고 있다. 금융, 보험, 오락, 레저, 교양・문화, 정보 등의 분야에서 점차 많은 서비스가 상품화되고 있다. 서비스 특성을 파악하고 유형재와는 다른 시점에서 서비스 상품정책을 입안할 필요가 있다.

2. 토탈 서비스

코틀러의 토탈 프로덕트 개념에 대해서는 1절에서 설명했는데 이는 서비스에도 토탈 서비스라는 개념이 형성된다. 전자는 제품을 3가지로 나누어 서비스를 그 안에 포함하고 있지만 후자는 서비스를 3단계로 나누고 제품을 제외한다. 즉 토탈 프로덕트 서비스는 서비스에 한정된 개념이라 하겠다.[15)]

---

15) P. Kotler & P. N. Bloom(1984), *Marketing Professional Service,* Prentice-Hall, Inc, pp.152-156.

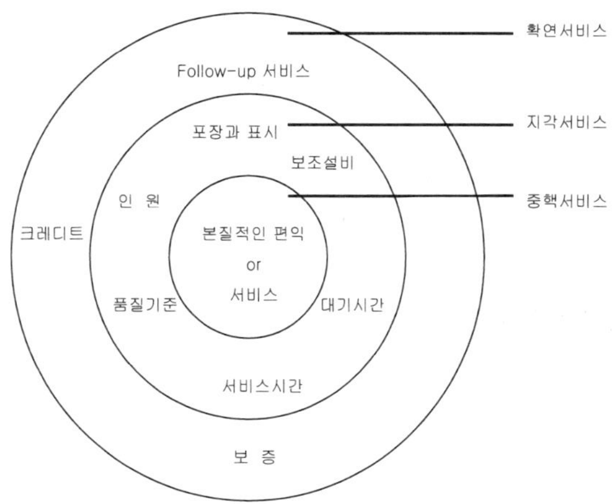

〈그림 11-2〉 3단계 서비스

중핵 서비스(core service)는 가장 기본적인 것으로 고객은 실제로 무엇을 원하고 있는가, 또는 서비스는 실제 어떠한 필요를 만족시켜주어야 하는가 등 문제에 답하는 것으로 토탈 서비스의 중심이 되는 본질적인 편익(essential benefit)을 의미한다. 이 중핵 서비스는 인지 가능한 형태로 고객이 이용하며 이 차원의 서비스를 지각 서비스(perceptible service)라고 한다. 이는 다음 6가지 기본 속성이 있다.

① 인원(personnel) : 서비스를 담당하는 사람들
② 품질기준(quality level) : 서비스가 이루어지는 전문적 능력의 레벨
③ 서비스 시간(service time) : 서비스에 필요한 시간의 길이
④ 대기시간(waiting time) : 서비스가 완료될 때 까지 고객이 기다려야 하는 시간의 길이
⑤ 보조설비(supporting equipment) : 서비스의 제공수단으로 사용되는 기계, 기구, 설비 등
⑥ 포장과 표시(packaging and labeling) : 서비스 또는 서비스와 세트로 주어지는 명칭이나 관련 설명

확연 서비스(augmented service)는 지각 서비스보다 더욱 고차적인 부가

서비스인데, 예를 들면 각종 지불방식(신용카드 등)을 제시하거나 제공한 서비스 전체에 대한 만족의 보증(guarantee of satisfaction)을 부여하기도 하며 애프터 서비스를 제공하기도 한다. 토탈 서비스 개념은 서비스를 상품화할 때 분석 도구로서 역할을 한다.

3. 서비스 확대정책

소매업 서비스 상품은 서비스업이 제공하는 서비스와 경합한다. 현재 서비스 상품을 어떻게 시장에 적응시킬 것인가가 서비스 상품정책상 중요한 과제이다.

〈표 11-2〉 서비스/시장 기회 매트릭스

기존	1. 시장침투	4. 서비스수정	7. 서비스혁신
지리적시장	2. 지리적확대	5. 분산 시장용 수정	8. 지리적혁신
신규	3. 신시장	6. 신시장용 수정	9. 종합적혁신
	기존	서비스수정	신규

자료 : P. Kotler & P. N. Bloom, ibid., p. 56.

〈표 11-2〉의 서비스 상품의 성장기회를 파악하는 하나의 유용한 모델로 서비스/시장의 기회 매트릭스를 나타낸 것이다.

이것은 앤조프의 2×2 매트릭스를 3×3매트릭스로 확대한 것이다.[16] 셀 1은 시장침투(market penetration)이라고 하며 기존 시장을 향해 기존 서비스의 침투도를 깊게하는 정책을 말한다. 일반적으로 가장 효과적이고 효율적으로 목적을 달성할 수 있지만 침투의 여지가 없는 경우에 다른 정책으로 변환한다. 셀 2는 다른 지역의 동일한 고객에게 기존의 서비스를 제공하는 정책으로 지리적 확대(geographic expansion)가 있다. 새로운 지역에 진출함으로써 매출 증대를 도모하려고 해도 서비스 질에 관한 문제나 고객의 지

16) P. Kotler & P. N. Bloom, *ibid.,* pp.56-58.

역격차 등 리스크가 존재한다. 셀 3의 신시장(new market)정책은 기존 서비스를 지금까지와는 다른 타입의 고객에게 제공하는 확대정책으로 새로운 표적시장의 필요에 합치 여부가 문제가 된다.

다음으로는 현재 서비스를 수정하는 경우 우선 현재 시장을 더욱 흡인하는 정책이다. 이것은 서비스 수정(service modification)정책(셀 4)으로 서비스 자체의 변경이 소구력있는 표시를 서비스로 부가함으로써 특정 고객을 강력하게 끌어들이거나 고객의 이용도를 높이려는 것이다. 셀 5는 분산된 시장용 수정(modification for dispersed markets), 셀 6은 신시장용 수정(modification for new markets)으로 말 그대로 개별 지리적 시장이나 전혀 다른 표적시장 필요에 적합하게 서비스를 수정해 가는 정책이다. 그러나 새로운 시장에 대응하기 위한 리스크는 상당히 크다.

마지막은 서비스 이노베이션인데 셀 7의 서비스 혁신(service innovation)은 현재의 고객을 위해 전혀 새로운 서비스를 개발하는 정책이다. 이 경우 새로운 서비스를 기존 서비스에 대해 어떻게 위치부여를 할 것인가가 문제가 된다. 셀 8의 지리적 혁신(geographic innovation)과 셀 9의 종합적 혁신(total innovation)은 새로운 지리적 시장이나 다른 표적시장에 신규 서비스를 제공하는 것으로 모든 정책 가운데 가장 리스크가 큰 정책이다. 왜냐하면 신시장에 관한 정보 입수나 우수한 인재의 확보가 어렵기 때문이다.

4. 서비스 마케팅의 유의점

서비스에는 앞에서 설명한 무형성, 소멸성, 불가분성, 부정성이라는 특징이 있다고 했다. 그런데 이러한 특성에서 어느 정도 서비스 상품에 관한 마케팅 정책을 알 수 있다.

서비스는 무형이기 때문에 가격설정이 곤란하지만 서비스를 설비 기준과 사람을 기준으로 나누면 전자는 비용지향적 가격설정(cost-oriented pricing), 후자는 경쟁지향적 가격설정(competition-oriented pricing)이 유효하다는 것을 알 수 있다.[17)]

서비스는 구입 전에는 평가할 수 없기 때문에 판매촉진상 다음과 같은 방법이 중시된다.[18]

① 서비스를 유형의 것으로 표상화한다.

② 서비스를 잘 알려져 있는 것으로 연상시킨다.

③ 서비스 제공자와 고객과의 관계로 초점을 맞춘다.

서비스는 그 자리에서 소멸되고 장래를 위해 저장할 수 없다. 따라서 서비스 수요와 공급을 적합하게 하기 위해서는 수요의 타이밍을 변화시키든지 서비스 공급량을 컨트롤 할 필요가 있는 것이다.[19]

(1) 수요의 조정

① 오프 피크의 특전

② 예약제

③ 가격차별화

④ 대기시간의 예비적 서비스

(2) 공급의 조절

① 피크 타임의 파트 타임 활용

② 종업원의 업무 시간대별 활용

③ 고객 서비스 프로세스 참가

④ 기타 서비스업자와의 설비 등 공유

서비스는 제공자와 불가분의 관계에 있으며 질도 불안정하기 때문에 고객의 신뢰성이 떨어진다. 이를 해결하기 위해 레비트는 서비스의 공업화(the industrialization of services)를 제창하고 있다.[20] 첫째는 인간의 행위를

---

17) D. R. E. Thomas(1978), "Strategy's Different in Service Industries," *Harvard Business Review,* Vol.56. (July-August)을 참조하기 바람

18) J. H. Donnelly, Jr(1979)., "Use Three Methods to help Market Intangible Service," *Marketing News*(October 19)를 참조하기 바람.

19) W. E. Sasser(1976), "Match Supply and Demand in Service Industries," *Harvard Business Review,* Vol. 54(November-December)를 참고바람.

20) T. H. Donnelly, Jr(1976)., "The Industrialization of Service," *Harvard Business*

기계설비로 대체한다는 하드 테크놀로지이며 둘째는 개개의 서비스를 시스템으로 통합하여 하나의 패키지 상품을 만든다는 소프트 테크놀로지, 셋째는 기계설비와 시스템을 통합한 복합형 테크놀로지를 사용함으로써 서비스도 제품과 같이 양질로 제공할 수 있다는 가능성을 시사하고 있다.

소매업은 고객 서비스 뿐만 아니라 서비스 상품을 중시해야 할 시기에 접해있다. 유형의 제품을 진열해 놓고 팔던 시대에서 유형의 상품과 서비스를 결합한 제공물의 강화는 물론 소비자 필요를 바탕으로 PB상품(=PL)을 개발한다든지 DM을 강화하고 홈쇼핑, 전자상거래 등 새로운 유통경로를 창출하면서 제시하면서 각종 서비스 상품화를 추진하는 시대로 이행하고 있는 것이다. 이는 소매업이 상품을 판매에서 벗어나 새로운 형태의 소매업으로 컨셉을 전환하고 있는 것이라 할 수 있다. 따라서 소매업은 유형재 중심의 마케팅에서 서비스 마케팅으로 초점을 맞출 필요가 있다고 하겠다.

Review, Vol.54(July-August)를 참고하기 바람.

찾아보기

(ㅇ)

(ㅈ)

(ㅊ)

▌저자약력 ▌

■ **전 태 유**(全泰裕)

니혼대학(日本大學) 상학연구과(商學硏究科)에서 유통론 전공으로 석·박사과정 수료. 상학박사(商學博士). 일본 아사히교육센터 연구원, 글로벌컨설팅그룹 컨설턴트를 거쳐 현재 세종대학교 교수. 세종대 경영전문대학원 FC-MBA, 산업대학원 유통산업학과 주임교수, 한국프랜차이즈경영학회 이사/프랜차이즈 포럼 위원장, 한국물류학회 이사, 한국프랜차이즈협회 자문위원, 한국산업기술평가관리원 평가위원

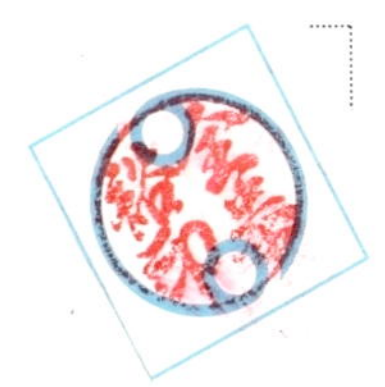

● **유통산업론**

초 판 1쇄 인쇄 — 2010년 8월 5일
초 판 1쇄 발행 — 2010년 8월 10일
지은이 — 전 태 유
펴낸이 — 전 두 표
펴낸데 — 도서출판 **두남**
서울시 강동구 성내 1동 455-12 두남빌딩
신고 : 제25100-1988-9호
(구 제2-624호, 1988. 7. 21)
TEL : (02) 478-2065~7, 478-2311
FAX : (02) 478-2068
E-mail : dunam1@unitel.co.kr
http://www.dunam.co.kr

● **정가 26,000원**

ISBN 978-89-6414-111-3 93320